聶石樵文集

第十一卷

古代詩文論集

中華書局

目 录

论《诗经》的文学成就

《诗经》是我国文学史上最早的一部诗集,也是真实地反映人民群众的思想、情感、愿望和要求的一部作品。几千年来,它一直作为一种必读的教本被人们朗读和吟咏着。因为这些作品的大部分是从人们自己的生活中来的,它植根于人民,为人民所了解和挚爱,并给人民的思想感情以滋养和感召作用。因此,《诗经》的价值不仅在于它可以"多识夫鸟兽草木之名",可以认识当时的社会现实,更重要的则在于它"可以兴、可以观、可以群、可以怨",可以鼓舞、提高人民群众的斗争意志,丰富、发展人们的艺术才能和趣味。《诗经》不仅在精神生活上给人民群众以影响,在政治生活上也给人民群众以教育和启示。人民群众往往根据《诗经》中所显示出来的美学标准来判断是非、善恶、美丑,来分析、评判和认识社会生活。《诗经》在我国民族生活中的影响力是源远流长的,但是这种对我国民族的精神上、政治上起巨大作用的作品,却为历代封建统治阶级的"经师"所歪曲,即便在今天还未得到充分地阐述和评价。从已经发表的一些文章看,好像《诗经》中除了《硕鼠》、《伐檀》等几篇反映阶级斗争的诗歌外,其他都是价值不高或者意义不大的作品,因此就评述得很少。不错,这些作品是《诗经》中最具有人民性的篇章,但是,除此之外,那些不直接反映阶级斗争,而情感健康、韵律优美,在总的倾向上有利于人民的诗篇也仍然有价值。只是反映阶级斗争的作品,远远不能概括《诗经》的丰富多彩的内容。因此,我们必须从更广泛的意义上来阐述、发掘《诗经》

广阔深刻的人民性。

一

人民性这一概念是有复杂的阶级内容的,而阶级关系是随着不同历史时期经济条件的转变而转变的,因此人民性这一概念又是属于历史的范畴。当然,从经济观点着眼,任何时代物质资料的主要生产者即劳动人民是人民的基本群众,是历史的主要创造者。但是,只从经济观点着眼还不够,我们还必须从马克思主义关于阶级斗争是历史发展的动力这一观点出发,从某一历史时期革命发展的任务以及这一历史时期某些阶级和阶层之是否能解决这一任务,来判断它是否应属于人民群众的范畴。列宁指出:"谁要忘记由于革命的进展和革命任务的增多,那些能够为实现这些任务而斗争的阶级和人民的成分也随之改变的这个事实,谁就会犯严重的错误。"(转引自一九五五年《历史问题》第 4 期《人民一词概念的内容》一文)《诗经》所包括的时代,大约从西周初年到春秋末叶,有五百多年的历史,基本上是周代的作品。在这五百多年中,革命任务的发展也不是始终如一,而是有各种变化的。但是,根据范文澜先生的意见,认为西周是封建社会的话,那么,作为推翻商纣的残暴奴隶制统治、解放生产力、建立新的政权的文、武、周公的行动是有其革命意义的。因此,《诗经》中一些歌颂文、武、周公业绩的诗歌与这一时代人民群众的利益有着密切的联系,从而就有它一定的人民性。

周人革商纣的命,武王的功绩是很大的,所以"周公象武王之功,为大武之乐"。但是,这一事业的基础却是由文王奠定的,《周颂·武》云:"于皇武王,无竞维烈。允文文王,克开厥后。嗣武受之,胜殷遏刘,耆定尔功。"就是讲的这个意思。文王不只是奠定了灭商的基础,而且对周初封建制度的缔构也起了相当大的作用,因此获得人们的支持和歌颂。尽管这些颂辞都是宗庙祭祀之作,但这种对负有重要历史任务的新兴阶级的歌颂,仍然有它的进步意义。《大雅·文王》:

> 穆穆文王,于缉熙敬止。假哉天命!有商孙子。商之孙子,其丽不亿。上帝既命,侯于周服。

据说这是周公追述文王之德以戒成王的作品。全诗共七章,这是其中之一。诗中对文王推崇备至,以至于可配飨天帝。同时指出"周虽旧邦,其命维新"。文王正是这种维新事业中的重要成员。在这里,文王作为一个威严肃穆的形象出现,给人们一种崇敬向往之感。好像文王治理天下,可以不施刑不用法,垂手而治,《大雅·大明》之一章云:

> 维此文王,小心翼翼。昭事上帝,聿怀多福。厥德不回,以受方国。

诗人把他描写成一个仁德圣君,对人们有相当大的感召力,所以当他秉政之后,四方之国相继归服。在《诗经》中文王最被歌颂的品格就是仁德。当然,这种仁德是属于封建道德的范畴(《诗经》中所表现的文王的仁德,在很大程度上是被封建主及后来的经师们所夸大了的,但我们也应该承认,它确实反映了一定的历史的真实),但在否定旧的奴隶制的当时,却有它的积极意义。因此,能得到人们一般的拥护,出现了"济济辟王,左右趣之"的现象。他不但对人们有感召力,而且对敌人也有威服的作用。所以,武王伐纣时才抬着文王的木主做先道。

武王伐纣是一种具有革命意义的行动。这项事业的进行,在当时是十分艰苦的,一方面是周部族在经济、文化上远远落后于商,另一方面作战形势又于周不利,周军行进"至汜而泛,至怀而坏,至共头而山隧"(《荀子·儒效篇》),但是终于在尚父的策划下,"以大卒驰帝纣师……纣师皆倒兵以战,以开武王。武王驰之,纣兵皆崩畔纣"(《史记·周本纪》),完全粉碎了敌人。这是历史发展的必然结果。《诗经》中反映这一重大历史事件的作品,有《大雅》中的《大明》、《皇矣》等篇。《大明》描写商、周在牧野会战时的情况:

> 殷商之旅,其会如林。矢于牧野:"维予侯兴。上帝临汝,勿贰尔心。"
>
> 牧野洋洋,檀车煌煌,驷騵彭彭,维师尚父,时维鹰扬。凉彼武王,肆伐大商,会朝清明。

作者描写了战场上军队的威武阵容和武王的兴师振旅,同时也描写了一个具有王佐之才的姜尚的英武形象。武王伐纣的行为不但反映了周部族及为其所领导的其他八百个部族人民的愿望和要求,也反映了殷商内部奴隶反抗奴隶主斗争的要求,所以在牧野会战时,"纣师皆倒兵以战,以开武王"。这说明了商纣的残暴统治已经造成奴隶制的总危机,正像《大雅·荡》篇记述文王的话说:"咨女殷商,曾是强御,曾是掊克,曾是在位,曾是在服。天降慆德,女兴是力。"在这种奴隶制与社会发展尖锐的矛盾情况下,武王的兵力虽弱,但却能在人民群众的支持下和姜尚的策谋下,终于诛灭商纣,也可以说是"天命靡常"了。

武王诛灭商纣,但未完全征服殷的贵族,因此便封纣子武庚来统治他们,又令自己的兄弟管叔、蔡叔、霍叔去监视武庚。随着周政权的确立,周的贵族也就腐化起来。所以当武王死后,成王年幼，周公摄政的时候，为了争夺继承权，三叔就策动武庚及楚、东夷、奄等部族人民发动大叛乱，周公便开始了历史上有名的东征。这一次远征共经历了三年，终于把叛乱平定。反映这一重大历史事件的作品有《豳风》中的《破斧》、《东山》等篇。这次远征的确是损兵折将，但却使天下趋于统一，对于确立新的生产关系并推动这种生产关系的发展是有一定意义的。后来成、康时代所以成为盛世，与周公的东征及其政治上所推行的措施有着密切的关系。但是，作为一种战争，即便是正义的战争，难道不给人民带来背乡离井、妻离子散的痛苦吗？

　　《东山》正是反映士兵远征归来的痛苦的诗歌。自然它并非单纯反映士兵离乡背井的痛苦，同时也反映了他们重回家园的欢欣和喜悦。其中之二、三章云：

> 我徂东山，慆慆不归。我来自东，零雨其濛。果赢之实，亦施于宇。伊威在室，蟏蛸在户。町畽鹿场，熠燿宵行。不可畏也，伊可怀也！

> 我徂东山，慆慆不归。我来自东，零雨其濛。鹳鸣于垤，妇叹于室，洒扫穹窒，我征聿至。有敦瓜苦，烝在栗薪。自我不见，于今三年。

全诗都充满了辛酸、欢乐和喜悦的气氛，可以想象到一个出征三年的士兵忽然重返家园的痛楚并愉快的心情！几年来出征在外，庭院已经荒芜了，以至于成为"伊威在室，蟏蛸在户。町畽鹿场，熠燿宵行"的阴森境界。但，他却认为"不可畏也，伊可怀也"。抬头看见挂在栗薪上的苦瓜，立刻引出他内心真切的感叹来："自我不见，于今三年！"这是多么浓挚的对家乡的热爱！这种欢欣、喜悦和痛楚的思想感情对背乡离井重返家园的人们说，是有典型意义的。

周公东征是有重要的历史作用的,但东征又给人民群众带来离乡背井的痛苦,好像其间有着不可调和的矛盾,实质上并不矛盾,而是矛盾的统一,这是历史的真实,《东山》正反映了这种历史的真实。

从总的倾向来看,《诗经》中对文王、武王、姜尚、周公等人物的功勋业绩是颂扬、礼赞的,把他们塑造成古代的圣君贤相。这种艺术创造产生了两种后果,一种是统治阶级利用这些人物作为封建道德的模型来统治人民,另一种是人民群众从自己的生活出发,根据自己的情感、趣味、理想和爱好来赞扬这些人物。几千年来,人们往往以这些人物为标准来权衡当代的所谓"天子"、"朝臣"。每当世末离乱,阶级矛盾加深的时候,人们不堪其苦,就往往幻想这类人物的出现以匡扶时政。这并不是复古,而是一种要求改变现状、减轻剥削压迫的善良愿望的表现。不仅如此,人民群众对这些人物还继续加以创造,如"文王访贤"、"姜太公钓鱼"、"武王伐纣"等民间故事的流传,便是很好的说明。

二

周朝建国虽然开始于文王、武王时代,但是周部族的历史却当远溯到后稷时期。从后稷到武王的漫长岁月中,周部族曾经历过一段极其艰苦的奋斗过程。他们和贫困作斗争,和自然灾害作斗争,和由西北入侵的其他部族作斗争,最后和强大的奴隶主商纣作斗争,并终于战胜了他们。周部族的全部成长过程,也就是不断斗争的过程。周部族建国以后,为了追念自己祖先的艰苦奋斗精神,歌颂自己祖先的功勋业绩,便创作了一些长篇叙事诗,作为宗庙祭祀之用,这就是我们所谓的"史诗"。《诗经》中保存的周部族的史诗有《生民》、《公刘》、《绵》、《皇矣》、《大明》诸篇,这些篇章真实、历史地反映了周部族的顽强奋斗精神和英勇的创造气魄。《生民》是歌颂周始祖后稷对农业生产技术的熟谙和贡献,并把他对这种技术的熟谙和贡献赋以神话的色彩的诗篇。诗中叙述后稷一生下来就不平凡,他母亲把他丢在隘巷、平林、寒冰都未被冻死、饿死,而且有鸟兽的庇护、哺乳等等。他的嗓音洪亮,声满道路。诗歌对后稷壮健、顽强的形象的描写十分生动。其中写后稷熟谙农艺的情况如四、五章云:

> 诞实匍匐,克岐克嶷,以就口食。艺之荏菽,荏菽旆旆,禾役穟穟,麻麦幪幪,瓜瓞唪唪。
>
> 诞后稷之穑,有相之道。茀厥丰草,种之黄茂。实方实苞,实种实袖,实发实秀,实坚实好,实颖实栗,即有邰家室。

他从会爬的时候起,就非常伶俐,种什么东西,什么东西就长得茂盛。而且用"旆旆"、"穟穟"、"幪幪"、"唪唪"来形容庄稼的肥美,更给人以生动、真实感。又以"实坚实好,实颖实栗"来形容禾穗成熟的样子,在我们面前呈现出一片坚实、带白芒、粒粒然即将垂地的累累结实,富有浓挚的生活气息。诗人用了这样多的笔墨,不是单纯地为了描写自然,而是为了描写"人",为了礼赞后稷,把后稷神话化,把他当做农神来祭祀。

从后稷传到他的曾孙公刘,可能因为生产发展的需要,作了一次由邰到豳的大迁徙。这一次迁徙在周部族的发展史上很重要,因为从此周部族便正式定居下来了。反映这一重大历史事件的作品有《公刘》。这篇作品从公刘准备起程、到达目的地写到观测地形、经营宫室、分配田亩等一系列的开发工作。其中对公刘形象的描写最为鲜明,如一、二章云:

> 笃公刘,匪居匪康,乃埸乃疆,乃积乃仓,乃裹糇粮,于橐于囊,思辑用光。弓矢斯张,干戈戚扬,爰方启行。

> 笃公刘,于胥斯原,既庶既繁,既顺乃宣,而无永叹。陟则在巘,复降在原。何以舟之,维玉及瑶,鞞琫容刀。

从这里我们可以想象出一幅由公刘所率领的旗斾招展、干戈戚扬向豳出发的队伍,和到豳后公刘佩着玉、瑶、鞞、琫、剑、刀等饰物或在山巅或在平原往返观察地形的威武形象。此外,还写他如何规划水利、分配田亩、经营宫室等,把他描绘成一个坚强不屈、不怕任何困难的英雄。

周部族在豳定居几代之后,由于狄人的入侵,到古公亶父便不得不作第二次大迁徙,从豳再迁到岐山之下。这就是《绵》所描写的。他们选择岐山一带地方,有一定的标准,那就是适于耕种,因为这里"周原膴膴,堇荼如饴"。到了这块肥沃的土地上,除了经营农业、开始授田而外,又召司徒、立百官、重建自己的宫室。诗人在描写周部族从事建筑的场面时绘声绘色、生动逼真:

> 捄之陾陾,度之薨薨,筑之登登,削屡冯冯,百堵皆兴,鼛鼓弗胜。

作者用盛土、投土、捣土、削土的声音压倒借以鼓舞劳动的鼓声来烘托全体人民的劳动热情。自然环境虽然恶劣,但人们却有充分的信心和意志来克服、改造它。作品给我们最鲜明的印象,就是在这些人面前根本没有艰苦和困难,充满了生气勃勃的创造力量。

到了王季、文王时代,周部族强大起来,开展了与其他少数部族的斗争。至武王时代,便有可能与最大的奴隶主商纣作斗争,并最后战胜了他们,建立了自己的统治王朝。上文所列举的《皇矣》《大明》两篇便是反映这两次重大历史事件的诗篇。从《生民》、《公刘》、《绵》到《皇矣》、《大明》统一起来便是一部周部族的史诗,反映了周部族的艰苦奋斗过程。今天,不但对我们有认识历史的价值,同时也给我们以极丰富的美的感受,给我们的思想、情感以积极的影响。

三

《诗经》的人民性不仅体现在一部分史诗之中,还体现在一些描写生产斗争的篇章中。人民群众是历史的主人,是一切物质财富和精神财富的创造者。他们在各个不同的历史阶段和各种不同的社会条件下,都直接或间接地发挥出自己的创造气魄。周朝灭商之后,初步地建立了新的生产关系,把奴隶逐渐转变为农奴,使他们取得了半人身的自由,这就在一定程度上刺激了他们生产的积极性,在周朝初年创造了比较大量的财富。这种生产情况,在《诗经》中也反映了出来,如《周颂》里的《臣工》、《载芟》、《良耜》,《小雅》里的《楚茨》、《信南山》、《甫田》、《大田》、《无羊》、《斯干》等篇所记述的便是。这些诗篇尽管还不是从劳动群众自己的角度来描写生产,而是从领主或祭祀者的眼光来歌颂生产,但是作为一个新兴的阶级、一个对历史发展还起推动作用的阶级,他们的讴歌赞颂能不在一定程度上反映劳动群众的要求和愿望吗?《诗经》中反映生产斗争的作品,大体可分为三类,即农业、畜牧和建筑业。由于周部族世居宜于耕种的西土,是农业起家,因此三类中反映农业生产的作品又是主要的。作者在描写农业生产的时候,着重描写了进行集体劳动的场面,并且写得比较细致,如《载芟》开篇云:

> 载芟载柞,其耕泽泽。千耦其耘,徂隰徂畛。侯主侯伯,侯亚侯旅,侯强侯以。有嗿其馌,思媚其妇。

这里是说刈除草木，耕耘泥土，千对农夫在高地湿地上耘田，长、幼、兄、弟都身强体壮地积极生产，妇女则担囊送饭，十分和悦。作者以简练的文字表达出集体劳动的情景，在一定程度上也描绘出劳动者愉快爽朗的精神面貌。我们说人民群众在生产劳动中表现了比较高的积极性，并不是否认当时还存在阶级矛盾，相反地，阶级矛盾始终在发展着，《甫田》中所谓"我取其陈，食我农人"便是证明。又《大田》云：

> 有渰萋萋，兴雨祁祁，雨我公田，遂及我私。彼有不获稚，此有不敛穧，彼有遗秉，此有滞穗，伊寡妇之利。

这里反映出庄稼丰收的情况，也描写了一个被剥削者寡妇的苦难形象。她不能耕种公田，当然也没有私田，只有拾"遗秉"、"滞穗"来果腹。但是她毕竟有穗可取，有秉可拾，比起商朝末年统治者暴虐得"如沸如羹，小大近丧"（《大雅·荡》）的情况来是好多了。这里的所谓"公田"就是"籍田"，取借民力而耕的意思，所谓"私田"就是农奴自己的田地。农民既然分得土地，就有可能发挥他们的生产积极性。又如《甫田》第三章：

> 曾孙来止，以其妇子，馌彼南亩，田畯至喜。攘其左右，尝其旨否。禾易长亩，终善且有。曾孙不怒，农夫克敏。

在农夫比较积极的劳动下，才收获到"如茨如梁"、"如坻如京"、"乃求千斯仓，乃求万斯箱"的黍、稷、稻、粱。而这都是"农夫之庆"，是农夫劳动的结果。作为一个现实主义的诗人，得出了这一个正确的结论。作者在赞美人们积极生产的情况时，总是绘声绘色地描写当时的场景：

> 上天同云，雨雪氛氛，益之以霡霂。既优既渥，既沾既足，

生我百谷。(《信南山》)

　　荼蓼朽止，黍稷茂止。获之挃挃，积之栗栗。其崇如墉，
其比如栉。以开百室。(《良耜》)

前一章是描写天空的自然景象：冬季里漫天同云，飘下霏霏大雪，
到了春天，小雨霡霂，滋润田地。这样冬有积雪，春有细雨，有益百
谷之生长。后一章描写收获的情形，收割的声音很响，堆积的谷垛
很密，谷垛之高如墉、密如栉，上百的仓库都打开，准备往里装。这
种描写的确是形象、生动，声色俱现。

　　此外，还有反映畜牧生产的作品，其中最典型的是《无羊》。
《无羊》是写一个牧主养了三百只羊和九十头牛，都和善肥壮，因
此诗人怀着欢乐和喜悦的心情问道：

　　谁谓尔无羊？三百维群；谁谓尔无牛？九十其犉。尔羊
来思，其角濈濈。尔牛来思，其耳湿湿。

　　尔牧来思，以薪以蒸，以雌以雄。尔羊来思，矜矜兢兢，不
骞不崩。麾之以肱，毕来既升。

这是一篇艺术性很高的作品，描写了一个完整的羊群形象。羊的
角光华润泽，走起来坚强粗壮，吃得肚皮饱满，牧人用手一挥，则群
来既升。这是一个驯顺的羊群，令人产生一种亲切、爱慕的情感。

　　《诗经》中反映生产斗争的作品，还有关于建筑事业一类。这
一类的篇目相当多，这与封建领主统治政权的加强是分不开的。
由于他们统治政权的巩固，就有条件来建立自己的宫室、宗庙，以
祭祀祖先，或作为个人居所等，因此便发动广大人民从事建筑，这
样也就产生了大量的反映这一类题材的作品。其中最有代表意义
的是《斯干》。作者描写建筑场面时，是"约之阁阁，椓之橐橐"；描
写建成的房屋格局是：

如跂斯翼,如矢斯棘,如鸟斯革,如翬斯飞。君子攸跻。

殖殖其庭,有觉其楹,哙哙其正,哕哕其冥。君子攸宁。

这所房屋的外貌是平稳端正、飞檐陡壁、雄壮巍峨,内里则是栋宇高大、殿堂轩豁、庭室宽敞。这样一所宏伟的建筑,人们可以升堂入室,舒畅安居。作者在描写这座建筑物时,流露着对人民群众创造精神的赞颂。另外,《大雅》中的《灵台》等也是反映同样题材的作品,并且以同样的笔调赞颂着人民快速度的创造性劳动。

这一切都说明在新的生产关系的基础上,人民群众积极性的提高;说明人民群众在推翻殷商奴隶主统治之后,所发挥的劳动热情;说明人民群众是一切物质财富和精神财富的创造者,是历史的推动者和主人。

四

我们说,新的生产关系刺激了人民群众的劳动积极性,并不是抹杀作为历史发展动力的阶级斗争的存在。实际上,从武王革了商纣之命开始,阶级斗争也仍旧在继续。不同的是以新的领主与农奴的阶级关系代替了旧的奴隶主与奴隶的阶级关系。这种阶级关系到了昭王、穆王时代开始激化起来。到了夷王、厉王时代就陷入更尖锐的矛盾之中。据《国语·周语》记载:"厉王虐,国人谤王。召公告王曰:'民不堪命矣!'王怒,得卫巫,使监谤者。以告,则杀之……三年乃流王于彘。"这应该是农奴暴动的最初形式。由于农奴的反抗,统治者不得不作有限度的让步,到了宣王时期便"不籍千亩",就是不借用民力耕作了。宣王号称"中兴"之主,曾经发动了对异族的抗御战争,但因对人民的剥削过重,进一步加深了社会的矛盾。幽王以后更是每况愈下,处于不可收拾的地步。

平王赖齐、晋的扶助,东迁到洛邑。然而王室独尊的局面已经打破,诸侯兼并的战争逐渐升级,社会秩序更为紊乱,阶级矛盾更加激化。《诗经》中反映这种阶级矛盾和社会动乱的作品,大抵产生于西周末年和东周初年。但也有西周中叶的作品,例如《七月》便相传是成王时代的诗:

> 七月流火,九月授衣。春日载阳,有鸣仓庚。女执懿筐,遵彼微行,爰求柔桑。春日迟迟,采蘩祁祁,女心伤悲,殆及公子同归!
>
> 七月流火,八月萑苇。蚕月条桑,取彼斧斨,以伐远扬,猗彼女桑。七月鸣䴗,八月载绩。载玄载黄,我朱孔阳,为公子裳。

在通篇八章中贯串着一个中心的线索,即鲜明的阶级对立关系。人民群众在被压迫之下,不但要给统治阶级耕种田地,还要给他们养蚕、纺织、染缯、酿酒、打猎、凿冰等,日以继夜地辛勤劳动,毫无喘息的机会。而自己却无衣褐、吃苦菜、烧恶木、住破房子,冬天到了,还要填地洞、熏耗子、塞窗隙、涂门缝、御寒风,苦度新年。但这种阶级对立的关系,还未发展到最尖锐、激烈的阶段,人民群众尚且有苦荼果腹、破屋取暖,一向流离失所无衣无食的群众,一旦得到片刻将息,就不得不聊以为慰,当做太平盛世来歌颂,祝统治者们“万寿无疆”了。然而,这种歌颂却蕴藏着辛酸痛楚的热泪。

这首诗就是这样全面地反映了人民群众整年的艰苦劳动生活。在艺术上特别着重于风俗景物的描写,好像一幅风俗画。作者把许多昆虫写得栩栩如生,使诗的意境处于动的状态中,内容更有真实感,更有生命力。

但是,这类作品在西周中叶却很少,到西周末年才大量地产生,而且所表现的社会矛盾比以前更深刻、更尖锐了。

　　这个时期,人民群众对统治阶级加给他们的压迫和剥削不只是忍受、埋怨了事,而是采取比较积极的态度。他们要出走,敬鬼神而远之。如《邶风·北风》云:

　　　北风其凉,雨雪其雱。惠而好我,携手同行。其虚其邪!
　　既亟只且!

这样的出走,今天看来好像没有什么积极意义,但当时却不能不说是一种有意义的行动。当时人们对国家的概念的理解,并不像我们现代人一样。他们可以做这一国的人民,也可以做另一国的人民,要择“人君”有德者而依之。所谓“百姓携贰”、“民有远志”是那一历史条件下人民群众带普遍性的反抗行动。《诗经》中保存了许多这类作品,又如《魏风·硕鼠》:

　　　硕鼠硕鼠,无食我黍! 三岁贯女,莫我肯顾。逝将去女,
　　适彼乐土,乐土乐土,爰得我所。

这篇诗歌同样以出走的方式表示反抗,不同的是诗人有更积极的理想,即“乐土”,进一步对剥削者给以辛辣的诅咒,说他们是贪而畏人的耗子,深刻地揭示出他们的阶级本质。

　　伴随着阶级矛盾的尖锐,人们的反抗意志就更坚强、斗争精神就更鲜明了,如《魏风·伐檀》:

　　　坎坎伐檀兮,置之河之干兮,河水清且涟漪。不稼不穑,
　　胡取禾三百廛兮? 不狩不猎,胡瞻尔庭有县貆兮? 彼君子兮,
　　不素餐兮!

诗人敏锐地指出了社会的不合理现象,指出了统治阶级的贪婪剥削,发出了强烈的不平呼声,以直接质问的方式,辞严义正地申斥

着敌人。

　　到了东周初年，阶级矛盾继续在加深，人民群众的反抗斗争也继续在增强。如《陈风·墓门》：

> 墓门有棘，斧以斯之。夫也不良，国人知之。知而不已，谁昔然矣。

作者把自己所憎恶的人，比作墓门之棘，必须用刀斧劈了才称心。而统治者的丑言秽行已为国人所了解，但他们却不悔改，当然也应该清除出去。表现了强烈的反抗情绪。

　　这些诗歌基本上是劳动人民自己的创作，其中所表现的思想、情感是爽朗、健康的，态度是坚强、敏锐的。但是，《诗经》中还有一部分是士大夫知识分子的作品。这些作品今天一些评论《诗经》的文章对其估价仍然是不够的。好像一谈起士大夫知识分子的创作，就认为它们反映的是知识分子的思想情绪，价值不大。当然，它们的确是反映了知识分子的思想情绪，但是，犹如列宁驳斥"路标派"歪曲革命民主主义的思想遗产所说的，难道这些"情绪是同农奴的情绪毫不相干的吗？我们的政论史是同人民群众对残余的农奴制压迫的愤怒毫不相干吗？"（转引自《列宁和文学的人民性问题》）实质上这些士大夫知识分子创作的政治讽刺诗所流露的思想情绪，在相当程度上是与那一历史时期被压迫的农奴情绪密切联系着的。像《小雅》的《正月》、《大东》、《十月之交》、《北山》，《大雅》的《抑》、《桑柔》、《民劳》、《板》、《荡》等所反映的，都是那一历史时期被压迫农奴愤怒情绪的折光。如《正月》篇的两章云：

> 谓天盖高，不敢不局。谓地盖厚，不敢不蹐。维号斯言，有伦有脊。哀今之人，胡为虺蜴。

> 瞻彼阪田,有菀其特。天之扤我,如不我克。彼求我则,
> 如不我得。执我仇仇,亦不我力。

天虽高却不得不曲躬而行,地虽厚却不得不累足而走,人们的呼号都是有道理的,他们都为虺蜴所害。上天要扼杀我,殆恐扼杀不了,要贼害我,唯恐贼害不了,疾我如仇,而不用我。这里表现的人们的苦难和愤怒再深刻不过了。表现同一种情绪和主题的作品还有《十月之交》,其中之一章云:

> 黾勉从事,不敢告劳。无罪无辜,谗口嚣嚣。下民之孽,
> 匪降自天。噂沓背憎,职竞由人。

这里是说人们黾勉从皇父之役,未尝敢道一声劳苦,自己无罪,却遭谗言,可见下民的罪孽不是天使之然,而是谗言之人背憎陷害所致。诗人已经洞察到人民灾难之由来,说明他们具有一定的觉醒意识。又如揭露当时社会的矛盾和抒发不平之鸣的作品《北山》:

> 或燕燕居息,或尽瘁事国。或息偃在床,或不已于行。
> 或不知叫号,或惨惨劬劳。或栖迟偃仰,或王事鞅掌。
> 或湛乐饮酒,或惨惨畏咎。或出入风议,或靡事不为。

全篇都用鲜明的对比,来揭示当时的阶级矛盾,贵者则奢侈淫逸,贱者则身荷重负不得安闲。它具体、真实地反映了当时动荡紊乱的社会现实。

另外,我们还必须提到的是《秦风》中的《黄鸟》。这是一首反映残暴的殉葬制度血腥摧残人民的诗篇。据《左传·文公六年》记载:"秦伯任好卒,以子车氏之三子奄息、仲行、针虎为殉,皆秦之良也。国人哀之,为之赋《黄鸟》。"

> 交交黄鸟,止于棘。谁从穆公?子车奄息。维此奄息,百

夫之特。临其穴，惴惴其栗。彼苍者天，歼我良人！如可赎
兮，人百其身。

诗人写出了统治阶级殉葬制度的残酷和被残杀者的灾难、苦痛。
特别是关于殉葬之前"临其穴，惴惴其栗"的惊心动魄场面的描
写，更阴森恐怖。这实际上是对殉葬制度的一种否定。

　　像上述的作品，在《国风》中还有《相鼠》、《黍离》、《葛藟》、
《园有桃》、《鸱鸮》、《北门》，《小雅》和《大雅》中也有很多，不胜其
举。其中有的是劳动人民或接近于劳动人民的诗人的创作，但大
多数是士大夫知识分子的创作。尽管如此，他们都与广大的被压
迫者农奴的愤怒情绪联系着，在不同程度上反映了被压迫者农奴
的怨恨、诅咒和反抗精神，与这一时期农奴反抗封建统治的总的思
想意志相呼应，因此就具有丰富、深刻的人民性。

五

　　周朝自从昭、穆以后，与贵族统治阶级腐朽、贪婪的生活相应
而产生的，不只是阶级矛盾的加深，而且引入了异族的入侵。据古
代典籍记载以及《诗经》本身的反映，当时向中原入侵的部族，南
有荆楚，东有淮夷、徐戎，西北有猃狁。其中以猃狁最强，曾占据周
京畿附近的焦获和泾、洛之间，并进犯过京师丰、镐等地。周统治
者奢侈腐败的生活所带来的外族入侵，造成人民的生灵涂炭，促成
人民的极大痛苦。同时，周统治者为了抵御外族的侵略，又逼迫大
批人民充军服役，这就更加深了这种痛苦。在这样的历史情况下，
尽管战争有保卫国土的性质，而人民群众对战争的态度仍然是消
极或反对的。这种战争的胜利并不能带给被压迫人民多大益处，
人民当然也就不支持。《小雅·采薇》便反映了人民这种思想感

情。诗人认识到自己"靡室靡家"是"猃狁之故",对猃狁是仇恨的。同时对周统治者强迫他们服兵役,而毫不慰劳,所谓"我行不来(劳)",也充满了怨愤。诗人那种厌战的情绪在最后一章里表现得十分明显:

> 昔我往矣,杨柳依依。今我来思,雨雪霏霏。行道迟迟,载渴载饥,我心伤悲,莫知我哀!

胜利归来之后,除了饥渴之外,有谁抚慰、同情他呢?士兵的怨愤情绪不是很明显的吗?《小雅・何草不黄》相传是周幽王时的作品,反映了在频繁的战役中征夫对统治者的怨恨。其中之一章:

> 何草不玄,何人不矜!哀我征夫,独为匪民!

这里是说,草都枯槁腐烂了,人们都丧失了妻子,我们服役的人,难道不是人吗?这是多么深沉的对战争的憎恨,对统治者的不满!

周统治政权东迁以后,在政治上发生了很大的变化。那就是王朝独尊的局面已经动摇,诸侯兼并的战争逐渐加剧,伴随着征讨不息而来的是劳役更增多了。不过,这一时期的战争大抵是在诸侯之间发生的,与西周时期那种稍具卫国性质的战争完全不同了。由于这时的战争进行得更紧张、剧烈,更普遍,从而给人民造成的苦难也更深重,人民对战争的情绪就由怨恨转向痛恶了。《邶风・击鼓》相传是与宋伐陈,卫出兵助陈,后来晋又助宋讨卫,卫终于失败这一史实有关的诗。这次战争是统治阶级为了满足自己的贪欲而发动的,人民群众当然不可能支持和拥护,因此就采取了消极、反抗的态度。诗中的"爰居爰处,爰丧其马",便是对这种情况的真实写照。同时,诗人还诅咒战争给自己带来的夫妻分散的痛苦。他回想起从军以前对妻子所讲的一段话:

> 死生契阔,与子成说。执子之手,与子偕老。

但是,今天呢? 他感叹道:

> 于嗟阔兮,不我活兮! 于嗟洵兮,不我信兮!

我们不能再相会了,也不能遵守白头偕老的誓约了! 在感慨中蕴含着对造成人们灾难的战争的仇恨情绪。同样题材的诗歌还有《唐风》中的《鸨羽》、《魏风》中的《陟岵》等篇。这些诗歌都是以士兵直接歌唱的方式来表现厌战、反战的思想。另外还有一些是通过士兵的家属——主要是士兵的妻子——的歌唱来表现对战争的态度和看法的。其中比较有名的篇章是《卫风》中的《伯兮》、《王风》中的《君子于役》等。《伯兮》是写一位征夫的妻子久盼丈夫不归而慨叹道:

> 自伯之东,首如飞蓬。岂无膏沐? 谁适为容!

这是诗人内心苦痛的流露。由于丈夫久出不归,自己则不涂膏施粉,以至于蓬首垢面。这种形象具有鲜明的感人力量。

《君子于役》是诗人从另一个角度抒写征夫之妇怀念丈夫的情况:

> 君子于役,不知其期。曷至哉? 鸡栖于埘,日之夕矣,羊牛下来。君子于役,如之何勿思!

从中我们可以具体地感触到一个精神苦闷的女子,在黄昏的时候,为了盼望她丈夫归来,耐心地等待着。诗人把自己的情感与黄昏的景色和谐地统一起来,提高了诗的意境。又《秦风》的《小戎》写妇女怀念出征的丈夫是"在其板屋,乱我心曲"。想起她丈夫在板屋居住,便心慌意乱。这些诗篇虽然未直接描写战争如何残酷,但却鲜明地反映了战争对人们的和平美满生活的破坏,表现了人民对战争的态度和看法。自然地也就引起人们对不义之战的憎恶，和对和平美好生活的向往。这就说明这些诗歌典型概括的深度。

这些诗歌都不是一时一地之作，时间和空间的距离既久且远，因此要考察许多战争的性质是极其困难的。但是，我们可以大体上把西周划作一个时期，东周划作另一个时期。西周主要是周部族抵抗外族入侵的战争，东周大抵是诸侯兼并的战争。战争的性质虽然不同，但就诗歌所表现的内容看，都或多或少地给人民带来了灾难和痛苦。它拆散了人民的美满家庭，也破坏了人们的和平幸福生活。这些诗篇的重要意义，就在于它对由统治阶级昏聩腐败所导致的外族入侵而发生的战争的怨恨，对残酷的不义之战的痛恶，和对美好和平生活的向往和追求。

六

《诗经》丰富广阔的人民性，不仅仅表现在对统治阶级所发动的不义之战的深恶痛绝上，也表现在对爱情生活的歌唱上。《诗经》中的情歌无论在数量上和质量上都占着极大的比重，是全部《诗经》最有价值的内容之一。

《诗经》中的情歌大体上可分为两类：一类是反映青年男女欢欣愉快、无忧无虑地对爱情生活的追逐、向往和渴慕，另一类则是反映他们这种愿望破灭后精神上的苦痛、哀伤和怨愤。这两种不同倾向的形成，与具体的社会环境有密切的关系。西周初年，由于新的社会关系刚确立，社会的各个方面都在向上发展，所以这一时期的情歌也呈现出一种积极、和悦和焕发的精神。到了西周中叶之后，由于统治阶级的腐朽堕落，阶级矛盾加深，人民的反抗力量增强。统治阶级为了巩固自己的统治，除了在政治、经济、文化上对人民加强压迫和钳制外,也在精神上加强以礼教对人民的奴役,因此这一时期的情歌呈现着怨愤、痛苦和哀伤的情绪。表现这两种不同风格特征的诗篇,前者可以二《南》为代表,后者可以《邶》、《鄘》、《卫》及其他国风为代表。这就牵涉到关于二《南》的写作年代问题。近人多认为二《南》产生于周朝的晚期,理由是它在技术上比较成熟。但,我们看,像《芣苢》那样的诗歌通篇只换了几个动词,十分简单粗朴,有什么比《邶》、《鄘》、《卫》诸国风更高超的地方呢? 就内容看,从《关雎》到《驺虞》总共二十五篇诗,很少有反映人民疾苦和阶级斗争的作品,相反地大多数却呈现着一种和悦愉快的气氛。这就与晚期的周朝的动荡社会生活不相符合。文学作品是一定历史时代社会生活的反映。很难设想,一个与人民群众的思想意识密切联系的诗人或者是人民群众自己,能在社会动荡不安、人民生活痛苦的情况下,有和悦愉快的感受。因此,我们必须重新考虑郑玄《诗谱序》的意见:"至于大王王季……其时诗《风》有《周南》《召南》。"那就是说二《南》是西周初期的作品,反映了社会上升时期的时代特征。例如《关雎》写一个男子在和乐的环境中尽情地追求一个女子的情况:

　　　　关关雎鸠,在河之洲。窈窕淑女,君子好逑。

　　……

　　　　求之不得,寤寐思服,悠哉悠哉,辗转反侧。

把男子追求女子而不能得的急迫心情逼真地显示出来。这是《诗经》的第一篇,也是人们最熟识的一篇,后来在人民生活中成为形容男女爱情的俗谚了。又《汉广》同样写一个男子追求一个理想的伴侣,但描写的角度却不同:

　　　　南有乔木,不可休思。汉有游女,不可求思。汉之广矣,

> 不可泳思。江之永矣,不可方思。

诗人把整个环境性格化,把环境描写成一个十分美的境界,烘托出一个可求而不可得的、有高洁品格的女子形象。

《召南·摽有梅》是写一个青年女子对男子的热烈、诚挚的追求,女子对男子的迫切愿望是:

> 摽有梅,其实七兮。求我庶士,迨其吉兮。

她以梅子起兴,见到梅子即将凋零,便唤醒追求自己的男子不要误了佳期,表现了她的爱情的坦率和诚挚。另外,《召南》中的《野有死麇》等篇也表现了这种思想感情。

从这些诗篇来看,诗人作为诗中的人物,在他们的精神上呈现着一种和悦、积极追求的特征,这种特征似可视为西周初年上升时期的社会生活的反映。

自《邶》、《鄘》、《卫》诸风开始,随着周朝社会生活的发展,这一时期的情歌在风格上也发生了很大的变化。代替轻盈、和悦、积极追求的精神而出现的是沉郁、痛苦和勇敢的反抗。但是,正像西周初年的作品也有《邶》、《鄘》、《卫》诸风以后的诗歌特征一样,我们也并不否认这以后的诗歌也有初期的风格因素。《邶风·静女》就是一篇十分成功地描写男女之间的轻盈、和乐的爱情的诗歌,原诗共三章,云:

> 静女其姝,俟我于城隅。爱而不见,搔首踟蹰。
>
> 静女其娈,贻我彤管。彤管有炜,说怿女美。
>
> 自牧归荑,洵美且异。匪女之为美,美人之贻。

写男子等待女子的急迫情绪,以及得到女子所赠的礼物之后的喜悦、细腻的心理活动极其充分、亲切,富有生活的真实感。此外,

《郑风·萚兮》也表现了同样的思想内容。但是,不能否认表现无阻无碍的恋爱内容的作品,这一时期与周朝初年比在某种程度上却呈现出不同的格调。《郑风·风雨》写一个久病的女子怀念丈夫的心情:

> 风雨凄凄,鸡鸣喈喈。既见君子,云胡不夷。

完全是一种凄凉惨淡的感情。又《唐风·葛生》写一个女子悼念她丈夫的情况:

> 角枕粲兮,锦衾烂兮。予美亡此,谁与？独旦！
> 夏之日,冬之夜,百岁之后,归于其居。

女子的丈夫死了,她回想从前的角枕锦衾,再看到眼前的凄凉孤寂,在夏之长日里,冬之长夜中,百无聊赖的时候怎样生活呢？最后感叹着,只有百年之后死了才能同居。这是多么沉痛的思想情感！

人民群众所受的灾难,更多的是统治阶级所直接加给的。如《卫风·氓》是写一个女子从恋爱、结婚到被迫害、被抛弃的过程。这个女子是中国被压迫妇女的普遍形象,她是这样的善良、勤劳和温顺,自从出嫁以后,跟着丈夫过了三年穷日子,却毫无怨言,早起晚睡地勤劳操作,得不到任何安慰,也不以为痛苦,始终忠于对丈夫的爱情。而她丈夫却嫌她年老色衰,对她暴虐起来。她感叹道:

> 三岁为妇,靡室劳矣,夙兴夜寐,靡有朝矣。言既遂矣,至于暴矣。兄弟不知,咥其笑矣。静言思之,躬自悼矣。

她终于被驱遣回娘家了。到家之后并未得到兄长的同情,相反却是尖锐的嘲笑,这对她该是多么大的刺激！她得不到任何人的体恤和抚慰,周围环境对她都是冷若冰霜,她只有躬自痛悼了。全诗充满了愤怒、怨恨、反抗和感伤的情绪,这种情绪典型地体现了封建社会被压迫妇女的思想、意志和愿望。另外,表现被弃妇女苦痛的作品还有《邶风·谷风》,但是,《谷风》中的女子比较而言更温顺,忧郁寡断,是另一种被迫害者的形象。

这里,我们还应该特别提到的是《郑风·将仲子》。这首诗是写一个少女爱慕一个男子而又不敢大胆追逐的矛盾心情。这个女子看到男子来了之后说道:

> 将仲子兮,无逾我里,无折我树杞。岂敢爱之? 畏我父母。仲可怀也,父母之言,亦可畏也。

全诗共三章,后两章接着说"畏我诸兄"、"畏人之多言"。通篇诗歌就反映了从父母、诸兄到社会舆论整个封建思想意识对人民自由恋爱的迫害。但是,被迫害的妇女并不永久停留在矛盾痛苦之中,她们坚持自己的理想,和顽固势力进行不屈的斗争。《鄘风·柏舟》正是描写一个女子当自己的理想受到母亲的干涉时便发出愤怒的呼声:"母也天只! 不谅人只!"最后发誓说:"之死矢靡它!"表现了坚定、顽强的斗争性格。

从这里,我们可以看出周朝中叶以后情歌的风格比周朝初年有许多不同,这是由这一时期动荡紊乱的社会生活造成的。

《诗经》中的情歌是很多的,诗人从各个方面、各个角度,以及通过各种形式,来描写自己的生活遭遇,表现了自己全部复杂的情感,概括了自己对生活的理想。诗人的光辉人格在诗中得到动人而美好的体现。

《诗经》就是这样一部具有深刻、广阔内容的伟大作品,其中许多篇章直接或间接地产生于广大人民自己的生活之中,或为人民群众自己所创作。它反映了人民群众的思想、气质和意志,为人民群众所欣赏和热爱。它是我们伟大民族的作品,三千年来对我国民族的精神生活和政治生活产生了巨大而深刻的影响。历代人们从《诗经》中吸取营养,丰富并发展了自己的艺术趣味,也增加了自己认识生活、判断生活的能力。《毛诗大序》说:"治世之音安以乐,其政和。乱世之音怨以怒,其政乖。亡国之音哀以思,其民困。"这虽然是子夏的话,但在阐明《诗经》与社会生活的关系上,他的见解却是卓越的。历代人们也就根据这个标准来判断和认识一定历史时期的社会生活。产生《诗经》的时代已经一去不复返了,但是,《诗经》的创作成就对我们伟大的民族却仍然保持、发挥着它的不朽的艺术魅力!

漫谈《关雎》

　　《诗经》中保存着我国比较古老的诗歌。和我国其他经书之真伪难辨不同,《诗经》中的诗歌都是真实可信的,它为我们提供了研究古代文学的有力根据。《颜氏家训·文章篇》说:"夫文章者,原出五经……歌、咏、赋、颂生于诗者也。"又《文心雕龙·宗经》不但认为历代文体皆源于五经,而且认为我国诗歌的多种表现手法也本之《诗经》。虽然我们对他们的意见的理解不应过于拘泥,但他们确是看到了《诗经》对后代诗歌发展的巨大影响。所谓"别裁伪体亲《风》《雅》"(杜甫《戏为六绝句》)便道出了历代诗人在创作上对《诗经》的追慕和标榜。因此,认真地分析和鉴赏《诗经》中一些重要篇章,为今天文艺创作提供借鉴,提高人们的精神素养,是有意义的。

　　《关雎》是《风》之始也,也是《诗经》之第一篇。古人把它冠于三百篇之首,说明它的重要性和对它评价之高。《史记·外戚世家》记述说:"《易》基《乾》《坤》,《诗》始《关雎》,《书》美厘降,《春秋》讥不亲迎。夫妇之际,人道之大伦也。"又《汉书·匡衡传》,记载匡衡疏云:"匹配之际,生民之始,万福之原。婚姻之礼正,然后品物遂而天命全。孔子论《诗》,以《关雎》为始……此纲纪之首,王教之端也。"他们的着眼点是迂腐的,但他们对诗之本义的概括却基本正确。问题在于它所表现的是什么样的婚姻? 这关系到我们对《风》的理解。朱熹《诗集传》"序"说:"凡诗之所谓风者,多出于里巷歌谣之作,所谓男女相与咏歌,各言其情者也。"又郑樵

《通志·乐略·正声序论》说:"《诗》在于声,不在于义,犹今都邑有新声,巷陌竞歌之,岂为其辞义之美哉? 直为其声新耳。"朱熹是从诗义方面论述的,郑樵则从声调方面进行解释。我们把二者结合起来,那么可以认为《风》是一种用地方声调歌唱的表达男女爱情的歌谣。尽管朱熹对《关雎》主题的解释并不如此,但从《关雎》的具体表现看,它确是男女言情之作,是写一个男子对女子爱情的追求。其声、情、文、义俱佳,足以为《风》之始,三百篇之冠。孔子云:"《关雎》乐而不淫,哀而不伤。"(《论语·八佾》)此后,人们评《关雎》,皆"折中于夫子"(《史记·孔子世家》),《关雎》究竟如何呢?《关雎》云:

> 关关雎鸠,在河之洲。窈窕淑女,君子好逑。
> 参差荇菜,左右流之。窈窕淑女,寤寐求之。
> 求之不得,寤寐思服。悠哉悠哉,辗转反侧。
> 参差荇菜,左右采之。窈窕淑女,琴瑟友之。
> 参差荇菜,左右芼之。窈窕淑女,钟鼓乐之。

此诗原作三章:一章四句,二章八句,三章八句。郑玄从文义上将后二章又各分为两章,共五章,章四句。兹从郑玄。第一章以雎鸠和鸣于河之洲上,其匹偶不乱之意,而兴淑女是君子的好匹配。这一章的佳处,在于它那种舒缓平正之音,并以这种音调领起全篇,形成全诗的基调。而且以"窈窕淑女,君子好逑"为纲目,统摄全诗。第二章之"参差荇菜"是承"关关雎鸠"而来,也是以洲上生长之物,即景生情。"流",《毛传》训为"求",不确。因为下文"寤寐求之"已有"求"字,此处不当再有"求"意,应当作"流动"解。这是以荇菜流动无方喻淑女之难求。"求"字是全篇的中心,通首诗都在表现一个男子对女子的追求过程,即从深切的思慕到实现结婚的愿望。第三章抒发求之不得的忧思。此为一篇的关键,最能体现全诗的精神。姚际恒《诗经通论》评云:"前后四章,章四句,辞义悉协。今夹此四句于'寤寐求之'之下,'友之'、'乐之'二章之上,承上递下,通篇精神全在此处。盖必着此四句,方使下'友''乐'二义快足满意。若无此,则上之云'求',下之云'友'、'乐',气势弱而不振矣。此古人文章争扼要法,其调亦迫促,与前后平缓之音别。"姚际恒对本章在全诗中重要性的分析,最为卓识。应当补充者,为此章不但以繁弦促管振文气,而且写出了生动逼真的形象,即王士禛《渔洋诗话》所谓"《诗》三百篇真如画工之肖物"。林义光《诗经通解》说:"寐始觉而辗转反侧,则身犹在床。"这种对思念情人的心理的描写,可谓"哀而不伤"者也。第四、五章写求而得之的喜悦。"琴瑟友之"、"钟鼓乐之",都是既得之后的情景。曰"友",曰"乐",用字自有轻重、深浅之不同。极写快足满意而又不涉于佻靡,所谓"乐而不淫"者也。通篇诗是写一个男子对女子的思念、追求过程,写求之不得的焦虑和求而得之的喜悦。

此诗之主要表现手法是兴寄,《毛传》云:"兴也。"什么是"兴"?我以为孔颖达的解释最得要领,他在《毛诗正义》中说:"'兴'者,起也。取譬引类,起发已心,《诗》文诸举草木鸟兽以见意者,皆'兴'辞也。"所谓"兴",即先以别的景物引起所咏之物,以为寄托。这是一种委婉含蓄的表现手法。如此诗以雎鸠之"挚而有别",兴淑女应配君子;以荇菜流动无方,兴淑女之难求;又以荇菜既得而"采之"、"芼之",兴淑女既得而"友之"、"乐之"等。这种手法的特点,在于寄托深远,能产生文已尽而意有余的效果。

此诗还采用了一些双声叠韵联绵字,以增强诗歌音调的和谐美和描写人物的生动性。如"窈窕",是叠韵;"参差",是双声;"辗转",既是双声又是叠韵。用这类词语修饰动作,如"辗转反侧";模拟形象,如"窈窕淑女";描写景物,如"参差荇菜";莫不活泼逼真,声情并茂。刘师培《论文杂记》云:"上古之时……谣谚之音,多循天籁之自然,其所以能谐音律者,一由句各叶韵,二由语句之间多用迭韵双声之字。"此诗虽非"句各叶韵",但其对双声叠韵联绵字的运用,却保持了古代诗歌淳朴自然的风格。

在用韵方面,此诗采取偶句入韵的方式。如鸠、洲、逑叶韵,属幽部;流、求叶韵,也属幽部;得、服、侧叶韵,属职部;采、友叶韵,属之部;芼、乐叶韵,属宵部。这种偶韵式支配着两千多年来我国古典诗歌谐韵的形式。而且全篇三次换韵,又有虚字脚"之"字不入韵,而以虚字之前一字为韵的。这种在用韵方面的参差变化,极大地增强了诗歌的节奏感和音乐美。

对《关雎》,我们应当从诗义和音乐两方面去理解。就诗义而言,它是"民俗歌谣",他所写的男女之爱情是作为民俗反映出来的。相传古人在仲春之月有会合男女的习俗。《周礼·地官·媒氏》云:"媒氏(即媒官)掌万民之判(配合)……中春(二月)之月,令会男女,于是时也,奔者不禁(不禁止私奔);若无故而不用令者,罚之,司男女之无夫家者而会之。"《关雎》所咏未必就是这段史事的纪实,但是这段史实却有助于我们了解古代男女相会、互相爱慕并希望成婚的心理状态和风俗习尚。文学作品描写的对象是社会生活,而对社会风俗习尚的描写,能更真实地再现社会生活,使社会生活融汇于社会风习的画面中,从而就更有真实感。《关雎》就是把古代男女恋情作为社会风俗习尚描写出来的。就乐调而言,全诗重章叠句都是为了合乐而形成的。郑樵《通志·乐略·正声序论》云:"凡律其辞,则谓之诗,声其诗,则谓之歌,作诗未有不歌者也。"郑樵特别强调声律的重要性。凡古代活的有生气的诗歌,往往都可以歌,并重视声调的和谐。《关雎》重章叠句的运用,说明它是可歌的,是活在人们口中的诗歌。当然,《关雎》是把表达诗义和疾徐声调结合起来,以声调传达诗义。郑玄《诗谱序》云:"《虞书》曰:'诗言志,歌永言,声依永,律和声。'然则诗之道,放于此乎?"《关雎》篇亦然。

《大雅·生民》新释

【题解】

这是一篇周部落兴起的史诗,是周始祖后稷的小传,其主要内容是歌颂后稷的业绩,描写后稷对农业生产的贡献。在后稷身上寄托着人们对一个农艺发明者的赞扬。认为他一生下来就有知、有识,就会种植五谷,有一副发展农业生产的本领和方法。他所播种的,都长得蓬勃旺盛,并获得很好的收成。这自然是一种夸张,但这正是具有浓厚神话色彩的史诗的特征。诗中所写后稷那种顽强、不屈的探索精神,是要周人认识他们的祖先的艰苦奋斗过程,并勉励他们后代的进取精神。

诗中运用大量的排句重言。如写后稷种植的情况:"蓺之荏菽,荏菽旆旆,禾役穟穟,麻麦幪幪,瓜瓞唪唪。"写谷子的成长过程是:"实方实苞,实种实褎,实发实秀,实坚实好,实颖实栗。"这些具有色彩的极为丰富而细致的叙述,把庄稼的苗壮、肥美、茂盛、充实、饱满等形状,都生动、具体地描绘出来。这样着力地描写庄稼,是为了表明后稷发明种植的功绩,说明周代社会生产的特点——农业。

【原诗】

厥初生民〔一〕,时维姜嫄〔二〕。生民如何?克禋克祀〔三〕,以弗无子〔四〕。履帝武敏歆〔五〕,攸介攸止〔六〕,载震载夙〔七〕,载生载育,时维后稷〔八〕。

诞弥厥月[九]，先生如达[一〇]，不坼不副[一一]，无菑无害[一二]。以赫厥灵[一三]。上帝不宁[一四]，不康禋祀[一五]，居然生子[一六]！

诞寘之隘巷[一七]，牛羊腓字之[一八]；诞寘之平林，会伐平林[一九]；诞寘之寒冰，鸟覆翼之[二〇]。鸟乃去矣，后稷呱矣[二一]。实覃实讦[二二]，厥声载路[二三]。

诞实匍匐[二四]，克岐克嶷[二五]，以就口食[二六]。蓺之荏菽[二七]，荏菽旆旆[二八]，禾役穟穟[二九]，麻麦幪幪[三〇]，瓜瓞唪唪[三一]。

诞后稷之穑[三二]，有相之道[三三]。茀厥丰草[三四]，种之黄茂[三五]。实方实苞[三六]，实种实褎[三七]，实发实秀[三八]，实坚实好[三九]，实颖实栗[四〇]，即有邰家室[四一]。

诞降嘉种[四二]，维秬维秠[四三]，维穈维芑[四四]。恒之秬秠[四五]，是获是亩[四六]；恒之穈芑，是任是负[四七]；以归肇祀[四八]。

诞我祀如何？或舂或揄[四九]，或簸或蹂[五〇]。释之叟叟[五一]，烝之浮浮[五二]。载谋载惟[五三]，取萧祭脂[五四]，取羝以軷[五五]。载燔载烈[五六]，以兴嗣岁[五七]。

卬盛于豆[五八]，于豆于登[五九]。其香始升，上帝居歆[六〇]。胡臭亶时[六一]！后稷肇祀，庶无罪悔[六二]，以迄于今[六三]。

【注释】

〔一〕厥：其也。民：指周部落的人。

〔二〕时：与"是"同意。时维，即是为。姜嫄(yuán)：姓姜名嫄，后稷母,是周部落在母系社会的始祖,后人附会为帝喾妻,不可信。周部落自后稷以后便进入父系社会了。

〔三〕克:能也。这里表示实行。禋(yīn)、祀:以火烧牲,烟起上升,以示告天。指祀郊禖,即祭求子之神于郊。禖是求子之神。

〔四〕弗:是"袚"之借字,古本也作"袚"。弗无子:即袚除无子的不祥。姜嫄无子,所以祭神祈祷生子。

〔五〕履:用脚踩。帝:上帝。武:脚印。敏:拇趾。上帝的脚印极大,姜嫄只踩着其拇趾印。歆:欣然,或动貌。

〔六〕攸:与"乃"同意。介、止:都是止息之意。

〔七〕载:与"则"同意。震:动也。夙:用手抓。都指胎动。

〔八〕后稷:姓姬名弃。古代相传他在尧、舜时代做后稷之官。后稷是官名。

〔九〕诞:发语词,无意义。弥:终也。弥厥月:指终十月怀胎之期。

〔一〇〕先生:即初生,俗谓头生。达:顺利。或解为小羊,言婴儿初生如小羊。

〔一一〕坼(chè):裂开。副:割开。指妇女难产时,要把阴门割开。

〔一二〕菑:灾之古字。上两句言姜嫄生后稷之顺利。

〔一三〕赫:显也。灵:即神。

〔一四〕宁:安也。

〔一五〕康:亦安也。言上帝不安于姜嫄的祭祀。

〔一六〕居然:是惴惧不安的语气。

〔一七〕寘(zhì):与"置"同。隘:狭窄。巷:胡同。

〔一八〕腓(féi):庇护。字:子养。指喂奶。

〔一九〕平林:原野的树林。会:值也。

〔二〇〕翼:用做动词,用翅膀盖上。

〔二一〕呱(gū):小儿啼声。

〔二二〕实:与"是"同意。覃(tán):长也。吁(xū):大也。

〔二三〕载路:满于路上。指婴儿哭声宏大。此章写后稷被抛弃的情况。

〔二四〕匍匐(pú fú):手足并行,即爬。后稷成长到能够爬着走了。

〔二五〕岐:有知貌。嶷:有识貌。

〔二六〕就:求也。

〔二七〕蓺:"艺"之古字,义为种植。荏(rěn)菽:古大豆名。后稷成长到会种庄稼了。

〔二八〕旆旆(pèi):蓬勃旺盛貌。

〔二九〕禾:谷子。役:行列。穟穟(suì):穗实下垂貌。

〔三〇〕幪幪(méng):茂密貌。

〔三一〕瓞(dié):小瓜。唪唪(běng):三家诗作"菶菶",瓜实盛多貌。

〔三二〕穑:收获。这里包括春种秋收,不专指秋收。

〔三三〕相:相助。道:治也。后稷有帮助禾谷生长的方法。

〔三四〕茀(fú):清除。把丰茂的荒草拔掉。

〔三五〕黄茂:嘉谷,即好品种的谷子。

〔三六〕方:放也,指放穗。苞:苞子丰满。

〔三七〕种:雍肿,谓禾苗肥盛。袖(yòu):长也,谓禾苗长大。

〔三八〕发、秀:谓禾颖之发苞秀穗。

〔三九〕坚、好:禾穗将熟时子粒充实饱满貌。

〔四〇〕颖:禾穗熟时的芒针。栗:坚实。

〔四一〕即:运也。有邰:后稷母出于有邰,故地在今陕西武功县西南。此句是说后稷把庄稼收到家里。

〔四二〕降:指上天降下。嘉种:好的谷种。

〔四三〕秬(jù):黑黍。秠(pī):黑黍的一种,一个壳两个粒。

〔四四〕穈(mén):红苗谷。芑(qǐ):白苗谷。

〔四五〕恒(gèn):普遍种植。

〔四六〕获:割下。亩:古代以担计亩,故亩有担意。或谓收割按亩计数。

〔四七〕任:肩抗。负:背驮。

〔四八〕肇(zhào):始也。周人的祭祀从后稷开始。

〔四九〕舂:捣粟。揄(yóu):捣粟毕用瓢把臼中的米舀出来。

〔五〇〕簸:用簸箕簸去粟糠。蹂:用脚蹂粟以去糠皮。

〔五一〕释:淘米。叟叟:淘米的声音。

〔五二〕浮浮:热气上腾貌。

〔五三〕谋:计划。惟:考虑。

〔五四〕萧:一种香蒿。祭脂:牛脬膋。古人祭天,取蒿合牛脬膋而燃之,使香气上升。

〔五五〕羝(dǐ):牡羊。軷(bá):祭道路之神。

〔五六〕燔(fán):把肉投在火里烧。烈:把肉穿在用具上,架在火上烧。

〔五七〕兴:兴旺。嗣:继续。嗣岁,犹来年。即祈求来年收成也好。

〔五八〕卬(áng):与"我"同意。盛:装起。豆:古代的一种祭器,形如深碗,独脚,用来盛肉。

〔五九〕登:也是古代一种祭器,形如浅碗,独脚,用来盛汤。豆和登或用瓦、或用木、或用铜制造。

〔六〇〕居:住在天上。歆:飨也,享受人们的祭祀。

〔六一〕胡:何也。臭:香也。亶:诚然。时:恰合其时。此句是赞词,意谓何其芳香而正得其时啊!

〔六二〕庶:副词,有几乎、差不多之意。悔:较小的灾难。

〔六三〕迄:到也。此句言周人世代用心于祭祀。

楚辞学

战国末年产生于我国南方的"楚辞",与《诗经》并为古代诗歌史上的丰碑,两千多年来,对我国文学乃至汉民族的精神风貌发生了持续不断的、巨大的影响。引起人们极大的关注。从西汉至今,历代学者不懈地进行整理和研究,取得了大量的创造性成果,逐渐形成了"楚辞学",并使之体系日趋完备,内容日趋丰富。据马茂元主编《楚辞要籍解题》和《楚辞研究论文选》书末所附,从汉代至 1982 年,国内楚辞研究专著达 235 种;"五四"以后至 1982 年底,在报刊上正式发表的楚辞研究论文达 1200 多篇。而近年来成果更多,涉及的领域越来越广,"楚辞学"越来越兴旺发达!

像其他学科一样,"楚辞学"也经历了一个不断发展的过程。

一、古代楚辞学(西汉—"五四"时期)

(一)两汉:楚辞学的建立与兴盛

一般说来,"楚辞"一词有三种涵义。首先,它是指战国末年屈原在南方民歌的基础上创造的楚地的诗歌;其次,它也指王逸《楚辞章句》中所收的全部作品;同时,它还指一种特定的文体,即还包括历代文人模仿屈宋辞作的形式所写的作品。显然,后两种涵义是第一种涵义的延伸与扩衍。

"楚辞"的代表作家是屈原。屈原自沉汨罗之后,他的事迹和作品在楚国产生了相当大的影响。王逸所谓"楚人惜而哀之,世论其词,以相传焉"(《楚辞章句·九章序》)便是明证。但在汉以前的文献中,却找不到有关屈原及其作品的任何记载。究其原因,或是因为他"暴显君过"的行为不容于楚国当时的统治者,故典籍不载;或是有关文献遭秦火散佚了,故而不传。秦、楚两国有着长期的积怨,这种对立一直延续到秦亡,而"楚辞"是典型的楚国文学,屈原又是坚决主张抗秦的人物,在本来就实行文化灭绝主义的秦王朝,"楚辞"自然逃脱不了禁绝乃至销毁的厄运。

　　然而,由于楚人对屈原崇高人格的敬仰、对他悲剧命运的同情和对楚辞的喜爱,屈宋辞作仍然通过非官方的渠道,以口耳相传的方式在民间流行。而汉初的贾谊,则是在其作品中写到屈原的第一人。

　　贾谊(前200—前168)是汉文帝时博士,在贬往长沙途经湘水时写了一篇《吊屈原赋》,赋中写道:

> 仄闻屈原兮,自沉汨罗……
>
> 遭世罔极兮,乃殒厥身……
>
> 讯曰:已矣! 国其莫吾知兮……
>
> 何必怀此都也!

　　生长于北方洛阳的贾谊,通过"仄闻"得知屈原的身世及《离骚》等作品,并由于遭际的相似与心灵的共鸣,在湘水之滨写下了这篇名作,从而使屈原这个名字首次载于文献。同时,通过作品,我们还可以了解到屈原"遭世罔极"、"自沉汨罗"的身世,了解到屈原是《离骚》的作者,以及汉初流传之《离骚》即我们今天所见之《离骚》("讯词"中的两句隐括《离骚》"乱辞")等宝贵情况。贾谊对屈原的不幸遭遇十分同情,对其峻洁的品行极为崇敬,但他又认为屈原在当时情况下应该选择归隐或另投明君的道路,他说:"般纷纷其离此尤兮,亦夫子之辜也。瞻九州而相其君兮,何必怀此都也?"贾谊这种同情、崇敬加上不理解的态度,后来几乎成为汉人评价屈原的固定取向。

由于西汉统治集团爱好辞赋,"楚声"、"楚辞"得到迅速的扩散和传播,由楚地推及全国,由民间流向宫廷,很快便风靡汉代文坛。一方面涌现出大量的仿骚体作品;另一方面,则引发出汉人整理、研究楚辞的极大热情。

据现有资料,最早整理、研究屈原辞作的是刘安。刘安(?—前122)武帝时为淮南王,都寿春,为楚之故都。《汉书·淮南王传》记载:"初,安入朝,献所作内篇,新出,上爱秘之。使为《离骚传》,旦受诏,日食时上。"班固《离骚序》也说刘安曾作《离骚传》,王逸《楚辞章句》则说刘安作的是《离骚经章句》。汉代的"传"与"章句",体例上并无严格的区别。故名虽有异,所指则同。至于高诱《淮南子叙》中所谓刘安作《离骚赋》,显然是后人讹误或妄改所致,不足为凭。

刘安的《离骚传》已佚,无法知其全貌,幸而司马迁的《史记·屈原列传》中曾引用过其中的一段话:

> 《国风》好色而不淫,《小雅》怨诽而不乱,若《离骚》者,可谓兼之矣。上称帝喾,下道齐桓,中述汤武,以刺世事。明道德之广崇,治乱之条贯,靡不毕见。其文约,其辞微,其志洁,其行廉,其称文小而其指极大,举类迩而见义远。其志洁,故其称物芳。其行廉,故死而不容自疏。濯淖污泥之中,蝉蜕于浊秽,以浮游尘埃之外,不获世之滋垢,皭然泥而不滓者也。推此志也,虽与日月争光可也。

班固《离骚序》和刘勰《文心雕龙·辨骚》均对此段话有节引,并指出是刘安《离骚传》中的论述,故当可信。刘安称《离骚》体兼风雅,屈子志洁行廉,对《离骚》及其作者推崇备至,予以全面的肯定和赞扬,这是很难得的。不过,他将《离骚》之义与儒家圣人、道德治乱联系起来,却给后来楚辞研究中的牵强比附经典开了一个不好的先例。

司马迁(前145—前86?)是伟大的史学家,在"楚辞学"史上也有重要地位。他并非有意研究"楚辞",但他以记述历史人物为目的的《屈原贾生列传》,却成为了楚辞研究中的基本文献。就"楚辞学"而言,这篇列传最大的贡献在于:它比较清楚地勾勒了屈原的生平事迹。从中我们得知,屈原为"楚之同姓",是楚国贵族,曾任楚怀王左徒、三闾大夫,深得怀王的信任倚重,后因制订法令之事遭谗而被怀王疏远、流放,顷襄王即位后,又被迁往更偏远的江南,最后自沉汨罗而死。传中还提到屈原之后的楚辞作家宋玉、唐勒、景差和《离骚》、《天问》、《招魂》、《哀郢》四篇作品的篇名,并收录了《渔父》大部和《怀沙》全部原文。同时,在这篇列传中,司马迁还以极强烈的情感,高度评价《离骚》的伟大成就,并深刻分析了屈原创作《离骚》的背景和动机:"信而见疑,忠而被谤,能无怨乎?屈平之作《离骚》,盖自怨生也。"司马迁较少儒家伦理教化的束缚,更兼自身冤屈致刑的不幸,故能以己之心去体会屈原之心,堪称屈子的知音。他强调《离骚》的"穷"与"怨",实际上开创了后来楚辞研究中的"主怨"一派。至于他在"太史公曰"中"又怪屈原以彼其材,游诸侯,何国不容?而自令若是"的说法,则只不过是贾谊观点的延续罢了。

《屈原贾生列传》中有关屈原的记载文不连贯,或有后人窜入的文字。但联系到贾谊《吊屈原赋》、桓宽《盐铁论·讼贤》及刘向《新序·节士》等文献所载,其基本事实是可信的。

论者大多认为,贾谊、刘安、司马迁等人的观点大体上一致,而到西汉末和东汉,在评论屈原和楚辞方面便出现了明显对立的意见。站在对立面批评屈原的就是扬雄和班固。

扬雄(前53—18)是西汉末年的大辞赋家,历成、哀、平三世,晚年又事王莽。他不理解屈原,认为"君子得时则大行,不得时则龙蛇。遇不遇命也,何必沉身哉"(《汉书·扬雄传》),又作《反离骚》一篇,投之于江流以吊屈原。扬雄反对屈子自沉,实际上与贾谊、司马迁看法一致;至于《反离骚》,只不过是一种正话反说、寓庄于谐的手法而已,他的《逐贫赋》与《解嘲》也有类似的特点。事实上,他同情屈原,读《离骚》,"未尝不流涕",还写过《广骚》、《畔牢愁》,作过《天问解说》,可见对屈原辞作的仰慕。所以晁补之在《变离骚序上》中说:"《反离骚》非反也,合也⋯⋯则是《离骚》之义待《反离骚》而益明。"要言之,扬雄并未全盘否定屈原,只是因人生观不同,不赞成屈原自沉的方式。扬雄的精神境界固然远逊屈原,但若如朱熹在《楚辞后语》中所说的那样,谓为屈原之罪人,《离骚》之谗贼,似觉太过。

班固(32—92)是东汉大史学家,世代习儒,漫透了东汉经学家的酸腐之气,因而从正统的儒学价值观出发,对屈原提出了远较扬雄激烈的批评:"今若屈原,露才扬己,竞乎危国群小之间,以离谗贼。然责数怀王,怨恶椒兰,愁神苦思,强非其人,忿怼不容,沉江而死,亦贬洁狂狷景行之士。多称昆仑、冥婚宓妃虚无之语,皆非法度之政,经义所载。谓之兼《诗》风雅,而与日月争光,过矣!"(《离骚序》)他不仅批评屈原露才扬己,以致遭到谗害;指责屈原沉江而死的极端方式为"狂狷"之行;而且抨击《离骚》多虚无之语,不合经义;从而得出结论:《离骚》不同于《诗经》,其价值远没有达到"与日月争光"的程度。这一结论与刘安、司马迁的评价是针锋相对的。

不过,班固对屈原及其辞作的评论并不一致,而多矛盾之处。他在《离骚赞序》中又说:"屈原痛君不明,信用群小,国将危亡,忠诚之情怀不能已,故作《离骚》。"在《汉书·艺文志》中还说屈原之作"有恻隐古诗之义"。在《汉书·古今人表》中,则将屈原列在"上中",为仁人,与亚圣孟子同类(颜师古认为《古今人表》是班固未竟之作)。而且,他认为屈原辞作"弘博丽雅,为辞赋宗"(《离骚序》),对其艺术成就与文学史上的地位给予了充分的肯定。

在汉代,对楚辞的整理与研究是同步发展的。随着朝廷对楚辞的重视,逐渐出现了单篇整理的热潮,如刘安的《离骚传》;《屈原列传》中所提《离骚》、《天问》、《招魂》、《哀郢》各篇和所引《渔父》、《怀沙》原文;还有刘向、扬雄分别作的《天问解说》;班固、贾逵各自作的《离骚经》章句等。汉代典籍的流传,主要靠记诵和传抄,很容易出现差误,而且单篇的注解,也不便于教学,人们自然感到有校订、编集并统一注解楚辞的必要。西汉末年的刘向典校经书,把屈原、宋玉、贾谊、东方朔、庄忌、淮南小山、王褒和他自己的作品编辑成《楚辞》十六卷,东汉的王逸又在此基础上撰成《楚辞章句》十七卷,统一进行注释解说。

王逸,生卒年不详,字叔师,南郡宜城人,东汉安帝时为校书郎,在此期间,他因"与屈原同土共国,悼伤之情与凡有异",乃以满腔热情整理《楚辞》。在此以前的楚辞注本,或阙而不说,或义多乖异,他决心整理出一个完善的注本。他在《天问后叙》中说:"今则稽之旧章,合之经传,以相发明,为之符验,章决句断,事事可晓,俾后学者永无疑焉。"

王逸的《楚辞章句》是流传至今的最早的完整注释本。它集前此所有楚辞研究成果之大成,构成一个完整的体系。它的巨大成就主要表现在:

（1）确定了楚辞，尤其是屈原、宋玉辞作的篇章。即屈原二十五篇：《离骚》、《九歌》（包括《东皇太一》、《云中君》、《湘君》、《湘夫人》、《大司命》、《少司命》、《东君》、《河伯》、《山鬼》、《国殇》、《礼魂》）、《天问》、《九章》（包括《惜诵》、《涉江》、《哀郢》、《抽思》、《怀沙》、《思美人》、《惜往日》、《桔颂》、《悲回风》）、《远游》、《卜居》、《渔父》。宋玉两篇：《九辩》、《招魂》。《大招》一篇，既言屈原所作，又说"或曰景差，疑不能明"。此外，还收入贾谊《惜誓》、淮南小山《招隐士》、东方朔《七谏》、庄忌《哀时命》、王褒《九怀》、刘向《九叹》等汉人拟作，再加上自己的《九思》。这些篇目，有的明显有误，如《卜居》、《渔父》分明是关于屈原的传说，绝非屈原作品；有的则存在争议，如《九歌》、《招魂》、《大招》等篇的作者至今难以确定。但屈宋辞作毕竟有了一个基本的范围，而且得以较为完整地保存下来，则不能不说是王逸的一大功绩。

（2）交代了作品的背景。《章句》每卷之前都有一篇序，《离骚》、《天问》还各有一篇后叙。共十九篇叙文，主要用来交代作者、解释篇名、总述篇义、说明写作意图等。这些作为背景材料的叙文，成为后来研究楚辞及其作者的重要依据。

（3）详尽有据的注释。《章句》逐句解释，详为训诂，所言大多依据《尔雅》及其他古代典籍，保存了不少汉代以来的旧说，因而颇为后来的学者所看重。同时，由于王逸生于故楚之地，熟悉楚地方音，故能对一些楚方言进行准确的解释，如释"羌"为"楚人语词"，释"侘傺"曰"楚人谓失志怅然住立为侘傺"（均见《离骚》注）之类，全书注明为楚语者达二十来条，这对后人正确理解《楚辞》大有帮助。

（4）对屈原其人其文予以极高评价。他说："今若屈原，膺忠贞之质，体清洁之性，直若砥矢，言若丹青，进不隐其谋，退不顾其命,此诚绝世之行,俊彦之英也。而班固谓之'露才扬己','竞于群小之中,怨恨怀王,讥刺椒兰,苟欲求进,强非其人,不见容纳,忿恚自沉'",是"亏其高明,而损其清洁者也"(《离骚后叙》)。王逸激情洋溢地赞美屈原峻洁的人格和积极用世的精神,对班固的妄加指责进行了针锋相对的反击。同时,他还高度评价屈原辞作为"金相玉质,百世无匹,名垂罔极,永不刊灭"(《离骚后叙》)。这种认识比刘安、司马迁更为全面深刻。

此外,王逸还着重说明了《离骚》依诗取兴,引类譬喻的香草美人的比兴象征手法,不仅向人们提供了理解作品的钥匙,而且对我国古代文论的发展亦具重要意义。

《楚辞章句》的不足也是很明显的。其尤著者即随意附会经义。《离骚后叙》云:"《离骚》之文,依托五经以立义焉。"又说"帝高阳之苗裔",是《诗经》中"厥初生民,时维姜嫄"的意思;"夕揽洲之宿莽",与《易经》"潜龙勿用"同义。诸如此类,视《离骚》为经书,牵强穿凿,使文义窒碍不通。王逸的注文,深深地打下了他那个时代学术思想的烙印,给后代治《楚辞》者以不良的影响。另外,他的注释时有主观臆断,叙文更是矛盾甚多,等等。

尽管《楚辞章句》有些不足之处,但它确定了《楚辞》的篇章范围,汇集了汉代学者关于楚辞的评说,比较全面地注评了屈宋辞作及汉人的一些拟作。从而宣告了"楚辞学"的建立。王逸是我国古代楚辞学的奠基人。

(二)魏晋南北朝隋唐五代的楚辞学

魏晋南北朝,社会长期动乱,安定的时候并不太多,学者无暇研治楚辞。隋唐五代诗文呈一时之盛,但人们偏重"歌诗合为事而作"、"文以载道"的教化文学,以抒发个人情感为特色的楚辞相对受到冷落。因此,这一时期的楚辞学前不如两汉,后逊于两宋。

　　据姜亮夫《楚辞书目五种》,这时期的楚辞注本主要有:晋代郭璞《楚辞注》三卷、徐邈《楚辞音》一卷,南北朝宋时何偃《楚辞删王逸注》、诸葛民《楚辞音》一卷,梁朝刘杳《楚辞草木疏》一卷、无名氏《楚辞》十一卷,另外,还有《隋书·经籍志》著录孟奥(不详何时人)《楚辞音》一卷,隋朝皇甫遵《参解楚辞》七卷、释道骞《楚辞音》一卷。遗憾的是,这些注本大多已经亡佚,只有释道骞的《楚辞音》有敦煌残卷尚存。而郭璞的《楚辞注》,因为敦煌《楚辞音》残卷、洪兴祖《楚辞补注》中曾加以引用,据近人考证,郭璞所撰《山海经注》、《尔雅注》、《方言注》、《穆天子传注》等文献中与楚辞内容有关的注文也很多,故从这些辑出来的材料中,还可以窥见它在楚方言、音义和神话传说的注释方面具有一定的特色。

　　上列诸书目中有四种《楚辞音》,可见此时期“音义”是楚辞注释的重要内容,这大概与六朝音韵之学的兴盛颇有关系。其余三种已佚,道骞的《楚辞音》残卷,被伯希和劫走,现藏巴黎国民图书馆写本部,1936年,王重民影印寄回。残卷存八十四行,起自《离骚》“驷玉虬以乘鹥兮”,迄于“杂瑶象以为车”,共释《离骚》文一百八十八,注文九十六。注音以反切、直音为主,也往往订正字形,或引群经释义。《隋书·经籍志》载:“隋时有释道骞,善读之,能为楚声,音韵清切,至今传楚辞者,皆祖骞公之音。”道骞的《楚辞音》不仅在当时影响很大,对楚辞学中“音义”一派的兴起亦有开启之功。

　　此时期的楚辞注本已无从细考,但文人对楚辞的评论却往往见之。如齐梁时沈约赞扬屈宋之作“英辞润金石,高义薄云天”(《宋书·谢灵运列传》),裴子野却批评说:“若裶恻芳菲,楚骚为之祖;靡漫容与,相如和其音。”(《雕虫论》)两人对楚辞的看法反映了当时尚文与尚质两种不同文学观念的冲突，很有代表性。而在楚辞评论方面成绩卓著的则是刘勰。

刘勰（？—520），南朝著名文学理论家，他的《文心雕龙》多处论及楚辞，其中《辨骚》一篇，更从文学角度全面论及以《离骚》为代表的楚辞，是前所未有的楚辞专题论文。在《辨骚》中，他先列出刘安、班固、王逸等人对《离骚》的看法，认为他们"褒贬任声，抑扬过实"，未能作出适中的评价；其次，他指出《离骚》的典诰之体、规讽之旨、比兴之义、忠怨之辞四事同于风雅，而诡异之辞、谲怪之谈、狷狭之志、荒淫之意四事异于经典，因而说楚辞是"雅颂之博徒，而词赋之英杰"，其地位次于《诗经》、高于辞赋；最后，他具体分析了《楚辞》一书中各个作品的不同艺术风格，以及对后人的影响。刘勰的主要贡献是肯定了楚辞在文学史上的重要地位，楚辞"轩翥诗人之后，奋飞辞家之前"，上承《诗经》，下启汉代辞赋，"是以枚贾追风以入丽，马扬沿波而得奇，其衣被词人，非一代也"。楚辞承前启后的特殊意义，是前人未予重视的。同时，他注意并强调楚辞瑰丽奇诡的艺术风格和哀志伤怀的抒情特征，对后人也很有启迪。但刘勰以经评骚，无法体会屈原的内心世界与精神实质，故盛赞其文辞而未识其人品，是其局限所在。

刘勰而外，南北朝又有萧统编《文选》，于"赋"之外，另立"骚"、"辞"两类。按汉人大多辞赋不分，王逸《楚辞章句》使"楚辞"这一文体从赋中独立出来，而刘勰《文心雕龙》于《诠赋》外另作《辨骚》专文，萧统《文选》"骚"、"辞"自成别目，更加强了"楚辞"作为特定文学样式的独立性。北朝的颜之推，则因上承班固，谓屈原"轻薄"、"露才扬己，显暴君过"（《颜氏家训·文章篇》），而受到后代洪兴祖、蒋之翘等人的批评。

据朱熹《楚辞集注序》，隋唐间训解楚辞的有五、六家，今已不可见。但有唐一代,诗文繁盛,文士辈出,评论过楚辞的文人,数量颇可观,明人蒋之翘《七十二家评楚辞》中辑有李白、韩愈、李贺、柳宗元、杜牧、颜籀、刘知几、贾岛、皮日休九人,事实上远不止此数。大致说来,初唐王勃、独孤及、柳冕诸人为倡导古文运动,反对六朝浮靡文风,视屈原宋玉为淫丽浮靡之源,因而贬斥屈宋与楚骚传统;到盛、中唐,随着古文运动实际上的胜利,韩愈、柳宗元等开始看重楚辞,主张学文以经为本,而参之以楚辞及其他;到晚唐的皮日休等人,能更为客观全面地评价屈宋辞作,对其"丽词"与"逸藻"也钦佩有加了。必须指出,唐代李白、杜甫等许多诗人在诗歌中提到屈宋与楚辞时,一般是十分崇敬的,如李白"屈平词赋悬日月,楚王台榭空山丘"(《江上吟》),杜甫"窃攀屈宋宜方驾,恐与齐梁作后尘"(《戏为六绝句》)等,早已成为人所习知的名句。而王维、韩愈、柳宗元等人创作了不少骚体作品(见朱熹《楚辞后语》),在唐代形成一个仿骚的热潮,这也表明了他们对楚辞的喜爱。唐人又有沈亚之作《屈原外传》,其中网罗了许多关于屈原的传说故事、奇闻逸事,类似传奇,却也反映了屈原事迹在民间已深入人心,融入了民俗文化之中。

五代十国时,南唐王勉曾撰《楚辞释文》。此书已亡佚,唯洪兴祖《楚辞补注》卷首篇目下,一一注明《释文》之篇目,而注文中又引《释文》共一百一十八则。此外,晁公武《郡斋读书志》、陈振孙《直斋书录解题》也有著录,但无撰人。著名学者余嘉锡先生据《宋史·艺文志》及《通志·艺文略》,精心考证,确定其为南唐王勉所撰。《楚辞释文》的篇次与通行本王逸《楚辞章句》有很大不同,显然是两个不同的系统。《释文》篇次虽多杂乱,但保留了《楚辞》一书的另本线索,自有其价值在。

(三)两宋:楚辞学的复兴

赵宋王朝统一中国之后,实行中央集权的政策,避免了唐末那种藩镇为乱的弊病,社会较为安定,即使后来因金人南侵,偏安杭州一隅,依然能安居乐业,歌舞升平。同时,宋朝虽对军队将领严加控制,于文士则较为优待。在这样一种比较安定而宽松的环境中,文人可以从容地从事学术活动;更由于日益尖锐的民族矛盾需要一面"忠君爱国"的精神旗帜,屈原强烈的责任感和使命意识很自然地得到人们的关注与认同。于是,楚辞学在两宋,尤其是南宋,又出现了繁荣的景象。

北宋的文人如梅尧臣、苏轼等人都喜爱楚辞,敬仰屈原的为人。苏轼说:"楚辞前无古,后无今。""吾文终其身企慕而不能及万一者,惟屈子一人耳。"(《七十二家评楚辞》引)仰慕服膺之情溢于言表。据《直斋书录解题》,东坡还曾手校《楚辞》十卷,而他的仿骚体作品,"则略依其步骤而不以夺机杼为工"(王若虚《文辨》),已深得骚人风致。不过,北宋文人中系统地整理过楚辞的,还是"苏门四学士"之一的晁补之。

晁补之(1053—1110),字无咎,自号归来子。《宋史》本传载,他精于楚辞,"论集屈宋以来赋咏为《变离骚》三书"。晁氏"三书"即《重编楚辞》、《续楚辞》、《变离骚》,三书皆失传,但考之《郡斋读书志》和晁补之《鸡肋集》中有关《楚辞》的几篇序文,仍可知其大概内容。《重编楚辞》是对《楚辞章句》的整理,他删去王逸的《九思》,所收作品以西汉为限,又据己意改动《章句》编次,分《楚辞上》八卷,《楚辞下》八卷,共十六卷。《续楚辞》选择后世与楚辞相类的作品,从宋玉以下,到北宋王令止,共收录 26 人,作品六十篇,计二十卷。《变离骚》则将大意祖述《离骚》,或与《离骚》有某些相似的作品,起自荀况,迄于王令,共收录 38 人,作品九十六篇,也分二十卷。

晁补之的功绩在于,他不仅整理了业已成集的《楚辞章句》,而且将后世的骚体作品汇集成册,视这些作品为楚辞在新的时代的延续、变化与发展。他注意到了楚辞作为一种特定的文学体式,有它自身形成、演变的历史过程,乃根据以类相从的原则,编成《续楚辞》与《变离骚》。尽管他选录的作品与他定的标准并不完全一致,但从中体现的楚骚文体史的意识却已远远超过前人。又北宋黄伯思曾撰《核定楚辞》十卷,《翼骚》一卷,已佚。

洪兴祖(1090—1155),字庆善。他是跨北宋、南宋的人,一生著述颇富,而成于晚年的《楚辞补注》尤为后人所推重。《楚辞补注》是楚辞学史上极有价值的注本之一,它的出现,标志着南宋楚辞研究盛况的到来。

洪兴祖作《楚辞补注》的目的,是要补充订正王逸《楚辞章句》之不足,所以名曰"补注"。因此,它的注解体例是:首列王逸注文,接着标以"补曰"二字以示区别,然后对王逸注文加以补充与疏证。如《离骚》"恐美人之迟暮"句下:"迟,晚也。美人,谓怀王也。人君服饰美好,故言美人也。言天时运转,春生秋杀,草木零落,岁复尽矣。而君不建立道德,举贤用能,则年老耄晚暮,而功不成,事不遂也。补曰:屈原有以美人喻君者,'恐美人之迟暮'是也;有喻善人者,'满堂兮美人'是也;有自喻者,'送美人兮南浦'是也。""补曰"之前为王逸旧注,之后为洪氏补注。但现在流行的本子,"补曰"之前多有后人增补的文字,不全为王逸旧注,这是需要注意的。

《楚辞章句》从东汉至南宋,在长期的流传过程中,衍文、异文、脱简在所难免,洪兴祖在校勘订正方面成绩颇著。如《离骚》

"謇吾法夫前修兮，非世俗之所服"两句，王逸注"謇"为"忠信謇謇"，又说："一云謇，难也。"《文选》謇作蹇，五臣注曰："蹇，难也。"又《文选》世俗之"世"作"时"。洪氏《补注》曰："謇，又训难易之难，非蹇难之字也。世所传《楚词》，惟王逸本最古，凡诸本异同，皆当以此为正。又李善注本有以世为时为代、以民为人之类，皆避唐讳，当从旧本。"又如《离骚》中"曰黄昏以为期兮，羌中道而改路"两句，与上下文不相衔接，显得突兀。洪氏根据"一本有此二句，王逸无注，至下文'羌内恕己以量人'，始释'羌'义"，而推断这两句为后所增。或悉心考证，或据理推断，颇多可取之处。

其次，《楚辞补注》中征引了大量的文献，特别是保存了郭璞《楚辞注》、王勉《楚辞释文》等已经亡佚的楚辞注本的部分遗说，而且，《补注》征引文献，大多一一指明出处，故其文献价值是相当高的。

再次，由于洪兴祖作《楚辞补注》时，民族矛盾已十分尖锐，南宋朝廷面临危机，而他自己也因冒犯秦桧而遭贬职，国家危亡，个人怨愤，交织于心，所以《楚辞补注》虽以校勘训诂等见长，对屈原自沉与作品主旨亦有深切的体会与评说。在那篇著名的《离骚后叙》中，他将屈子自沉之因归结为两点：一为"同姓无可去之义，有死而已"，一为"去则国从而亡"，不忍离去。前为忠君，后为爱国，故"屈原虽死，犹不死也"。他慷慨激昂地说："余观自古忠臣义士，慨然发愤，不顾其死，特立独行，自信而不回者，其英烈之气，岂与身俱亡哉！"愤激之情，不平之气，感人至深。他对屈子忠君爱国之心的强调，对朱熹的影响极大。

宋代理学注重阐发儒家经典中的微言大义，偏于义理，而厌恶汉唐那种烦琐的训诂注疏之学，所谓"唯本文是求，则圣贤之旨得矣"（朱熹《诗传遗说》），正是宋学的宣言和准则，这种学风对南宋的楚辞学有明显影响。如果说洪兴祖《楚辞补注》已开其端的话，那么朱熹的《楚辞集注》便是义理之学在楚辞学中的典型反映，它标志着自汉以来楚辞研究学风的巨大转变。

朱熹(1130—1200)，字元晦，一字仲晦，号晦庵，别称紫阳，是我国著名思想家。他有感于王逸、洪兴祖之注，于名物训诂已详，而于其大义则未明，甚至有害义理，于是编撰了《楚辞集注》八卷，将那些纠驳旧说而不能附于注释中的考证之语，另成《楚辞辩证》两卷，又据晁补之《续楚辞》与《变离骚》加以增删，选录荀况至宋吕大临共五十二篇仿骚体作品，编为《楚辞后语》六卷。后两书皆附于《楚辞集注》之后。人或以为朱熹撰《集注》，是"有感于赵忠定之变而然"(《郡斋读书志》)，恐怕不会那么简单，至少他在楚地为官讲学的经历和当时朝廷主战、主和两派的斗争亦是他作《楚辞集注》的动因。此书即成于他任荆湖南路安抚使之后。

《楚辞集注》前五卷全依王逸，以屈原所作二十五篇为《离骚》类，共七题；后三卷则不同于王逸，收《九辩》、《招魂》、《大招》、《惜誓》、《吊屈原》、《鹏鸟赋》、《哀时命》、《招隐士》，为《续离骚》类，共八题。他认为："《七谏》、《九怀》、《九叹》、《九思》，虽为骚体，然其词平缓，意不深切，如无疾痛而强为呻吟者。"(《楚辞辩证》)所以删去，而增加了王逸未选入的《吊屈原赋》与《鹏鸟赋》。

《楚辞集注》完全不同于王逸、洪兴祖逐句为注的注解方式，而是以韵分章，按章作注，一般每章四句，有时六句或八句。其体例"一以全章为断，先释字义，然后通解章内之意"(《楚辞辩证》)。

《集注》的主要贡献不在校勘训诂方面，而在阐幽发微，探寻、发明义理方面。例如《离骚》"闺中既以邃远兮，哲王又不寤。怀朕情而不发兮，余焉能忍与此终古"下注曰："终古者，古之所终，谓来日之无穷也。闺中深远，盖言宓妃之属不可求也。哲王不寤，盖言上帝不能察，司阍壅蔽之罪也。言此以比上无明王，下无贤伯，使我怀忠信之情，不得发用，安能久与此暗乱嫉妒之俗终古而居乎？"层层推演，细细挖掘，发前人之所未发。正因为朱熹有这种不拘成见的探索精神，故能屡有创见，如说招魂之俗，不仅招死人之魂，亦可招生人之魂；又说《悲回风》《惜往日》是屈子绝笔，等等。特别是他关于《九章》"后人辑之，得其九章，合为一卷，非必出于一时之言"（《楚辞集注·九章》）的推断，合情合理，为后来学者所接受。

朱熹的另一重大功绩是将屈原人格中的爱国主义精神摆到了突出的地位上。此前的楚辞论者一般只关注屈原峻洁超拔的品格、热恋故土的情怀或积极用世的态度，到洪兴祖才言及与君国的关系。朱熹则出于当时抗敌救亡的目的，在《楚辞集注》中反复强调屈子"忠君爱国之诚心"，以为南宋臣民树立一面精神旗帜，亦作为投向主和派的枪矛。从此，爱国主义成为屈原精神中最光辉的层面，在外患迭起的中国历史上激励了一代又一代热血志士。而且，他以抒发愤懑、悲壮激烈为标准来编选《楚辞后语》，说明他已认识到楚辞以悲为美的基本特征。

朱熹是著名理学家，当他以"增夫三纲五典之重"（《楚辞集注》序）的态度注解楚辞时，就不免有迂阔难通之处。他又仿《诗集传》体例，每章以比、兴、赋系之，亦属无谓。以"叶音"法注音，也极不准确。特别是由于偏重义理，主观性太强，往往有望文生义或曲意为说的倾向。

洪兴祖《楚辞补注》和朱熹《楚辞集注》是宋代楚辞学的双璧。除此之外，南宋的楚辞研究主要侧重于单篇和楚辞草木的疏解。前者有杨万里《天问天对解》，对屈原《天问》和柳宗元《天对》分段加以注解，并让两者互相发明；又有钱杲之《离骚集传》，一依王逸体例,分全篇为十四个大节,开《离骚》结构分析之先河。后者有吴仁杰《离骚草木疏》,辨草木品质善恶,以明屈子借喻之旨,是现存最早的此类著作。另有南宋末年谢翱《楚辞芳草谱》,与吴仁杰所作相类,而为文极简,故不如吴著。此时期还有吕祖谦《离骚章句》、林至《楚辞故训传》、林应辰《龙冈楚辞说》、周紫芝《竹坡楚辞赘说》等,可惜皆已失传。

(四)金元明的楚辞学

金王朝与南宋长期对峙,处于女真族统治下的北方文人饱受战争与亡国之苦,很少有人研治楚辞。蒙古族的元王朝起初仇视汉人,文士地位十分低下,当后来逐渐认识到中原华夏文化的重要意义时,其统治却已处于风雨飘摇之中。因此,楚辞学一直到明代才出现转机,并日趋繁盛,从而导致清代高潮的到来。

金代无楚辞研究专著,只有王若虚等人偶尔论及楚辞。元代的专著有刘庄孙《楚辞补注音释》,已经亡佚,不过文人论及屈原及其辞作的,远较金代为多,其中以祝尧《古赋辨体》的成就最大。他认为楚辞是赋体,又按时代先后将赋分为楚辞体、两汉体、三国六朝体等。"楚辞上"中列《离骚》、《九歌》、《九章》,而"楚辞下"又将荀卿五赋收进,似颇杂乱。然他对楚辞的渊源却颇有见地:"然骚者,《诗》之变也。《诗》无楚风,楚乃有骚。何耶?愚按,屈原为骚时,江汉皆楚地,盖自文王之化行乎南国,《汉广》、《江有汜》诸诗已列于二南、十五国风之先,其民被先王之泽也深。风雅既变,而楚狂凤兮之歌,沧浪孺子清兮浊兮之歌……但其歌稍变于诗之本体,又以'兮'为读,楚声萌蘖久矣。原最后出,本《诗》之义以为骚。"(《古赋辨体》卷一)同时,他在"外录"中,又收录了与楚辞有亲缘关系的作品,分为后骚、辞、文、操、歌五类。祝尧侧重于作品的形式,主要从文体演变史的角度来研究楚辞,在晁补之、朱熹的基础上更进了一步。当然,视楚辞为赋体还是值得探讨的。

又元代词曲中多有戏谑调侃屈子自沉的倾向,此为文人在异族统治下而又仕进无门时游戏人生之态度的表现,亵渎美好与崇高实际上是一种自虐,揶揄之中折射着当时文人的无奈与悲凉。

朱明王朝建立之后,恢复汉制,大兴儒学。社会较为稳定,楚辞学便日益繁荣起来。现存明人的楚辞注本与有关著述数量不少,据马茂元主编《楚辞要籍解题》所录,达三十三种之多,其中较有影响的也有数种,如汪瑗《楚辞集解》、陈第《屈宋古音义》、贺贻孙《骚筏》、陆时雍《楚辞疏》、黄文焕《楚辞听直》等。

明代楚辞学一个重要的特色是比较注意从文学的角度来认识楚辞。汪瑗的《楚辞集解》已表现出这一特色。汪瑗,生卒年不详,万历间诸生。其《楚辞集解》,卷首附《楚辞大小序》,正文八卷,只注屈原辞作,宋玉以下一概不收。又附《蒙引》两卷、《考异》一卷,另有附图九幅。汪瑗之注,虽多采王逸、洪兴祖、朱熹之说,但颇多己见与新意。如释《怀沙》为感怀长沙;言湘君、湘夫人非娥皇、女英,而是湘水之神与其夫人;谓《礼魂》为《九歌》前十篇之"乱辞";释《离骚》"夏康娱以自纵"中"夏"为夏之太康,"康娱"为逸豫,等等,往往能突破前人注释的樊篱,且更近原作之意,对后人多有启发。特别是他比较重视对屈原作品意境与内涵的理解,将屈辞作为一部文学作品来对待。他分析《离骚》的表现手法说:"曰:寓言者,寄己之情也。其言虽寓,而其情则真。吾情欲如是,而人不知之,无以自见,于是乎托之以言也。"以"寓言而寄情"来解释《离骚》的艺术特色,是很有见地的。但汪瑗为创新说,常有主观臆测之见,《四库提要》批评他"疑所不当疑,信所不当信",便是指的这种毛病。

　　贺贻孙(1606—?)，字子翼，其《骚筏》是明代艺文派楚辞学的代表之作。此书只评解屈宋辞作，屈作按王逸二十五篇，《九辩》、《招魂》、《大招》则谓为宋玉作品。《骚筏》完全不同于以往的注释体，而是以讲评的方式，阐发作品大意、章法结构和艺术方面的特点。只录部分楚辞原文，加以自己的发挥。如说《离骚》"鲧婞直以亡身兮"至"夫何茕独而不予听"八句，"呢喃絮叨，无限亲爱，酷有妇人姑息口气。无端插此一段作波澜，妙甚"。又如分析《云中君》"览冀州兮有余，横四海兮焉穷"两句，"有俯视天下，沧海一粟之意"。评《九辩》之悲秋，有七重悲、八重悲之妙解。诸如此类，曲畅旁通，胜义迭出。《骚筏》最典型地反映了当时流行的"诗话"对楚辞学的浸淫。

　　此类侧重艺文的楚辞学著作还有陆时雍的《楚辞疏》。其书正文十九卷，前附《史记·屈原列传》、《杂论》和《读楚辞语》。正文在王逸《章句》基础上增加了贾谊《吊屈原赋》和扬雄《反离骚》。编次颇多变动，陆氏认为《九章》是《离骚》的疏解，故排在《离骚》之后。采用分段注疏的体例，先列旧注，然后以"陆时雍曰"领起新注。《楚辞疏》在训诂方面多取前人之说，用力在文义的疏解，以及对作品艺术的评论与分析上。如《哀郢》开头至"顾龙门而不见"一段，疏解曰："盖善思者无所抚寄，则不胜湮没之悲；有物恍临，又无限吊凭之感。忧来无方，人莫之知。其骚人之谓与?"又谓"《涉江》一笔两笔，老干疏枝；《哀郢》细画纤描，着色着态。神韵要目各足"。"《国殇》气语饱决，字字干戈，语语剑戟，左旋右转，真有步伐止齐之象"(《读楚辞语》)。其评论疏解比较抽象空泛，但因陆氏擅长诗话，故评楚辞艺术，三言两语，画龙点睛，往往有出人意表，启人思路之效。至于批评《九歌》"情太泄而不制，语过艳而不则"，却又落入儒家诗教的窠臼了。

　　明代楚辞学音义方面的著述当首推陈第《屈宋古音义》。陈第从屈原、宋玉的三十八篇辞作中,选取其韵与今音不同的二百三十四字,各推其古音,与他的另一著作《毛诗古音考》互相发明。然后对屈作二十四篇(《天问》除外)和宋玉的十四篇辞赋,各为笺注,而其所推之音仍分见各句之下。陈第的主要贡献是论证了古今音之不同,破除从北周以来流行的"叶音"之说,对后来的音韵学有很大影响。音义方面的成果还有屠本畯《楚骚协韵》,张学礼、胡文焕《离骚直音》等。

　　晚明激烈的政治斗争,使一些文人将注解楚辞作为抒发怨愤与不平的手段。赵南星的《离骚经订注》把《史记·屈原列传》与《离骚》合为一书。分句加注。大体上以王逸旧注为本而稍加修订。此书本无多少新见,却特别突出屈子的忠怨和愤世疾俗之意,书末自为长篇跋文,多借古论今,影射权贵魏忠贤。而黄文焕的《楚辞听直》在这方面可谓达到了极致。

　　黄文焕,字维章,天启五年(1625)进士。崇祯年间坐黄道周党下狱,因在狱中著此书,借屈原以寄寓自己的感慨。名曰"听直",即取《惜诵》中"俾山川以备御兮,命咎繇使听直"之语。"听直",即辨明是非曲直。他是借注楚辞来申冤了。《楚辞听直》共八卷,又附《楚辞合论》一卷。其书只注屈原辞作,以《招魂》、《大招》为屈原作,故收入。又以《山鬼》、《国殇》、《礼魂》皆鬼也,实为一篇。这样,屈原作品仍为二十五篇,合《汉书·艺文志》之数。此书意在为自己与黄道周鸣冤,其《凡例》中说:"而余抱病狱中,憔悴枯槁,有倍于行吟泽畔者。著书自贻,用等《招魂》之法。其惧国运之将替,则尝与原同痛矣。惟痛同病倍,故于《骚》中探之必求其深入,洗之必求其显出。"因此,他特别强调屈原的忠,谓"千古忠臣,当推屈子为第一"。《楚辞听直》在屈原生平、作品的写作年代考订方面,言之极详,虽多推测之语,但以作品结合史实进行研究,这一方法对后人不无启迪。同时,此书体例将注与评结合在一起,也颇为可取。

明代楚辞学另一个引人注目的现象是开始进行对历代楚辞研究成果的汇集总结;这表明人们有了楚辞学史的观念,也是楚辞学日益成熟的标志。这方面的成果主要有蒋之翘的《七十二家评楚辞》、沈云翔的《楚辞评林》,后者又称《八十四家评》、《楚词集注评林》。

(五)清代:古代楚辞学的高峰

清王朝建立之后,随着政权的稳固,经济有了长足发展,以致形成乾嘉盛世。清统治者对文人采取一软一硬的政策,使绝大部分文人不得不,也可以说是心甘情愿地以毕生精力去从事古代文献的整理与研究。因此,楚辞学在这一时期空前繁荣,专著大量涌现,涉及的范围包括注释、音义、评论、图谱各个领域,而且出现了王夫之《楚辞通释》、林云铭《楚辞灯》、蒋骥《山带阁注楚辞》、戴震《屈原赋注》等学术地位高、对后代产生了巨大影响的楚辞学著作。明末清初,一些具有民族气节的文人,通过注释楚辞来寄托自己对故国的怀念,作为精神的慰藉。如李陈玉明亡之后,"慷慨弃家入山,往来楚、粤间,行吟泽畔,憔悴踯躅",撰《楚辞笺注》四卷,"其词非前人所能道,然而涉忧患,寓哀感,犹屈子之志也"。(《楚辞笺注·魏学渠序》)此书以疏通文意,阐扬屈子情操为主,然于各篇意旨亦时有新见,如分《天问》为天事、地事、人间事三大段;谓《九歌》、《九章》即《离骚》中提及的启之《九歌》与《九辩》等。又有钱澄之,事南明桂王,清兵破桂林后,他一度削发为僧,后回故乡课耕为主。于是发愤著书,撰为《屈诂》(与《庄子诂》合为一书,名《庄屈合诂》)。"以《离骚》寓其幽忧,而以《庄子》寓其解脱"(《四库提要》)。《屈诂》只说解屈原作品,其原则反对穿凿附会,以平正通达为旨归。

清初的楚辞学著作中,以王夫之《楚辞通释》的成就为最高。王夫之(1619—1692),字而农,号姜斋,衡阳(今湖南衡阳市)人,是明末清初大思想家。清兵入关南侵,他在衡山组织义军奋起抵抗,后从南明桂王,桂林失陷,他辗转于湘西、湘南一带。晚年隐居衡阳石船山,多次拒绝清王朝的馈赠与召聘,闭门著书三十余年。王夫之生于楚地,更兼有亡国之巨痛,坎坷之遭逢,于是在《楚辞通释》中,引屈原为知己,抒尔我之孤忠。《楚辞通释》共十四卷。前七卷为屈原作品,一依王逸;后七卷为宋玉等人之作,书中将《七谏》以下五篇全删去,而将江淹五篇作品收入,并附上自己作的一篇《九昭》。全书各篇前有题解,或考释屈子生平,说明时代背景;或阐发各篇意旨,订正前人讹误。其注解采用分段的方式,注与评相结合,注解中一般不引旧注。

由于王夫之撰《楚辞通释》为发抒社稷沦亡之痛,而且也由于他特殊的遭际与博大深邃的思想,因而他对屈原的为人与作品有超出一般人的体会与理解。例如,以前注家大都认为屈子忠君,到朱熹提升为"忠君爱国之诚心",忠君与爱国连在一起。王夫之则认为屈原是"爱国"与"怨君"! 其《哀郢后序》云:"《哀郢》,哀故都之弃捐,宗社之丘墟,人民之离散,顷襄之不能效死以拒秦,而亡可待也。原之被逯,盖以不欲迁都而见憎益甚,然且不自哀,而为楚之社稷人民哀。怨悱而不伤,忠臣之极致也!"又《涉江》"余将董道而不豫兮,固将重昏而终身"两句下释曰:"人不足怨,而守正无疑。安于幽废,明己非以黜辱故而生怨。所怨者,君昏国危!"屈子爱国,爱的是百姓之国;屈子怨君,怨的是危国之君。这一深刻的见解既是他思想中民主因素的反映,同时也包含着对南明王朝的失望与怨愤。

《楚辞通释》中的独到之见不仅仅表现在对屈子精神的理解上。例如:言《礼魂》为送神之曲,乃《九歌》前十首所通用;释《九辩》之"辩"为"遍";析《九歌》为娱神之曲,而无托喻讽谏之意,等等。或为新见,或在他人基础上加以发挥,并为后人所重视。《楚辞通释》在楚辞学史上具有重要的地位。

着重从文学角度评析楚辞,曾在明代形成风气,这种风气在清代也得到了继承,特别是在亡国之痛随着时光逐渐淡忘之后。林云铭的《楚辞灯》便是这一风气的重要代表。

林云铭,生卒年不详,字道昭,号西仲,顺治十五年(1658)进士。其楚辞注释书稿,先毁于兵燹,再毁于火灾,后来闭门追记,并补未注各篇,才完成《楚辞灯》一书。他在《自序》中说:"二千年中读骚者悉困于旧诂迷阵,如长夜坐暗室,茫无所睹",于是作《楚辞灯》,欲"使读者洞如观火,还它一部有首有尾,有端有绪之文"。其书首列《自序》、《凡例》、《史记·屈原列传》与《楚怀襄二王在位事迹考》,正文四卷,只收屈原作品,篇目与《楚辞听直》同。其体例为逐句诠解,分段注疏,各篇篇末有一段评论,以"林西仲曰"领起。其评注重于文义和作品结构、艺术方面的分析。例如评《少司命》曰:"开手以堂下之物起兴,步步说来;中间故意作了许多波折,恣意摇曳,但觉神之出入往来,飘忽迷离,不可方物;末以赞叹之语作结。与《大司命》篇另是一样机轴,极文心之变化,而步伐井然,一丝不乱。"层层剖析,颇有会心,对读者理解作品的构思与脉络,很有帮助。此书因此特点而深受一般读者的欢迎,在当时盛行于世。此外,林云铭在屈原忧国忧民精神的阐发上,在一些字词的训诂上亦有较好的意见。但总的说来较浅。

与林云铭风格相类的还有屈复与陈本礼。屈复先祖为楚人，迁居关中后，缅怀屈子高节，思念故楚风物，于是撰《楚辞新注》八卷。此书分节为注，先注后评，特别注重文脉的掌握与疏理，阐发作品的内涵与意义。便于初学者阅读。而且，屈复不同于林云铭的蔑视旧注，而是在前人的基础上自出新意。陈本礼则前后四十四年，撰成《屈辞精义》六卷，欲使"庐山面目，得以一洗尘昏于二千年后，不致沉埋于霾云宿雾中"（《自序》），亦似林云铭之口吻。据近人姜亮夫研究，陈氏曾五易其稿，初稿中本来就较少的章句训诂，在改定时又多删去。故此书旨在微言大义的阐发，而多从作品的脉络，通过上下关合的掌握来分析作者的思想与作品大义。同时，由于陈本礼是诗人，深谙艺文，往往能以精炼的语言点出作品的艺术境界，将读者带入诗歌所描绘的美的意境之中。

清初学者主张经世致用，反对宋明以来的性命空疏之学，渐次形成乾嘉学派。清代朴学继承汉儒学风，提倡实事求是的考据，排斥不着边际的空泛之论。在这种学风的影响之下，从康熙乾隆开始，清代的楚辞学，在风气上发生了很大的变化。蒋骥、戴震、王念孙、江有诰、朱骏声等人，以深厚的功力、严谨的态度从事楚辞研究，将清代楚辞学推向了顶峰。

蒋骥的《山带阁注楚辞》是清代楚辞学发生转折的标志。蒋骥（1678—1745），字涑塍，武进（今江苏常州市）人，功名不遂，一生以诗书自娱。他倾注了毕生心血，撰成《山带阁注楚辞》。全书包括卷首、正文、余论、说韵四个部分。正文共六卷，只收屈原辞作，以《招魂》《大招》为屈作，故在王逸基础上增加此两篇。又谓《大司命》与《少司命》、《湘君》与《湘夫人》为同类神，二司命合为一篇，二湘合为一篇，《九歌》仍为九篇，以合二十五篇之数。注解采用分段为注，训诂与疏解相结合的方式。

　　《山带阁注楚辞》一个突出的特点是翔实严密。这首先表现在此书的构成上。除正文外，"卷首"列所采用书目四百来种，又列《史记·屈原列传》、沈亚之《屈原外传》、《史记·楚世家》节略、楚辞地图五幅；"余论"分上下卷，通论全书及分论各篇作品；"说韵"考楚辞音韵。凡有关楚辞的各方面，无不细加搜罗考究，使全书构成一个严整而全面的体系。这一特点还表现在考证与分析上，例如，他征引《山海经》、《战国策》、《史记》等古籍，证明"长沙"之名始于战国以前，从而订正了"长沙之名，自秦始建"的说法，澄清了人们对《怀沙》的误解。又如论及《哀郢》序次时，对洞庭湖一带的山川地理进行了详尽考辨。因此对屈原的行进路线提出新的看法。由于蒋骥谙于史实，考辨有据，其许多结论都令人信服，大不同于明人主观空泛的议论。故《四库提要》说他"分析考论，虽有驳谈，亦时见精邃之言，终非明以来泛言可比"。

　　而且，此书并非只作考证，也善于阐发作品题旨和艺术特色。如分析《离骚》是"以好修为纲领，以从彭咸为结穴"（《余论》上）。又如比较《招魂》与《大招》曰："《大招》是实情，《招魂》是幻语。《大招》每项俱各开写，《招魂》则首尾总是一串。其间有明落，有暗度，章法珠贯绳联，相绎而出。其次第一层进一层，入后异彩惊华，缤纷繁会，使人一往忘返矣。"（《余论》下）没有深切的体味与细密的思考，是很难有如此精确之见的。此外，蒋氏不拘于传统诗教的"比兴"之说，注意到楚辞的南方文化特征，多引古代神话进行注解，亦属难能可贵。

　　如果说《山带阁注楚辞》体现了清代前期向乾嘉学风的过渡，那么戴震的《屈原赋注》则是乾嘉学派在楚辞研究领域的丰硕成果。戴震（1723—1777），字东原，安徽休宁人，是著名学者，清代最有成就的朴学大师之一。他精通天文、历算、史地、音韵、训诂、考据各门学问,在生活十分困苦的情况下,闭门著书,30岁时撰成《屈原赋注》一书。全书包括《注》七卷、《音义》三卷、《通释》二卷,共十二卷,只注屈原辞作二十五篇,篇目、篇次一依王逸《楚辞章句》。采用分段注释的方式。

此书卷首《卢文弨序》言戴震之注"微言奥指,具见疏抉,其本显者,不复赘焉。指博而辞约,义创而理确",诚如斯言。戴氏以朴学家的功力与严谨态度,不事臆测,不作空谈,通过对章句语词的训解,对名物制度的考订来阐明作品的题旨义蕴。例如释《东皇太一》云:"古未有祀太一者。以太一为神名,殆起于周末,汉武帝因方士之言,立其祠长安东南郊,唐宋祀之尤重。盖自战国时奉为祈福神,其祀最隆,故屈原就当时祀典赋之,非祠神所歌也。《天官书》:'中宫天极星,其一明者,太一常居也。'吕向曰:'祠在楚东,故云东皇。'未闻其审。"他先通过对"太一"及汉武时方立祠的考证,断定《东皇太一》非祠神之歌,然后引《天官书》与吕向说,加以补充说明。又如从天文与典章制度上考证《东君》中"天狼"与秦之关系,据此推断《东君》作于顷襄王朝;承汪瑗《楚辞集解》,援篇中三例,考证《离骚》中"夏康娱以自纵"之"康娱"为连文。其注于明白之处不再重复,而凡有新见,必以严密的考证为基础,因而对后代产生了很大的影响。戴震的《屈原赋注》与王夫之《楚辞通释》、蒋骥《山带阁注楚辞》鼎足而三,是清代最有价值的楚辞学著作之一。

乾嘉学派在楚辞研究中的成就还表现在楚辞音韵学上。王念孙《毛诗群经楚辞古韵读》将《诗经》、《楚辞》及诸经书中有韵之文,分别摘出韵字,归于二十一部,江有诰的《楚辞韵读》则将《楚辞》各篇韵字分别归入十八部。在辨别韵字、古韵分部、古之四声以及《楚辞》句读等方面都有所考究阐发。

　　乾嘉学派的楚辞研究成果还有朱骏声《离骚赋补注》、丁晏《天问笺》等，而同时期的陈远新《屈子说志》、胡文英《屈骚指掌》等，也深受乾嘉学风的影响。

　　清代末年，社会动荡不安，清王朝的统治摇摇欲坠，更兼西学东渐，中国的思想界、学术界呈现出纷繁多元、新旧矛盾交错的格局。楚辞研究领域，也不再是乾嘉学风的一统天下，尽管仍然以传统的治学路子为主，但毕竟有了一些新的气象。

　　俞樾的《读楚辞》与《楚辞人名考》(收《春在堂全书·俞樾杂纂》中)可说是乾嘉学风的延续，《读楚辞》以札记体对《楚辞》中有关名物制度、字句涵义进行考辨诠解，共得四十一条；《楚辞人名考》则对《楚辞》中人物鬼神名加以考核辨证，共得一百七十六条。考订严密，时有发见。

　　清末著名学者、诗人王闿运撰《楚辞释》十一卷。此书非以繁富考据为胜，而以独出心裁为长。如认为屈原二十五篇皆作于怀王客秦之后，《离骚经》之"经"为屈原自题，《渔父》中之"渔父"为楚之旧臣，等等。新见迭出，闻所未闻。故姜亮夫评论曰："大抵闿运为学，能深思，而失之于好奇。凡篇中训释大义，处处有本，令人叹其精允，而时时诡异，令人觉其不安云。"又曰："清人《楚辞》之作，以戴东原之平允，王闿运之奇邃，独步当时，突过前人，为不可多得云。"(《楚辞书目五种》)

　　桐城殿军马其昶撰《屈赋微》，此书采前人之注多达四十余家，并能于诸家基础上熔铸己意，由博反约，驾驭自如。马其昶特别强调屈子的爱国思想，而猛烈抨击"千古之贼臣篡子"，其中隐约可见反君主专制的思想光辉。

　　清末廖季平作《楚辞新解》与《楚辞讲义》，由怀疑屈原作品，进而否认屈原其人的存在，为"屈原否定论"的始作俑者。又有刘师培、王国维从南北文学之不同的角度评论楚辞,或以为楚辞为南方文学之代表,或以为楚辞为南人而学北方之产物,都能给后人以启迪。特别是他们的研究方法、思维方式已对传统有所突破,表现出新时代的某些特点。

二、现当代楚辞学("五四"以来)

二十世纪初,大量西方哲学、人物、历史、地理方面的著作被介绍到中国,打开了人们的眼界,新文化运动更高扬科学与民主的旗帜,对传统的旧文化发起了猛烈冲击。在破旧求新学术潮流的激荡之下,"五四"以后的楚辞学发生了显著变化,人们纷纷试着用现代社会科学的理论与方法,从社会、哲学、文学、民俗等角度去研究楚辞,产生了一大批成果,从而构成这一时期楚辞学的主流。

梁启超(1873—1929)是用新的方法论和文艺观来研究楚辞的第一人。他在《屈原研究》、《要籍解题及其读法》等著作中,将屈原与楚辞置于时代与社会的广阔背景之下来考察,认为屈原及其辞作之所以产生于战国末期,是由于当时"哲学勃兴"的学术氛围、南北文化融合的历史趋势、屈子个人独特的性格遭际所决定的;他认为"犯罪的自杀是怯懦,义务的自杀是光荣",屈子对社会、祖国、人民有浓烈的爱而又不愿与黑暗势力妥协,以死报国,因而屈子的死赋予他更伟大的品格,"使其人格与文学永不死"!梁启超还从文学的角度,说"三百篇为极质正的现实文学,楚辞则富于想象力之纯文学",将《诗经》与楚辞相比较,强调楚辞想象、浪漫、表情的纯文学特征。此外,他对屈原思想、个性和自沉之因的论述,也颇深入而细致。

谢无量的《楚词新论》也是二十年代从文化背景、文学发展的角度来研究楚辞的代表作,此书承刘师培之说,强调南北文化渊源的不同,认为《诗经》代表北方文化,楚辞代表南方文化,两者在句式、章法、写作手法等方面都有明显不同,"《诗经》有怀旧俗的意思,楚词有创新国的意思"。"《诗经》的精神是柔性的,他化的;楚词的精神是刚性的,自决的"。因此,作者批评后来那些注解楚辞的人,"用北方的思想来解释他,或者用《诗经》的精神来范围他",是完全错了。过于强调地理位置的影响固然不可取,但他批评的那种流弊也确实是长期存在的。

鲁迅1926年在厦门大学讲授中国文学史课程,其讲义《汉文学史纲要》中有"屈原及宋玉"专章,他认为与《诗经》相比,楚辞"其言甚长,其思甚幻,其文甚丽,其旨甚明",在形式文采上有很大不同;而且,楚辞"影响于后来的文章,乃甚或在三百篇之上"。与鲁迅侧重从文学形式与文学史方面研究楚辞不同,茅盾主要从神话学的角度来研究楚辞,他1928年7月以"玄珠"的笔名在《文学周报》上连续发表《楚辞与中国神话》、《中国神话的保存》等四篇与楚辞有关的论文,探讨神话对南方文学,尤其是楚辞的影响,从而在楚辞研究中开辟了一个新的领域。用新的方法或从新的视角研究楚辞,在二十年代形成一股潮流,到三十年代,还有支伟成著《屈原之研究》,其宗旨便是"以近代人之眼光,直接探讨文学之生命"。

二十年代在楚辞研究领域十分活跃的两位青年学者游国恩和陆侃如,与上述诸人的研究路子略有不同。"疑古"与"考证",即不拘于前人已有的成说,用考证的方法得出结论,这便是他们的基本风格。

陆侃如的《屈原》最早刊行于1923年,它包括"屈原评传"、"屈原集"、"附录"三个部分,以大量的材料考证屈原主要生平事迹、作品的创作时间与真伪，并附有校勘记与古音录。其中的一些观点曾引起人们的关注，如考定屈原生于公元前342年，《桔颂》为屈原壮年未成熟的作品，屈原可信的作品只有十一篇，等。书中除考证外，也有一些艺术方面的探讨。陆氏另有《屈原与宋玉》、《宋玉》，其中关于宋玉生平及其作品真伪颇有参考价值。

游国恩的《楚辞概论》刊行于1926年，此书"最大的特点，是把《楚辞》当作一个有机体，不但研究它本身，还研究他的来源和去路"（《楚辞概论·序言》）。书中认为，楚辞的形成，主要受北方文学、南方文学和楚地民俗歌舞、山川地理的影响，并作为一种新体式，开启汉赋、六朝骈文和七言诗先河。书中还推断《大招》是西汉初无名氏所作，《远游》为西汉人伪托，"离骚"为"劳商"之音转等，都能在周详细密的分析考证之后提出自己的新看法。游氏另有《读骚论微初集》，收论文九篇，建国后在此基础上增加九篇论文，编成《楚辞论文集》，刊行于1957年，其中《屈赋考源》中关于"屈赋四大观念"与《楚辞女性中心说》一文的影响较大。游国恩在长期的教学与研究中，积累搜集了大量资料，着手编集《楚辞注疏长编》。他逝世后，其中的《离骚纂义》和《天问纂义》于八十年代相继问世，书中择要录编前人注评，并加按语，对旧说进行梳理、辨证，具有较重要的参考价值。

此时期主要从传统的注疏训诂、考订校勘的角度来研究楚辞的人亦不在少数。著名文献学家刘盼遂的《天问校笺》，对王逸、洪兴祖等人的旧学说多所勘正，如考证"冥昭瞢暗"中的"昭"为"昒"之误，"昒"与"昧"古代通用，故"冥昒瞢暗"四字为平列词；又以"冯翼惟像"中"惟"乃"未"之声误；另如对"顾菟在腹"一句的详密考订等。言之有据，新解纷出，于后学启迪良多。李翘的《屈宋方言考》，专门训释屈宋辞作中的楚方言，已有者阐发之，未备者补充之,颇有益于研究者。卫仲璠的《离骚集释》分章训释《离骚》字词章旨,兼采博收,而不妄为穿凿附会之说。刘永济的《离骚》、《九歌》、《天问》、《九章》、《九辩》五篇"通笺",分解题、正字、审音、通训、评文五项,采各家之说,证以雅诂,出以己意,尤为平正笃实。其以《九辩》为屈原作,《九章》中唯《惜诵》、《涉江》等五篇为屈作等观点,颇有影响。建国后在此基础上,另附"笺屈余义",成《屈赋通笺》一书,"余义"对楚辞中争议较多的十九个问题加以稽考论证,多有阐发。又有饶宗颐《楚辞地理考》,以翔实的资料考证楚辞中出现的重要地名地望,并时或进而论及作品的写作时地。

以上诸家的著述体现了传统治学方法在楚辞研究中的强大生命力,而最能反映其实绩的代表人物则是闻一多。闻一多本名家骅,是我国现代著名诗人、学者,他楚辞研究方面的著述主要有《楚辞校补》、《天问疏证》、《离骚解诂》、《天问释天》、《敦煌旧钞楚辞音残卷跋》(附校勘记)、《九章解诂》、《九歌解诂》等。其《楚辞校补》主要从校正文字方面整理楚辞,引用古今诸家旧校,又补以新的资料,考订精严有据,具有很高的学术价值。其《天问疏证》则立足于诠释词义,广征博引,探幽发微,提出了许多新的看法,如释"伯禹愎鲧"为"伯鲧腹禹",即"禹从鲧腹中生出"之意,便属创见。此外,他释《惜诵》中"曾思"为"曾逝",释《天问》"顾菟"为"蟾蜍";他首次将《天问》以四句为一个单元进行诠释,分析"兮"字的诸多用法,等等,亦极精到。闻一多治学严谨,其说必建立在详加考据的基础之上,确如郭沫若所说,是将清代朴学大师的考据方法与近代人文科学的严密结合起来了。

这一时期在整个楚辞研究领域显得十分特异而突出的是郭沫若,他是第一位自觉地运用唯物史观来研究楚辞的学者。郭沫若,原名郭开贞,笔名沫若,现代著名史学家、文学家,他的《屈原研究》代表了他对屈原的整个看法。此书包括"屈原身世及其作品"、"屈原时代"、"屈原思想"、"《离骚》今译"四个部分,成集于1942年,刊行于1946年。郭沫若虽不废考据训诂,但主要是运用唯物史观,凭着他渊博的古代史知识,从宏观的角度去探讨屈原的时代,认识屈原的思想及其作品。他认为战国末期出现了奴隶制向封建制的转变,屈原在时代的影响下,自觉接受了进步的儒家思想,故能摈弃雅颂旧体而创立崭新的骚体,时代造就了一位伟大的诗人,屈原"是最伟大的一位革命的白话诗人"。在考证与训诂方面,他也有创见,如考定屈原生于公元前340年,卒于前278年;谓《离骚》为屈子62岁所作;释"乱曰"为"辞曰";读《九歌》之"九"为"纠"等。虽未为确论,但影响甚大。尤其要指出的是,他的历史剧《屈原》和建国后出版的《屈原赋今译》,对于楚辞的普及起了十分重要的作用。

此时期楚辞学界比较惹人注目的事件是怀疑或否定屈原者不乏其人。"五四"以前,廖季平率先怀疑《史记·屈原列传》,认为屈原二十五篇,皆秦博士所作。1922年,胡适在《努力周报》上发表《读楚辞》,进一步提出屈原是一个传说中的箭垛似人物。梁启超、谢无量、陆侃如等人对廖、胡的观点进行反驳。到三十年代,又有许笃仁发表《楚辞识疑》,认为《离骚》为刘安作,《怀沙》、《九歌》、《天问》皆汉人作品。1938年由吴越史地研究会出版的何天行《楚辞新考》(1948年以《楚辞作于汉代考》书名再版)更系统地否认《史记·屈原列传》,并进而否定屈原的存在,可说是否定屈原的集大成之作。这一公案在建国后又引起争讼,到八十年代,则因日本学者铃木修次、三泽玲尔等人重提而导致了一场规模空前的大讨论。

建国以来的楚辞学,曾经有过两次高潮。第一次是1953年屈原被列为世界四大文化名人之一,以此为契机而掀起了一个宣传屈原、推广并研究楚辞的热潮,此热潮到六十年代初消歇。"文革"结束之后,重新重视文化遗产,到八十年代,楚辞学出现第二次高潮,大量的著作、论文问世,各种观点、方法引入楚辞研究领域,研究者也急剧增多,令人目不暇接。总之,当代楚辞学受到政治与经济的制约,与整个文化或沉或浮地同步发展。

1951年,朱东润在《光明日报》发表"楚辞探故"系列论文,即《楚歌及楚辞》、《离骚底作者》、《淮南王安及其作品》、《离骚以外的"屈赋"》,认为《离骚》是淮南王刘安的作品,传统的"屈赋二十五篇"与《招魂》等,均非屈原所作,并怀疑屈原是否真有其人。紧接着,郭沫若、宋云彬、沈知方等人撰文与之论争,朱东润也未再答辩。其实,这只是过去争讼的延续而已。然而,当代楚辞学也就在这论争中揭开了帷幕。

屈原列为世界文化名人,政府、群众为之振奋,报刊发社论,各地召开纪念屈原的大会,短期内刊出许多纪念、评论屈原及其辞作的文章,大抵集中在赞美屈原的人民性、爱国主义和屈原作品的浪漫主义、对后世的影响,以及考证屈原的生卒年等方面,这种对屈原及其辞作的热情与重视,推动了楚辞研究的急剧繁荣,而一批学力深厚的老、中年学者,在造成这一繁荣局面中起了十分重要的作用。

林庚的《诗人屈原及其作品研究》出版于1952年,收论文十六篇,涉及的内容比较广泛,大多为考据文章,语言流畅,亦有不少独到之见。如推定屈原生于前335年,卒于前296年;《湘君》、《湘夫人》应为一篇,《礼魂》只是《国殇》的乱辞等。林庚另有《天问论笺》。1954年刊行的王泗原《离骚语文疏解》,从语音学、方言学、语法学、训诂学、文字学、校勘学等方面，研究《离骚》的语文问题，持之有据，亦时有新解。如谓"羌"字有"怎样"、"为什么"两义，释"九疑缤其并迎"之"迎"为"逆"，而非"迓"等。浦江清发表了数篇楚辞研究论文，其中《屈原生年月日的推算问题》一文，从岁星纪年和干支纪年的分别、岁星纪年的原理和它的发展过程的推想、岁星纪年的甲乙两式、岁星摄提和大角摄提的关联作用等方面，推断屈原生于公元前 339 年，考证严密而精审。孙作云在建国前曾发表《九歌》方面的系列论文；五十年代，又著《在历史教学中怎样处置屈原问题》等数篇文章，对屈原的变法活动、生平事迹等问题予以细致的考索；后来，他又发表有关《天问》的系列论文，从古代史和考古学的角度研究《天问》，多有发见。

姜亮夫的《屈原赋校注》写定于二十年代末三十年代初，几经辗转，至 1957 年才出版。此书篇目、篇次一依王逸，每篇注前有总叙，分段诠释字句文义，并注明读音，考订文字，其中亦不乏新解，如释《离骚》"怨灵修之浩荡"中的"浩荡"为"荒唐"，以《惜诵》"纷逢尤以离谤"中的"纷逢尤"三字皆状语之类。姜氏的《楚辞书目五种》成于三十年代，经过补充，至 1961 年出版，此书分"楚辞书目提要"、"楚辞图谱提要"、"绍骚隅录"、"楚辞札记目录"、"楚辞论文目录"五个部分，是一部很有价值的楚辞目录著作。姜亮夫于八十年代又有《楚辞学论文集》、《楚辞通故》等书问世，其中《楚辞通故》洋洋 120 万言，为古今第一部大型楚辞类书，全书计四辑十部五十六类，条目三千五百七十，图四百四十余幅，其搜集整理之功，不可谓不巨矣。

1957 年，作家出版社选编《楚辞研究论文集》，收建国以来有代表性的论文 49 篇，反映了五十年代楚辞研究的特色与主要观点。同年还出版了詹安泰的《屈原》，介绍评述屈原生平事迹、艺术成就,并有单篇作品分析。詹氏八十年代另有《离骚笺疏》一书。又有张纵逸《屈原与楚辞》概论屈原思想及楚辞作品,认为屈原思想属早期法家,论述较为详尽。另有陆侃如、高亨、黄孝纾的《楚辞选》,马茂元的《楚辞选》,是较好的楚辞选注本,在当时流传甚广。

六十年代初,作为建国后楚辞学第一个高潮的尾声,主要有沈祖绵的《屈原赋证辨》、朱季海《楚辞解故》两部著作。沈著主要训释屈原辞作的字义,研究字音韵读,亦时或阐发词句大义。朱季海的《楚辞解故》以王逸、洪兴祖等人的旧说为基础,又根据楚地方言风俗等文献资料和出土文物,广征博引,申以己意,从校勘、训诂、谣俗、名物、音韵五个方面,对楚辞进行全面探讨,而尤注重楚辞的地方色彩。此书体现了作者深厚扎实的基本功和章黄学派的治学风格,在海内外影响很大。

“文革”期间的七十年代中期,《天津日报》刊出署名“靳南”的《从〈离骚〉看屈原的法家思想》一文,将屈原纳入法家,谓《离骚》反对儒家的畏天命,称历代对《离骚》的评价贯穿了儒法两派的斗争。本来,五十年代时,郭沫若就说过屈原法治思想的问题,后来又陆续有孙作云等学者撰文论述。关于屈原思想的归属,本当展开正常的讨论。而“文革”中那种将学术问题政治化的借题发挥,却近乎闹剧,甚是无谓。

“文革”结束之后,楚辞研究逐渐从凋敝中恢复过来,并向第二个高潮过渡。这一过渡时期的重要成果之一是谭介甫的《屈赋新编》,这是一部在特殊的时期产生的、具有特殊风格的楚辞学著作。全书分上、下两集,上集为屈作之部,下集为非屈作之部。“作者博采群书,钩沉古史,汇集了大量的历史资料,特别是还搜集到一部分楚史资料,对屈原的生平史实、屈作和非屈作的区分、屈作各篇的写作年代、作品的章节错简等都作了考订。作者在研究工作中，不囿于旧注、旧说，大胆地提出自己的一些新见解"（见书前"出版说明"）。但因作者过于追求新奇，凿空之论亦不少。

八十年代，楚辞学出现高潮，一批积累有年的成果率先推出。如王力的《楚辞韵读》将楚辞之韵分为三十部，以阴、阳、入三声相配，并重新拟测上古音，取得了显著成就。又如于省吾的《楚辞新证》（收入《泽螺居诗经新证》一书中），专为解释楚辞一些字句上的义训问题，大多以周代尤其是晚周的文字或文物为依据，分条加以考索，对旧说多有匡订。如引金文及其他典籍，考证《离骚》"朕皇考曰伯庸"之"朕"为"我的"，"恐皇舆之败绩"的"败绩"为"车覆"等。

聂石樵先后出版了《楚辞新注》、《屈原论稿》，前者以翔实的史料和考古新发现与作品相印证，在前人旧注的基础上，或择善而从，或予以补充，或自立新说，言简意明，持论公允。《屈原论稿》为评传式著作，作者从社会历史的、美学的观点，将文、史、哲相互贯通，对屈原的时代、生平、思想及其作品进行了全面而细致的考察，其中关于屈原进步的美学观点的论述，是以往楚辞研究专著中较少论及的，而关于《史记·屈原列传》的辨析、屈原生平及作品的系年等问题，都提出了个人的独见。

蒋天枢著有《楚辞论文集》与《楚辞校释》。《楚辞校释》写成于五十年代，篇次篇目一依《释文》古本，而汉人拟作皆不取。其注以采王逸、洪兴祖之说为主，于后人旧注往往略之，而多发己见。《楚辞论文集》各篇，皆写于《楚辞校释》之后，作者特重《楚辞章句》，又主张知人论世，史、诗互证，并申以一己的推断与假设，在《离骚》写作年代、《离骚》的兴托意义、《天问》的作期与体制、屈原沉江原因、《九辩》主旨等问题上，颇有新解。

汤炳正撰有《屈赋新探》与《楚辞类稿》。《屈赋新探》收论文二十篇,主要探讨屈原生平事迹、《楚辞》成书与传本、屈原的思想与流派、屈作中的神话传说及其语言艺术等问题。考证分析,深思熟虑,多有创见。如推断《楚辞》成书经历了宋玉、淮南文人集团、刘向、班固以后王逸以前的文人、王逸五个阶段,便影响颇巨。此外,善于利用出土实物来论证有关问题,也是作者治楚辞的一个重要特点。其《楚辞类稿》收随笔一百七十五条,亦或颇有心得。

马茂元主编的《楚辞研究集成》,包括《楚辞注释》、《楚辞要籍解题》、《楚辞评论资料选》、《楚辞研究论文选》、《楚辞资料海外编》五种,分门别类地汇集了古今中外重要的楚辞研究资料,大有益于学术界。

随着各种学说的兴盛,楚辞研究领域出现了新的格局,新一代研究者的方法、角度由比较单一而趋向多元。从方法上看,走传统的训诂考证、综合分析的路子的人依然不少,有的研究者并因此而取得了引人注目的成绩;同时,亦有相当多的人运用文化学、民俗学、神话学的知识,或运用系统论、心理学等新的理论来研究屈原与楚辞,亦颇有建树。从角度上看,或偏重于楚辞美学特征的研究,或致力于楚辞学史的探讨,或梳理汉以来骚体作品的流变,或比较楚辞与他种文体的异同。总之,多方法的运用,多学科的渗透,多角度的审视,是新一代楚辞研究者的基本风貌。

三、国外楚辞研究概况

作为全人类共同的精神财富,楚辞不仅为国内研究者和普通群众所重视,而且也引起了国外学术界的关注。

国外对屈原和楚辞的研究当然要首推日本。楚辞于奈良时代

（710—784）随《文选》传入日本，《文选》中的楚辞作品对日本古代文学产生了一定影响。王逸《楚辞章句》、洪兴祖《楚辞补注》、林云铭《楚辞灯》等曾在日本被翻刻。后来还刊刻了"和训本"，即用日语解说的版本。十八世纪出现了秦鼎的《楚辞灯校读》，对楚辞篇次有所调整。而龟井昭阳的《楚辞玦》、冈松瓮谷的《楚辞考》、西村硕园的《屈原赋说》则皆有所考证评论，尤其是《屈原赋说》，虽现仅存前半，但其体制之宏大，考证之精深，使它至今仍具权威性。

日本现代以来的楚辞研究颇为活跃，自本世纪以来，专著达二十种以上，论文在两百篇以上。而且在研究中引进了一些新观点与新方法。注释方面的专著主要有浅见绚斋的《楚辞师说》、冈田正之的《楚辞》、桥本循的《译注楚辞》、青木正儿的《新释楚辞》，后者是这方面新成果的代表。研究方面的著作主要有桥川时雄的《楚辞》、藤野岩友的《巫系文学论》、星川清孝的《楚辞之研究》、竹治贞夫的《楚辞研究》、目加田诚的《屈原》等。其中竹治贞夫《楚辞研究》为作者的论文集，显示了他深厚的学力和探索精神。如在《离骚——梦幻式抒情诗》中，作者认为《离骚》前一部分是现实性的抒情，后一部分是幻想式的叙事。在《楚辞的二段式结构》中，则通过深入的文字训诂，阐明楚辞中的"乱"是总理总撮前意；"少歌"亦其类；"重"是前意不足而重复设辞，而较"乱"为长；"倡"是更造新曲。对楚辞篇末这些词一一加以辨析。而在《楚辞的日本刻本及日本学者的楚辞研究》中，作者介绍了楚辞传入日本及其流传的情况，并介绍、评论了十八世纪后期到本世纪初的注解与研究情况，弥足珍贵。总之，《楚辞研究》是一部具有相当学术价值的著作。

日本的楚辞研究比较注重实际问题的探讨，而较少抽象义理的讨论;同时,比较看重材料的掌握与考证,力争持之有故;并多用比较的方法。这些特点,对国内的楚辞研究亦颇有借鉴意义。

屈原及其辞作传到欧洲,大约始于十九世纪上半叶。1852年德国学者费兹曼的《〈离骚〉与〈九歌〉——公元前三世纪的两篇中国诗歌》,是最早的楚辞西译本。后来又有法国学者德理文的法译,标题为《公元前三世纪的诗歌——〈离骚〉》,1870年在巴黎出版。《离骚》的英译本为数不少,1879年有巴克的译文,1895年又有理雅各的译文。1947年又有班恩的译文。《离骚》的意大利文译本主要有两种,分别为桑克谛和阿赖勒所译。屈原作品的西译,主要集中在《离骚》、《天问》上,《九歌》、《九章》次之,其他又次之。西译本中规模最大的是英国学者霍克思于1959年刊出的《〈楚辞〉——南方的歌》,包括屈宋及汉人拟作,实际上是一部楚辞全译,在国际汉学界影响很大。

欧美的楚辞研究,主要体现在翻译原作及其相应的注释与说明之中,论文不多,专著尤少,影响并不大,然亦不乏足资参考的见解。如美国学者海陶玮《屈原研究》一文中关于屈原其人与《史记·屈原列传》的探讨,美籍华裔学者陈世骧《论时:屈赋发微》中对于《离骚》所表现的时间概念的分析,德国学者卫德明《天问浅释》中对《天问》与印度《梨俱吠陀》所作的比较研究,等等。欧美学者往往用原型分析、心理分析等新的方法,或将楚辞放在世界文学的背景之上来研究楚辞。方法的不同与角度的相异每每能启发人们新的思路。

前苏联从本世纪五十年代方较广泛地介绍研究楚辞,主要是在屈原列为世界四大文化名人之后,屈原、宋玉的作品均被译成俄文,其中以费德林《屈原诗集》最为著名。集中译了屈原全部作品,主要依据郭沫若《屈原赋今译》,在前苏联产生了极大影响。

前苏联学者对屈原及其作品的介绍与评论也不少,主要以专文形式进行,如艾德林《中国人民的诗人屈原》、杜曼《屈原——伟大的中国诗人》、费德林《伟大的中国诗人屈原》等。他们大多用马克思主义的美学原理分析屈原辞作,评论屈原是一位世界性的诗人,其作品具有全人类性的意义。费德林的《论屈原诗歌的独特性与全人类性》和《屈原辞赋垂千古》两篇论文,可视为其中的代表。

此外,匈牙利的托勒著《中国悲歌的起源》一书,1959 年出版后,由作者译成法文,1972 年又出了日译本,在国际上有一定影响。此书以马克思主义观点研究屈原及其作品,认为中国特殊的社会条件,是悲歌产生的温床,《离骚》就是一部杰出的悲歌作品,它标志着一种独立体裁的诞生。

关于屈原三题

我国古代文学史中有很多复杂的文学现象和人们对这些现象所作的说明和评价,相当长一个阶段沿袭不变,被认为是正确的。其实,认真思考、推敲起来,其中不能说没有问题,实际上有许多问题仍有进一步探讨的必要。在许多值得进一步探讨的问题中,我仅就对屈原的评价谈几点意见,以就正于学界同行。

一、关于屈原作品的中心内容问题

新中国建立以来,学术界、思想界都评述屈原为伟大的爱国诗人。1954 年纪念世界四大文化名人,屈原也是作为爱国诗人来纪念的,认为他不但爱楚国,而且爱整个中国。当时,人们强调屈原作品中的爱国主义,不是没有原因的。首先,建国以来我们政治、思想工作领域中,始终重视爱祖国爱人民的教育,为了配合思想、政治工作,特别强调屈原的爱国主义思想。其次,屈原作品中确实表现了执着的爱国主义感情,表现了对祖国的拳拳之忠。这一点,司马迁在《屈原列传》中也叙述得很清楚:

> 屈平既嫉之,虽放流,眷顾楚国,系心怀王,不忘欲反。冀幸君之一悟,俗之一改也。其存君兴国,而欲反复之,一篇之中三致志焉。

其所谓"存君兴国"、"一篇之中三致志焉",正见其国家观念之重,他是时刻系心于国家,不忘国家的。问题在于我们把他这种思想提到什么高度,是否即是他的作品的中心思想或最主要的内容呢?

今天,我们评价古代作家和作品,不能像从前那样从现实的政治、思想工作需要出发,去强调古代作家和作品的某一方面,作为所谓"古为今用"。而应当一切从实际出发,实事求是地评价作家和作品的历史地位和成就,尊重历史客观事实和辩证法的发展。只有如此,才能对我们今天有借鉴作用。从客观实际出发,我认为屈原作品的中心内容是对楚国贵族集团把持下的黑暗、腐朽政治的批判。这,我们可以从屈原的创作动机来看,淮南王刘安在其《离骚传序》中论述屈原的创作意图说:

> 屈原疾王听之不聪也,谗谄之蔽明也,邪曲之害公也,方正之不容也,故忧愁幽思而作《离骚》。

即说明他之写《离骚》,是由于政治黑暗,自己被迫害,而以写作抒发自己不平之鸣的。淮南王刘安又说:

> 信而见疑,忠而被谤,能无怨乎? 屈原之作《离骚》,盖自怨生也。

亦说明屈原由于蒙不白之冤,借写《离骚》以泄自己之怨愤。可见屈原的写作动机,在于揭露楚国贵族集团统治下的黑暗、腐朽政治。

从屈原作品描写的具体内容看,也是如此,淮南王刘安在《离骚传序》中论述《离骚》的内容说:

> 上称帝喾,下道齐桓,中述汤武,以刺世事。明道德之广崇,治乱之条贯,靡不毕见。

说明屈原列举历代的圣君贤相之目的，是为了抨击当世的政治，申明自己的道德观念和政治观点。司马迁把刘安的意见采纳入为屈原所写的传记之中，说明司马迁是同意这种观点的。此外，班固的《离骚序》和王逸的《离骚序》对屈原作品的内容都有同样的论述。班固的《离骚序》说：

> 上陈尧、舜、禹、汤、文王之法，下言羿、浇、桀、纣之失，以讽怀王。

王逸的《离骚序》说：

> 故上述唐、虞三后之制，下序桀、纣、羿、浇之败，冀君觉悟，反于正道而还己也。

尽管文字不尽相同，但基本意思是一致的，都是列举历代君臣之政治得失、成败兴亡，以讽谏怀王。笔锋所向，仍在怀王时期政治之昏暗，法度之不明。我们结合屈原作品的内容看，他们的论述是完全符合实际的。因此，我认为屈原作品的中心内容，是抨击楚国贵族集团把持下的黑暗、腐朽政治，并表现他与楚国腐朽贵族政治集团的斗争。爱国主义是屈原的重要思想，但却未必是他作品中最主要和最中心思想。

二、关于楚文化、屈原作品是楚文化的体现等问题

自近代以来，不少学者比较、论述我国古代南北方文化的区别及其特点。南方文化即指楚文化，北方文化即指中原文化。目前更有不少学者论述楚文化的特殊成就及其对战国、秦汉文化的影响等，认为楚国与周王朝之关系不像中原地区其他姬姓国与周王朝之关系那样密切，因此楚文化是独立于中原文化之外的特殊文

化,屈原的作品便是这种文化的体现;认为楚文化影响于后世者至大,以至于征服了汉代文化,是汉代文化的直接来源,等等。总之,对楚文化的成就、作用估价十分之高,甚至超过了中原文化。

我认为楚文化的成就是相当高的,并且认为在春秋战国时期,秦、楚两国比其他诸侯国对历史的贡献更大。问题在于怎样理解楚文化,屈原作品中所体现的是怎样的楚文化?应该说明,楚民族在长期的共同的居住地区、共同的经济生活和自然环境中,形成了自己独特的不同于中原地区人民的思想信仰、心理状态和文化传统等,这就是土生土长的巫文化。但是文化思想总是相互交流、相互融会的,不可能处于隔绝状态而独立发展。楚国与周王朝之关系尽管不像中原地区姬姓国于周王朝之关系那样密切,但它毕竟是受周天子统辖的宗国。随着周王朝政治影响的扩大,周文化,即华夏文化的影响,也必然远及于楚国。据史籍记载,楚从熊绎开始受周成王之封,居丹阳。可以推想,他既受周封,立国必遵周制。如《左传·哀公六年》记载,楚昭王救陈,病在军中,有赤云如鸟,夹日飞翔,而问周太史之事:

> 楚子使问诸周太史。周太史曰:"其当王身乎! 若禜之,可移于令尹、司马。"

这说明昭王时周已遣太史入楚,教习周朝令典。可能楚人受封之日,周即派太史去楚,然书缺有间,不可详考。又《左传·昭公二十六年》记载,周景王的长庶子王子朝与敬王争夺王位的继承权,最后失败,便与楚国旧宗族携带周朝的典籍奔楚之事:

> 王子朝及召氏之族、毛伯得、尹氏固、南宫嚚奉周之典籍以奔楚。

他们在政权争夺上失败了,却造成了周朝文化最大一次南移,传播

了中原文化。又传世有周公奔楚之说,《史记·鲁周公世家》记载:

> 成王少时,病,周公乃自揃其蚤沈之河,以祝于神曰:"王少未有识,奸神命者乃旦也。"……成王病有瘳。及成王用事,人或谮周公,周公奔楚。

《史记·蒙恬列传》有同样记载。周公既逃到楚国,他所制订的礼、乐也必然传入楚国,是可以想见的了。孔子周游列国,入楚,为说教,楚狂接舆为之唱《凤兮》歌,以凤的德行喻孔子(见《论语·微子》),说明孔子的学说已深入楚人之心。楚人自有史以来即仰慕北学,热切地学习北学。《孟子·滕文公上》记载:

> 陈良,楚产也,悦周公、仲尼之道,北学于中国。北方之学者,未能或之先也。

陈良以楚人学习周公、孔子的学说,北方学者反而不及他,可见其学习的精到。楚人学习中原文化的风气,在统治阶级上层更盛。《国语·楚语上》记载,楚庄王让士亹教太子葴读书,读什么书?申叔时对士亹说:

> 教之《春秋》,而为之耸善而抑恶焉,以戒劝其心;教之《世》(先王世系),而为之昭明德而废幽昏焉,以休惧其动;教之《诗》,而为之道广显德,以耀明其志;教之《礼》,使知上下之则;教之《乐》,以疏其秽而镇其浮;教之《令》,使访物官;教之《语》(治国的语言),使明其德而知先王之务用明德于民也;教之《故志》(记前世失败的书),使知废兴者而戒惧焉;教之《训典》,使知族类,行比义焉。

他所读的书,包括《诗》、《书》、《礼》、《易》、《乐》、《春秋》以及先王的世系、法令、治国的良言等，都是周王朝的典籍。又据《左传》记载，楚国的王公卿士议事中征引《诗》、《书》的例子很多。这都说明华夏文化对楚国的影响。华夏文化流播于楚，与楚国的巫文化相融合，便形成为楚文化。楚文化有其鲜明的特点，体现了楚民族的风俗、习尚、信仰等，但其精神实质并其筋骨则是华夏文化。屈原及其作品便是这种巫文化融入了华夏文化的集中产物。他既具有楚民族的特点，又具有华夏文化的精神实质，其核心是华夏文化。屈原所标榜的禹、汤、文、武，所主张的"仁政"，就是华夏文化精神。不能把屈原及其作品所体现的特点，从华夏文化中分割出去。

三、关于屈原赋的渊源问题

长期以来，人们大都认为屈原赋的形式、表现手法甚至内容都源于楚国民歌，是楚国民歌的升华。并举出越地的《今夕》歌、徐地的《带剑》咏、吴地的《庚癸》谣、楚地的《沧浪》曲和《接舆》讴等为例，这自然是很正确的。宋人黄伯思《翼骚序》所谓"书楚语，作楚声，纪楚地，名楚物"等，也是称它是产自楚地的歌谣。但是，我认为只看到这一点，是不全面的，除此之外，它应当还继承了《诗经》的创作传统。例如《诗经》中之《周南》、《召南》都是江汉流域的歌曲，《周南》之《汉广》、《螽斯》，《召南》之《摽有梅》，句尾或用"思"字，或用"兮"字，和屈赋的句式很接近。屈原是否曾诵习过《诗经》，我们虽不可得知，但从春秋时代士大夫普遍学《诗》，谓"诵《诗》三百，授之以政，不达；使于四方，不能专对；虽多，亦奚以为？"（《论语·子路》）认为学《诗》是为了通达政事，作为外交辞令看，屈原"明于治乱，娴于辞令"，并曾两度出使齐国，他不可能不诵习《诗经》。屈原不但在诗歌句式上学习《诗经》，在表现手法上也学习《诗经》。王逸在《离骚序》中说：

> 《离骚》之文，依《诗》取兴，引类譬喻，故善鸟、香草以配忠贞，恶禽、臭物以比谗佞，灵修、美人以媲于君，宓妃、佚女以譬贤臣，虬龙、鸾凤以托君子，飘风、云霓以为小人。

这就说明了屈原继承并发展了《诗经》的比兴手法。又《诗经·周南·卷耳》写一个官吏久役在外，怀念家中的妻子，历阻涉险，马疲仆病的情况：

> 陟彼崔嵬，我马虺隤……
> 陟彼高冈，我马玄黄……
> 陟彼砠矣，我马瘏矣！我仆痡矣，云何吁矣！

此情此景也被屈原所吸收。屈原在《离骚》、《远游》中，于其登昆仑山之上，"忽临睨夫旧乡"时，两用此境。《离骚》云：

> 仆夫悲余马怀兮，蜷局顾而不行。

《远游》云：

> 仆夫怀余心悲兮，边马顾而不行。

很明显屈原是心领神会《诗经》所写之意境而运之于笔端的。至于刘勰，他是从更广泛的领域论述屈原赋与《诗经》的渊源关系，他在《文心雕龙·辨骚》中说：

> 故其陈尧、舜之耿介，称汤、武之祗敬，《典》、《诰》之体也。讥桀、纣之猖披，伤羿、浇之颠陨，规讽之旨也。虬龙以喻君子，云霓以譬谗邪，比兴之义也。每一顾而掩涕，叹君门之九重，忠怨之辞也：观兹四事，同于《风》、《雅》者也。至于托

云龙,说迂怪,丰隆求宓妃,鸩鸟媒娀女,诡异之辞也。康回倾地,夷羿彃日,木夫九首,土伯三目,谲怪之谈也。依彭咸之遗则,从子胥以自适,狷狭之志也;士女杂坐,乱而不分,指以为乐,娱酒不废,沉湎日夜,举以为欢,荒淫之意也。摘此四事,异乎经典者也。

他认为《离骚》有四点同于《风》、《雅》,有四点异乎经典,这说明屈原是继承《诗经》同时又有所发展和创造的。特别应当注意的是,他说:"虽取熔经意,亦自铸伟词。"即说明屈原赋的精神实质是经书,而其辞采则是自己的创造!

怎样看待屈原赋与中原
文化和楚文化的关系

自近代以来,不少学者比较、论述我国古代南北方文化的区别及其特点。南方文化即指楚文化,北方文化即中原文化。目前更有不少学者论述楚文化的特殊成就及其对战国、秦汉文化的影响等,认为楚国与周王朝之关系不像中原地区那样密切,因此楚文化是独立于中原文化的特殊文化。屈原的作品便是这种文化的体现。认为楚文化影响于后世至大,以至于征服了汉文化,是汉文化的直接来源,等等。总之,对楚文化成就作用估价十分之高,甚至超过了中原文化。

我认为楚文化的成就是相当高的,并且认为在春秋战国时期,秦、楚两国比其他诸侯国对历史的贡献更大。问题在于怎样理解楚文化,屈原作品所体现的是怎样的楚文化?应说明楚民族在长期共同的居住地区、共同的经济生活和自然环境中,形成了自己独特的不同于中原地区人民的思想信仰、心理状态和文化传统等。这就是土生土长的文化,但是文化思想总是互相交流、互相融汇的,不可能处于隔绝状态而独立发展。楚国与周王朝之关系尽管不像中原地区姬姓国与周王朝之关系那样密切,但它毕竟是受周天子统辖的宗国。随着周王朝政治影响的扩大,周文化,即中原文化的影响也必然远及于楚国。据史籍记载,楚从熊绎开始受周成王之封,居丹阳。可以推想,他既受周封,立国必遵周制。如《左传·哀公六年》记载,楚庄王救陈,病在军中,有云如赤乌,而问周太史之事：

> 楚子使问诸周大史。周大史曰："甚当王身乎！若禜之，可移于令尹、司马。"

这说明昭王时周已遣太史入楚，教周朝的典令。可能楚人受封之日，周即派太史入楚，然书缺有间，不可详考，又《左传·昭公二十六年》记载周景王的长庶子王子朝与敬王争夺王位的继承权，最后失败，便与楚国旧宗族携带周朝的典籍奔楚之事：

> 王子朝及召氏之族毛伯得、尹氏固、南宫嚚奉周之典籍以奔楚。

他们在政权争夺中失败了，却造成周朝文化最大的一次南移，传播了中原文化。又世传有周公奔楚之说，《史记·鲁周公世家》记载：

> 成王少时，病，周公乃自揃其蚤沈之河，以祝于神曰："王少未有识，奸神命者乃旦也。"……成王病有瘳。及成王用事，人或谮周公，周公奔楚。

《史记·蒙恬列传》有同样记载。周公既逃到楚国，他所制订的礼、乐也必然传入楚国，是可以想见的了。孔子周游列国，入楚，为说教，楚狂接舆为之唱《凤兮》歌，以凤之德行喻孔子（见《论语·微子》），说明孔子的学说已深入楚人之心，楚人自有史以来即仰慕北学，热切地学习北学。《孟子·滕文公上》记载：

> 陈良，楚人也，悦周公、仲尼之道，北学于中国。北方之学者，未能或之先也。

陈良以楚人学习周公、孔子的学说，北方学者反而不及他，可见其学习之精到。楚人学习中原文化的风气,在统治阶级上层更盛。《国语·楚语上》记载,楚庄王让士亹教太子读书,读什么书? 申叔时对士亹说:

> 教之《春秋》,而为之耸善而抑恶焉,以戒劝其心;教之《世》(先王世系),而为之昭明德而废幽昏焉,以休惧其动;教之《诗》,而为之道广显德,以耀明其志;教之《礼》,使知上下之则;教之《乐》,以疏其秽而镇其浮;教之《令》(官法时令),使访物官;教之《语》(治国的语言),使明其德而知先王务用明德于民也;教之《故志》(记前世成败的书),使知废兴者而戒惧焉;教之《训典》,使知族类,行比义焉。

他所读的书,包括《诗》、《书》、《礼》、《易》、《乐》、《春秋》以及先王的世系、法令、治国的良言等,都是周王朝的典籍。又据《左传》记载,楚国的王公卿士议事中征引《诗》、《书》的例子很多。这都说明中原文化对楚国的影响。中原文化流播于楚,与楚地的巫文化相融合,便形成为楚文化。楚文化有其鲜明的特点,体现了楚民族的风俗、习尚、信仰等,但其精神实质并其筋骨则是中原文化,屈原及其作品便是这种巫文化汇入中原文化的集中产物。他即具有楚民族的特点,又具有中原文化的精神实质,其核心是中原文化。屈原所标榜的尧、舜、禹、汤、文、武,所主张的"仁政",就是中原文化精神。

关于屈原赋具有楚民族的特点,而其精神实质则为中原文化,我们还可以从他的具体创作中加以说明。

长期以来,人们大都认为屈原赋的形式、表现手法,都是采用楚国民歌,是楚国民歌的升华。如越地的《今夕》歌、徐地的《带剑》咏、吴地的《庚癸》谣、楚地的《沧浪》曲和《接舆》讴等。这自然是很正确的。宋人黄伯思《翼骚序》所谓"书楚语,作楚声,纪楚地,名楚物"等,也是讲它是产自楚地的歌谣。但是,我认为只看到这一点,是不全面的,除此之外,它还继承了《诗经》的创作传统。如《诗经》中之《周南》、《召南》,都是江汉流域的歌曲,《周南》之《汉广》、《螽斯》、《召南》之《摽有梅》,句尾或用"思"字,或用"兮"字,和屈原赋的句式很接近。屈原是否诵习过《诗经》? 史无明文记载,但从春秋时代士大夫普遍学《诗》,谓"诵《诗》三百,授之以政,不达;使于四方,不能专对;虽多,亦奚以为?"(《论语·子路》)认为学《诗》是为了通达政事,当作外交辞令看。屈原"明于治乱,娴于辞令",并曾两度出使齐国,他不可能不诵习《诗经》。屈原不但在诗歌句式上学习《诗经》,在表现手法和内容上也学习《诗经》。王逸在《楚辞章句·离骚》中说:

> 《离骚》之文,依《诗》取兴,引类譬谕。故善鸟、香草以配忠贞,恶禽、臭物以比谗佞;灵修、美人以媲于君,宓妃、佚女以譬贤臣;虬龙、鸾凤以托君子,飘风、云霓以为小人。

这就说明了屈原继承并发展了《诗经》的比兴手法。《诗经·周南·卷耳》写一个官吏久役在外,怀念家中的妻子,历阻涉险,马疲仆病的情况:

> 陟彼崔嵬,我马虺隤……
> 陟彼高冈,我马玄黄……
> 陟彼砠矣,我马瘏矣,我仆痡矣,云何吁矣!

此情此景也被屈原所吸取,屈原在《离骚》、《远游》中,于其登昆仑山之上,"忽临睨夫旧乡"时,两用此境。《离骚》云:

> 仆夫悲余马怀兮,蜷局顾而不行。

《远游》云:

> 仆夫怀余心悲兮,边马顾而不行。

很明显屈原是心领神会《诗经》所写之意境而运之于笔端的。至于刘勰,是从更广泛的领域论述屈原赋与《诗经》的渊源关系。他在《文心雕龙·辨骚》中说:

> 故其陈尧、舜之耿介,称禹、汤之祗敬,《典》《诰》之体也。讥桀、纣之猖披,伤羿、浇之颠陨,规讽之旨也。虬龙以论君子,云霓以譬谗邪,比兴之义也。每一顾而掩涕,叹君门之九重,忠怨之辞也。观兹四事,同于《风》《雅》者也。至于托云龙,说迂怪,丰隆求宓妃,鸩鸟媒娀女,诡异之辞也。康回倾地,夷羿弊日,木夫九首,土伯三日,谲怪之谈也。依彭咸之遗则,从子胥以自适,狷狭之志也。士女杂坐,乱而不分,指以为乐,娱酒不废,沉湎日夜,举以为欢,荒淫之意也。摘此四事,异乎经典者也。

他认为《离骚》有四点同于《风》《雅》,有四点异乎经典,这说明屈原是继承《诗经》同时又融会楚地的民俗、风情而有所创造。特别应注意的是,他说:"虽取熔经意,亦自铸伟辞。"即说明屈原赋的精神实质是经书。最早注解屈原赋的淮南王刘安在其《离骚传》序中说:"《国风》好色而不淫,《小雅》怨诽而不乱。若《离骚》者,可谓兼之矣。"又清戴东原《屈原赋注》序云:"其心至纯,其学至纯,其立言指要归于至纯。二十五篇之书,盖经之亚。"这都说明屈原赋的精神实质不是楚地的巫祝鬼神而是儒家的经典,是中原文化。正是楚民族的风俗、习性、语言特点和中原文化精神构成屈原的伟大诗篇。

漫谈《九歌》

　　《九歌》是楚辞中的重要篇章,是骚体文学中优美的抒情作品。它的作者,据王逸说是屈原。王逸说:"昔楚国南郢之邑,阮、湘之间,其俗信鬼而好祠,其祠必作歌乐鼓舞以乐诸神。屈原放逐,窜伏其域,怀忧苦毒,愁思沸郁。出见俗人祭祀之礼,歌舞之乐,其词鄙陋,因为作《九歌》之曲,上陈事神之敬,下见己之冤结,托之以讽谏。"(《楚辞章句》)这是最早关于《九歌》的解释。所谓《九歌》,是楚国沅、湘之间的一种娱神的祭歌,屈原是在这种祭歌的基础上,创作了自己的独特体制。这种见解到朱熹得到进一步的补充和发挥,朱熹说:"蛮荆陋俗,词既鄙俚,而其阴阳人鬼之间,又或不能无亵慢淫荒之杂。原既放逐,见而感之,故颇为更定其词,去其泰甚。而又因彼事神之心,以寄吾忠君爱国、眷恋不忘之意。"(《楚辞集注》)其中"又或不能无亵慢淫荒之杂"是对"其词鄙陋"的发挥,其"忠君爱国"是由"托之以讽谏"引申出来,"故颇为更定其词,去其泰甚"则更明确地说明了屈原是在民间祭歌的基础上加工创作而成的。所以朱熹和王逸的观点并不像有人认为的有矛盾,而是基本一致的。他们都是从相同的角度说明《九歌》的来源和屈原与《九歌》的关系。最近翻检史书,发现一条材料,可以作为这一事实的补正。《新唐书》卷一六八《刘禹锡传》中有这样一段记载:"宪宗立,叔文等败,禹锡贬连州刺史,未至,斥朗州司马。州接夜郎诸夷,风俗陋甚,家喜巫鬼,每祠,歌《竹枝》,鼓吹裴回,其声伧伫。禹锡谓屈原居沅、湘间作《九歌》,使楚人以迎送

神。乃倚其声,作《竹枝辞》十余篇。于是武陵夷俚悉歌之。始,
坐叔文贬者八人,宪宗欲终斥不复,乃诏'虽后更赦令,不得原'。"
这是刘禹锡被贬到朗州后的情况。朗州位于沅江入洞庭湖之处,
即今天湖南的武陵县,也就是屈原放逐的地方。刘禹锡虽然是被
贬,但从"虽后更赦令,不得原"的诏令看,实际也等于放逐。他的
遭遇与屈原是相同的,而且被贬在屈原放逐的地方,思想感情上必
然与屈原发生共鸣,因此便效仿屈原作《九歌》的方式,也采集当
地祭祀时所唱的《竹枝》,作《竹枝辞》十余篇。二人所作的歌辞不
同,而其用意则一。这不但可以进一步证明《九歌》是屈原在民间
祭歌的基础上所创造的独特体制,而且可以证明它是屈原晚年放
逐到江南,流浪沅、湘一带所作的。

　　《九歌》共十一篇,即:《东皇太一》、《云中君》、《湘君》、《湘夫
人》、《大司命》、《少司命》、《东君》、《河伯》、《山鬼》、《国殇》、《礼
魂》。从前许多人拘泥于"九"字,想方设法合并其中的某些篇章,
以凑足九篇之数。这都是削足适履的做法,不可取。其实,《九
歌》应该是这套歌曲的专名词,犹如《九辩》,并非指具体的篇什。
十一篇中的《礼魂》只有五句,不像一首独立的祭歌,王夫之认为
是各篇通用的送神曲(见《楚辞通释》),这是十分正确的。这样
《九歌》的实际数字是十篇,每篇祭一个神,共祭十个神,那就是:
东皇太一——天之尊神;云中君——云神;湘君、湘夫人——湘水
的配偶神;大司命——主寿命的神;少司命——主子嗣的神;东
君——太阳神;河伯——黄河的神;山鬼——巫山的神;国殇——
阵亡将士的神灵。这套祭祀乐歌,反映的是楚地人民一种带巫风
的宗教仪式。战国时代楚地人民特别迷信鬼神,《汉书·地理志》
就说,楚人"信巫鬼,重淫祀"。这种巫风,是远古人神不分的观念
的残余,指以女巫主持祭祀而降神的风气。《说文·巫部》:"巫,

祝也。女能事无形（神）以舞降神者也。"就是说女巫的职业是以歌舞娱神降神，为人祈福的。女巫娱神时所唱的歌即《九歌》。《吕氏春秋·侈乐篇》说："楚之衰也，作为巫音。"《九歌》应该就是用这种巫音唱的，其唱法久已失传而不可考之了。

《九歌》既为祭歌，其内容也以祭祀为主。其中描写了女巫降神时的动作和意态："灵连蜷兮既留，烂昭昭兮未央。"（《云中君》）描写了神堂陈设的精美和祭品的圣洁："瑶席兮玉瑱，盍将把兮琼芳。"（《东皇太一》）描写了祭祀时音乐、歌曲的美妙："缊瑟兮交鼓，萧钟兮瑶簴。鸣篪兮吹竽，思灵保兮贤姱。翾飞兮翠曾，展诗兮会舞"（《东君》）描写了神的车驾和仪仗的隆盛："乘水车兮荷盖，驾两龙兮骖螭。"《河伯》也描写了神的饮食的芳洁和居处的清幽："山中人兮芳杜若，饮石泉兮荫松柏。"（《山鬼》）同时还正面歌颂了神的威灵："身既死兮神以灵，子魂魄兮为鬼雄。"（《国殇》）等等。但是，中心是描写人与神、神与神之间的互相追求，描写他们悲欢离合的爱恋之情。他们在互相追求的过程中，各自表现出一种彷徨、怅惘的情绪，同时又都坚贞不渝。由于他们之间的关系是生离死别，所谓"悲莫悲兮生别离"（《少司命》），所以在精神上常有浓厚的忧伤抑郁的悲剧气氛。然而就在这种悲剧的气氛中却渗透着对爱恋的追求的狂热："横流涕兮潺湲，隐思君兮陫侧。"（《湘君》）这种描写正是以古代神话传说为背景的，是我国古代南方巫文化传统的反映。

值得探讨的是《九歌》中反映了屈原的什么思想。王逸说屈原"上陈事神之心，下见己之冤结"。朱熹则说他"因彼事神之心，以寄吾忠君爱国、眷恋不忘之意"。这些说法都不免有牵强之嫌，但他们道出了其中渗透着屈原自己的思想，则是正确的。屈原提炼了《九歌》的优美抒情精神，在轻歌漫吟之中透露了自己一种很微漠而又不可掩抑的深长的感伤情绪，和《离骚》、《九章》等相比，便可以看到它们在精神实质上是一脉相承的。《九歌》中所表现的失恋的痛苦，如"交不忠兮怨长，期不信兮告余以不闲"（《湘君》）等，实际包含着他在《离骚》、《九章》中对理想追求的希望和失望。《九歌》中所描写的时节的变化，如"嫋嫋兮秋风，洞庭波兮木叶下"（《湘夫人》）等，则犹如他在其他作品中所流露的对社会现实的悲哀。其所抒发的时不我待的感叹："时不可兮骤得"（《湘夫人》），"老冉冉兮既极"（《大司命》），直是《离骚》中所表现的渴望积极进取的精神。另外，《九歌》还揭露了当时社会一些不合理现象："鸟何萃兮苹中，罾何为兮木上？""麋何食兮庭中，蛟何为兮水裔？"（《湘夫人》）这些事物的反常形态，都渗透着屈原对当时社会是非颠倒的黑暗侧面的抨击。《九歌》也表现了对善良的爱慕和对凶恶的仇恨："青云衣兮白霓裳，举长矢兮射天狼。"（《东君》）天狼星在秦的疆域之内，因此戴震说他有"报秦之心"（《屈原赋注》）。又"竦长剑兮拥幼艾，荪独宜兮为民正"（《少司命》），是说少司命能除暴安良，保护少年，为万民主持公正。其中的《国殇》是正面歌颂为国牺牲的战士的，写战士临阵时的英勇果断、坚贞不屈："出不入兮往不反，平原忽兮路超远。带长剑兮挟秦弓，首身离兮心不惩。诚既勇兮又以武，终刚强兮不可凌。"他们头可断，而志不可夺，身被戮而精神不死。这种思想和屈原其他作品中所表现的嫉恶如仇、同情人民、忠贞爱国等是完全一致的。这是屈原在修润、加工、创作的过程中对这套民间祭歌的升华和提高，是屈原感情、思想、精神的再现。

《九歌》在艺术上的成就就是长于抒情，具有浓厚的抒情意味。它借写景以抒情，借写神以抒情，更借人、神的相互追逐以抒情，它的每一篇都是一首清新绮丽的抒情诗。它也善于表现神的形象、身份和环境。十篇之中,除了《东皇太一》没有具体描写神的形象而只是作了环境烘托之外,其他九篇各写了九个神的不同特征。像来去倏忽的云中君、冷酷严肃的大司命、温柔妩媚的少司命、光明公正的东君和沉闷抑郁的山鬼等等,他们各自以自己的特殊身份显示出决然不同的精神境界。所以十篇同是祭神,但各具特色,绝不雷同,足见屈原艺术手段之高。

《九歌》在思想、艺术上的成就是很高的。它不但反映了战国时期楚地人民的生活,而且反映了屈原的情感和思想。屈原对这套民间祭歌不只是简单的修润、加工,而且有自己的创作。屈原是成功的。如果不算他的别的作品,只是一组《九歌》,也足以使屈原不朽!

情系君王　靡丽闳衍

——屈原及其《招魂》

　　"招魂"是先秦时代的一种社会习俗,这种习俗产生之初叫做"复",意思是"升屋呼魂以复于魄",也就是使死者还魂于魄,死而复生。日久之后,这种仪式便成为举行丧礼时对死者表示哀伤的一种活动。如《礼记·礼运》记载:

> 及其死也,升屋而号,告曰:"皋某复!"

这种"复"的仪式,到屈原才定名为"招魂"。屈原的《招魂》和景差的《大招》产生的意义,在于他们以艺术的形式记述了古代人民的社会生活习俗,因此这两篇作品不但有文学价值,而且有社会风俗史的价值。

　　《招魂》据王逸、刘向等的说法,是宋玉作的,是宋玉招屈原的魂。但是细观全文,所叙述的都是一个国君的宫廷之美、饮食之奢、乐舞之盛,和屈原的身份很不相称,这个说法显然不能成立。司马迁《史记·屈原列传》中说:"余读《离骚》、《天问》、《招魂》、《哀郢》,悲其志。"把《招魂》与《离骚》、《天问》、《哀郢》并提,可见他认为《招魂》是屈原所作。但是招谁的魂呢?一说是屈原招自己的魂,然文辞所咏者和屈原的身份不合。一说是屈原招怀王的魂,这切合文辞的实际描写。怀王被秦俘虏之后,客死秦国,顷襄王即位,宴安淫乐,置国耻君仇于不顾。屈原痛悼怀王之死,因此作赋以招之。篇末的"魂兮归来哀江南",是全篇的主题。江南是楚国的领土,招魂归此,盖寓恋君忧国之思。

招　魂

朕幼清以廉洁兮[一],身服义而未沬[二];主此盛德兮[三],牵于俗而芜秽[四]。上无所考此盛德兮[五],长离殃而愁苦[六]。

帝告巫阳曰[七]:"有人在下,我欲辅之[八]。魂魄离散,汝筮予之[九]!"巫阳对曰:"掌梦[一〇]!上帝命其难从[一一]!""若必筮予之[一二],恐后之谢[一三],不能复用。"

【注释】

〔一〕朕(zhèn)——我。　〔二〕服——行。　沬(mò)——终止。　〔三〕主——守。　盛德——指清、廉、洁、义等美德。　〔四〕牵——牵累。芜——可能是"无"的错字,无秽,没有污点。是说虽然受时俗的牵累,却没有污秽。　〔五〕上——君上。　考——考察。　〔六〕离——同"罹",遭遇。殃——祸患。　〔七〕帝——上帝。　巫阳——古代神话中的女巫,名阳。　〔八〕辅——辅助,保祐。　〔九〕筮(shì)——用蓍草占卜。是说上帝叫巫阳先占卜魂在哪里,然后把它招来还给怀王的躯体。　〔一〇〕掌梦——掌管占梦的巫。这句是说巫阳对上帝说:占卜魂在哪里,这是掌梦者主管的事。　〔一一〕难从——难以遵从。是说上帝的命令难以遵从。〔一二〕若——你。　〔一三〕谢——指死亡。是说恐怕迟了他会死亡。

以上是全篇的序文,叙述招魂的原由。

巫阳焉乃下招曰[一]：魂兮归来！去君之恒干[二]。何为四方些[三]？舍君之乐处[四]，而离彼不祥些[五]。

魂兮归来！东方不可以托些[六]。长人千仞[七]，惟魂是索些[八]。十日代出[九]，流金铄石些[一〇]。彼皆习之[一一]，魂往必释些[一二]。归来归来！不可以托些。

魂兮归来！南方不可以止些。雕题黑齿[一三]，得人肉以祀[一四]，以其骨为醢些[一五]。蝮蛇蓁蓁[一六]，封狐千里些[一七]。雄虺九首[一八]，往来倏忽[一九]，吞人以益其心些[二〇]。归来归来！不可以久淫些[二一]。

魂兮归来！西方之害，流沙千里些[二二]。旋入雷渊[二三]，麋散而不可止些[二四]。幸而得脱，其外旷宇些[二五]。赤蚁若象[二六]，玄蜂若壶些[二七]。五谷不生，丛菅是食些[二八]。其土烂人[二九]，求水无所得些。彷徉无所倚[三〇]，广大无所极些。归来归来！恐自遗贼些[三一]。

魂兮归来！北方不可以止些。增冰峨峨[三二]，飞雪千里些。归来归来！不可以久些。

魂兮归来！君无上天些。虎豹九关[三三]，啄害下人些。一夫九首，拔木九千些[三四]。豺狼从目[三五]，往来侁侁些[三六]。悬人以娭[三七]，投之深渊些。致命于帝[三八]，然后得瞑些[三九]。归来归来！往恐危身些。

魂兮归来！君无下此幽都些[四〇]。土伯九约[四一]，其角觺觺些[四二]。敦脄血拇[四三]，逐人驱驱些[四四]。参目虎首[四五]，其身若牛些。此皆甘人[四六]。归来归来！恐自遗灾些。

魂兮归来！入修门些〔四七〕。工祝招君〔四八〕，背行先些〔四九〕。秦篝齐缕〔五〇〕，郑绵络些〔五一〕。招具该备〔五二〕，永啸呼些〔五三〕。魂兮归来！反故居些。

【注释】

〔一〕焉乃——犹"于是"。　〔二〕恒干——指魂魄平常寄托的躯体。　〔三〕些(suō)——与"兮"字同义，句尾语气词。　〔四〕舍——弃。　乐处——安乐的地方，指楚国。　〔五〕离——同"罹"，遭遇。是说就会遭遇不吉利的情况。　〔六〕托——寄托。〔七〕长人——即大人。　仞——古时八尺为一仞。　〔八〕索——追求，寻找。　〔九〕代——更替、轮换。古本作"并"。　〔一〇〕流金——把金属物都熔化成流动的液体。　铄(shuò)石——把石头熔化。　〔一一〕彼——指东方的长人。　皆——一本作"自"习之——习惯于那种酷热。　〔一二〕释——熔化、消释。　〔一三〕雕题——在额角上雕刻花纹。题，额角。　〔一四〕祀——祭祀。　〔一五〕醢——肉酱。　〔一六〕蝮(fù)蛇——一种身上有黑褐色斑纹的毒蛇。　蓁(zhēn)蓁——聚集在一起的样子。　〔一七〕封狐——大狐狸。　千里——指封狐出没往来千里。　〔一八〕雄虺(huǐ)——凶恶的毒蛇。　〔一九〕倏(shū)忽——迅速的样子。〔二〇〕益——补益。　〔二一〕淫——淹留。　〔二二〕流沙——沙漠地带沙动如流水，故称流沙。　〔二三〕雷渊——古代神话中的水名。是说人被流沙旋转，陷入雷渊。　〔二四〕靡散而不可止——是说被流沙压得粉碎而后已。靡，碎。　〔二五〕其——指代雷渊。　旷宇——旷野。是说雷渊的外面也是一片荒漠的旷野。　〔二六〕赤蚁——传说这种蚁赤色，大如象。　〔二七〕玄——黑。　壶——葫芦。葫芦两头大，中间细，蜂的形体和它相似。　〔二八〕营

(jiān)——茅草。　　〔二九〕烂——糜烂。是说西极的土地焦热,能使人的身体焦烂。　　〔三〇〕彷徉(páng yáng)——游荡无定。〔三一〕自遗贼——自寻灾害。遗,给予。贼,害。　　〔三二〕增——同"层"。　峨峨——高耸的样子。　　〔三三〕九关——指天门九重。是说天门九重,有虎豹守之。　　〔三四〕九千——极言其多。　　〔三五〕豺狼——指九头人如豺狼般凶狠。　从目——竖着眼睛。从,同"纵"。〔三六〕侁(shēn)侁——众多的样子。　　〔三七〕娭(xī)——游戏,玩乐。　　〔三八〕致命——请命。　帝——指天帝。　　〔三九〕瞑——闭上眼睛,即死亡。　　〔四〇〕幽都——所谓阴间的都城。阴间不见天日,因此称幽都。　　〔四一〕土伯——地下魔怪之王。　九约——指腹部肥胖下垂形成多条皱襞。约,皮肉间皱襞。一说九约即"纠钥",把关的意思。　　〔四二〕觺(yí)——锐利的样子。　　〔四三〕敦脄(méi)——隆起的背肉。敦,厚。脄,背上的肉。　血拇——染有鲜血的指爪。拇,手、脚的大指,这里泛指指爪。　　〔四四〕駓(pī)駓——野兽走路很快的样子。　　〔四五〕参——同三。是说土伯的头像老虎,有三只眼睛。　　〔四六〕此——指土伯。　甘人——以人肉为美味。　　〔四七〕修门——郢都的城门。　　〔四八〕工祝——擅长祭祀祈祷的巫人。工,擅长、善于。祝,男巫。　君——指怀王。〔四九〕背行——倒退着走。工祝招魂背向前,面向后,是背身却行。先——先导,走在魂的前面,为其引路。　　〔五〇〕篝(gōu)——竹笼,产于秦地(今陕西)的竹笼,叫秦篝。古代招魂的方法,是巫人拿被招者的衣服,放在笼中,使魂魄有所栖止和依附。　缕——线。产于齐地(今山东)的线,叫齐缕。巫人把它拴在竹笼上面,作为提挈。〔五一〕绵——同缗,细线。产于郑地(今河南新郑一带),所以叫郑绵。　络——织成的网。巫人把网络加在竹笼的四周,作为装饰。　　〔五二〕招具——招魂用的工具,即篝、缕、绵、络等。该备——

完备。　　　〔五三〕永啸——长啸。是说巫人拿着招具,长声呼叫以招魂。

　　自此以下是招魂的正文。这一节以四方上下皆险恶,不可久居,而招魂归来。

　　天地四方,多贼奸些。像设君室〔一〕,静闲安些〔二〕。高堂邃宇〔三〕,槛层轩些〔四〕。层台累榭〔五〕,临高山些〔六〕。网户朱缀〔七〕,刻方连些〔八〕。冬有突厦〔九〕,夏室寒些。川谷径复〔一〇〕,流潺湲些〔一一〕。光风转蕙〔一二〕,泛崇兰些〔一三〕。经堂入奥〔一四〕,朱尘筵些〔一五〕。砥室翠翘〔一六〕,挂曲琼些〔一七〕。翡翠珠被〔一八〕,烂齐光些〔一九〕。蒻阿拂壁〔二〇〕,罗帱张些〔二一〕。纂组绮缟〔二二〕,结琦璜些〔二三〕。室中之观〔二四〕,多珍怪些〔二五〕。兰膏明烛〔二六〕,华容备些〔二七〕。二八侍宿〔二八〕,射递代些〔二九〕。九侯淑女〔三〇〕,多迅众些〔三一〕。盛鬋不同制〔三二〕,实满宫些〔三三〕。容态好比〔三四〕,顺弥代些〔三五〕。弱颜固植〔三六〕,謇其有意些〔三七〕。姱容修态〔三八〕,絙洞房些〔三九〕。蛾眉曼睩〔四〇〕,目腾光些〔四一〕。靡颜腻理〔四二〕,遗视矊些〔四三〕。离榭修幕〔四四〕,侍君之闲些〔四五〕。翡帷翠帐〔四六〕,饰高堂些。红壁沙版〔四七〕,玄玉梁些〔四八〕。仰视刻桷〔四九〕,画龙蛇些。坐堂伏槛〔五〇〕,临曲池些。芙蓉始发〔五一〕,杂芰荷些〔五二〕。紫茎屏风〔五三〕,文缘波些〔五四〕。文异豹饰〔五五〕,侍陂陁些〔五六〕。轩辌既低〔五七〕,步骑罗些〔五八〕。兰薄户树〔五九〕,琼木篱些〔六〇〕。魂兮归来!何远为些〔六一〕?

【注释】

〔一〕像——死人的画像。楚人风俗人死之后,设置其形象于室内而祠之。　〔二〕闲——宽舒。　〔三〕邃(suì)——深远。宇——庭院。　〔四〕槛(jiàn)——栏杆。　层——重。轩——走廊。　〔五〕累——重叠。　榭——在台上建造的亭子。〔六〕临——面对着。　〔七〕网户——门上镂成网状的格子。　朱缀——用红色涂在格子交结之处。　〔八〕刻——镂。　方连——连成串的菱形图案。　〔九〕突(yào)厦——结构深邃,不受外面寒气侵袭的大屋。突,复室。　〔一○〕径——直。是说所住之处周围有山川溪谷往复回环。　〔一一〕潺湲(chán yuán)——流水声。〔一二〕光风——阳光和风。　转——摇。　蕙——一种香草。〔一三〕泛——漂动。　崇——聚集,这里指丛生。　〔一四〕奥——屋子的深处。是说经过堂屋而入内室。　〔一五〕尘——承尘,即天花板。　筵——竹席。是说上面有红色的承尘,下面有竹制的席子。〔一六〕砥(dǐ)室——用光滑的石板砌墙铺地的屋子。砥,磨平的石板。　翠翘——翡翠鸟的长尾羽。用做室内的装饰品。　〔一七〕曲琼——玉钩。这句是说玉钩挂在壁上,用来悬挂帷帐、衣服。〔一八〕翡翠——鸟名,雄的毛色赤,叫做翡;雌的毛色青,叫做翠。这句是说被上绣着翡翠,并缀以细小的明珠。　〔一九〕烂——灿烂。齐——同。是说翡翠羽与明珠竞相辉映。　〔二○〕蒻(ruò)——嫩蒲叶做的席子。　阿——细缯。拂壁——张在壁上,如同后来的墙帏。　〔二一〕罗——古代的一种丝织品。帱(chóu)——帐子。〔二二〕纂组——丝带,纯红的叫纂,五色的叫组。绮——有花纹的绸子。　缟——白色的绸子。这些都是帱帐周围的装饰品。　〔二三〕结琦璜(qí huáng)——把琦璜都系在纂组绮缟之上。琦,美玉。璜,半圆形的玉璧。　〔二四〕观——名词,指室中所见之物。　〔二五〕珍——

珍贵。怪——奇异。　　〔二六〕兰膏——泛言有香味的油脂。烛——用作动词,照耀。　　〔二七〕华容——指美人。一说"容"当作"登",登与"镫"同,今字作灯。"华灯"即刻着花纹的灯。备——到齐,齐备。　　〔二八〕二八——十六。这里指十六个美女。侍宿——侍候过夜。　　〔二九〕射(yì)——厌倦。　　递代——依次替换。递,更。　　〔三〇〕九侯——九代表多数,此指楚国境内所封的列侯。　　淑女——指列侯送来的美女。　　〔三一〕迅众——超群出众。迅,通"迿"(xùn),超出、为首。　　〔三二〕盛鬋(jiǎn)——丰盛浓密的鬓发。鬋,鬓发。　　制——这里指鬓发梳结的样式。〔三三〕实——充。　　〔三四〕好比——可以比美、一个胜似一个。　　〔三五〕顺——读作"徇",确实。　　弥代——犹盖世。　　〔三六〕弱颜——柔嫩的容颜。　　固植——坚贞。固,坚。植,指心志。　　〔三七〕謇(jiǎn)——发语词。　　有意——脉脉含情。　　〔三八〕姱(kuā)——美好。　　修——美。　　〔三九〕絙(gèn)——通"亘",连接、贯通。此处意为周遍、满。　　洞房——幽深的内室。　　〔四〇〕蛾眉——眉如蚕蛾。　　曼——柔美。　　睩(lù)——眼球转动。　　〔四一〕腾光——放光。指目光明亮。〔四二〕靡——细致。　　腻——柔滑。　　理——皮肤的纹理。　　〔四三〕遗视——流盼。　　矊(mián)——脉脉含情而视。　　〔四四〕离榭——宫外的台榭。　　修幕——长大的帐幕。是说美女们在离宫别馆的帐幕之中。　　〔四五〕闲——闲暇。是说陪伴君王闲暇时宴游玩乐。　　〔四六〕翡帷翠帐——绣着翡翠的帷帐。〔四七〕红壁——涂红色的墙壁。　　沙版——丹沙涂的户版、栏杆版等。沙,丹沙。　　〔四八〕玄玉——黑玉。　　〔四九〕桷(jué)——方的屋椽。　　〔五〇〕坐堂伏槛——坐在堂中,伏在栏杆上。　　〔五一〕芙蓉——荷花。　　〔五二〕荌——菱花。　　荷——荷叶。荌荷与芙蓉对举,应是专指菱花。　　〔五三〕屏风——水葵,又叫凫葵。其茎紫色。　〔五四〕文——起波浪。　缘——一作绿,可从。　〔五五〕文异豹饰——这是指古代卫士的服装。古代卫士的衣服用斑斓的豹皮为饰,表示勇武无敌,兼壮观瞻。　〔五六〕侍——侍卫。　陂——山坡。　陁(tuó)——山冈。　〔五七〕轩——轿车。　辌(liáng)——卧车,即辒辌车,有窗户,可以调节温度。　低——与"抵"通,到达。　〔五八〕步——指步兵。　骑——指骑兵。　罗——排列。　〔五九〕兰薄——兰丛。　户树——在门前种植。　〔六〇〕琼木——玉树。这里泛指名贵的树木。　篱——篱笆。　〔六一〕何远为些——是"远何为些"的倒文,意思是到远处去干什么?

　　以上第二节以居室建筑之奇异、装饰之华丽、美女之贤淑、侍卫之勇武招之。

　　室家遂宗〔一〕,食多方些〔二〕。稻粢穱麦〔三〕,挐黄粱些〔四〕。大苦咸酸〔五〕,辛甘行些〔六〕。肥牛之腱〔七〕,臑若芳些〔八〕。和酸若苦〔九〕,陈吴羹些〔一〇〕。胹鳖炮羔〔一一〕,有柘浆些〔一二〕。鹄酸臇凫〔一三〕,煎鸿鸧些〔一四〕。露鸡臛蠵〔一五〕,厉而不爽些〔一六〕。粔籹蜜饵〔一七〕,有餦餭些〔一八〕。瑶浆蜜勺〔一九〕,实羽觞些〔二〇〕。挫糟冻饮〔二一〕,酎清凉些〔二二〕。华酌既陈〔二三〕,有琼浆些〔二四〕。归反故室,敬而无妨些〔二五〕。

【注释】

　　〔一〕室家——宗族。　宗——尊。是说魂既归来,宗族的人都要表示自己宗尊之意。　〔二〕多方——多样。是说为他设置多种多样的食品。　〔三〕粢(zī)——稷的别名,即小米。　穱(zhōu)——一种早熟的麦子。　〔四〕挐(rú)——搀杂。　黄粱——一种味香的黄小米。　　〔五〕大苦咸酸——是说食品中有苦的咸的酸的。　　〔六〕辛——辣味。　甘——甜味。行——用。是说辣味甜味也用得上。　　〔七〕腒——蹄筋。　　〔八〕臑（ér）——烂熟。若——这里用法和"而"字同意。　　〔九〕和——调味。若——这里用法和"与"字同意。　　〔一〇〕陈——陈列。　吴羹——吴人做的羹。　　〔一一〕胹（ér）——煮。　炮——用火烤。　羔——小羊。　　〔一二〕柘（zhè）——通"蔗"。甘蔗。　　〔一三〕鹄（hú）——天鹅。　臇（juǎn）——少汁的羹。　凫（fú）——野鸭。是说醋溜天鹅，干烧野鸭。　　〔一四〕鸿——雁。　鸧——水鸟名，像雁，苍黑色。　　〔一五〕露——从上下文意看，应当是动词，是一种烹调方式。露可能借作"烙"字，"烙"是火烤，烙鸡如同现在所谓烤鸡。　臛（huò）——不加菜、纯粹用汤来煮。　蠵（xī）——大海龟。〔一六〕厉——浓烈。　爽——伤口伤胃。　　〔一七〕粔籹（jù nǚ）——用蜜和米面煎出来的环状食品。　饵——一种用米粉做的糕，里面和有蜜，所以叫蜜饵，即蜜糖糕。　　〔一八〕餦餭（zhāng huáng）——即饴糖。　　〔一九〕瑶浆——指美酒。　勺（zhuó）——通"酌"，调和。是说美酒再调上蜂蜜。〔二〇〕实——装满。羽觞——古代的一种酒杯，鸟形，鸟是羽类，所以叫羽觞。〔二一〕挫——除掉。　糟——酒糟。　冻饮——冰镇的酒。　　〔二二〕酎（zhòu）——醇酒。　　〔二三〕华酌——雕饰有花纹的酒斗。酌，从酒樽中提酒用的酒斗。　　〔二四〕有——通"侑"，劝人进食。　琼浆——纯浓的酒。古代喝酒，酒樽（壶）里有酒斗（勺），用酒斗把酒装在觞（杯）里，然后举觞而饮。〔二五〕敬——恭敬。　妨——害。是说招魂返回旧居，家里人都会恭敬地对待他而无妨害。

　　以上第三节以饮食肴馔之丰盛招之。

　　肴羞未通[一]，女乐罗些[二]。陈钟按鼓[三]，造新歌些[四]。涉江采菱，发扬荷些[五]。美人既醉，朱颜酡些[六]。娭光眇视[七]，目曾波些[八]。被文服纤[九]，丽而不奇些[一〇]。长发曼鬋[一一]，艳陆离些[一二]。二八齐容[一三]，起郑舞些[一四]。衽若交竿[一五]，抚案下些[一六]。竽瑟狂会[一七]，搷鸣鼓些[一八]。宫庭震惊，发激楚些[一九]。吴歈蔡讴[二〇]，奏大吕些[二一]。士女杂坐，乱而不分些。放陈组缨[二二]，班其相纷些[二三]。郑卫妖玩[二四]，来杂陈些[二五]。激楚之结[二六]，独秀先些[二七]。菎蔽象棋[二八]，有六簿些[二九]。分曹并进[三〇]，遒相迫些[三一]。成枭而牟[三二]，呼五白些[三三]。晋制犀比[三四]，费白日些[三五]。铿钟摇簴[三六]，揳梓瑟些[三七]。娱酒不废[三八]，沉日夜些[三九]。兰膏明烛，华灯错些[四〇]。结撰至思[四一]，兰芳假些[四二]。人有所极[四三]，同心赋些[四四]。酎饮尽欢[四五]，乐先故些[四六]。魂兮归来！反故居些。

【注释】

　　〔一〕肴——鱼、肉之类的荤菜。　羞——鱼肉和蔬菜统称之为羞。通——遍。是说席面上菜肴还未上齐。　〔二〕女乐——这里指女子歌舞乐队。　〔三〕陈钟——陈设乐钟。　按鼓——击鼓。〔四〕造——制作。　〔五〕涉江、采菱、扬荷——都是古代楚地歌曲名。扬荷，又作"阳阿"，是一音之转。　〔六〕酡(tuó)——因喝醉而面红。　〔七〕娭(āi)光——目光传神。一说"娭"当是"睃"的错字。睃是眼的瞳子。"睃光"意即眼瞳发出的光辉。　眇视——偷着看。　〔八〕目曾波——美人既醉之后，睃光微睇，眼珠清明像层层水波。曾，通"层"，重叠。　　〔九〕被——披。　文——指有花纹的绮绣衣裳。　服——穿。　纤——指细软的罗縠衣裳。　　〔一〇〕不奇——指美观大方。　　〔一一〕曼鬋（jiǎn）——长长的下垂鬓发。　　〔一二〕艳——美丽。　陆离——光彩。　　〔一三〕二八——指舞女以八人为一排，两排共十六人。　　齐容——容饰相同。〔一四〕郑舞——郑国的舞蹈。　　〔一五〕衽（rèn）——衣襟。　交竿——交叉的竹竿。是说舞者腰肢回旋，衣襟相钩连，形状像交叉的竹竿。　　〔一六〕抚案——即收敛，指舞毕收敛手足徐徐而退。抚，手摸。案，抑。　　〔一七〕狂会——不同乐器声音并作，竞相吹奏。〔一八〕摴（tián）——急击。　　〔一九〕激楚——楚地舞曲名，节奏急促，音调激昂，故名。　　〔二〇〕吴、蔡——都是古地名。　歈（yú）、讴（ōu）——都是歌曲的别称。　　〔二一〕大吕——乐调名，六律之一。古乐分十二律，其四为大吕。　　〔二二〕放——散开。　陈——摆起。　组——带子。　缨——帽子上的绳。是说大家欢宴，不拘礼节，解开冠缨和衣带，摆在旁边。　　〔二三〕班——座位次序。纷——杂乱。　　〔二四〕郑、卫——古时两个地名。　妖玩——不常见的玩好之物。　　〔二五〕杂陈——杂乱地摆放着。　　〔二六〕结——发髻。舞女跳《激楚》舞时所打的特殊发髻。一说指《激楚》的结尾曲。〔二七〕独秀先——秀异而出众。　　〔二八〕菎（kūn）——琨的假借字，玉的一种。蔽——一本作"箴"，下棋用的筹码。用玉做的，所以叫菎蔽。　棋——即棋子，用象牙做的，所以叫象棋。　　〔二九〕六簙（bó）——古代棋的一种，共六个筹码十二个棋子，每人掌握六个棋子，两人对下，以决胜负。　　〔三〇〕曹——偶。　并进——相对两方运子进攻。　　〔三一〕遒——迫近。　迫——逼。　　〔三二〕枭、牟——都是博戏的术语。先秦时代六簙之法已经失传，不可确考。从湖北云梦睡虎地十一号秦墓出土随葬器物中有六博棋一套的形状推测,二人对棋时,掷骰成彩,才得走棋,棋子走到一定的方位,便竖起来,叫做枭棋。双方的枭棋相对叫牟,牟读作"侔"(móu),相等之意。所谓"成枭而牟",可能就是这样。　〔三三〕五白——指当成枭而牟的时候,掷骰得到五个骰子都是不刻画的一面在上,叫做"五白"。掷得五白可以杀对方的枭棋,所以下棋人要喊"五白"。　〔三四〕晋——指晋国。　犀比——即鲜卑,指鲜卑廓落带,黄金带钩。为鲜卑部族所用之带钩。是说赌棋赢得晋国仿制的金带钩。　〔三五〕费——通"昲",光耀。指带钩金光耀日。　〔三六〕铿(kēng)——撞击。　簴(jù)——挂钟的木架。是说打钟以至于摇动了挂钟的木架子。〔三七〕揳(jiá)——弹奏。　梓瑟——用梓木做的瑟。　〔三八〕娱酒——饮酒娱乐。　废——休止。　〔三九〕沉——沉湎。　日夜——日以继夜。　〔四〇〕华灯——刻着花纹的灯。错——读作"措",置放。一说意即错落。这是说夜间各处灯烛齐明,错落有致。〔四一〕结撰——结构撰述,指酒后作诗。　至思——用心。至,读作"致"。　〔四二〕兰芳——指诗歌华美的词藻。　假(xià)——通"嘉",美。　〔四三〕极——至。这句是说人各尽其情思。　〔四四〕赋——诵。这句是说都在同心赋诗,相互唱酬。　〔四五〕酌饮尽欢——痛饮美酒,尽情欢娱。　〔四六〕先故——祖先和故旧。这句是说饮酒作乐可以娱乐祖先,也可以宴会故旧。

　　以上第四节以歌舞游戏和赋诗唱和之乐招之。

　　乱曰:献岁发春兮〔一〕,汩吾南征〔二〕。菉蘋齐叶兮〔三〕,白芷生。路贯庐江兮〔四〕,左长薄〔五〕。倚沼畦瀛兮〔六〕,遥望博〔七〕。青骊结驷兮〔八〕,齐千乘〔九〕。悬火延起兮〔一〇〕,玄颜烝〔一一〕。步及骤处兮〔一二〕,诱骋先〔一三〕。抑骛若通兮〔一四〕,引车右还〔一五〕。与王趋梦兮〔一六〕,课后先〔一七〕。君王亲发兮〔一八〕,惮青兕〔一九〕。朱明承夜兮〔二〇〕,时不可以淹〔二一〕。皋兰被径兮〔二二〕,斯路渐〔二三〕。湛湛江水兮〔二四〕,上有枫。目极千里兮〔二五〕,伤春心〔二六〕。魂兮归来,哀江南〔二七〕!

【注释】

〔一〕献岁——进入新的一年。献,进。　发春——开春。
〔二〕汨(yù)——走路急速的样子。　吾——屈原自称。　征——行。　〔三〕菉(lù)——通"绿"。绿苹与白芷对文。　苹(pín)——水草。　齐叶——叶子整齐。　〔四〕贯——穿。　庐江——当指今天湖北襄阳、宜城界之潼水,水北有汉代中卢县故城。中卢,即春秋时庐戎之国,因而此水有庐江之称。自汉北南行至郢都,庐江是必经之路。　〔五〕左——指江南。　长薄——地名,所在不详。一说指杂草丛生的大泽。这两句是说穿过庐江,经过大江之南的长薄。
〔六〕倚——靠。　沼——池。　畦——一块块的水田。　瀛——大泽。沼、瀛,指沼泽地带。　〔七〕博——广阔。　〔八〕骊(lí)——黑色。　结——连。　驷——四匹马。古代一车驾四马。这是说青马、黑马结连成一驷。　〔九〕齐千乘——千乘齐发。乘,古代一辆车叫一乘。　〔一〇〕悬火——焚林用的火把。　延起——火焰连延而起。古人打猎,用火烧山林,以逐野兽。　〔一一〕玄——黑色。颜——当作"烟",颜、烟可能是一音之转,也可能因字音相近而写错。炁——火气上升。　〔一二〕步——徒步而行。骤——乘马奔驰。处——停止。　〔一三〕诱——引诱,引导的意思。这句是说导引的人跑在前面,后面步行的、乘马的打猎者紧跟而至。　〔一四〕抑——止。鹜——驰。　若——顺。是说或停或驰,顺利通达。　〔一五〕还——转。〔一六〕王——应指怀王。　趋——急走。　梦——梦泽,也叫云梦泽,古代的一个大湖,在今湖北省境内。　　〔一七〕课——考察。　后先——指随从的群臣谁占先谁落后。　　〔一八〕亲发——亲自射箭。

〔一九〕惮——通"殚",即毙的意思。兕(sì)——古代犀牛一类野兽,一角青色,所以叫青兕。　　〔二〇〕朱明——指太阳。　承——接续。　　〔二一〕淹——久留。　　〔二二〕皋兰——水边生的兰草。皋,泽、水边。　被——覆盖。　　〔二三〕渐——淹没。这两句是说水边的兰草覆盖了路径,泽中水又淹没了这条道路。　　〔二四〕湛湛(zhàn)——水清的样子。〔二五〕目极千里——一眼望尽千里。

〔二六〕伤春心——春天的景色使自己的心情不胜悲伤。　　〔二七〕哀江南——依怜这江南。哀,悲伤。

以上乱辞是追怀自己与怀王狩猎的盛况,并抒发自己悲凉的心情。

【译文】

我自幼年便清白廉洁,亲身履行仁义而未曾终止。我一直守持着清、廉、仁、义的美德,虽受世俗牵累却没有受到污染。上天无法考察这些美德,自己长期遭殃而愁苦悲伤。

上帝招呼巫阳说:"现在有人在下方,我想辅佑他。他的魂魄离散,你快为他占卜把他的魂招回还给他。"巫阳回答说:"上帝!占卜魂在哪里,这是掌梦者主管的事。你的话难于遵从。""你一定要占卜招魂,否则恐怕时间迟了他的躯体已坏,即使灵魂招来也无用了。"

巫阳于是降临人间招唤说:魂魄啊!快回归你的身躯!为何离开了你平常寄托的躯体,流散到四方?抛弃了安乐的故乡,去遭受不祥?

　　魂魄啊！快回归你的身躯，东方不是安身的地方！那里长人身长千仞，专门搜索吃人的灵魂。十个太阳轮流出现，能把金属熔化，石块烧毁。那些长人习惯酷热，你去一定会被熔解。回来吧！回来吧！那里不是安身的地方。

　　魂魄啊！快回归你的身躯，南方不可以居住！那里有额头雕着花纹涂黑牙齿的人，他们用人肉祭神，把人骨剁成肉酱。还有蝮蛇遍地聚集，大狐狸出没千里，九头的大毒蛇，急速地窜来窜去，以吃人肉满足自己。回来吧！回来吧！那里不可以淹留。

　　魂魄啊！快回归你的身躯，西方有更多的危害，那里是广阔千里的流沙。风沙会将你旋卷入雷渊，以致粉身碎骨。即使有幸逃脱，雷渊之外也是一片荒漠旷野。那里红蚂蚁的形体大得像大象，黑蜂长得大如葫芦。五谷不生，只能以野草为食。土地焦热、滴水难寻，能把人的身体烤焦烫烂。你将游动流荡无处安身，周围广大没有边际。回来吧！回来吧！不要自寻灾害。

　　魂魄啊！快回归你的身躯，北方不是停留的地方。那里冰山层层高耸，大雪纷飞千里。回来吧！那里不可以久居。

　　魂魄啊！快回归你的身躯，不要跑上天堂。虎豹把守着九重天门，专吃下方的人。那里有九头的怪人，一天能拔九千棵大树。像豺狼一样竖起眼睛，恶狠狠地往来奔跑。九头怪人把人吊起来玩乐，然后投入深渊。等他去报告了上帝，人才能闭上眼睛死去。回来吧！去了怕危害自己。

　　魂魄啊！快回归你的身躯，不要跑进地狱。地狱的魔王腹部皱襞，双角锐利，背肉隆起，手爪染着鲜血，飞快地逐人。他的头像老虎，有三只眼睛，躯体像牛，以人肉为美味。回来吧！不要去遭灾害。

　　魂魄啊！快回归你的身躯，走进这高大的门。请你的是擅长祭祝的良巫，他一步步背身却行引导你。秦国的竹笼系着齐国的丝绳,上面盖着郑国的笼衣。招魂的工具已经齐备,大家长声呼喊:魂魄啊!你快回来吧!回归你的故乡吧。

　　天地东南西北四方,贼害人的东西很多。唯你死后设置你形象的居处宁静安乐。高大的房屋,深远的庭院,走廊下围绕着层层的栏杆。重叠的楼台亭榭,面对着座座高山。门上镂成朱红的网状格子,雕刻着连成串的菱形图案。冬天有温暖的大屋,夏天屋里凉爽。周围山川溪谷往复回环,流水潺潺声音悦耳。阳光下微风吹拂着蕙草,浮动丛生的兰花散发着清香。经过厅堂进入内室,上有红色的承尘,下铺竹制的席子。用光滑的石板砌墙、铺地,用翡翠鸟羽为装饰,玉钩挂在墙壁上。被上绣着翡翠缀饰着珍珠,翡翠与珍珠竞相辉映。壁上蒙着轻软的丝绸,床上挂着绮罗的帷帐。彩色的丝绸带子,把形状不同的美玉连在一起。室中所见之物,多珍贵、奇异、非同一般,说也说不完。灯烛明亮而芳香,美女们都已到齐。十六位侍宿的女子轮换着陪伴你。各诸侯国送来的美女,超群出众,她们梳结着各式发型,住满了宫院。容貌姿态一个胜似一个,真是盖世无双。容颜柔嫩,性情坚贞,都脉脉含情。美丽的脸蛋,修长的身材,往来于内室。蛾眉细长,目光明亮,面色细腻,肌肤柔滑,含情流盼。在离宫别馆的帐幕中,侍候君王于闲暇之时。绣有翡翠的帷帐,装饰着高大的厅堂。朱砂的板壁,黑玉的房梁。仰看方正的房椽,上面雕画着龙蛇图案。坐厅堂伏栏杆,面对着曲折的池塘。池中的荷花刚刚开放,菱花与荷叶相依相傍,水葵的紫茎露出水面,绿色的水波悠悠荡漾。卫士衣着豹皮文饰,侍卫在山冈之上。乘坐舒适的轿车外出,步骑排列随从侍候。门前种植着丛丛兰花,名贵树木成为屏障。魂魄啊!快回归你的身躯,为什么跑向远方?

　　宗族都宗尊亡魂,陈列着各种食品。其中有大米、小米、麦子和用这类米麦搀杂着黄米做成的香饭,苦、咸、酸、辣、甜五味俱全。肥牛的蹄筋,煮得烂熟而芳香。调和酸味和苦味,是吴人做的羹汤。炖煮甲鱼烧烤羔羊,还添加些甜浆。醋溜天鹅干烧野鸭,把飞鸿与大雁又煎又炸。烙烤肥鸡清炖海龟,味道极其鲜美而清爽。有米面制做的各类糕点,还有蜜制的饴糖。调和蜂蜜的美酒,斟满了羽觞。滤掉酒糟的酒加以冷冻,味道既醇厚又清凉。豪华的酒宴已经摆好,唯待侑劝人们饮用这如玉的酒浆。回来吧! 回归你的故居,人们都尊敬你而无妨。

席面上菜肴还未上齐,女子乐队即罗列成行。陈设好乐钟,安排好乐鼓,演唱新制作的歌。既唱《涉江》,又唱《采菱》,然后大家齐唱《扬荷》。美人喝醉酒了,朱颜更加红润。她们目光微睐,眼珠清亮,像层层水波。身穿绣花的绮罗衣裳,色彩华丽、美观大方。修长的头发,垂下的鬓脚,娇艳而发光。两列女乐一样容饰,跳起了郑国的舞蹈。舞襟如竹竿,回旋相交,然后收敛手足徐徐而退。竽和瑟急管繁弦竞相吹奏,敲击大鼓的声音更加响亮。宫廷震动,演奏的楚歌节奏急促声调激昂。吴国的歌、蔡国的曲,都是用大吕调歌唱。男女杂坐,相依相傍纷乱不分彼此。解下冠缨和衣带随处放,座位也乱了次序。郑国卫国的奇珍异宝,乱纷纷地摆了一地。舞女跳《激楚》舞所打的发结,特别出众秀异。玩具有玉制的筹码,还有六簙的游戏。两方相对运子进攻,各不相让紧紧追逼。进展到枭棋相对,则大声呼唤"五白"以取胜。赌棋赢得晋国仿制的鲜卑金带钩,带钩金光耀日。撞击木架上的乐钟,弹奏梓木琴瑟。饮酒娱乐不休止,沉湎昏蒙日以继夜。芳香的蜡烛,华丽的宫灯,在夜间错落辉映。人们精心构想,写出词藻华丽的佳作。各人极尽情思,同心赋咏,互相唱和。痛饮美酒,穷极欢乐,也以此来娱乐祖先和故旧。魂魄啊! 快回归你的身躯,返回你的故乡。

尾声:新年的春天已经来临,我却被放逐急速南行。绿色的苹草长得叶子整齐,白芷也开始萌生。穿过庐江,经过大江之南的长薄。靠近沼泽地带有一块块大小水田,远远望去广阔无边。我想起当年狩猎,青马、黑马结连成一驷,千乘齐发。放火烧林草,火焰蔓延,烟火冲天。引导者跑在前面,步行的、乘马的则纷纷紧跟而至。猎车指挥或停或驰,顺当自如。人们跟随君王向梦泽奔驰,看谁落后谁占先。君王亲自射箭,青色的犀牛倒在面前。日夜相续,时光运行不停。水边的兰草覆盖了路径,泽中水又淹没了大道。清澈的江水向远方流去,江岸上是成片的枫林。极目远望千里,春光春色触目伤心。魂魄啊! 快回归你的身躯,回到这可爱的江南!

【解说】

这篇文章由三部分组成,即开篇的序言,结尾的乱辞,中间的招魂正文。在序言里屈原陈述了他和怀王的关系,他“离殃愁苦”的原因,以及他是在什么情况下和以什么样的心情写这篇文章的。然后叙述上帝命巫阳招魂的过程。正文分“外陈四方之恶”和“内崇楚国之美”两方面来陈述。通过“外恶”与“内美”的对比,招唤亡灵不要留滞异乡,而应及早返回楚国。在对“内美”的陈述中,也反映了当时楚国宫廷生活的奢侈和腐化,即刘勰所谓杂有“荒淫之意”。作者这样写,含有一种内心的隐痛,可以发人深省。乱辞则叙述自己浪迹南征的情景。纵目远望,回想当年怀王在云梦泽狩猎时的情况,车骑何其盛,侍卫何其强,君王何其勇,今日则唯有一片荒芜。抚今追昔,不胜感慨。死者已矣,希望归来的,唯有流散在异乡的魂魄。“哀”者,依也,是招唤亡魂归依江南。蒋骥云:“卒章魂兮归来依江南,乃作文本旨,余皆幻设耳。”(《山带阁注楚辞》)可谓一语破的。

序言是叙事,间杂散文句式。乱辞的句尾用"兮"字,和屈原的其它作品的句式相同。正文的句尾用"些"字,是古代楚国"巫音"的残存。整个形式是屈原采用民间流行的招魂词而写成的。在叙述手法上着重铺张,从各方面描写楚国本土生活的富庶与欢乐,也从各方面描写异乡环境的恶劣与恐怖。这种铺叙作风对后代文学影响很大,《大招》的写作方法便是以它为模式的,汉赋铺张扬厉的特点,则是他的文风的进一步发展。

【辑评】

孙𨥥曰:构法奇,撰语丽,备谈怪说,琐陈缕述,务穷其变态,自是天地间環玮文字。

> ——[明]孙𨥥(引自明蒋之翘《七十二家评楚辞》卷七《招魂》)

陆时雍曰:文极刻画,然鬼斧神工,人莫窥其下手处。

> ——[明]陆时雍(引自明蒋之翘《七十二家评楚辞》卷七《招魂》)

《招魂》序宫室女色饮食音乐之乐,与《大招》不同。《大招》是实情,《招魂》是幻语。《大招》每项俱各开写,《招魂》则首尾总是一贯。其间有明落,有暗度。章法珠贯绳联,相绎而出。其次第一层进一层,入后异采惊华,缤纷繁会,使人一往忘返矣。乱辞一段,忽又重现离殃愁苦本色来。通首数千言,浑如天际浮云,自起自灭。作文之变,于斯极矣!《远游》近者欲使之远,《招魂》远者欲使之近。皆是放逐之余,幽邑瞀乱,觉此身无顿放处,故设为谩词自解,聊以舒忧娱哀。所谓台池酒色,俱是幻景,固非实有其事,亦岂真以为乐哉!且微特《招魂》非志于荒淫,即《远游》亦岂诚有意于登仙乎?此与孔子浮海居夷,同是愤极时语。太史公读而悲其志,真能推见至隐者也。

——[清]蒋骥《山带阁注楚辞·余论》

《招魂》,屈子作也。"有人在下",谓怀王也。"魂魄离散",盖入秦不返,惊惧忧郁而致然也。屈子不能复见君身,而为文以招既失之魂,以寄其哀思。……其旨则哀怀王之入秦不返,盛称故居之乐,以深痛在秦之愁苦也。

——[清]吴汝纶《古文辞类纂评点·招魂》

诗歌一到了《楚辞》,便是有意识地成就了一番伟大的革命。《楚辞》,特别是屈原的作品,都是经意的创作,除掉《天问》一篇还多少遵守着四言格律之外,其余的可以说是全部打破了。《招魂》中的巫咸的《招辞》虽然貌似四言,但如果把那可有可无的表示口音的"些"字删去,差不多是一首长篇的七言诗,和旧式的格律大有不同。《离骚》和《九章》的一部分如把"兮"删去,基本上是六言诗。《九歌》有一部分如把"兮"删去,便是五言诗或长短句。后来的诗句变化几乎为屈原一人所尝试尽了。这项工程无论怎样不能不说是屈原的天才所致。屈原之所以完成了这项工程的重要原因,我看就是因为他利用了自成天籁的歌谣体。他是利用了歌谣的自然韵律来把台阁体的四言格调打破了。屈原,可以毫不夸张的给他一个尊号,是最伟大的一位革命的白话诗人!

——郭沫若《屈原研究》

屈原作品多有超现实的着想,如像描写天国,如像自然物的拟人化,和周人的《雅》《颂》有天渊的不同。周人也有天堂的观念,如《大雅·文王》篇的"文王在上",又"文王陟降在帝左右"之类,但他们只是率直地当成一种事实叙述着,丝毫也没有驰骋一下想象的羽翼。这种差异,和民族性质与自然环境自然有关,但也可以说是殷周文化色彩的不同。周人固然是继承了殷人的文化。……

殷人的超现实性被北方的周人所遏抑了的,在南方的丰饶的自然环境中,却得着了它的沃腴的园地。《楚辞》的富于超现实性,乃至南方思想家之富于超现实性,我看都是殷人的宗教性质的嫡传,是从那儿发展了出来,或则起了蜕化的。屈原作品中常有灵巫在演着重要的节目,那便是绝好的证明;而屈原始终崇拜着殷代的贤者彭咸,也正明白地表示着他的超现实的思想的来历。

——郭沫若《屈原研究》

屈赋《招魂》语尾的"些"字,相当于苗族招魂咒语尾声的"写写"。因为"些"字本系"此此"的重文复举,以"二"作为重文符号。在古代文字里并没有"些"字,后世才误把"此""二"合并为"些",并改读叠音为单音。其音读仍如"此"字,在古音歌部。……可见,屈赋《招魂》,乃是采用当时盛行于楚国少数民族中招魂咒语形式而加以创造性的发展。它是中国文学史上具有浓厚民间文学色彩的瑰丽的诗篇。

——汤炳正《屈赋新探》

附景差《大招》

【解题】

《大招》,王逸认为屈原所作,又云"或曰景差"。朱熹则从语言风格上考校,认为景差语言平淡醇古,不作词人墨客浮夸艳逸之态,因此确定"决为差作无疑也"。景差出身楚国贵族,生卒年不详,约与宋玉同时。他的创作直接受屈原影响,《史记·屈原列传》说他"好辞而以赋见称。然祖屈原之从容辞令,终莫敢直谏"。《大招》即摹拟《招魂》所作。那么是招谁的魂呢? 王逸认为是屈原自招,王夫之认为是景差招屈原。其实《大招》也应当是招怀王的魂,其中所咏的居室饮食娱乐与《招魂》相同,并谈到治民理国、选贤任能、重德施仁,都是君王之事,因此为招怀王无疑。招魂归来,"尚三王只",希望怀王归来,为政取法禹、汤、文王。

青春受谢[一],白日昭只[二]。春气奋发,万物遽只[三]。冥凌浃行[四],魂无逃只。魂魄归来! 无远遥只[五]。

魂乎归来! 无东无西,无南无北只。

【注释】

　〔一〕青春——即春天。　受谢——犹代谢。是说冬天谢去春天承接来临。谢,即去。　〔二〕昭——明亮。　只——招魂辞句尾的语气词。　〔三〕奋——有力。　发——发动。　遽——犹竞。是说春气奋发,万物竞起而出生。　〔四〕冥——玄冥,北方的神。凌——犹驰。　浃行——遍地行走。是说春天阳气上升,阴气下降,玄冥凌驰于天地之间,收集阴气而藏之。因此下句说"魂无逃只"。〔五〕远——副词,是遥的状语。　遥——动词,即飘遥。

　以上总述国势向荣,足以安魂静魄而招之。

东有大海,溺水浟浟只[一]。螭龙并流,上下悠悠只[二]。雾雨淫淫,白皓胶只[三]。魂乎无东! 汤谷寂寥只[四]。

魂乎无南! 南有炎火千里,蝮蛇蜒只[五]。山林险隘,虎豹蜿只[六]。鰅鳙短狐[七],王虺骞只[八]。魂乎无南! 蜮伤躬只。

魂乎无西! 西方流沙,漭洋洋只[九]。豕首纵目[一〇],被发鬤只[一一]。长爪踞牙[一二],诶笑狂只[一三]。魂乎无西!

多害伤只。

魂乎无北！北有寒山，逴龙赩只〔一四〕。代水不可涉〔一五〕，深不可测只。天白颢颢〔一六〕，寒凝凝只〔一七〕。魂乎无往！盈北极只〔一八〕。

魂魄归来！闲以静只〔一九〕。自恣荆楚〔二〇〕，安以定只。逞志究欲〔二一〕，心意安只。穷身永乐〔二二〕，年寿延只。魂乎归来！乐不可言只。

【注释】

　〔一〕溺水——很深的水，容易令人沉溺。　潌（yōu）潌——水流的样子。　〔二〕螭（chī）——无角的龙。　并流——即并游，游行的样子如水流。　悠悠——螭龙游行的样子。　〔三〕淫淫——连绵一片的样子。　白皓胶——是说雾雨茫茫无际，像凝固在天空一样。皓，光明。胶，粘连。　〔四〕汤谷——汤与旸通，即旸谷，是日出的地方。　寂寥——形容无人之境。　〔五〕炎火——即炎热。　蜒——蜿蜒。　〔六〕蜿——虎豹行走的样子。　〔七〕鳙鳙（yóng yóng）——狐的一种。又鱼名，皮有文。　短狐——鬼蜮，能含沙射人的动物。　〔八〕王虺（huǐ）——大蛇。　骞——昂头的样子。是说大蛇群聚把头昂起。　〔九〕潒——水大的样子。洋洋——无边无际的样子。形容流沙如无涯的沙海。　〔一〇〕豕首——即猪头。　纵目——犹竖目。　〔一一〕鬤（níng）——头发乱的样子。　〔一二〕踞——同锯。　〔一三〕诶（xī）——捉人强笑。是说西方的怪兽，猪头、竖目、披着满头乱发、长爪、锯牙，捉住人即怪笑如狂。　〔一四〕逴（chuò）龙——应即《山海经》中西北海之外人面蛇身的烛龙。　赩（xì）——大赤色。　〔一五〕代水——神话中的水名。〔一六〕颢(hào)颢——光亮的样子。这里指冰雪。　〔一七〕凝凝——冰冻的样子。〔一八〕盈北极——是说冰雪充满了北极。〔一九〕闲以静——悠闲清静。　〔二〇〕自恣——自由任意。　荆楚——即楚国。　〔二一〕逞志究欲——逞犹快,究犹穷,即快志意,穷情欲。　〔二二〕穷身——终身。　永乐——长乐。

以上以四方多贼害,唯楚国饶乐招之。

　　五谷六仞〔一〕,设菰粱只〔二〕。鼎臑盈望〔三〕,和致芳只〔四〕。内鸧鸽鹄,味豺羹只〔五〕。魂乎归来! 恣所尝只。

　　鲜蠵甘鸡〔六〕,和楚酪只〔七〕。醢豚苦狗〔八〕,脍苴莼只〔九〕。吴酸蒿蒌〔一〇〕,不沾薄只〔一一〕。魂乎归来! 恣所择只。

　　炙鸹烝凫〔一二〕,黏鹑陈只〔一三〕。煎鰿臛雀〔一四〕,遽爽存只〔一五〕。魂乎归来! 丽以先只〔一六〕。

　　四酎并熟〔一七〕,不涩嗌只〔一八〕。清馨冻饮〔一九〕,不歠役只〔二〇〕。吴醴白蘖,和楚沥只〔二一〕。魂乎归来! 不遽惕只〔二二〕。

【注释】

　　〔一〕五谷——是泛指,犹言百谷,不应凿实为五种谷。　六仞——八尺为仞,六仞也是泛指,说明积聚的粮食很多。　〔二〕设——即施,这里是用来做饭。　菰(gū)粱——一种蔬菜,俗称茭白,秋天结实如米,用来做饭,味很香。　〔三〕鼎臑(ér 而)——用鼎煮熟的食物。　盈望——犹满眼,表示丰盛。　〔四〕和致芳——食物调理得很香。　〔五〕内——同胹(nà),肥。鸧(cāng)——鸧鹒,即黄莺。　鸽（gē）——鹁鸠。　鹄（hú）——黄鹄。　味豺羹——调和豺狗肉的汤。味,犹和。　〔六〕蠵（xī）——大龟。甘——肥美。
〔七〕酪——乳浆。　〔八〕醢（hǎi）豚——猪肉酱。醢,用肉制成的酱。　苦狗——有苦味的狗肉。　〔九〕脍（kuài）——细切。苴莼（jū chún）——一种蔬菜类植物,梗有粘液,可以做羹。　〔一○〕吴酸——吴地产的醋。　蒿——香蒿。蒌——蒌蒿。是说吴地用蒿蒌做的酸菜。　〔一一〕沾薄——是说吴人善于调和咸酸,味道浓淡相宜,极其甘美。沾,多汁味浓。薄,味薄。〔一二〕鸹（guā）——即乌鸦。　凫（fú）——野鸭。　〔一三〕黏（qián）——将食物放入汤中煮熟。　鹑——鹌鹑。　陈——陈列众味。　〔一四〕鲫（jí）——即鲫。　臛（huò）——同“臛”。带汁的肉,这里用作动词,炒雀肉。　〔一五〕遽——与渠同,犹如许。　爽——爽口。　存——即在。　〔一六〕丽——美,指美味。是说先尝此美味。　〔一七〕四酎——四缸醇酒。　并熟——是说酝酿醇酒,四缸俱熟。　〔一八〕涩——不滑。　嗌（yì）——咽喉。是说不涩人的咽喉。　〔一九〕冻饮——冷饮。是说酒味清香,宜于冷饮。〔二○〕不歠役——不可给低贱之人饮用。歠（chuò）,饮。役,贱。〔二一〕醴——宿熟的酒。　蘖（niè）——谷芽,用以制造醴。　沥——清酒。是说用吴人制的醴,和以谷芽,用来制造楚沥。　〔二二〕遽——急遽。　惕——怵惕。是说饮食醇美,可以任意享受,无怵惕之忧。

　　以上以楚国饮食之美招之。

　　代秦郑卫,鸣竽张只[一]。伏戏驾辩,楚劳商只[二]。讴和扬阿[三],赵箫倡只[四]。魂乎归来! 定空桑只[五]。
　　二八接舞[六],投诗赋只[七]。叩钟调磬,娱人乱

只[八]。四上竞气[九]，极声变只[一〇]。魂乎归来！听歌
譔只[一一]。

朱唇皓齿[一二]，嫭以姱只[一三]。比德好闲[一四]，习以都
只[一五]。丰肉微骨[一六]，调以娱只[一七]。魂乎归来！安以
舒只[一八]。

嫮目宜笑[一九]，蛾眉曼只[二〇]。容则秀雅[二一]，稚朱颜
只[二二]。魂乎归来！静以安只[二三]。

姱修滂浩[二四]，丽以佳只[二五]。曾颊倚耳[二六]，曲眉规
只[二七]。滂心绰态[二八]，姣丽施只[二九]。小腰秀颈[三〇]，若
鲜卑只[三一]。魂乎归来！思怨移只[三二]。

易中利心[三三]，以动作只。粉白黛黑[三四]，施芳泽
只[三五]。长袂拂面[三六]，善留客只[三七]。魂乎归来！以娱
昔只[三八]。

青色直眉[三九]，美目媔只[四〇]。靥辅奇牙[四一]，宜笑嗎
只[四二]。丰肉微骨，体便娟只[四三]。魂乎归来！恣所
便只[四四]。

【注释】

〔一〕代秦郑卫——指四国的乐章。　竽——管乐器名。
张——设张。是说鸣竽以和四国之乐。　〔二〕伏戏——伏牺，古帝
王。　驾辩——歌曲名。　劳商——也是歌曲名。是说伏戏氏作瑟，
造《驾辩》之曲，楚人因之作《劳商》之歌，都是美妙之音。　〔三〕
讴——徒歌。　〔四〕赵箫——赵国的洞箫。是说以赵箫奏《扬阿》
为先倡，讴歌以和之。　〔五〕定——调定乐曲的音调。　空桑——

瑟名。　　〔六〕二八——舞女八人一列，共二列。　接舞——连接起舞。　　〔七〕投诗赋——舞步与诗歌的声调相配合。投，投足踏拍子。　　〔八〕钟、磬（qìng）——两种乐器名。　娱人——乐人。乱——理。是说美人起舞，叩钟击磬，合其节奏，诸乐人各得其理，极有条序。　　〔九〕四上——乐声之上者有四，即代、秦、郑、卫之鸣竽。　竞气——竞比音乐之美。　　〔一〇〕极声变——穷极声调的变化。　　〔一一〕谋（zhuàn）——具备。是说观听众乐，无不具备。〔一二〕皓——白。　　〔一三〕嫭（hù）、姱——都是美的意思。是说美女朱唇白齿，嫭姿姱仪，亲侍左右。　　〔一四〕比德——同心同德。　好闲——美好娴静。　　〔一五〕习——指习于礼节。　都——雅。是说这些美女风度醇雅，而不妖媚。　　〔一六〕丰——丰满。　微——微妙。　　〔一七〕调——体态调和。娱——神情欢乐。　　〔一八〕安以舒——是说与其相处而心安志适。　　〔一九〕嫭（hù 互）目——美目。嫭，同嫭。　　〔二〇〕曼——长而细。　　〔二一〕容则——仪度。雅——美好。〔二二〕稚——犹幼。是说美女仪容闲雅，秀异于人，面色红润犹如婴儿。　　〔二三〕静以安——是说美女可以静居安神。〔二四〕修——长。这里指身高。　滂浩——广大的样子。这里指心意。　　〔二五〕丽——美丽。佳——善。是说美女身体修长，心意广大，性情委婉而和善。　　〔二六〕曾——重。　颊——脸的两旁。倚——辟。是说面容丰满，两耳贴在头的侧面。　　〔二七〕规——弧形。是说眉弯如半规。　　〔二八〕滂心——情感丰富。滂，犹广。绰态——含情不尽的姿态。绰，犹多。　　〔二九〕姣——犹好。施——展现。是说姣丽展现于容仪。　　〔三〇〕小腰——腰肢细小。秀颈——脖颈秀长。　　〔三一〕鲜卑——衮带头。是说美女腰肢细小，脖颈秀长，像用鲜卑带约束一样。　　〔三二〕移——犹去。是说美女可以忘忧，去怨思。　　〔三三〕易中——易犹顺，中是内心。　利心——心意伶俐。是说心思慧敏。　〔三四〕粉白——用香粉扑面。黛黑——用黛画眉。　〔三五〕芳泽——芳香的膏泽。　〔三六〕拂面——掩遮脸面。表示娇羞之态。　〔三七〕善留客——是说她的娇羞之态,使众客留而不忍离去。〔三八〕娱昔——即娱夕。是说可以终夜娱乐。　〔三九〕青色——指眼眉。　直——平直。是说黑色的眉毛平直连在一起。　〔四〇〕婳(mián)——目美的样子。形容眼睛脉脉含情。　〔四一〕靥(yè)辅——两颊边的文,俗称酒窝。　奇牙——牙齿很美。奇,异。　〔四二〕嘕(xiān)——巧笑的样子。〔四三〕便娟——美好的样子。是说身材美好轻盈。　〔四四〕便——犹安。是说美女仪容各异,任凭挑选,定会称心。

以上以歌舞音乐和姿媵之美招之。

夏屋广大〔一〕,沙堂秀只〔二〕。南房小坛〔三〕,观绝霤只〔四〕。曲屋步壛〔五〕,宜扰畜只〔六〕。腾驾步游〔七〕,猎春囿只〔八〕。琼毂错衡〔九〕,英华假只〔一〇〕。菎兰桂树,郁弥路只〔一一〕。魂乎归来! 恣志虑只〔一二〕。

孔雀盈园,畜鸾皇只〔一三〕。鹥鸿群晨〔一四〕,杂鹜鸧只〔一五〕。鸿鹄代游〔一六〕,曼鹔鹴只〔一七〕。魂乎归来! 凤凰翔只〔一八〕。

【注释】

〔一〕夏屋——高大的屋。夏,大。　〔二〕沙堂——用丹沙涂的厅堂。沙,丹沙。　秀——秀异。　〔三〕南房——户向南。房,即室。　坛——犹堂。即小厅堂。　〔四〕观——犹楼。绝霤(liù)——超过屋宇。形容楼观的高。霤,屋宇。　〔五〕曲屋——

楼与楼之间的驾空复道。　步埏(yán)——走廊。　　〔六〕扰畜——驯养禽兽。这里指驯养马。扰，读如饶，即驯。　　〔七〕腾驾——车马奔腾。　步游——游猎。　　〔八〕春囿——春季草长兔肥围猎的场地。是说驾所驯马，宜于行猎。　　〔九〕琼毂——用玉装饰的车毂。　错——涂饰。　衡——车辕前端的横木。用金银装饰车上的横木。〔一○〕假——大。是说以玉饰毂，以金错衡，英华照耀，大放光明。　　〔一一〕茝(chǎi)——香草名。　兰——兰草。　郁——丛茂。　弥——满。是说所行之处，香草桂树郁然满路。〔一二〕恣志虑——任心志之所欲。　　〔一三〕畜——养。鸾皇——鸾鸟、凤凰。　　〔一四〕鹍(kūn)——鹍鸡，鸟的一种，形状像鹤，红嘴长颈，黄白色羽毛。　鸿——一种水鸟，略大于雁，古文中多指天鹅。晨——旦，即晨鸣。　　〔一五〕杂鹙鸧(qiū cāng)——鹙鸧、一种水鸟，头秃，又叫秃鹙，长颈，黑色羽毛，喜吃鱼、蛇。是说鹍鸿啼叫中杂有鹙鸧的声音。　　〔一六〕鸿鹄——天鹅。　代游——往来游戏。〔一七〕曼——曼衍。　鹔鹴(sù shāng)——一种水鸟，长颈，绿色毛，形状像雁。是说鹔鹴群飞曼延不绝。　　〔一八〕凤凰翔——招其归来，观看凤凰飞翔。

　　以上以居室游观之美招之。

　　曼泽怡面，血气盛只〔一〕。永宜厥身，保寿命只。室家盈廷〔二〕，爵禄盛只〔三〕。魂乎归来！居室定只〔四〕。

　　接径千里，出若云只〔五〕。三圭重侯〔六〕，听类神只〔七〕。察笃夭隐〔八〕，孤寡存只〔九〕。魂兮归来！正始昆只〔一○〕。

　　田邑千畛〔一一〕，人阜昌只〔一二〕。美冒众流〔一三〕，德泽章只〔一四〕。先威后文〔一五〕,善美明只〔一六〕。魂乎归来! 赏罚当只。

名声若日,照四海只。德誉配天〔一七〕,万民理只〔一八〕。北至幽陵〔一九〕,南交址只〔二〇〕。西薄羊肠〔二一〕,东穷海只〔二二〕。魂乎归来! 尚贤士只〔二三〕。

发政献行〔二四〕,禁苛暴只〔二五〕。举杰压陛〔二六〕,诛讥罢只〔二七〕。直赢在位〔二八〕,近禹麾只〔二九〕。豪杰执政,流泽施只〔三〇〕。魂乎归来! 国家为只〔三一〕。

雄雄赫赫〔三二〕,天德明只〔三三〕。三公穆穆〔三四〕,登降堂只〔三五〕。诸侯毕极〔三六〕,立九卿只〔三七〕。昭质既设〔三八〕,大侯张只〔三九〕。执弓挟矢,揖辞让只〔四〇〕。魂乎归来! 尚三王只〔四一〕。

【注释】

〔一〕曼泽——细腻丰润。　怡面——面色光泽。是说魂魄来归,则心志愉悦,肌肤丰润,面色光泽,血气充盛,身体强壮。　〔二〕室家——指宗族。盈廷——满朝廷。　〔三〕爵禄盛——爵位俸禄极其丰盛。　〔四〕居室定——住在家中极其安定。　〔五〕接径——道路连接。是说楚国地广人多,道路接连千里,人民出入如云。〔六〕三圭——指爵位的等次。圭,重臣所执。三圭,谓公、侯、伯。重侯——也是爵位的等次。谓子、男。公执桓圭,侯执信圭。〔七〕听类神——听察事理如神明。类,事物之类。神,即明。〔八〕笃——厚。　夭——早死。　隐——幽蔽。是说明察并厚待早死幽蔽之人。　〔九〕孤寡存——体恤慰问孤寡之人。存,存问。〔一〇〕始昆——犹先后。　是说招怀王归来以定仁政之先后。正,定。

昆,后。　　〔一一〕田——田野。邑——都邑。　　畛(zhěn)——田间的道路。　　〔一二〕阜(fù)——盛。昌——炽。是说楚国田野广阔,道路千条,都邑众多,人口繁盛。　　〔一三〕美——指美好的教化。冒——覆,引申为遍及。　　众流——教化流及众庶。　　〔一四〕德泽章——是说德泽之惠极其明显。章,明。　　〔一五〕先威后文——先以威武服众,后以文德怀人。　　〔一六〕善美明——善与美俱明。〔一七〕德誉——功德荣誉。　　配——比。是说功德与荣誉比天。〔一八〕理——即治。　　〔一九〕幽陵——犹幽州,即今河北省北部与辽宁省南部一带地区。　　〔二〇〕交址——又作交趾,即南方少数民族地区。〔二一〕羊肠——山名,在今山西省晋阳之西北。　　〔二二〕穷——尽。〔二三〕尚贤士——招怀王归来,举贤士。尚,犹举。　　〔二四〕发政——发布政令。　　献行——进用有仁义操行之人。献,犹进。〔二五〕禁苛暴——禁绝苛刻暴虐之人。　　〔二六〕举杰——选举贤杰。压——镇。　　陛——殿阶。是说选举贤杰之士立于朝廷,镇抚国家,奸佞不敢行动。　　诛——罚。　　讥——谪。　　罢——止息。是说奸佞不行,则罚谪之事自息。　　〔二八〕直赢(yíng)——行直才优。赢,优。　　〔二九〕近禹麾——行直才优之人在位,则近于夏禹所主张的举贤任能之意。禹,夏禹。麾,举手。　　〔三〇〕流泽施——恩泽施及众庶。　　〔三一〕为——犹治。是说直赢之士辅佐君王,豪杰执政泽及众庶,则国家大治。　　〔三二〕雄雄赫赫——形容威势之盛。是说怀王有雄雄之威、赫赫之勇。　　〔三三〕天德——指怀王德配天地。〔三四〕三公——古代官职,以太师、太傅、大保为三公。穆穆——和美的样子。　　〔三五〕登降堂——上下朝堂。堂,指朝廷。　　〔三六〕毕极——全来了。指诸侯朝聘。极,至。　　〔三七〕九卿——古代官职。这里指周朝九卿,即少卿、少傅、少保、冢宰、司徒、宗伯、司马、司寇、司空。此极言朝聘礼仪之盛。　　〔三八〕昭质——箭靶所画的地方,如白质、赤质之类。　　〔三九〕侯——布做的箭靶,如虎侯、豹侯之类。　　张——犹设。　　〔四〇〕揖辞让——互相推让。古时射箭之礼,参加比赛者,都手持弓箭互相推让,以不失威仪。　　〔四一〕尚三王——招怀王归来,为政取法三王。三王,禹、汤、文王。

以上以楚国国势强大政治修明招之。

【解说】

这篇文章是摹拟《招魂》所作,是以"外陈四方之恶,内崇楚国之美"招怀王之魂。但也有不同,其不同处,即本篇文章开端并无作者自叙写作的心情和上帝命巫阳招魂的过程,而是直接描写春意盎然,万物竞发,一派欣欣向荣的景象。在"陈四方之恶"方面,没有写天上、地下之险恶,而对四方之恶的描写,也不像《招魂》写的那样多。相反,对"楚国之美"的描写则用了许多笔墨,如写饮食之精、歌舞音乐之盛、妾媵之美、居室游观之壮丽等,都比《招魂》的描写更具体。文章的结尾变《招魂》"乱曰"中追怀与怀王狩猎的盛况,为以写楚国的昌盛、政治修明期待怀王归来。尤其不同的是《招魂》具有浓烈的抒情性,通篇文章蕴含着忧伤、悲凉的情绪,是作者借其所写抒发自己幽愤之思。《大招》则多赞美之词,是客观的描写,所以抒情的意味较淡,并句式严整,排比铺陈,对汉赋的形成有更直接的影响。语词方面,《大招》典重尔雅,《招魂》则丽词华藻,极尽渲染之能事。蒋骥《山带阁注楚辞》云:

> 参之二《招》本文,皆条畅惬适,初无强前人以附己意之病。然则《大招》所以招君,故其辞简重尔雅;《招魂》所以自招,则悲愤发为谐谑,不妨穷工极态,故为不检之言以自嘲。

其中除认为《招魂》是自招之外,其他评论都准确地道出了二《招》文章的不同特点。

屈原赋的历史地位

屈原是我们国家、民族早期的重要作家,他的作品在我们的文化史、艺术史上的重要地位,和希腊神话在希腊艺术史上的重要地位相似。"希腊神话不仅是希腊艺术的宝库,而且是希腊艺术的土壤。"(马克思《论文化的各种形态(科学、技术、艺术)的不平衡发展》)同样,屈原的作品是我们民族文化中的珍宝,两千多年来一直成为历代作家学习、吸取不尽的营养,它以丰富的创作经验和卓异的成就培育着我国文学艺术的成长。对这样一部伟大作品的价值和意义,我们的认识还是很不够的。特别是在"四人帮"文化专制主义统治之下,屈原的作品被任意歪曲。在那个形而上学猖獗的时代,对文学史上的现象,都机械、简单地以儒法两家来划分,荒谬地认为一部文学史就是儒法两家思想的斗争史。他们捏造了一个文学史斗争的规律,抹杀了文学反映现实生活的特点。这不仅是对屈原作品的意义认识不够的问题,相反则是对屈原及其作品的践踏了。因此,我们必须继续肃清流毒,拨乱反正,给屈原及其作品以科学、正确的评价。

恩格斯在评论歌德时曾经说:"一般说来,我们不是从道德的、党派的观点,而主要是从美学的、历史的观点来对他加以责难。"(《论歌德》)恩格斯这段话可以作为我们评价古代作家的重要准则。我们不是一般地反对用哲学的观点来评价作家,但是更重要的是我们必须从文学反映生活的特点出发来评价作家。文学与哲学之用逻辑思维表现对整个世界及其规律的认识决然不同,而是用文艺的形式、形象思维的方法来反映社会斗争、历史生活,并从而表现作家对社会、历史的观点和看法。因此,一部伟大的作品往往是它那个时代的一面镜子,是社会历史生活的实录。高尔基曾说:"卡尔·马克思承认在巴尔扎克的作品里面学习了很多东西。依据左拉的小说我们可以研究整个的时代。"(《青年的文学和它的任务》)对文学家及其作品只有用美学的社会历史的观点才能真正认识它的价值和意义。对屈原的研究也不能例外。

屈原生于楚威王元年(公元前 339 年),卒于顷襄王十四年(公元前 285 年),共活了五十五岁。他经历了威王、怀王、顷襄王三个王朝,但是他的政治活动和创作活动主要是在怀王、顷襄王时期,这就是说他活动的主要时代是战国末年。

这是我国历史上一个大转变的时代,是从奴隶主所有制转变为地主所有制,从奴隶社会转变为封建社会的时代,是历史的一个转折点。奴隶主为了压迫和剥削的需要,残酷地掠夺和摧残奴隶,造成了盗跖、庄蹻等领导的规模巨大的奴隶起义;奴隶主为了压迫和剥削的需要,实行了"初税亩",造成了他们的对立物,出现了地主阶级,特别重要的是出现了农奴或农民阶级;奴隶主为了压迫和剥削需要,造就了广大的"士"阶层,这些"士"阶层的人物中不少是为奴隶主贵族效劳的,但有一些则走向他的反面,而为封建地主出谋划策。所有这些,都是奴隶主替自己造成的掘墓人。屈原出身于楚国的贵族,但是在这个剧烈的阶级斗争的历史环境中,却从贵族集团内部分化出来,已经没落了。《韩非子·喻老》篇说:"楚邦之法,禄臣再世而收地。"屈原的先代虽然做过官,但到他这个时期,封赐早被收回去了,所以《惜诵》中看"忽忘身之贱贫"的感叹。正因为他是从贵族集团分化出来的,所以能看到人民的苦难和历史的潮流。他处在一个新旧交替的时代,从他所从事的社会斗争实践看,他所维护和反对的、所坚持和摈斥的,与新兴地主阶级反对腐朽奴隶主阶级的要求是一致的。新兴地主阶级在其产生的初期,还未形成为特殊阶级的特殊利益,因此他们虽然是剥削者,和劳动人民有很大的矛盾,但是在他们和奴隶主的斗争中,除了体现本阶级的利益之外,也与其余未占统治地位的阶级的利益多少联系着,在一定程度上是以奴隶的悲惨命运的同情者的身份出现的。屈原思想的进步性和作品的民主性必须从这个角度去阐明和理解。

一

屈原是站在进步的立场上,代表新的社会力量,向旧的腐朽的奴隶主贵族集团进行斗争的。他的思想观点,如主张亲民、重民、爱民;主张德政,追逐先王政治;主张改革,反对因循守旧;主张修明法治,讲规矩、绳墨等,和当时的进步思潮是一致的,和楚国奴隶主贵族集团的言行作为则是尖锐对立的。屈原的一生即为坚持自己的政治主张而斗争,为实现自己的政治理想而献身。他的全部作品,就是他一生斗争生活的实录。

《离骚》结尾说:

> 既莫足与为美政兮,吾将从彭咸之所居。

他的所谓"美政",即他的政治理想。为了理想不能实现,竟至于自杀,可见他对自己的政治理想多么坚贞、执著!他的"美政"的理想内容是什么呢?具体说,应包括以民为本、举贤授能和修明法度三个方面。《离骚》说:

> 皇天无私阿兮,览民德焉错辅。夫维圣哲以茂行兮,苟得

用此下土。

这种民本思想是春秋以来的一种时代思潮。如《左传·僖公》五年记载宫之奇的一段话说:"鬼神非人实亲,唯德是依。故《周书》曰:'皇天无亲,唯德是辅。'又曰:'黍稷非馨,明德唯馨。'又曰:'民不易物,唯德繄物。'如是,则非德,民不和、神不享矣。"其中虽然杂有一些神权观念,但是,很明显地包含着一种"德政"思想和对"民"的地位的重视。到春秋战国时期,这种思想更盛行起来,诸子的著作中关于这方面的记载很多,不胜枚举。屈原的思想正是这种进步的时代思潮的反映。基于这种思想,屈原特别关心人民,热爱人民,同情人民。尤其是当他看到人民灾难深重的时候,这种思想就表现得更深沉诚挚:

> 长太息以掩涕兮,哀民生之多艰。
>
> ——《离骚》

为人民的苦难而叹息、流泪。屈原往往把人民的生活的好坏,和贵族集团政治的好坏联系起来,即把人民的苦难和皇室贵族的腐败联系起来:

> 怨灵修之浩荡兮,终不察夫民心。……瞻前而顾后兮,相观民之计极。
>
> ——《离骚》
>
> 皇天之不纯命兮,何百姓之震愆! 民离散而相失兮,方仲春而东迁。
>
> ——《哀郢》

这就揭露了人民苦难的根源,揭露了昏庸腐败的贵族集团是人民苦难生活的制造者。可见屈原重民的观点,不但体现在对人民苦难的同情上，即使对统治阶级的揭露，也都是从关心和同情人民的角度出发的。这方面在他吟咏历史人物以警戒怀王时，也往往比较隐晦地表现出来。如《离骚》说：

> 羿淫游以佚畋兮，又好射夫封狐。固乱流其鲜终兮，浞又贪夫厥家。浇身被服强圉兮，纵欲而不忍。日康娱而自忘兮，厥首用夫颠陨。

对这段史实，《左传·襄公》四年是这样记载的："昔有夏之方衰也，后羿自鉏迁于穷石，因夏民以代夏政。恃其射也，不修民事，而淫于原兽。弃武罗、伯因、熊髡、尨圉，而用寒浞。寒浞，伯明氏之谗子弟也。伯明后寒弃之，夷羿收之，信而使之，以为己相。浞行媚于内，而施赂于外，愚弄其民，而虞羿于田。树之诈慝，以取其国家，外内咸服。羿犹不悛，将归自田，家众杀而烹之，以食其子。其子不忍食诸，死于穷门。靡奔有鬲氏。浞因羿室，生浇及豷，恃其谗慝诈伪，而不德于民。使浇用师，灭斟灌及斟寻氏。处浇于过，处豷于戈。靡自有鬲氏，收二国之烬，以灭浞而立少康。少康灭浇于过。后杼灭豷于戈。有穷由是遂亡，失人故也。"这段文字开始指出是"不修民事"，然后谈到"不德于民"，最后总叙其失败的原因是"失人故也"，可以说是一篇之中，三致意焉。屈原吟咏这段史实，曲折地反映了他的爱民的观点也体现在对统治阶级荒淫无耻生活的揭露上，体现在对历史经验的总结上。

"举贤授能"是屈原政治理想的重要方面。《离骚》说：

> 汤禹俨而祗敬兮，周论道而莫差。举贤而授能兮，循绳墨而不颇。

这种主张虽然是借古代的圣君贤王作榜样，但它的作用在于打破奴隶主贵族的世卿世禄制度，而使新兴地主阶级参加政权。

从当时的情况看,奴隶主作为一个垂死的阶级已经非常昏庸、腐败、无能了,而地主作为一个新兴的阶级则是励精图治的。《左传·昭公》三十二年记载:"鲁君世从其失,季氏世修其勤。"就是对当时代表奴隶主的诸侯和代表新兴地主的世卿的不同作风的鲜明概括。这类新兴阶级为了自身的政治利益,部分地联系着下层人民,以至于像奴隶、农奴、罪犯、屠夫等,也是他们选用的对象。《离骚》说:

> 说操筑于傅岩兮,武丁用而不疑。吕望之鼓刀兮,遭周文而得举。宁戚之讴歌兮,齐桓闻以该辅。

《惜往日》说:

> 闻百里之为虏兮,伊尹烹于庖厨。

傅说是个罪犯,吕望是个屠夫,宁戚是个商贩,百里奚是个奴隶,伊尹是个厨师。屠夫、商贩、厨师在周朝的地位和奴隶相等,罪犯就更不用说了,他们都是社会的最底层。社会最底层的人,也可以参与国家政权,便足以说明屈原"举贤授能"思想的真正意义了。

据《荀子·君道》篇记述周文王任用太公的情况说:"夫文王非无贵戚也,非无子弟也,非无便嬖也,倜然乃举太公于州人而用之,岂私之也哉? 以为亲也? 则周姬姓也,而彼姜姓也。以为故也? 则彼未尝相识也。以为好丽邪? 则夫人行年七十有二,齫然而齿堕矣。"尽管文王不是新兴地主阶级的代表人物,但荀况赞扬他"任人唯贤"的政治目的,在于打破奴隶主贵族的亲族血缘关系,而使新兴地主参加政权。屈原是从同样的角度歌咏文王的,说明屈原"举贤授能"的主张和荀况的思想完全一致。当时处于社会底层的人们,一般都具有一种勤劳的孜孜不倦的精神,《吕氏春秋·博志》篇记载宁戚居贫处贱时的情况说："宁越（即宁戚），中牟之鄙人也……人将休，吾将不敢休，人将卧，吾将不敢卧。十五岁而周威公师事之。"这种刻苦的学习精神虽然杂有追求利禄的庸俗观念，但与奴隶主阶级那种颓废、堕落的意志相比，其高下判然分明。又《韩非子·孤愤》篇说："人臣之欲得官者，其修士且以精洁固身，其智士且以治辩进业。"所谓"修士"、"智士"应该就是新兴的中小地主，他们有才能，有知识，有志于事业，为了参与政权而奋勉自励。屈原也自勉说：

> 汩余若将不及兮，恐年岁之不吾与。

> ——《离骚》

这就说明屈原"举贤授能"的政治理想正反映了他们的要求。

"修明法度"是屈原政治理想的另一个方面。他以这种思想作为对奴隶主贵族斗争的武器。《韩非子·有度》篇说："法不阿贵，绳不挠曲。"就直接道出法治思想对奴隶主贵族的冲击作用。《离骚》说：

> 固时俗之工巧兮，偭规矩而改错。背绳墨以追曲兮，竞周容以为度。

就是对当时楚国贵族统治集团违法乱纪现象的谴责。《韩非子·奸劫弑臣》篇还说："治国之有法术赏罚，犹若陆行之有犀车良马也，水行之有轻舟便楫也，乘之者遂得其成。"正见法度的重要。屈原《九章·惜往日》则说：

> 乘骐骥而驰骋兮，无辔衔而自载；乘氾泭以下流兮，无舟楫而自备；背法度而心治兮，辟与此其无异。

把不以法度治理国家，比作骑马不施辔衔，行船不用楫篙，终归要失败。这与韩非的思想如出一辙。

屈原的法治观念还包括在他父亲为他所命的名字中。《离骚》开篇说：

> 皇览揆余初度兮，肇锡余以嘉名。名余曰正则兮，字余曰灵均。

他为什么认为自己的名字很好呢？我认为即因为"正则""灵均"之中包含有"方正公平"的意思，而这正是一种法治精神。据《说苑·至公》篇记载，楚令尹子文执法公正，楚国人民歌颂他"恤顾怨萌，方正公平"。他还在自叙自己是"帝高阳之苗裔"时，感到特别自豪，并且认为是一种"内美"。为什么做帝高阳的后代值得骄傲呢？我觉得与传说高阳氏重法治有关。《吕氏春秋·序意》篇说："文信侯（吕不韦）曰：'尝得学黄帝之所以诲颛顼矣，爰有大圆在上，大矩在下，汝能法之，为民父母'。"这段记载若当做史料看，自然不太可靠，但是作为一种意识形态看，可以说明春秋战国时期法治观念已经流传很广了。《吕氏春秋》虽然成书较晚，但其中所收集的大都是先秦古籍，仅以"大圆"来说，屈原《天问》即有"圆则九重，孰营度之？"的话，可见，吕不韦所学的关于颛顼的传说，是为屈原所熟识的。那么，屈原之所以以作为颛顼的后代为内美，是因为传说颛顼重法治，他是以自己的家世有法治传统而自豪。

屈原的政治理想，与当时新兴地主阶级利益有许多一致的地方。可以说他是从新兴地主阶级立场出发去关心和同情人民的。当然，作为文学家的屈原，和作为地主阶级思想家的荀况、韩非不同，他长期的流放生活，使他更接近人民、更联系着人民，特别是郢都破灭的时候，他与人民共流亡，同生活，就更了解人民，因而使他的作品具有更深刻的民主性。

二

　　屈原的政治理想在当时是进步的,但在今天看来,更重要的不是他的理想本身,而是他为了实现自己的理想而顽强不屈的斗争精神,是他为了实现自己的理想而和楚国贵族集团展开了剧烈的斗争,揭露了楚国政治的黑暗、奴隶主制度的腐朽,特别是批判了楚王的昏庸、贪婪和残暴。怀王早年还有点想改革政治、富国强兵的念头,但是后来受群小的包围,自己反复无常,连这点革新的念头都消失了,完全变成了一个昏君。屈原在《离骚》中从"伤灵修之数化"到"怨灵修之浩荡",反映了对怀王越来越深的怨恨,后来直接指斥说:

　　　　荃不察余之中情兮,反信馋而齌怒。

　　对怀王的政治面貌,秦惠文王的《诅楚文》有比较深刻的揭露:"今楚王熊相(怀王),康回无道,淫佚甚乱,宣侈竞纵,变输盟约。内之则暴虐不辜,刑戮孕妇,幽刺亲戚,拘圉其叔父,寘诸冥室椟棺之中。外之则冒改久心,不畏皇天上帝及不显大神巫咸之光烈威神,而兼倍十八世之诅盟,率诸侯之兵以临加我,欲翦伐我社稷,伐灭我百姓,求蔑法皇天上帝及不显大神巫咸之恤祠,圭玉、牺牲遂取我边城新、郢及郇、长、亲,吾不敢曰可。"(《古文苑》)这篇文章应作于楚怀王十七年,正是秦、楚战争最激烈的时候,是否因为交战国而对楚的揭露有点过分呢? 不然,《庄子·则阳》篇说:"夫楚王之为人也,形尊而严,其于罪也,无赦如虎。"可以证明《诅楚文》所揭露的完全是事实。怀王任用的几乎全是谗佞之臣,谄谀逢迎,为害多端。《战国策·中山策》记载,秦将白起分析楚国的情况说:"是时楚王恃其国大,不恤其政,而群臣相妒以功,谄谀用事,良臣斥疏,百姓心离,城池不修。"又《战国策·楚策》记载:"苏子谓楚王曰:……'今大王之大臣父兄,好伤贤以为资,厚赋敛诸臣百姓,使王见疾于民'。"他身居高位,恣意享乐,不问民间疾苦。《战国策·楚策》又记载:"楚国之食贵于玉,薪贵于桂,谒者难得见如鬼,王难得见如天帝。"顷襄王的所作所为比怀王更坏,《战国策·楚策》记载,庄辛指责他:"(君王)左州侯,右夏侯,辇从鄢陵君与寿陵君,饭封禄之粟,而载方府之金,与之驰骋乎云梦之中,而不以天下国家为事。"在外交上忍辱投降,在内政上荒淫误国,同样是一个昏君。对这种情况,屈原在《惜往日》中说:

> 君含怒而待臣兮,不清澂其然否。……弗参验以考实兮,远迁臣而弗思。信谗谀之溷浊兮,盛气志而过之。何贞臣之无罪兮,被离谤而见尤。……君无度而弗察兮,使芳草为薮幽。……不毕辞而赴渊兮,恐壅君之不识。

指责他们"含怒"、"信谗"、"无度"等等,甚而直接斥之为"壅君",给怀王、顷襄王以深刻的批判。

怀王不但凶恶昏庸,近谄佞而远忠良,而且荒淫无耻,穷奢极欲。《战国策·楚策》记载,张仪到楚国和他的一段对话说:"张子曰:'王徒不好色耳。'王曰:'何也?'张子曰:'彼郑周之女,粉白黛黑,立于衢间,非知而见之者以为神。'楚王曰:'楚僻陋之国也,未尝见中国之女如此其美也。寡人之独何为不好色也?'乃资之以珠玉。"又《荀子·天论》篇说:"楚王后车千乘。"足见其奢侈淫乱的程度。他还愚蠢昏愦,贪得无厌。《史记·楚世家》记载:"十六年,秦欲伐齐,而楚与齐从亲,秦惠王患之,乃宣言张仪免相,使张仪南见楚王，谓楚王曰：'……王为仪闭关而绝齐，今使使者从仪西取故秦所分楚商於之地方六百里，如是则齐弱矣。是北弱齐，西德于秦，私商於以为富，此一计而三利俱至也。'怀王大悦，乃置相玺於张仪，日与置酒，宣言'吾复得吾商於之地。'……因使一将军西受封地。张仪至秦，详醉坠车，称病不出三月，地不可得。楚王曰：'仪以吾绝齐为尚薄邪？'乃使勇士宋遗北辱齐王。齐王大怒，折楚符而合于秦。秦齐交合，张仪乃起朝，谓楚将军曰：'子何不受地？从某至某，广袤六里。'楚将军曰：'臣之所以见命者六百里，不闻六里。'即以归报怀王。怀王大怒。""十七年春，与秦战丹阳，秦大败我军。……遂取汉中之郡。""十八年，秦使使约复与楚亲，分汉中之半以和楚。楚王曰：'愿得张仪，不愿得地。'张仪闻之，请至楚。……仪私于靳尚，靳尚为请怀王曰：'拘张仪，秦王必怒，天下见楚无秦，必轻王矣。'又谓夫人郑袖曰：'秦王甚爱张仪，而王欲杀之，今将以上庸之地六县赂楚，以美人聘楚王，以宫中善歌者为之媵。楚王重地，秦女必贵，而夫人必斥矣……'郑袖卒言张仪于王而出之。"可见怀王多么愚蠢昏愦而又刚愎自用！屡次受骗而不醒悟，终于丧权辱国，并把敌人平安地放走了。

综合以上的材料，《史记》叙述了怀王的愚蠢、贪婪，《诅楚文》指责了他的凶恶、残暴，《战国策》记载了他的荒淫无耻等。在屈原笔下曾经提到过一些荒淫误国的昏君，如《离骚》说：

> 启九辩与九歌兮，夏康娱以自纵。……羿淫游以佚畋兮，又好射夫封狐。……浇身被服强圉兮，纵欲而不忍。……夏桀之常违兮，乃遂焉而逢殃。后辛之菹醢兮，殷宗用而不长。

这些人物既然是用来劝诫楚王的，那么也可以说明楚王的所作所为之中有他们的影子，从历史的记载看，也的确如此。因此描写他们,也有对楚王批判的因素在。班固批评屈原"责数怀王",颜之推则指斥屈原"显暴君过",这恰好从反面道出了屈原作品的斗争精神和进步意义。

屈原不但批判了怀王、顷襄王,而且批判了他们周围的宗室贵族、元老重臣、左右便嬖等。他们互相勾结,朋比为奸,排斥忠良,压榨人民,造成当时社会的极端黑暗。《韩非子·八奸》篇揭露奸佞之臣结党营私、投机取巧以惑乱君主的八种方法,在某种程度上应当就是他们的行径的具体写照。《八奸》篇说:"贵夫人,爱孺子,便僻好色,此人主之所惑也。托于燕处之虞,乘醉饱之时,而求其所欲,此必听之术也。为人臣者内事之以金玉,使惑其主。……优笑侏儒,左右近习,此人主未命而唯唯,未使而诺诺,先意承旨,观貌察色以先主心者也。此皆俱进俱退,皆应皆对,一辞同轨以移主心者也。为人臣者内事之以金玉玩好,外为之行不法,使之化其主。……侧室公子,人主之所亲爱也,大臣廷吏,人主之所与度计也,此皆尽力毕议,人主之所必听也。为人臣者事公子侧室以音声子女,收大臣廷吏以辞言,处约言事,事成则进爵益禄,以劝其心使犯其主。……人主乐美宫室台池,好饰子女狗马以娱其心,此人主之殃也。为人臣者尽民力以美宫室台池,重赋敛以饰子女狗马,以娱其主而乱其心,从其所欲,而树私利其间。"他们操纵"舆论",混淆是非,惑乱视听。《八奸》篇说:"人主者,固壅其言谈,希于听论议,易移以辩说。为人臣者求诸侯之辩士、养国中之能说者,使之以语其私。为巧文之言,流行之辞,示之以利势,惧之以患害,施属虚辞以坏其主。"其目的在于通过这些能说善辩之士,歪曲事实,泯却是非,以愚弄君主。他们还出卖宗国,勾结强敌。《八奸》篇又说:"君人者,国小则事大国,兵弱则畏强兵,大国之所索,小国必听,强兵之所加,弱兵必服。为人臣者,重赋敛,尽府库,虚其国以事大国,而用其威求诱其君;甚者举兵以聚边境而制敛于内,薄者数内大使以震其君,使之恐惧。"他们还买卖官爵,从中牟利。《韩非子·亡征》篇说:"官职可以重求,爵禄可以货得。"他们又乞灵鬼神,作孽多端。《亡征》篇说:"用时日,事鬼神,信卜筮,而好祭祀。"为了挽救垂死的命运而乞灵于鬼神,这是一切没落阶级共同的特征。韩非著书的时候比屈原从事文学创作的时期晚几十年,但是他在《八奸》、《亡征》等篇中所揭露的现象,正是屈原在楚国所遭遇的,不同的是作为文学家的屈原,以敏锐的思想洞察力,在韩非之前几十年,就用诗歌的形式把这种现象概括出来。《离骚》说:

> 唯夫党人之偷乐兮,路幽昧以险隘。……众皆竞进以贪婪兮,冯不厌乎求索。羌内恕己以量人兮,各兴心而嫉妒。……众女嫉余之蛾眉兮,谣诼谓余以善淫。固时俗之工巧兮,偭规矩而改错。背绳墨以追曲兮,竞周容以为度。

又《哀郢》说:

> 众谗人之嫉妒兮,被以不慈之伪名。憎愠惀之修美兮,好夫人之忼慨。众踥蹀而日进兮,美超远而逾迈。

当时的政治已经成为良莠不分、是非颠倒的黑暗天地,以致影响社会风尚也十分败坏。《荀子·王霸》篇说:"乱世不然:污漫突盗以先之,权谋倾覆以示之,俳优、侏儒、妇女之请谒以悖之,使愚诏知,使不肖临贤,生民则致贫隘,使民则綦劳苦。是故百姓贱之如佤,恶之如鬼。"又《荀子·大略》篇说:"蔽公者谓之昧,隐良者谓之妒,奉妒昧者谓之交谲。交谲之人,妒昧之臣,国之薉孽也。"社会风尚的极端败坏,说明国家即将倾覆。实际上怀王、顷襄王统治时期的楚国,表面上似乎还强大,内部却已蕴孕着危亡之机。

《韩非子·亡征》篇即说:"主多怒而好用兵,简本教而轻战攻者,可亡也。"怀王就是这样,他对秦国就是多怒而轻战攻的。《亡征》又说:"出君在外,而国更置,质太子未反,而君易子,如是则国携(分裂),国携者,可亡也。"国君在外又置国君,太子未返又立太子,这和怀王被拘留在秦国时的情况基本相符。《史记·楚世家》记载:"秦因留楚王,要以割巫、黔中之郡。楚王欲盟,秦欲先得地。楚王怒曰:'秦诈我而又强要我以地!'不复许秦。秦因留之。楚大臣患之,乃相与谋曰:'吾王在秦不得还,要以割地,而太子为质于齐,齐、秦合谋,则楚无国矣。'乃欲立怀王子在国者。昭雎曰:'王与太子俱困于诸侯,而今又倍王命而立其庶子,不宜。'"从这些情况中,我们可以看到楚国社会风尚的败坏,政治制度的腐朽。屈原以卓越的艺术才能,把它深刻地揭示出来。《离骚》说:

> 薋菉葹以盈室兮,判独离而不服。……世并举而好朋兮,夫何茕独而不予听?……世溷浊而不分兮,好蔽美而嫉妒。……保厥美以骄傲兮,日康娱以淫游。虽信美而无礼兮,来违弃而改求。……世幽昧以眩曜兮,孰云察余之善恶?……唯此党人之不谅兮,恐嫉妒而折之。时缤纷其变易兮,又何可以淹留?

又《怀沙》说:

> 玄文处幽兮,矇瞍谓之不章;离娄微睇兮,瞽以为无明。变白以为黑兮,倒上以为下。凤凰在笯兮,鸡鹜翔舞。同糅玉石兮,一概而相量。夫唯党人之鄙固兮,羌不知余之所臧。

屈原揭露了楚国统治集团的苟且偷安、周容为度,揭露了这个集团的康娱淫游、钻营取巧,揭露了这个集团贪婪专权、互相倾轧,揭露了这个集团的干进务入、谗佞昏庸。他把一支锋利的笔深入那个历史时期的深处,把那一历史时期奴隶主贵族阶级一切黑暗、腐朽、反动的方面都揭示了出来。

屈原对楚王的批判,对这个统治集团的批判是极其尖锐深刻的。它的意义不但在于批判了一个国家的奴隶主贵族统治阶级,还在于同时也批判了战国末期的一段历史。屈原是站在进步立场上进行批判的,因此,他的批判就曲折地反映了那个时代人民的反抗和要求,他和楚王及其集团的斗争,也曲折地反映了那个时代人民和楚王及其集团的斗争。

三

屈原对自己政治理想的坚持,对楚国贵族集团的批判,都是基于希图楚国的富强,基于对楚国的热爱。这种爱国思想的产生与当时的阶级斗争和诸侯各国的政治斗争有密切关系,同时也与历史传统有关系,他是继承了我国历史上的爱国主义传统而发展起来的。

一般说来,一个民族从氏族、部落、部族逐渐发展下来,有它们世代相传的居住地区。这个地区为居民所有,居民就成为这个地区的主人。随着社会经济的发展,国家建立起来了,部族也演变成民族,这样世代相传的居住地区就成为居民的祖国。中国之名,早在西周初年,已经用来称呼华夏族所居住的地区。从历史记载来看,春秋时期,华夏族即称它的祖国为中国。例如《左传·成公》七年,季文子说"中国不振旅",中国就是华夏各国的统称。其后,中国扩大为当时国境内各族所共称的祖国。所以中国这个名词的涵义就是祖国。诸侯、朝代有兴亡,中国本身则始终存在着并发展着。因此,春秋战国时期各诸侯国的人们对自己国家的卫护,对敌国的反抗,都应该看做是爱国主义的表现。因为他们所爱的都是当时中国境内的地区,都是当时中国境内各部族的优秀传统。不同的是各个诸侯国的人们由于阶级利益之不同,他们的爱国是通过各自维护一个在本地区占统治地位的统治集团表现出来的。那么屈原希望在楚国实现政治改革,使楚国强大起来,以抵抗秦国的兼并,就不能说不是爱国主义,或者说阻碍历史发展等。

楚国地处南方,部族的生活、语言、习尚等传统,与中原地区有很大的差异。这就使楚地人民对祖国、乡土的观念特别重。《左传·成公》九年记载:"晋侯观于军府,见钟仪。问之曰:'南冠而絷者,谁也?'有司对曰:'郑人所献楚囚也。'使税之。召而吊之。再拜稽首。问其族。对曰:'泠人也。'公曰:'能乐乎?'对曰:'先父之职官也,敢有二事?'使与之琴,操南音。……公语范文子。文子曰:'楚囚,君子也!言称先职,不背本也。乐操土风,不忘旧也。'"钟仪作为一个囚犯,在生死的关头,仍然不变其初,戴"南冠",操"南音",使敌国的统治者也为之感叹,这是一种多么崇高的情感!从这里我们可以领会到屈原在创作上为什么始终"书楚语,作楚声,纪楚地,名楚物"的原因了。

楚国的政治是黑暗的腐朽的,但从它的传统来看,也有比较修明的一面。早在楚悼王时期就出现过吴起变法,这次变法虽然终于失败了,但在改变楚国当时那种"大臣太重,封君太众"的局面,以达到"损不急之枝官,以奉选练之士"(《韩非子·和氏》)的要求方面,却起了重要作用。楚国的统治者为了取信于民,以巩固自己的统治,某些君主也往往做出一些守法的表示。《说苑·至公》篇记载,楚文王伐邓,叫他两个儿子去采菜,这两个儿子没有去采,反而把一个老人的菜夺了来。楚文王知道后,要杀两个儿子,并宣称:"讨有罪而横夺,非所以禁暴也;恃力虐老,非所以教幼也;爱子弃法,非所以保国也;私二子,灭三行,非所以从政也。"表现了一种执法无私的精神。《至公》篇还记载有楚庄王的重臣令尹子文、孙叔敖执法不避亲族的事。楚庄王的妻子樊姬是一个有远见卓识的人物,能够劝谏庄王进贤退不肖,以革新楚国的政治。《列女传·贤明传》记载:"姬曰:'王之所谓贤者何也?'曰:'虞丘子也。''……妾闻虞丘子相楚十余年,所荐非子弟则族昆弟,未闻进贤退不肖,是蔽君而塞贤路。知贤不进,是不忠;不知其贤,是不智也。……'……明日,王以姬言告虞丘子,丘子避席,不知所对,于是避舍,使人迎孙叔敖而进之。王以为令尹,治楚三季,而庄王以霸。"樊姬揭露了虞丘子朋党为私,并起用了孙叔敖为相,促进了楚国的强盛。又楚武王的妻子邓曼也是一个热心于国的人物。《左传·庄公》四年记载:"楚王荆尸,授师孑焉以伐随。将齐,入告夫人邓曼曰:'余心荡。'邓曼叹曰:'王禄尽矣!盈而荡,天之道也,先君其知之矣。故临武事,将发大命,而荡王心焉。若师徒无亏,王薨于行,国之福也。'"由于武王荒淫无耻,当他出兵伐随的时候,邓曼却诅咒他死在途中,以免损兵折将。在危急的情况下,先考虑的不是个人而是国家,这种精神是可贵的。

屈原是由楚文化哺育起来的,他思想上具有楚地人民所共有的强固的国家观念;同时,屈原对楚国的历史也是很熟识的,对楚国的优良传统充满了感情。在战国时期火热的斗争环境中,他发展了这种爱国主义思想,不以穷独而灰心,不在强大的恶势力面前变节,与当时朝秦暮楚的游说之士,甚而至于像《左传·襄公》二十六年记载的"今楚多淫刑,其大夫逃死于四方,而为之谋主以害楚国"等人的表现完全相反,而是誓死不离开楚国,与楚国腐朽的政治集团作坚决的斗争。他在《橘颂》中说:

受命不迁,生南国兮。深固难徙,更壹志兮。

以橘为喻,来说明自己的坚贞立场。大概当他政治上失败的时候,也曾经想到离开楚国的问题。《离骚》中那段很长的关于神游的描写,应该就是他这种心理状态的反映。但是楚国是个物产丰富的国家,是个文化发展较快的国家,也是个有优良传统的国家,他怎能舍得离开呢? 所以经过一番神游,最后还是回到自己国土上来了:

> 陟陞皇之赫戏兮,忽临睨夫旧乡。仆夫悲余马怀兮,蜷局顾而不行。
>
> ——《离骚》

屈原这种爱国主义思想,当国家破亡的时候,当楚国的物质财富和文化传统被摧残的时候,就表现得更深沉诚挚:

> 背夏浦而西思兮,哀故都之日远。登大坟以远望兮,聊以舒吾忧心。哀州土之平乐兮,悲江介之遗风。……曾不知夏之为丘兮,孰两东门之可芜。
>
> ——《哀郢》

《庄子·则阳》篇记叙庄周对自己的国家楚国的看法说:"旧国旧都,望之畅然,虽使丘陵草木之缗,入之者十九,犹之畅然,况见见闻闻者也? 以十仞之台,悬众间者也。"楚国的都城有十仞之台高耸众人之间,经过战乱十之八九都埋没于丘陵草木之中,庄周见了还畅然喜悦。屈原所谓"曾不知夏之为丘兮,孰两东门之可芜"即庄周所谓"丘陵草木之缗,入之者十九"的意思,但比庄周表现了更深沉的思想感情。屈原为国家的破亡而悲痛思念,以至于连觉也睡不着:

> 望孟夏之短夜兮,何晦明之若岁! 唯郢路之辽远兮,魂一

夕而九逝。曾不知路之曲直兮,南指月与列星。愿径逝而不
得兮,魂识路之营营。

——《抽思》

他急切地希望重返旧国旧都,立誓死也要回去:

鸟飞返故乡兮,狐死必首丘。

——《哀郢》

正如司马迁所说:"眷顾楚国,系心怀王……一篇之中,三致志
焉。"(《史记·屈原列传》)

屈原总是把自己的国家和国君联系起来,把爱国和忠君联系
起来。这是为屈原的阶级地位和历史条件所决定的。在封建社会
里,生产资料归地主所有,王侯是最大的地主。这种生产关系决定
屈原的思想认识不能超出他自己阶级的范畴,决定他的爱国必须
通过忠君来体现:通过君来实行反抗强敌的政策,通过君来实现政
治改革,通过君来减轻人民的负担,这正是当时合乎逻辑的历史
现象。

屈原在创作上取得如此高的成就,与他在实践中形成的进步
的美学观点有密切关系。他总是以美、香的东西比喻公正、廉洁、
崇高的品德,而以丑、臭的东西比喻卑鄙、自私、贪婪的人物。对
美、善是尽情地歌颂,对丑、恶则极力摈斥。这种批判和赞扬的标
准,明显地受有儒家褒贬尺度的影响。《礼记·大学》说:"所谓诚
其意者,毋自欺也,如恶恶臭,如好好色。"就是说嗅到恶臭而憎恶,
见到美色而喜爱,这是天下最真诚的道理。《大学》的作者以自然
的美象征伦理的美,认为美的事物为天下人所共爱,这就抹杀了美
的阶级性。屈原同样以自然的美象征伦理的美,但又有鲜明的区
别,《离骚》说:

民好恶其不同兮,唯此党人其独异。

　　他指出"民"与"党人"的好恶是不同的,把人民的好恶与楚国王公贵族、元老重臣的好恶完全对立起来。这就揭示了对事物爱憎的阶级性,揭示了美的阶级性。这是屈原美学观点的卓越之处。由于屈原参加了当时剧烈的阶级斗争,对人物的阶级界限看得更清楚了,由于他接近了人民,对人民的好恶就有所体会。因此,他所赞扬和批判的,往往体现了一些人民的好恶,他对事物的态度与当时的统治阶级和世俗的看法是全异其趣的。屈原以这种具有朴素的阶级性的美学观点进行创作,才能深刻地反映出那个时代的矛盾和斗争,才能全面地反映出那个时期的历史变化。屈原的思想、观点、主张都深深地植根于那个时代的阶级斗争的总形势之中。那个时代的一切腐朽、反动、黑暗的现象,都通过他的作品反映出来,一切进步、苦难、悲惨的侧面,也通过他的作品反映出来。高尔基曾说:"有许多实例,证明艺术家是自己阶级和时代之客观的历史家。"(《我的文学修养》)屈原从自己的阶级立场出发,通过巨幅的诗篇,反映了战国末期的社会历史变化。从这个意义上讲,屈原的诗篇也可以称作他那个时代的诗史!

文洁体清　雄伟卓荦
——贾谊的赋

贾谊是西汉的辞赋家和散文家。他十八岁便以能诵《诗》属文闻名于洛阳。其后文帝召为博士,一年之中超迁至太中大夫。他请改正朔、易服色、制法度、兴礼乐等,颇受文帝的赏识,又想让他做公卿,遭到臣僚如周勃、灌婴等的谗毁与反对,被贬为长沙王太傅。他一生的遭际与屈原相似,又谪居屈原自沉之乡,在思想上与屈原产生了强烈的共鸣,因此在渡湘水时,便为文吊屈原,一方面表现了对屈原的深切哀悼,另一方面也藉以抒发对自己遭际的不平和愤慨!在他身上,我们看到屈原精神的强烈影响。

贾谊的赋今天保存的有《吊屈原》、《鵩鸟》(见《史记·屈原贾生列传》)、《惜誓》(见王逸《楚辞章句》)、《旱云赋》(见《古文苑》)、《虡赋》(不全,见《艺文类聚》卷四十四)。其中的一篇佳作《吊屈原》,不知为什么王逸《楚辞章句》未收,到朱熹《楚辞集注》才把它收进去。如此,贾谊现存的有代表性的作品为《吊屈原》、《鵩鸟》、《惜誓》,兹分别笺释讲解于后。

吊屈原〔一〕

恭承嘉惠兮〔二〕,俟罪长沙〔三〕。侧闻屈原兮〔四〕,自沉汨罗〔五〕。造托湘流兮〔六〕,敬吊先生〔七〕:遭世罔极兮〔八〕,乃陨厥身〔九〕。呜呼哀哉!逢时不祥。鸾凤伏窜兮〔一〇〕,

鸱枭翱翔〔一〕。阘茸尊显兮〔一二〕,谗谀得志〔一三〕。贤圣逆曳兮〔一四〕,方正倒植〔一五〕。世谓随、夷为溷兮〔一六〕,谓跖、蹻为廉〔一七〕。莫邪为钝兮〔一八〕,铅刀为铦〔一九〕。于嗟默默,生之亡故兮〔二〇〕;斡弃周鼎,宝康瓠兮〔二一〕。腾驾罢牛,骖蹇驴兮〔二二〕;骥垂两耳,服盐车兮〔二三〕。章甫荐屦,渐不可久兮〔二四〕;嗟苦先生,独离此咎兮〔二五〕。

以上通过凭吊屈原,揭示楚国政治是非混淆、贤愚倒置的腐败现象。

【注释】

〔一〕此赋是贾谊被谪往长沙为长沙王太傅,途经湘水所作,以吊屈原。 〔二〕恭承——恭敬承受。 嘉惠——美好的恩惠。指君王的旨令。 〔三〕俟罪长沙——指被谪为长沙王太傅。俟罪,待罪。古人谦称居官任职为"待罪",表示自己能力微薄,常恐因失职获罪。长沙,汉初所封的异姓王的国名,其地在今湖南省东部。 〔四〕侧闻——犹传闻。 〔五〕汨罗——即汨罗江,湘江支流,在今湖南省东北方。 〔六〕造托湘流——去托湘水以致哀。造,往。托,请托。 〔七〕先生——指屈原。 〔八〕罔极——变化无常。 〔九〕陨厥身——丧失生命。陨,通殒。厥,其,指屈原。 〔一〇〕伏窜——隐藏。 〔一一〕鸱枭——猫头鹰,古人认为是不祥之鸟。 〔一二〕阘茸(tà róng)——猥贱的称谓,这里指不成材的小人。阘,小门。茸,小草。 〔一三〕谗谀——指阿谀谄媚的人。 〔一四〕逆曳——不顺。谓圣贤处于不顺的境地。 〔一五〕方正——指正直的人。 倒植——谓贤者与小人颠倒易位。植,同"置"。 〔一六〕随——卞随,《史记·伯夷列传》记载,商汤曾以天下让卞随,卞随不受。夷——伯夷，殷朝末年孤竹国君的长子，因为反对周武王灭殷，不食周粟而饿死。古人把他看作有高尚节操的人。　　〔一七〕跖跻——二人都曾领导人民起义反抗当时统治者，是古代统治者心目中的"大盗"。跖，盗跖。跻，庄跻。　　〔一八〕莫邪——相传春秋时吴国名匠干将与其妻莫邪合铸雄雌二剑，雄剑名"干将"，雌剑名"莫邪"，是古代著名宝剑。　　〔一九〕铅刀——不锋利的刀。　铦（xiān）——锋利。　　〔二〇〕于嗟——即吁嗟。叹词。　默默——不自得之意。　生——先生，指屈原。　亡故——无故遭祸。亡，《史记》作"无"。〔二一〕斡（wò）——转。　周鼎——周朝传国的九鼎。　康瓠——破瓦盆。此句意谓舍弃周鼎而珍惜破瓦盆。　　〔二二〕罢——通"疲"。蹇——跛。　　〔二三〕骥垂两耳——骏马劳累过度。骥，骏马。垂两耳，低头垂耳，说明马劳累过度。　服盐车——驾盐车。骏马善于奔跑，却让它负重驾盐车，比喻屈才。服，古代一车驾四马，中间的两匹叫服。这里用做动词，意为驾。　　〔二四〕章甫荐屦（jù）——意谓帽子原应戴在头上，却用它垫鞋子，上下颠倒，比喻贤愚倒置。章甫，殷朝的冠名。荐，藉，垫。屦，用麻或葛制作的鞋子。　渐不可久——不久即销蚀。渐，销蚀。　　〔二五〕离此咎——遇此难。谓屈原独劳苦而遭此难。离，同"罹"，遭遇。咎，罪。

讯曰〔一〕：已矣！国其莫我知兮，子独壹郁其谁语〔二〕？凤缥缥其高逝兮〔三〕，夫固自引而远去〔四〕。袭九渊之神龙兮〔五〕，沕深潜以自珍〔六〕。偭蟂獭以隐处兮〔七〕，夫岂从虾与蛭螾〔八〕？所贵圣之神德兮〔九〕，远浊世而自藏。使麒麟可得系而羁兮，岂云异夫犬羊？般纷纷其离此尤兮〔一〇〕，亦夫子之故也〔一一〕。历九州而相其君兮〔一二〕，何必怀此都也〔一三〕？凤凰翔于千仞兮〔一四〕，览德辉而下之〔一五〕；见细德之险征兮〔一六〕，遥曾击而去之〔一七〕。彼寻常之污渎兮〔一八〕，岂能容吞舟之鱼〔一九〕？横江湖之鳣鲸兮〔二〇〕，固将制于蝼蚁〔二一〕！

以上叙说屈原应远走高飞，择贤君而辅之，不必执着于故土，而终被陷害。

【注释】

〔一〕讔（suì）——即《离骚》之"乱"，尾声。讔，一作讯。
〔二〕壹郁——犹抑郁。壹，通"抑"。　〔三〕缥缥——同"飘飘"。轻快的样子。　〔四〕自引——自动避开。引，避开。　〔五〕袭——重复、重叠。这里是深藏的意思。　〔六〕汩（mì）深潜以自珍——谓神龙幽隐深藏，自我珍惜。汩，潜伏的样子。自珍，自我珍爱。
〔七〕偭（miǎn）——背弃。　蟂（xiāo）——蛟。獭——水獭。
〔八〕蛭——水蛭，俗称马蟥。　螾（yǐn）——蚯蚓。
〔九〕圣之神德——圣人的美德。　〔一〇〕般——盘桓。一说同"斑"，纷乱。尤——罪过。　〔一一〕夫子——指屈原。谓屈原不如麟凤之高翔远逝，而盘桓不去，所以遭遇灾祸。　〔一二〕历——经过。　相其君——选择贤君。相，观察、选择。　〔一三〕此都——指郢都。　〔一四〕仞——八尺为一仞。　〔一五〕德辉——德政的光辉。　〔一六〕细德——小德、无德，苟细的贪婪追求。　险征——奸险的征兆。此指奸佞之辈的行为。　〔一七〕遥曾击——《史记》作"摇增翮"。翮，鸟羽毛的翎管，这里指鸟的翅膀。曾，形容高举。意谓凤凰看见奸险的征兆出现，便愤然鼓翼而飞去。　〔一八〕寻常——古代度量长度的单位。八尺为寻，十六尺为常。　污——积水。　渎——小水沟。　〔一九〕吞舟之鱼——特大的鱼，能够吞掉船。　〔二〇〕鱣(zhān)——鳇鱼。无鳞,长四五米。　鲸——鲟鱼。
　〔二一〕蝼——蝼蛄。　蚁——蚂蚁。此句意谓国小,忠臣无所容,
反被谗毁小人陷害。

【译文】

　　我恭谨地承受君王的旨令,待罪于远方的长沙。传闻屈原先
生就死在这里,自沉于汨罗江中。我凭藉湘水以寄意,诚敬地向他
表示哀悼。他遭逢混乱的世道,以致丧失了自己的生命。唉!多
么令人悲痛和哀伤!处在这样一个不吉利的时代。鸾鸟凤凰全都
隐藏,猫头鹰却得意地飞翔。贤圣处于逆境,正直却被压抑。认为
卞随、伯夷的节操为混浊,而盗跖、庄𫏋的行为反为廉洁。把莫邪
宝剑看作迟钝,而铅刀反被看作锋利。可嗟可叹,先生之无故遭
难!舍弃了周朝传国的宝鼎,却珍视那残破的瓦盆。用疲惫的老
牛驾车,用跛足的毛驴拉套。骏马善跑,却让它负重,驾着盐车爬
山道,劳累得两耳下垂。用高贵的礼帽垫鞋,不久就会损坏了。可
悲啊,屈原先生,你遭遇了这全部的苦难。

　　尾声:算了吧!国内没有人了解我们,你心中的苦闷向谁申
诉?凤凰飘然飞向高空,则是自动避开而远去。神龙之深藏九渊,
好自珍惜。它背弃蛟、獭而隐居,怎能与虾、蛭、蚯蚓同游?值得珍
贵的是圣人的美德,自己远离浊世而隐藏。假使麒麟可以被系羁,
那它与犬羊有什么不同!你盘桓不忍离去而遭此灾祸,有你自身
的原因。你应到普天之下去选择贤君,何必怀恋这郢都呢!凤凰
翱翔于千仞之上,看到德政的光辉才降下来。发现薄德君主的奸
险征兆,便奋然鼓翼而飞去。那些寻常的死水沟里,怎能容下吞舟
的大鱼?横游江湖的大鱼鲟鳇,入小水沟必然受制于蝼蛄和蚂蚁。

【解释】

在这篇作品中,贾谊深切地哀悼屈原在那黑白倒置、贤愚不分的时代"独离此咎"。哀悼屈原,同时也有自己遭际的投影。这种遭际一方面是《史记·贾生列传》所谓"绛、灌、东阳侯、冯敬之属尽害之",另一方面是邓通一类谗谀之臣的诬陷,应劭《风俗通》卷二"孝文帝"条记载:"谊与邓通俱侍中,同位。谊又恶通为人,数廷讥之。由是疏远,迁为长沙王太傅。既之官,内不自得。及渡湘水,投吊书曰:'阘茸尊显,佞谀得意。'以哀屈原离谗邪之咎,亦因自伤为邓通等所诉也。"邓通事见《史记·佞幸列传》:"邓通无他能,不能有所荐士,独自谨其身以媚上而已。"他甚至为文帝"吮痈",以致为人所不齿。贾谊当然对他是深恶痛绝了。如他在《新书·数宁》中说:"夫曰'天下安且治'者,非至愚无知,固谀者耳。""至愚",意指周勃等庸臣,"谀者"应即指邓通等佞幸。又《新书·官人》中说:"王者官人有六等",其末等为"厮役",所谓"厮役",他解释说:"柔色伛偻,唯谀之行,唯言之听,以睚眦之间事君者也。"此亦应指邓通之流。他痛恨地说:"与厮役为国者,亡可立待也。"以上即贾谊在《吊屈原》赋中所蕴含着的自己的身世、遭际以及对其身世、遭际的愤慨和不满。这些与屈原遭谗见疏的感情完全是一致的,与屈原的哀伤、悲痛、不平之情绪融汇无间。但是,贾谊也有不苟同于屈原之处,即他不同意屈原的以身殉国。他认为尽管环境恶劣,也应当顽强地生活下去。这是由于他们不同的生死观决定的。屈原所具有的是儒家杀身成仁的思想,贾谊除了儒家思想之外,还兼有道家的旷达精神,此其所以趋向一致而取舍不同了。

贾谊赋是继承屈原赋的体制而创作的。《吊屈原》即承屈原《九章》而来,作品结构分前后两部分,前一部分多采用排比句,后

一部分多采用反问句和感叹句,前后结合,辞采铺陈扬厉,有似纵
横家之文风。

鹏 鸟[一]

单阏之岁兮[二],四月孟夏[三]。庚子日斜兮[四],鹏集
予舍[五]。止于坐隅兮[六],貌甚闲暇。异物来萃兮[七],私
问其故[八]。发书占之兮[九],谶言其度[一〇],曰:"野鸟入
室兮,主人将去。"请问于鹏兮:"予去何之?吉乎告我,凶
言其灾。淹速之度兮[一一],语予其期[一二]。"鹏乃叹息,举
首奋翼[一三];口不能言,请对以臆[一四]:

> 以上叙述鹏鸟止于屋舍,不知是吉是凶,占卜之,并请求
> 鹏鸟解答。

【注释】

〔一〕此赋是贾谊被谪在长沙王太傅任上所作。鹏(fú 服)
鸟,即猫头鹰,古人认为是一种不吉利的鸟。 〔二〕单阏(chán yān 缠
烟)——卯年的别称。《尔雅·释天》:"太岁……在卯曰单阏。"据
清·钱大昕《十驾斋养新录》,丁卯年是汉文帝七年。 〔三〕孟
夏——夏季第一个月,即农历四月。 〔四〕庚子——古时以天干计
日,庚是天干第七位,庚子是四月里的一天。 日斜——指日西斜,
即傍晚。 〔五〕集——鸟栖止在树上。《诗·周南·葛覃》:"黄鸟
于飞,集于灌木。"引申为停留。 〔六〕止——《说文》桂注:"《禽
经》:'独鸟曰止,众鸟曰集。'" 〔七〕萃——栖止、停止。《诗·陈
风·墓门》:"墓门有梅,有鸮萃止。" 〔八〕私——对自己的谦称。

此句是说鵩鸟来栖止，自己惊怪不知什么缘故。　〔九〕书——此指能推算祸福的策数之书。　〔一〇〕谶（chèn 衬）——能应验的征兆。　度——即数，定数。这两句意为翻开策数之书，占卜吉凶定数。　〔一一〕淹速——《文选》李善注："淹，迟也；速，疾也。谓其死生之迟疾也。"　〔一二〕语予——告诉我。　期——指寿命的长短期限。〔一三〕奋翼——即振翅。　〔一四〕请对以臆——《文选》李善注："请以臆中之事对也。"臆，即胸。又《史记》作"意"，以意，犹示意。

　　"万物变化兮，固无休息。斡流而迁兮〔一〕，或推而还〔二〕。形气转续兮〔三〕，变化而蟺〔四〕。沕穆无穷兮〔五〕，胡可胜言！祸兮福所倚〔六〕，福兮祸所伏〔七〕；忧喜聚门兮，吉凶同域〔八〕。彼吴强大兮〔九〕，夫差以败〔一〇〕；越栖会稽兮〔一一〕，句践霸世。斯游遂成兮〔一二〕，卒被五刑〔一三〕。傅说胥靡兮〔一四〕，乃相武丁〔一五〕。夫祸之与福兮，何异纠缠〔一六〕；命不可说兮〔一七〕，孰知其极？水激则旱兮〔一八〕，矢激则远〔一九〕；万物回薄兮〔二〇〕，振荡相转〔二一〕。云蒸雨降兮，纠错相纷；大钧播物兮〔二二〕，块圠无垠〔二三〕。天不可预虑兮，道不可预谋；迟速有命兮，焉识其时〔二四〕！

　　　　以上鵩鸟回答以自然万物变化无穷，祸福是互相转化的，人的寿命是不可预测的。

【注释】

　　〔一〕斡（wò）流——运转。斡，转。　迁——变易。　〔二〕推——迁移。《易·系辞》："寒暑相推而岁成焉。"　〔三〕形——指宇宙间有形的物体。气——指宇宙间无形的物体。　转续——转化而连续。　　〔四〕蟺(shàn)——蜕变。《史记》作"嬗",《史记索隐》引苏林云:"谓其相传与也。"　　〔五〕沕(wù)穆——精微深远的样子。《史记索隐》云:"沕穆,深微之貌。以言其理深微,不可尽言也。"　　〔六〕倚——倚靠。　　〔七〕伏——藏匿。　　〔八〕域——境地。　　〔九〕吴——春秋时诸侯国。　　〔一〇〕夫差——春秋时吴王阖闾之子。吴王阖闾为越王句践所败伤而死,夫差立,誓报父仇,败困句践于会稽。其后因北上与齐晋争霸,致使国内空虚,句践乘虚而入,遂灭吴,夫差自杀。　　〔一一〕越——春秋时诸侯国。此指越王句践。　　会稽——山名。越王句践为吴王夫差打败,困于会稽,屈膝求和。其后卧薪尝胆,发奋图强,十年生聚,十年教训,终于灭吴。又渡淮水会诸侯,受方伯之命,称霸中国。　　〔一二〕斯——即战国末楚人李斯,曾跟随荀卿学习,因为六国弱,不足有为,便入秦,游说秦始皇并六国。　　〔一三〕五刑——五种刑法。秦始皇统一六国,李斯为丞相,定郡县制,下禁书令,变籀文为小篆。始皇死,少子胡亥立,赵高专韩政,诬陷李斯谋反,腰斩李斯。　　〔一四〕傅说——殷高宗的贤相。胥靡——古代服劳役的刑徒。一说是刑名。《吕氏春秋·求人》:"傅说,殷之胥靡也。"注:"胥靡,刑罪之名也。"　　〔一五〕武丁——殷高宗名。相传傅说版筑于傅岩之野,武丁访得,举以为相。　　〔一六〕纠缪(mò)——绳索。引申为缠绕联结。《史记集解》引应劭曰:"福祸相为表里,如纠缪绳索相附会也。"　　〔一七〕说——解说。　　〔一八〕激——阻遏水势。　　旱——《楚辞集注》:"旱与悍通。"迅疾的意思。　　〔一九〕激——急疾、猛烈。　　〔二〇〕回薄——反复激荡的意思。回,旋转。薄,逼迫。　　〔二一〕振——同"震"。　　转——转化。　　〔二二〕大钧——指天,大自然。钧,古代作陶器的转轮。自然界形成万物,好像钧能制造各种陶器,所以称大钧。　　播——推动、运转。　　〔二三〕块圠(yǎng yà)——弥漫,漫无边际的样子。《史记》作

"堁轧"。　无垠——无边际。　〔二四〕时——时限。谓寿命的长短有定数,怎能预知其期限。

　　"且夫天地为炉兮[一],造化为工[二];阴阳为炭兮,万物为铜[三]。合散消息兮[四],安有常则[五]? 千变万化兮,未始有极[六]。忽然为人兮[七],何足控抟[八]? 化为异物兮,又何足患! 小智自私兮[九],贱彼贵我;达人大观兮[一〇],物无不可。贪夫殉财兮[一一],烈士殉名[一二];夸者死权兮[一三],品庶每生[一四]。怵迫之徒兮[一五],或趋西东[一六];大人不曲兮[一七],意变齐同[一八]。愚士系俗兮[一九],窘若囚拘[二〇];至人遗物兮[二一],独与道俱[二二]。众人惑惑兮[二三],好恶积亿[二四];真人恬漠兮[二五],独与道息[二六]。释智遗形兮[二七],超然自丧[二八];寥廓忽荒兮[二九],与道翱翔[三〇]。乘流则逝兮,得坻则止[三一];纵躯委命兮,不私与己。其生兮若浮[三二],其死兮若休;澹乎若深泉之静[三三],泛乎若不系之舟[三四]。不以生故自宝兮,养空而浮[三五];德人无累[三六],知命不忧。细故蒂芥[三七],何足以疑!"

　　以上以道家理想中的圣人、真人、德人的人格作为自己追求的目标,以解脱自己精神的痛苦。

【注释】

　　〔一〕炉——指冶金的火炉。　〔二〕造化——指自然的创造化育。《庄子·大宗师》:"今一以天地为大炉,以造化为大冶。"　工——指冶炼的工匠。　〔三〕阴阳——古代认为阴阳化生万物。清·顾施祯《文选六臣汇注疏解》:"阴阳所以成物,故曰为炭。物由阴阳而成,故曰为铜。"　　〔四〕合——聚。　消息——意为一消一长,互为交替。《庄子·秋水》:"消息盈虚,终则有始。"　　〔五〕则——法度。〔六〕极——穷尽、终于。　　〔七〕忽然——犹偶然。　　〔八〕控抟(tuán)——引持、把握。《史记索隐》:"控抟,谓引持而自玩弄,贵生之意也。"　　〔九〕小智——目光短浅的人。　　〔一〇〕达人——通达知命的人。　　〔一一〕殉财——不惜生命以求利。殉,为追求某种事物而不惜身。　　〔一二〕殉名——不惜生命以求名。　　〔一三〕夸者死权——贪图权势以自矜夸的人,死也不休。夸者,好虚名、喜权势的人。　　〔一四〕品庶每生——众人贪生。品庶,众人。每,《楚辞集注》:"每,贪也。"每生,即贪生。　　〔一五〕怵迫——被利益诱惑驱使。《楚辞集注》:"怵,为利所诱也。迫,为势所逼也。"　　〔一六〕西东——指为势利所诱迫的人,奔走东西趋利。　　〔一七〕大人——德行高尚的人。《易·乾》:"夫大人者,与天地合其德。"不曲——指不为物欲所牵累。曲,犹屈。〔一八〕意变——犹千变万化。意,王念孙《读书杂志》:"意,读为亿万年之亿。"《史记》即作"亿"。　齐同——等同齐一。　　〔一九〕系俗——为世俗羁绊。〔二〇〕囚拘——即拘囚。是说愚士行动拘束像被囚禁一样。　　〔二一〕至人——道德修养达到最高境界的人。《庄子·天下》:"不离于真,谓之至人。"　遗物——指遗弃外物,免受牵累。　　〔二二〕与道俱——与道共存。道,指老庄哲学中的"道"。　　〔二三〕惑惑——迷惑、盲从。　　〔二四〕亿——同"臆"。积臆,积满于胸中。　　〔二五〕真人——道家称存养本性得道的人为真人。　恬漠——淡泊无欲。　　〔二六〕与道息——与道共处。　　〔二七〕释智——弃智。　遗形——忘形。　　〔二八〕自丧——忘掉了自身。　　〔二九〕寥廓——旷远、广阔。忽荒——形容混沌未分的元气,泛指天空。　　〔三〇〕与道翱翔——是说人与道合而为一,精神与自然界浑然一体。 〔三一〕坻(chí)——水中小块陆地。〔三二〕浮——寄存的意思。 〔三三〕澹——恬静、安定。〔三四〕泛——漂浮。〔三五〕养空——指培养空虚的灵性。 浮——指浮游世上。 〔三六〕德人——有德的人。《庄子·天地》:"德人者,居无思,行无虑,不藏是非美恶。" 累——牵累。 〔三七〕细故蒂芥——指鹏鸟飞入住宅事。蒂芥,即芥蒂,小梗塞物,比喻心中的嫌隙或不快。

【译文】

太岁在卯这一年,初夏四月的季节;庚子日夕阳西斜的时候,猫头鹰栖止在我的屋舍;停留在我座位的一角,容貌很悠闲自得。奇异的鸟类来此留宿,我心中怪疑当有缘故,便翻开策数之书来占卜,谶言吉凶定数。策数之书说:"野鸟飞入屋舍,主人将要离开这里。"我便请教猫头鹰,我离开这里到何处去?是吉请告诉我,是凶也请说明灾害。我的寿命的长短,希望能回答我以具体期限。猫头鹰便深深长叹,并昂首振翅,口舌不能说话,唯以胸中之意表示:

"自然万物变化无穷,永远没有停息,运转变易,迁移回环不已。形与气互相转化连续,犹如蝉的蜕变。自然界的道理精微深奥无穷,言语岂能表达得尽!祸紧依着福,福则潜伏着祸。忧与喜同聚一门,吉与凶共处一域。那样强大的吴国,吴王夫差却因而失败;越王句践兵败困守会稽,后来竟成为春秋霸主。李斯游说秦王取得成功,结果遭受腰斩之刑。傅说是服劳役的刑徒,最终被殷王武丁用为相国。祸与福的关系,与将线缠绕起来搓成绳索有何区别?天命不可解说,谁能预知它的穷极之处?水受阻遏即奔流疾速,箭发迅猛则射程遥远。万物反复激荡,震动转化。云气热而上升下降成雨,互相纠合错杂纷乱。自然形成万物,推动万物运转,无边无际。天高远不可预先思虑，道深奥不可预先谋计。寿命的长短自有定数，怎能预知其期限！

"况且天地是冶炼的火炉，自然造化是冶炼的工匠。阴阳像炭一样熔化万物，万物像铜一样被熔铸。万物聚散消长互为更替，哪里有一定的规则？事物都在千变万化，未尝有极限。偶然生而为人，何必爱重珍惜。人死化为异物，又何必忧虑！目光短浅的人自私自利，轻贱外物而贵重自身。通达知命的人目光高远，视万物等同齐一无所不宜。贪财利的人以生命殉财，重名节的人以生命殉名。喜权势的人以贪权丧生，众庶以贪生而死亡。为势利所诱迫的人，奔走东西以趋利。道德高尚的人不为物欲所累，对待千变万化的事物一视同仁。愚者为世俗羁绊，行动拘束如被拘禁的囚犯。至德之人遗弃外物，独能与道共存。众人都盲从于世俗利害，我的好恶却积满胸怀。得道之人淡泊寡欲，独能与大道共处。绝圣弃智以忘形，超脱万物以忘身。进入广阔的天际，精神与大道浑然一体。人生犹如顺水流行，遇到水中小洲即停息。将身体委付于命运，不把它看作一己之私物。活着好像寄存在人世，死了好像长久休息。心情恬淡像深泉一样宁静，漂浮世上像不系的船那样游动，不因为活着而自我宝贵，而要浮游人世培养空虚的灵性。道德高尚的人不为世俗牵累，他知天命而无忧愁。一些令人不快意的琐细之事，何必疑虑！"

【解释】

贾谊在做长沙王太傅期间，一只"不祥鸟"鵩飞入他的住处，停息在他的座位旁，他自以为寿命将尽，极为感伤，便写了《鵩鸟》赋，假借与鵩问答，抒发自己怀才不遇的心情，并以老庄齐生死、等祸福的思想来自我宽解。赋中根据道家关于一切事物都处于对立状态中反复变化的观点,对祸福、生死、名利作了极其达观的评述,以此求得精神上的解脱。但这并非出自他真诚的心愿,在他旷达的精神世界中却隐含着更深沉的悲哀。

如上所述,贾谊赋是继承屈原赋的体制而创作的。本篇赋则是承袭屈原《天问》和宋玉《风赋》的问答形式,形成我国文学史上最早的以四言为主的问答体的哲理赋。《文心雕龙·诠赋》云:"贾谊鵩鸟,致辨于情理。"说明《鵩鸟》是以赋体论辩哲理之始。

惜　誓〔一〕

惜余年老而日衰兮,岁忽忽而不反〔二〕。登苍天而高举兮,历众山而日远〔三〕。观江河之纡曲兮〔四〕,离四海之沾濡〔五〕。攀北极而一息兮〔六〕,吸沆瀣以充虚〔七〕。飞朱鸟使先驱兮〔八〕,驾太一之象舆〔九〕。苍龙蚴虬于左骖兮〔一〇〕,白虎骋而为右骓〔一一〕。建日月以为盖兮〔一二〕,载玉女于后车〔一三〕。驰骛于杳冥之中兮〔一四〕,休息乎昆仑之墟〔一五〕。乐穷极而不厌兮,愿从容乎神明〔一六〕。涉丹水而驰骋兮〔一七〕,右大夏之遗风〔一八〕。黄鹄之一举兮〔一九〕,知山川之纡曲。再举兮,睹天地之圆方〔二〇〕。临中国之众人兮〔二一〕,托回飙乎尚羊〔二二〕。乃至少原之野兮〔二三〕,赤松、王乔皆在旁〔二四〕。二子拥瑟而调均兮〔二五〕,余因称乎清商〔二六〕。澹然而自乐兮〔二七〕,吸众气而翱翔〔二八〕。念我长生而久仙兮〔二九〕,不如反余之故乡〔三〇〕。

以上叙述屈原游仙之乐,但仍眷恋故国,毅然回归。

【注释】

〔一〕此赋的作者,《楚辞章句》说:"或曰贾谊,疑不能明也。"《史记》、《汉书》中《贾谊传》仅记载《吊屈原》、《鵩鸟》二赋,而无此篇。待洪兴祖《楚辞补注》始以此赋之词旨与《吊屈原》略同,因此认为是出自贾谊手笔。以后朱熹、王夫之都从之,确定为贾谊所作。所谓"惜誓",是痛惜屈原之沉江誓死,而不知变通。　　〔二〕忽忽——倏忽,形容时间过得很快。　不反——指时不再来。　　〔三〕历众山——经历众山。　日远——指离家乡越来越远。　　〔四〕江河——指长江与黄河。　　〔五〕离四海之沾濡——此指海水沾湿衣服。四海,指中国海内之地,意同天下。沾濡,即沾湿。　　〔六〕北极——指北极星。〔七〕吸沆瀣(hàng xiè)以充虚——意谓吸风饮露。沆瀣,露水,旧谓仙人所饮。充虚,犹充饥。　　〔八〕朱鸟——即朱雀,星宿名,南方七宿之总称。　先驱——先导。　　〔九〕太一——神名。　象舆——用象牙装饰的车。　　〔一○〕苍龙——即青龙,星宿名,东方七宿之总称。　蚴(yǒu)虬——屈曲游动的样子。　骖——驾车位于两侧的马,也叫骓。　　〔一一〕白虎——星宿名,西方七宿之总称。〔一二〕建日月以为盖——意谓树立日月之光为车盖。建,犹树。盖,车盖。　　〔一三〕玉女——星宿名,在北方七宿之中,所以在车的后方。　　〔一四〕驰骛(wù)——奔走。　杳冥——幽暗高远的地方。　　〔一五〕昆仑之墟——即昆仑山。墟,大丘。　　〔一六〕从容——舒缓的样子。此句意谓自己乐无穷极,仍愿与神明从容游览。〔一七〕丹水——神话中的水名。《楚辞章句》:"丹水,犹赤水也。《淮南》言赤水出昆仑也。"　　〔一八〕大夏——《楚辞补注》:"《淮南》云:'九洲之外有八殥,西北方曰大夏。'"这两句意谓自己涉丹水而看见大夏的遗俗。　　〔一九〕黄鹄——天鹅。　　〔二○〕天地之圆方——古人认为天圆地方。此四句意谓居身愈高,所见愈远。　　〔二一〕临

中国之众人——意谓向下看见楚国的众人。中国,犹国中,指楚国之
中。　〔二二〕回飚——回风,即旋风。　尚羊——《楚辞章句》:"游
戏也。"　〔二三〕少原——神话中的地名。《楚辞章句》:"仙人所
居。"　〔二四〕赤松、王乔——赤松,即赤松子;王乔,即王子乔,都是
传说中的神仙。《楚辞补注》:"《淮南》云:'王乔、赤松去尘埃之间,
离群慝之纷,吸阴阳之和,食天地之精,蹀虚轻举,乘云游雾。'"
〔二五〕调——调弦。　均——调。《楚辞集注》:"均,亦调也。《国语》
云:'律者,所以立均出度也。'"　〔二六〕清商——曲调名,声调比较清
越。这两句意谓赤松、王乔持瑟调弦而歌,我称赞《清商》曲最好。
〔二七〕澹然——心神恬淡的样子。　〔二八〕众气——犹天气,即阴
阳、风雨、晦明。此句意谓吸众气而翱游。　〔二九〕长生而久仙——
即长生不死,永远做神仙。　〔三〇〕不如反余之故乡——意谓不如
返回楚国。故乡,指楚国。反,通"返"。

　　黄鹄后时而寄处兮〔一〕,鸥枭群而制之〔二〕。神龙失水
而陆居兮,为蝼蚁之所裁〔三〕。夫黄鹄神龙犹如此兮,况贤
者之逢乱世哉!寿冉冉而日衰兮〔四〕,固儃回而不息〔五〕。
俗流从而不止兮〔六〕,众枉聚而矫直〔七〕。或偷合而苟进
兮〔八〕,或隐居而深藏〔九〕。若称量之不审兮〔一〇〕,同权概而
就衡〔一一〕。或推移而苟容兮〔一二〕,或直言之谔谔〔一三〕。伤
诚是之不察兮〔一四〕,并纫茅丝以为索〔一五〕。方世俗之幽昏
兮,眩白黑之美恶〔一六〕。放山渊之龟玉兮〔一七〕,相与贵夫
砾石〔一八〕。梅伯数谏而至醢兮〔一九〕,来、革顺志而用
国〔二〇〕。悲仁人之尽节兮〔二一〕,反为小人之所贼〔二二〕。比
干忠谏而剖心兮〔二三〕,箕子被发而佯狂〔二四〕。水背流而源

竭兮[二五]，木去根而不长。非重躯以虑难兮[二六]，惜伤身
之无功[二七]。

　　以上叙述楚国的政治现实。

【注释】

　　〔一〕黄鹄后时而寄处——此句意谓屈原虽知远游的快乐，但依恋
故国，不能早早离开。后时，不能适时离去。　　〔二〕鸱枭——一种
猛禽，或谓即猫头鹰。　　〔三〕裁——犹制。　　〔四〕寿——年寿。
冉冉——渐进。　　〔五〕固僤（chán）回而不息——意谓岁月运转不
停。僤回，即运转。　　〔六〕俗流——俗人们。　　从——相从，跟
从。　　〔七〕众枉聚而矫直——意谓奸邪之人自以为正直，聚集在一
起，势力强大，反而想把正直变为邪枉。枉，犹邪。矫，犹揉。
〔八〕或偷合而苟进——意谓有人迎合世俗，苟且进取。偷合，迎合世
俗。偷，苟且。　　〔九〕隐居而深藏——意谓有人修行德义，隐藏深
山。　　〔一〇〕称——指轻重。　　量——指多少。　　〔一一〕同权概而
就衡——意谓人们称物量谷，不知辨别物品各自的情况，而用相同的标
准衡量，以致失去情实，使人们埋怨。比喻楚王不辨贤愚。权，秤锤。
概，平斗的木板。衡，犹平。　　〔一二〕或推移而苟容——意谓有人承顺
君意，苟合取容。推移，犹随顺。　　〔一三〕或直言之谔谔（è 饿）——
意谓有人直言敢谏，匡正君非。谔谔，直言的样子。　　〔一四〕诚
是——是非之实。　　〔一五〕纫（rèn）茅丝——把茅草与丝线合起来
捻成绳。意谓把茅草与丝线捻在一起，茅草必定会损伤丝线。比喻贤
佞并进，谗佞必定会伤害贤人。　　〔一六〕眩白黑之美恶——意谓当
今之世，君主不明，黑白不分，善恶莫辨。眩，迷惑。　　〔一七〕放——
犹弃。　　山渊之龟玉——谓玉生于山，龟出于渊。　　〔一八〕砾——
小石。这两句意谓世人弃昆山之玉、深渊之龟，互相以小石为珍贵。

比喻贵谗佞而贱忠直。　　〔一九〕梅伯——传说中殷纣王的忠臣。以数谏被纣王所杀。　　〔二〇〕来、革——来，恶来。恶来与革都是传说中殷纣王的佞臣。　顺志——指顺从纣王之意。用国——持国政。〔二一〕仁人——指梅伯。　　〔二二〕小人——指恶来与革。贼——犹害。这两句意谓梅伯为恶来与革所谗，被杀害。　　〔二三〕比干——殷纣王的叔父。传说纣王淫乱，比干犯颜强谏，纣王怒，剖其心而死。〔二四〕箕子——殷纣王诸父，纣王暴虐，箕子强谏不听，便披发佯狂为奴，为纣王所囚。　　〔二五〕背流而源竭——应为背源而流竭。《楚辞章句》即云："背其源泉。"　　〔二六〕非重躯以虑难——意谓自己不是重身躯而顾虑危难。重躯，以生命为重。虑难，顾虑危难。　　〔二七〕惜伤身之无功——意谓痛惜的是伤身而不能成功。王夫之《楚辞通释》云："且吾所为惜屈子，而欲其远引者，非危祸难而偷生也。梅、比死而殷亡，屈子沉而楚灭，无救于国，徒陨其躯，亦何益邪！"

　　已矣哉！独不见夫鸾凤之高翔兮〔一〕，乃集大皇之野〔二〕。循四极而顺周兮，见盛德而后下〔三〕。彼圣人之神德兮〔四〕，远浊世而自藏。使麒麟可得羁而系兮，又何以异乎犬羊！

　　以上说明贤者藏隐不见，待有圣德之君才肯出来。

【注释】

　　〔一〕鸾凤——鸾鸟、凤凰。　　〔二〕集——犹止。　大皇之野——《楚辞章句》："大荒之薮。"即大荒之野。　　〔三〕盛德——指大德之君。这两句意谓鸾鸟高翔于广远无人之地，回旋于四极，见仁圣之君而后来集。以喻贤者宜处山林之中，周流观望，见盛德之君即归之。　　〔四〕彼圣人之神德兮——自此以下四句，都是袭用《吊屈原》赋："所贵圣人之神德兮，远浊世而自藏。使麒麟可系而羁兮，岂云异夫犬羊！"意谓此类神智之鸟，犹若圣人之大德，天下无道则隐。如果麒麟能够被束缚饲养起来，又与犬羊有什么不同？《楚辞通释》云："圣人远屈伸以利用，无道则隐。屈子远游之志不终，自投于渊，无救于楚，徒以轻生，谊所为致惜也。其哀屈子至矣！其为屈子谋周矣！然以为知屈子则未也。"

【译文】

　　痛惜自己的年纪日益衰老，岁月倏忽流逝永不回还。我登上苍天而上升，经历群山离家乡日益遥远。俯视长江黄河蜿蜒曲折，遭遇四海的波涛沾湿衣裳。攀援北极星稍事休息，吸风饮露聊且充饥。使朱雀星为先导，驾太一神象车以遨游。苍龙星为左骖屈曲游动，白虎星为右骓奔腾驰骋。树立日月的光辉为车盖，把玉女星载在车后。在幽暗高远的太空奔驰，在昆仑山上休息。乐无穷极而不厌倦，愿与神明从容游览。渡丹水而驰骋，看到右边大夏淳朴的遗风。黄鹄奋翼高飞，看到山川回环而蜿蜒。再次奋翼，向更高处飞腾，就能看清天圆地方。俯看楚国中的众人，继续凭借回风游荡。即到达少原的郊野，赤松子、王子乔都在身旁。二人持瑟调弦而歌，我称赞最好的是《清商》。心神恬淡而自乐，呼吸天气而翱翔。我考虑长久生存永做神仙，不如返回自己的家乡。

　　黄鹄不能早去别处托身，被群聚的猫头鹰挟制。神龙离开大水栖息陆地，遭到蝼蚁的挟制。黄鹄神龙处境都是如此，何况贤人遭逢乱世？年纪日益衰老，岁月运转不停。俗人随波逐流不休止，邪者聚合要矫揉正直，有人迎合于世苟且进取，有人隐居深山修行德义。众人苦患量物轻重不分，怨恨衡物多少相同。有人随顺君意苟合取容，有人直言敢谏匡正君非。可叹君王之不察是非，合茅草与丝线搓捻成绳。当今世俗昏暗混乱,黑白不分善恶莫辨。弃昆山的美玉深渊的神龟,互相以小石为珍贵。梅伯屡次规谏招致菹醢,来、革阿谀顺从而持国政。令人悲痛的是仁德之人坚守气节,反被谗佞小人陷害。比干尽忠极谏而被剖心,箕子规劝不成披发装疯遭受残害。流水无源就会枯竭,树木除根就不生长。自己并非珍重生命顾虑危难,痛惜的是损伤身体而不能为国立功。

算了吧!岂不见鸾鸟凤凰那样向高空飞翔,它们聚集在广阔的原野上。回旋四极周流观望,看见仁圣之君便下降。那些圣人品德高尚,远离混浊社会自我隐藏。假使麒麟可以束缚饲养,那又怎能区别于犬羊。

【解释】

这篇作品是贾谊代屈原抒情,是代屈原立言。在代屈原抒情立言的过程中,也渗透着自己身世之感。全文分三部分,首部分写游仙之乐,次部分写楚国的混乱现实,三部分归结为"远浊世而自藏"。这些描写在构思、辞意方面,或学屈原,如写游仙之乐,命意源于《远游》;或承袭其自作,如写楚国的混乱现实,属辞源于《吊屈原》;结尾的避世自藏,也与《吊屈原》"所贵圣人之神德兮,远浊世而自藏"语意相同。贾谊是熔铸《远游》、《吊屈原》两赋而完成此作的。连接这两篇赋的关键处在:

念我长生而久仙兮,不如反余之故乡。

从此由游仙回到现实中来,与《远游》之"贵真人之休德兮,美往世之登仙……超氛埃而淑邮兮,终不反其故都"的旨趣相反。但楚国的现实情况是:"黄鹄后时而寄处兮,鸱枭群而制之。神龙失水而陆居兮,为蝼蚁之所裁。夫黄鹄神龙犹如此兮,况贤者之逢乱世哉!"然后是从"俗流从而不止兮,众枉聚而矫直"到"悲仁人之尽节兮,反为小人之所贼"一段对乱世的描写,具体揭示了仁人贤者遭迫害的过程。这不仅是代屈原抒情,也是贾谊自己遭际的写照。即刘熙载《艺概·赋概》所谓"古人一生之志,往往于赋寓之"也。

【辑评】

贾谊才颖,陵轶飞兔,议惬而赋清,岂虚至哉!

　　　　——[梁]刘勰《文心雕龙·才略》

若夫八体屡迁,功以学成,才力居中,肇自血气;气以实志,志以定言,吐纳英华,莫非情性。是以贾生俊发,故文洁而体清;长卿傲诞,故理侈而辞溢;子云沉寂,故志隐而味深;子政简易,故趣昭而事博……

　　　　——[梁]刘勰《文心雕龙·体性》

赋者,敷陈之称,古诗之流也。古之作诗者,发乎情,止乎礼义。情之发,因辞以形之;礼义之旨,须事以明之。故有赋焉,所以假象尽辞,敷陈其志。前世为赋者,有孙卿、屈原,尚颇有古诗之义,至宋玉则多淫浮之病矣。《楚辞》之赋,赋之善者也。故扬子称赋莫深于《离骚》。贾谊之作,则屈原俦也。

　　　　——[晋]挚虞《文章流别论》

周室既衰,风流弥著。屈平、宋玉导清源于前,贾谊、相如振芳尘于后,英辞润金石,高义薄云天,自兹以降,情志愈广。

　　　　——[梁]沈约《宋书·谢灵运传论》

于是缀词之士,响应景从。汉兴,陆贾导之于前,贾谊振之于后。文、景以还,则有淮南王安、枚乘、庄忌、司马相如、吾丘寿王、严助、枚皋,并以文词见知于时,遭遇太平,扬其鸿藻。宣、成之世,则有刘向、王褒、扬雄之伦。盖赋之盛,于斯为极。贾生以命世之器,不竟其用,故其见于文也,声多类骚,有屈子之遗风;若其雄伟卓荦,冠于一代矣。

——[清]程廷祚《骚赋论中》

惟是恢诡谲怪,卓荦驰荡,天生异才,未易有两,而宋玉又起而继之。皆楚山川灵奇之所钟。故其惊才风逸,壮志烟高,不谋而同,诚有如刘勰之所云者。自是以来,贾傅、小山而下,盖亦旷世而难其人矣。然宋玉诸人,或才近之矣,而终为言他人之愁,贾谊盖情近之矣,而才又逊焉。则惟屈子一人而已。

——[清]王萌《楚辞评注》

贾谊《惜誓》、《吊屈原》、《鵩赋》俱有凿空乱道意。骚人情境,于斯犹见。

《鵩赋》为赋之变体。即其体而通之,凡能为子书者,于赋皆足自成一家。

《惜誓》,余释以为:惜者,惜己不遇于时,发乎情也;誓者,誓己不改所守,止乎礼义也。此与篇中语意俱合。

读屈、贾辞,不问而知其为志士仁人之作。太史公之合传,陶渊明之合赞,非徒以其遇,殆以其心。

屈子之赋,贾生得其质,相如得其文,虽途径各分,而无庸轩轾也。扬子云乃谓“贾谊升堂、相如入室”,以己多依效相如故耳。

贾生之赋志胜才,相如之赋才胜志。贾、马以前,景差、宋玉已若以此分途,今观《大招》、《招魂》可辨。

——[清]刘熙载《艺概·赋概》

谊所言者(指《惜誓》),君子进退之常经,而原以同姓宗臣,且始受怀王非常之宠任,则国势垂亡,而欲引身以避患,诚有所不能忍。其悱恻自喻之至性,有非贾生所知者。则以《惜誓》之言,岂足以曲达幽忠,匪舌是出,九死不迁之郁曲哉! 顾其文词瑰玮激昂,得屈、宋之遗风,异于东方朔、严夫子、王褒、刘向、王逸之茸阘无情。

——[清]王夫之《楚辞通释》

附录:

贾谊列传

自屈原沉汨罗后百有余年,汉有贾生,为长沙王太傅,过湘水,投书以吊屈原。

贾生名谊,洛阳人也。年十八,以能诵诗属书闻于郡中[一]。吴廷尉为河南守[二],闻其秀才[三],召置门下,甚幸爱[四]。孝文皇帝初立,闻河南守吴公治平为天下第一[五],故与李斯同邑而常学事焉[六],乃征为廷尉[七]。廷尉乃言贾生年少,颇通诸子百家之书。文帝召以为博士[八]。

是时贾生年二十余,最为少。每诏令议下[九],诸老先生不能言,贾生尽为之对,人人各如其意所欲出。诸生于是乃以为能,不及也。孝文帝说之,超迁,一岁中至太中大夫[一〇]。

贾生以为汉兴至孝文二十余年,天下和洽[一一],而固当改正朔,易服色,法制度,定官名,兴礼乐[一二]。乃悉草具其事仪法[一三],色尚黄,数用五[一四],为官名,悉更秦之法。孝文帝初即位,谦让未遑也[一五]。诸律令所更定,及列侯悉就国[一六]，其说皆自贾生发之。于是天子议以为贾生任公卿即之位[一七]。绛、灌、东阳侯、冯敬之属尽害之，乃短贾生曰："洛阳之人，年少初学，专欲擅权，纷乱诸事[一八]。"于是天子后亦疏之，不用其议，乃以贾生为长沙王太傅[一九]。

贾生既辞往行，闻长沙卑湿[二〇]，自以寿不得长，又以适去，意不自得[二一]。及渡湘水，为赋以吊屈原。其辞曰：
（按：即《吊屈原》。略）

【注释】

〔一〕诵诗属书——此指精通儒家学说并擅长写文章。诵，背诵、讲解。诗，儒家经典《诗经》，此泛指儒家经典。属，撰写。书，文章。
〔二〕廷尉——官名，秦九卿之一，总管全国司法，汉初延用。　河南守——河南郡太守，是一郡的最高长官。　〔三〕秀才——博学多才。　〔四〕召——招揽。　幸爱——宠爱。　〔五〕孝文皇帝——西汉文帝刘恒，汉高祖之子，前180—前157年在位。　治平——指治理政事，安定百姓。　〔六〕李斯——秦代政治家，楚上蔡人，战国末入秦后，对秦始皇统一六国起了较大作用。秦统一后任丞相，是秦初政策的主要制定者。秦始皇死后被赵高陷害而死。
〔七〕征——召用。　〔八〕博士——秦设置的顾问官，兼管历史典籍，汉初延用。西汉中叶后，变为专门传授儒学的官。　〔九〕诏令——皇帝颁发的命令和文告。　〔一〇〕说——通"悦"，喜悦。超迁——破格提拔。　〔一一〕和洽——安定和谐。　〔一二〕正朔——即一年的第一天。正，一年的开始。朔，一月的开始。　服色——古代每一个朝代按照身份官品的服饰颜色。　礼乐——礼仪、音乐。〔一三〕草具——草拟。　仪法——典章制度。　　〔一四〕色尚黄，数用五——颜色崇尚黄色，数字习用五。汉代盛行"五行"相生相克之说，秦为水德，所以汉继秦为"土德"，土色黄，所以汉崇尚黄色。"土"在五行中处于第五位，所以用五数为吉祥。　　〔一五〕谦让——辞让。　〔一六〕列侯——又称通侯或彻侯。汉制，异姓之臣封侯叫列侯，享用其封地的租税，但不过问封地行政，也不一定居住在封地之内。　〔一七〕议——打算。　公卿——秦指三公九卿，这里指汉中央高级官员。　〔一八〕绛——周勃，汉初封为绛侯，后任丞相。灌——灌婴，汉初封为颍阴侯。　东阳侯——张相如，汉初由于击陈豨有功封侯。　冯敬——当时任御史大夫。　纷乱——扰乱。〔一九〕长沙王——此时长沙王是吴差，是当时仅存的异姓王。　太傅——官名，由中央任命辅导监护侯王的官员。〔二〇〕卑湿——地势低湿。　〔二一〕适——通谪，贬谪，贬官。　不自得——不高兴，不如意。

贾生为长沙王太傅三年，有鸮飞入贾生舍，止于坐隅。楚人命鸮曰"服"。贾生既以适居长沙，长沙卑湿，自以为寿不得长，伤悼之，乃为赋以自广。其辞曰:（按:即《鵩鸟》。略)

后岁余，贾生征见。孝文帝方受厘，坐宣室〔一〕。上因感鬼神事，而问鬼神之本。贾生因具道所以然之状。至夜半，文帝前席〔二〕。既罢，曰:"吾久不见贾生，自以为过之，今不及也。"居顷之，拜贾生为梁怀王太傅〔三〕。梁怀王，文帝之少子，爱，而好书，故令贾生傅之。

文帝复封淮南厉王子四人皆为列侯〔四〕。贾生谏,以为患之兴自此起矣。贾生数上疏,言诸侯或连数郡,非古之制,可稍削之。文帝不听。

居数年,怀王骑,堕马而死,无后。贾生自伤为傅无状,哭泣岁余,亦死。贾生之死时年三十三矣。及孝文崩,孝武皇帝立,举贾生之孙二人至郡守,而贾嘉最好学,世其家,与余通书。至孝昭时列为九卿。

【注释】

〔一〕厘(xī)——通"禧",祭神的福肉。受厘,汉时祭天地后将福肉授予皇帝,象征受神之福。　宣室——宫殿名,未央宫前面的正室。

〔二〕前席——把座席向前移动。指文帝听得入神,不由自主地越来越靠近贾谊。　〔三〕梁怀王——名揖,又名胜。　〔四〕淮南厉王——汉高祖刘邦少子,名长。文帝时因谋反被废,自杀。封淮南厉王四子为侯,指文帝八年,封淮南厉王子刘安为阜陵侯,刘勃为安阳侯,刘赐为阳周侯,刘良为东成侯。

【译文】

自从屈原自沉汨罗江后一百多年,汉代有贾生,做长沙王太傅,路过湘江,写了文章投入江中以凭吊屈原。

贾生名谊,是洛阳人。他才十八岁时,就因精通儒家经典擅长写文章闻名于郡中。吴廷尉做河南太守,听说他才能出众,就把他招揽到门下,非常喜爱欣赏他。孝文帝初立,听说河南太守吴公治理政绩为全国第一,过去曾和李斯是同乡并且常常向他学习,就征召他进朝做了廷尉。廷尉就向文帝说贾生年纪又轻,又很通晓诸子百家的学问。文帝就征召贾谊做了博士。

这时贾谊只有二十多岁，年纪最小。每当诏令下达，各位老先生无法回答，贾谊全能对答出来，人人都觉得符合自己的意思，诸生于是认为自己的能力不如贾谊。孝文帝很高兴，破格提拔他，只一年贾谊就做了太中大夫。

贾谊认为汉兴至文帝二十多年，天下和平融洽，就应当改变正朔日期，变更车马服饰的颜色，定立法律制度，确定官职名称，大兴礼乐，于是全都起草了仪式法式，颜色崇尚黄，数目用五，定官名，全部改变了秦时的法度。孝文帝初继位，辞让而没有实行。更改定立法律条令，以及让列侯全部回封地去，这些说法都是贾谊提出的。于是天子提议让贾谊任公卿。绛侯周勃、颍阴侯灌婴、东阳侯张相如、御史大夫冯敬等都不愿意，就说贾谊的坏话："洛阳那个人，年纪轻学问差，一心想独揽大权，扰乱所有的事。"于是天子后来也就疏远了他，不用他的提议，让贾谊做长沙王太傅。

贾谊辞别朝廷去长沙，听说长沙低洼潮湿，自己觉得活不了多久，又因为是遭贬谪去的，心里很不痛快。在渡过湘水的时候，他做了一篇赋悼念屈原。文章是这样的：(按，即《吊屈原》，略)

贾谊做长沙王太傅三年，有猫头鹰飞进贾谊的房间，落在座位旁。楚人把猫头鹰叫作"服"。贾谊本来已经因为谪居长沙，长沙又低又湿，自认为活不了多久，总是伤心，就做赋自己开导自己。文章是这样的：(按，即《鹏鸟》，略)

此后一年多，贾谊被征召入京。孝文帝刚刚接受了祭祀天地的福肉，坐在宣室。因为有感于鬼神之事，就询问鬼神的根本。贾谊因而就详细讲述了这方面的道理。到了半夜，文帝不知不觉地越来越靠近他。贾谊讲完后,文帝说:"我很久没见到贾生了。自以为超过了他,现在看来还是不如他啊。"不久,就拜贾谊为梁怀王太傅。梁怀王是文帝的小儿子,文帝喜爱他,他又喜欢读书,因此让贾谊做他的师傅。

文帝又封淮南厉王的四个儿子都为列侯。贾谊劝谏,认为祸患要从此兴起了。贾谊几次上疏,说有的诸侯拥有好几个郡,不是古时的制度,可以稍稍削夺。文帝不听。

过了几年,怀王骑马,从马上掉下来摔死了,没有后代。贾谊自己伤心做师傅没做好,哭了一年多,也死了。贾谊死时年仅三十三岁。等孝文帝去世,孝武帝继位,提拔贾谊的两个孙子做了郡守,贾嘉最好学,继承了贾谊的家风,与我有书信往来。到孝昭帝时,位列九卿。

司马迁及其《史记》

我国古代诸子散文、史传散文发展到汉朝,达到了顶峰,这个顶峰的代表就是司马迁。

司马迁不仅是伟大的历史家,而且是伟大的散文家。司马迁的散文、杜甫的诗歌、曹雪芹的小说是我国古代文学史上划时代的作品,他们各自以不同的文学形式,对他们以前的文学作品、文化遗产作了总结。他们各自处在一个由鼎盛转向衰败的时代,他们作品的价值就在于反映了这一转变时期的历史特点,反映了这一时期的社会面貌。他们总是批判那个时代旧的、腐朽的东西,探讨新的、未来的东西。就司马迁来说,他的名著《史记》总结了汉武帝以前三千年的历史和文化。我国古代社会发展到汉武帝时代,达到了一个极其兴盛的时期。盛之始,衰之渐也。随着桑弘羊平准政策的成功,社会弊端也在滋长、丛生,作为一个历史家和文学家的司马迁,他以一支饱和着感情的笔,在批判已经滋生的各种社会弊端的同时,却在寻找自己对历史发展的答案。我们就是要探讨司马迁是怎样批判当时社会的各种弊端的,他是怎样看待历史发展的。

关于司马迁的生平,主要有两种说法,一种认为他生在汉武帝中元五年,即公元前 145 年(见王国维《观堂集林》卷十一《太史公行年考》),一种认为他生在汉景帝建元六年,即公元前 135 年(见李长之《司马迁之人格与风格》中之《司马迁生年为建元六年辨》)。我们采取第二种说法,即生于建元六年说。卒年不能确定,但是汉武帝征和三年,即公元前90年以后,他就没有什么活动了,可能就死在这一年。他的一生是和汉武帝的统治相终始的。

司马迁出生在一个世代相传的史官家庭,所谓"世典周史"(《史记·太史公自序》)。远的且不谈,他父亲司马谈,就曾做过三十多年的太史令。司马谈的学问很渊博,他曾"学天官于唐都,受《易》于杨何,习道论于黄子"(《史记·太史公自序》)。他根据道家的观点写了一篇富有学术和政治意义的论文《论六家要旨》,批判了儒、墨、名、法和阴阳五家,而充分肯定了道家。《史记》有关诸子的评价,不少即保留了他的观点。他的道家思想也给司马迁以很大影响,司马谈临死时,告诉司马迁,要做第二个孔子,写第二部《春秋》。司马迁矢志继承他父亲的遗愿。

司马迁十岁学习"古文"(籀文),曾向孔安国学习古文《尚书》,又曾向董仲舒学习公羊派《春秋》,这对他的学术修养起过很大作用,也使他接受了一些儒家思想。

司马迁二十岁开始漫游,先到了江淮,搜集了韩信的传说;又到会稽,了解了越王勾践的故事;南到长沙,看到了屈原沉江的地方;北上齐鲁,熟习了孔庙的车服礼器;转回来又到徐州,考察了楚汉相争的战场;归途中在大梁,看了信陵君的史迹;在登封凭吊了传说中的许由冢。这次漫游,对他写《淮阴侯列传》、《越王勾践世家》、《屈原贾生列传》、《孔子世家》、《魏公子列传》、《伯夷列传》等都有很大的帮助。之后,他开始入仕,做了郎中。二十四岁,他侍从武帝到西北的扶风、平凉、空峒,搜集了一些关于黄帝的传说。二十五岁又奉使巴、蜀、滇,为他写《西南夷列传》准备了材料。二十六岁参加武帝在泰山的封禅,封禅之后,又侍从武帝东到海上,北至碣石,巡辽西,历九原,为他写《封禅书》、《齐太公世家》、《蒙恬列传》、《武帝本纪》等创造了条件。他亲眼看到桑弘羊平淮政策的成功，所以有《平准书》那样深刻的论述。他亲身参加武帝负薪塞河的活动，亲自参加太初历的订立，所以才有《河渠书》、《天官书》、《历书》的写作。司马迁的著作就是从长期的实地考察和实际生活经验中概括出来的。

司马迁二十八岁做了太史令。三十二岁那年，当太初元年，武帝下令实行太初历，即改秦历为夏历。司马迁认为这应该是一个新纪元的开始，因此在这年着手写《史记》。正当司马迁专心著述的时候，发生了李陵抗击匈奴、兵败投降的事件。司马迁认为李陵并非真心投降，而是想寻找机会报答汉朝。武帝认为他有意为李陵辩护，便把他处以"腐刑"。司马迁这时候也未尝没有想到死，但考虑到《史记》的"草创未就"便"就极刑而无愠色"（《汉书·司马迁传》）。司马迁三十七岁入狱，四十岁遇上大赦出狱。在狱中呆了四年，使他对汉朝的吏治，对汉朝的刑法，对汉武帝的统治，都有了更深一层的认识，因此有《酷吏列传》的写作，也因此使他在全部《史记》的写作中，有意无意间都流露出对这一不幸遭遇的隐痛。

司马迁出狱后，做了中书令，他又跟从武帝到各地去巡视过。四十三岁那年，写了《报任安书》这篇名文，谢绝了任安让他以"推贤进士为务"的要求。就在这前后，他又写了一篇《悲士不遇赋》，抒发了受腐刑后的愤激情绪。四十六岁写了《匈奴列传》，据王国维说，这是最晚的可信为出自司马迁手笔的一篇。以后的活动就不知道了，他怎么死的，也不清楚。

司马迁的一生是个悲剧。这个悲剧的意义就在于：他忠于封建阶级，希望巩固封建制度，结果却被封建阶级和封建制度残害了。因此，他怀着愤懑和不平来揭露封建社会，鞭挞封建阶级。他的愤懑和不平，他的爱和憎，他的思想观点，他的学说，他的气质，他的全部精神意向，都集中地体现在他的伟大著作《史记》之中。《史记》是他整个精神世界的再现，在这种意义上说，《史记》也是一部伟大的悲剧。

《史记》是我国第一部纪传体通史。它记载了从黄帝到汉武帝太初年间大约三千年的历史。分为十二本纪、十表、八书、三十世家、七十列传，共一百三十篇。"本纪"，是按帝王的世代顺序记叙的政治军事等天下大事。"表"，是排比并列的历代帝王和诸侯国的政治军事大事。"书"，是关于经济、文化、天文、历法等专门的论述。"世家"，是先秦各诸侯国和汉朝有功之臣的传记。"列传"，是一般人物的传记。这五种不同的体例，互相配合补充，构成了《史记》全书的整体结构。

司马迁明确地提出了自己的写作主张是"究天人之际，通古今之变"，这一主张，实质上表现了他的两种观点。第一句表现了他的哲学观点，那就是研究自然界和人类社会的关系。第二句表现了他的历史观点，那就是探讨古今历史变化的原因。从《史记》的实际内容看，他的主张在一定程度上达到了。他比较地能用朴素的唯物主义观点解释自然界和社会现象，能从经济基础分析社会历史。

关于对"天人之际"的探讨，他说自己作《天官书》的目的，就在于反对那些"多杂禨祥，不经"的"星气之书"（《史记·太史公自序》）。实际上，《天官书》记载了两千多年前星球的运行，星座的位置，而且从天象、星座的位置说明星座的运行，在神秘主义思想笼罩的当时，这是极其可贵的。他继承他父亲在《论六家要旨》中的学说，对自然界的历史作了唯物主义的解释："夫阴阳四时、八位、十二度、二十四节各有教令，顺之者昌，逆之者不死则亡，未必然也，故曰'使人拘而多畏'。夫春生夏长，秋收冬藏，此天道之大经也,弗顺则无以为天下纲纪,故曰'四时之大顺,不可失也。'"(《史记·太史公自序》)这就突破了董仲舒的"天人感应"的学说,主张顺从自然规律,掌握自然规律的发展。从这一角度出发,他批判了继承孟轲的阴阳家邹衍的神学观念,认为"其语闳大不经","其言不轨",说他那种"迂大而闳辩"之术,助长了秦汉之际"营于巫祝,信禨祥"(《史记·孟子荀卿列传》)的迷信思想。他批判了历史上一系列的迷信现象,如揭露了龟策之骗人:"江傍家人常畜龟饮食之,以为能导引致气,有益于助衰养老,岂不信哉!"(《史记·龟策列传》)这里以正为反,以褒为贬,含有辛辣的讽刺意味。揭露了神仙家说之荒诞:"方士之候祠神人,入海求蓬莱,终无有验。而公孙卿之候神者,犹以大人之迹为解,无有效。"(《史记·封禅书》)神仙方士那一套,都是骗人的把戏。揭露了地脉之不可信,认为蒙恬"阿意兴功,此其兄弟遇诛,不亦宜乎?何乃罪地脉哉"(《史记·蒙恬列传》)。由于他政治上受到残酷的迫害,对自己曾经相信过的荡荡"天道",也发生了怀疑;为什么一个人操行不轨,专犯忌讳,却能终身逸乐,富贵不绝,而另一些人谨言慎行,公平正直,却遭灾祸?"余甚惑焉,倘所谓天道,是邪非邪?"(《史记·伯夷列传》)李广为汉朝立下了汗马功劳,却得不到尺寸之封,而诸校尉以下,才能不及中人,却都可以封侯,"何也?岂吾相不当侯邪?且固命也?"(《史记·李将军列传》)对"天命"发出了怀疑。董仲舒以自然界的变化,来解释社会人事的变化,似乎社会上的一切都是"上天"安排的,当社会人事符合"天意"的时候就成功,否则就失败。司马迁根据朴素的唯物主义观点解释自然界和社会现象,批判了当时居于统治地位的神学观念,批判了"天道"观和"天命"论,这就进一步与董仲舒的"天人感应"说大相背谬了。

　　关于对"古今之变"的研究，他把物质生产的历史当做不以人的意志为转移的自然史看待，把它看成和自然现象一样，必有一定的规律（道）可循："故物，贱之徵贵，贵之徵贱，各劝其业，乐其事，若水之趋下，日夜无休时，不召而自来，不求而民出之。岂非道之所符，而自然之验邪！"（《史记·货殖列传》）而且他能从物质生产方面去解释历史变化的原因，他说："干戈日滋，行者赍，居者送，中外骚扰而相奉，百姓抏弊以巧法，财赂衰耗而不赡。入物者补官，出货者除罪，选举陵迟，廉耻相冒，武力进用，法严令具。兴利之臣自此始也。"（《史记·平准书》）汉武帝的穷兵黩武，并非他个人的意志使然，而是社会经济发展的结果。随着经济实力的发展，必然出现军事的扩张，又由于军事的扩张，而造成经济的衰竭，社会矛盾因此激化，于是酷吏任用。他洞察到封建社会通过生产过程，自然地发生了压迫和被压迫的关系："凡编户之民，富相什（十），则卑下之；伯（百），则畏惮之；千则役，万则仆，物之理也。"（《史记·货殖列传》）他虽然不是阶级论者，但他客观上却揭示了阶级社会的阶级奴役关系是"物之理"，是一种自然规律。他对社会政治制度的历史，往往从发展的观点去考察，反对不考察历史实际，专以成败论事，而蔽于偏见的思想。他说："秦取天下多暴，然世异变，成功大。传曰，'法后王，'何也？以其近己而俗变相类，议卑而易行也。学者牵于所闻，见秦在帝位日浅，不察其终始，因举而笑之，不敢道，此与以耳食无异。悲夫！"（《史记·六国年表序》）他身居汉代，而能不避嫌疑地评价秦代的历史地位，当然是难能可贵的。但更重要的是他能从客观实际出发，看出社会政治制度的发展和变化。

　　司马迁在政治上主张"大一统"，因此，他极力维护和巩固封建中央集权的统治。他对汉初反对刘邦的韩信很不满意，申斥说：

"天下已集，乃谋畔逆，夷灭宗族，不亦宜乎！"（《史记·淮阴侯列传》）而对平定诸吕之乱、迎立代王刘恒为帝的周勃，则给以很高的评价："诸吕欲作乱，勃匡国家难，复之乎正。虽伊尹、周公，何以加哉！"（《史记·绛侯周勃世家》）他对吴、楚等诸侯王封地广、势力大也很有意见，认为"古者诸侯地不过百里，山海不以封"（《史记·吴王濞列传》），主张诸侯王"大国不过十余城，小侯不过数十里，……以蕃辅京师"，以形成"强本干，弱枝叶之势"（《史记·汉兴以来诸侯王年表序》）。他谴责淮南、衡山诸王联合反抗汉武帝，是"挟邪僻之计，谋为叛逆"（《史记·淮南衡山列传》），竭力支持汉武帝的削藩措施，衷心拥护汉武帝的推恩令："盛哉！天子之德！一人有庆，天下赖之。"（《史记·汉兴以来诸侯王年表序》）这种拥护中央集权的政治思想，在当时的历史条件下，与历史发展的进程是一致的，因而有积极的意义。

但是，司马迁并非一味地对汉帝国歌功颂德，而同时又批判了汉代统治者的残暴，揭露了汉代统治者对人民残酷的剥削。尽管这个地主政权在当时有积极作用，但它的阶级本质是在压迫、剥削人民，因此司马迁对它的批判和揭露就是有进步意义的。他的《平准书》和《酷吏列传》是两篇互为表里的文章，其中通过对那些财政大臣和一群酷吏的描写，暴露出封建社会统治者和被统治者、剥削者和被剥削者的矛盾。酷吏杜周，当人们责问他为什么不按照法律办事，而专以人主的好恶治狱时，他给法律下了个定义："三尺（法律）安出哉？前主所是，著为律，后主所是，疏为令，当时为是，何古之法乎！"（《史记·酷吏列传》）这就揭露了法律专为统治者服务的阶级本质。但是，法律并不能维持封建阶级的"盛世"。司马迁能"见盛观衰"，随着财产的高度集中，阶级斗争的危机也就表现了出来。他借历史现象来抨击汉武帝统治下的现实说："自是之后,天下争于战国,贵诈力而贱仁义,先富有而后推让。故庶人之富者或累巨万,而贫者或不厌糟糠。……于是外攘夷狄,内兴功业,海内之士力耕不足粮饟,女子纺绩不足衣服。古者尝竭天下之资财以奉其上,犹自以为不足也。"(《史记·平准书》)在这种社会危机下,农民起义已经到处爆发,著名的大暴动和不可胜数的小暴动风起云涌:"而吏民益轻犯法,盗贼滋起。南阳有梅免、白政,楚有殷中、杜少,齐有徐勃,燕、赵之间有坚卢、范生之属。大群至数千人,擅自号,攻城邑,取库兵,释死罪,缚辱郡太守、都尉,杀二千石,为檄告县趣具食;小群以百数,掠卤乡里者,不可胜数也……散卒失亡,复聚党阻山川者,往往而群居,无可奈何。"(《史记·酷吏列传》)这就揭示了农民起义和封建统治者残酷压迫、剥削的因果关系,揭露了社会发展的客观规律。司马迁通过汲黯的口指责汉武帝说:"陛下内多欲而外施仁义。"(《史记·汲郑列传》)一针见血地揭露了汉武帝统治和镇压人民软硬兼施的两手。"何知仁义,已飨其利者为有德。""窃钩者诛,窃国者侯,侯之门仁义存。"(《史记·游侠列传》)说穿了,所谓"仁义",不过是封建统治阶级进行杀戮、掠夺和追求无耻生活享受的遮羞布而已。这是司马迁对"仁义"本质的认识,同时也可以说是针对汉武帝的。司马迁在《匈奴列传》赞语里说:"孔氏著《春秋》,隐桓之间则章,至定哀之际则微,为其切当世之文而罔褒,忌讳之辞也。"作为历史家,对古代历史由于时代久远,可以无所忌讳,对当代历史却不能不有所忌讳,司马迁能够尊重历史事实,把生死置之度外,掌握汉朝历史发展的内容,揭露了汉朝社会阶级压迫、阶级剥削的现实,充分表现了他的胆识。

　　当然,《史记》中的思想,并不都有意义、都有价值,也有很多腐朽、落后的东西。从整部《史记》看,司马迁主要是写帝王将相在历史上的活动,把历史的一些兴亡成败,看成是帝王将相活动的结果。同时也宣扬了不少神学观念,不同程度上相信人事的变化决定于天的变化,往往用"天命"论解释历史现象。他还主张儒家的"德政",认为一个朝代兴亡的关键在于能否实行"德政"。司马迁是地主阶级的史学家和文学家,他的思想不可能超出他那个阶级和时代的范畴,他著作中保留不少腐朽落后的东西,并不足怪。这些都是应该抛弃的封建糟粕。但重要的不是这些,而是他的著作中表现出来的那些进步的有价值的思想,那些民主性的精华。我们主要就是要阐发他的进步的有价值的思想,阐发他的民主性精华的意义。正是这些,使他在文学史上取得了崇高的地位。

《史记》是文学的历史,也是历史的文学,它使历史、文学高度完整的统一体。

《史记》的体裁,主要是以描写人物为中心的传记体,也就是传记文学。这在我国文学史上是个开创,从司马迁开始,才系统地集中地给人物写传记。他在"本纪"、"世家"和"列传"中写了各阶级各阶层的历史人物,表现了高度的概括力,展开了广阔的社会生活面。司马迁描写人物,不是一般的情节的叙述,而是善于表现人物的特征,表现人物的基本政治倾向。如《万石张叔列传》写万石君一家以"恭谨"取得高官厚禄,以"恭谨"闻名于天下,他的长子建的行径是这样:"建为郎中令,书奏事,事下,建读之,曰:'误书!马者与尾当五,今乃四,不足一。上遣死矣!'甚惶恐。其为谨慎,虽他皆如是。"他的少子庆的行径同样如此:"庆为太仆,御出,上问车中几马,庆以策数马毕,举手曰:'六马'。庆于诸子中最为简易矣,然犹如此。"他们都以恭谨自保,从来不在朝廷上谈出自己的看法,也从来不提出自己对国计民生的主张,但由于恭谨,却能得皇帝的亲近尊礼,却能长期做高官甚而官至丞相。如:"建为郎中令,事有可言,屏人恣言,极切;至廷见,如不能言者。是以上乃亲尊礼之。"又如庆做丞相"醇谨而已。在位九岁,无能有所匡言"。"庆文深审谨,然无他大略,为百姓言。"通过对这些人物特征、政治态度的描写,揭露了当时官场的腐败和官僚作风的丑恶。为了表现人物的特征和基本政治倾向,司马迁对所要采用的材料,都加以缜密的选择,并非有文必录。如他在《留侯世家》里说:"(留侯)所与上从容言天下事甚众,非天下所以兴亡,故不著。"张良是辅佐刘邦定天下的人物,不是关于兴亡成败的言行,都不足以表现这个人物,所以舍弃不用。这是司马迁选择材料的一条总原则。他写孔子,重在学礼、问礼、订礼、习礼;写屈原,重在"其志洁";写李广,重在"才气无双";写信陵君,重在"礼贤下士"。为了表现一个人物的主要特征和基本倾向,不惜把次要的方面都略去。此外,他还采用"互见法",即在本人传记中没法写的内容,便放在其他传记中写。如在《项羽本纪》中集中一切有关重要事件,突出了他的叱咤风云、气盖一世的英雄形象,为了不损害他的英雄性格,便把他政治上军事上的错误放在《淮阴侯列传》中写。在《信陵君列传》中集中写了信陵君的"礼贤下士",而把他不收留魏齐的事放在《范睢蔡泽列传》中写。这是司马迁普遍采用的方法。他有时明确注明:"某事在《商君》语中"(《史记·秦本纪》),"语在《晋》事中"(《史记·赵世家》),"语在《淮阴侯》事中"(《史记·萧相国世家》),"语在《田完世家》中"(《史记·滑稽列传》),等等,不胜枚举。有时不注明,而实际在运用。这种写法,不只是为了避免重复,主要是为描写人物服务的。司马迁还善于用一件小事概括一个人物的一生活动。如陈涉为人佣耕时,曾对同伴说:"苟富贵,无相忘。""燕雀安知鸿鹄之志哉!"(《史记·陈涉世家》)后来果然成了农民起义的领袖。陈平为里社宰时,分肉食很平均,得到里社人的称赞，他说："嗟乎，使平得宰天下，亦如是肉矣！"(《史记·陈丞相世家》)后来果然做了丞相。李斯少年时，见厕鼠、仓鼠吃的东西不同，发为感叹："人之贤不肖譬如鼠矣，在所自处耳！"(《史记·李斯列传》)后来也做了宰相。张汤年轻时，曾审讯制裁偷肉吃的老鼠，"视其文辞如老狱吏"(《史记·酷吏列传》)，后来竟成为滥施刑法的残酷的官吏。这样描写人物，不但使人物富有个性，而且具有典型性。司马迁描写的是历史人物，必须根据历史事实，不能虚构，但在选择、剪裁材料时，一定包含着自己对事实的体会、认识和想象，因此，他的描写过程，同时也就是一个创造。

　　司马迁的文章是严格的散文体。和贾谊、晁错等人的文章那样整齐、骈偶化的句式不同，他有意识地避免偶句，而专心熔炼散句，使他的文章的语言比较接近当时普通的口语。因此《史记》中有些文字，从语言风格上也可以判断出它的真伪。像《南越列传》的赞语曰："尉佗之王，本由任嚣。遭汉初定，列为诸侯。隆虑离湿疫，佗得以益骄。瓯骆相攻，南越动摇。汉兵临境，婴齐入朝。其后亡国，征自樛女；吕嘉小忠，令佗无后。楼船从欲，怠傲失惑；伏波困穷，智虑愈殖，因祸为福。成败之转，譬若纠墨。"这种以四字为韵的赞语，与司马迁散文整体的风格不调和。绝不可能是司马迁的手笔，而应当是后人羼入的。司马迁的散体文所用的句子最长者达二十八字，如《平准书》中云："毋赋税南阳汉中以往郡各以地比给初郡吏卒奉食币物传车马被具。""吏卒"以下十一字是"给"字注语。最短者仅一言。其间有各种句式和句法，表现不同的语意和文气。有议论中夹带叙事的，如《吕太后本纪》云："孝惠为人仁弱，高祖以为不类我，常欲废太子，立戚姬子如意，如意类我。""类我"与"不类我"之间数字即是叙事。有叙述之中加注语的，如《项羽本纪》云："汉王乃封侯公为平国君。匿弗肯复见。

曰：'此天下辩士，所居倾国，故号为平国君。'""匿弗肯复见"显然不是汉王的指令，而是司马迁的注语。有言简而意赅的，如《孔子世家》云："故所居堂弟子内，后世因庙藏孔子衣冠琴车书。"这句话"内"字上省略"所居"二字，"庙"字用作动词，意思是孔子所居之堂弟子所居之内，后世因以为庙而藏孔子之衣冠琴车书。有言有尽而意无穷的，如《高祖本纪》云："汉王三让，不得已，曰：'诸君必以为便，便国家。'"语意未完，全文的意思应该是必以为便国家，也可以商量。又如《项羽本纪》云："当是时，诸将皆慴服，莫敢枝梧，皆曰：'首立楚者，将军家也。今将军诛乱。'"句末"诛乱"后，省略了许多文字，语意无穷。又如《孟尝君列传》云："秦虽强国，岂可以请人相而迎之哉！折秦之谋，而绝其霸强之略。""略"之后文气未完，盖写冯骥说齐王之急迫。此外，还有其他各种句法，如《楚世家》云："予我下东国，吾为王杀太子，不然，将与三国共立之。""下东国"即东国的下方，指楚东部的东边。又"三国以兵割周郊地以便输而南器以尊楚，臣以为不然"。"输而南器"，即"输器而南"的倒装句。又如《孔子世家》云："夏人殡于东阶，周人于西阶，殷人两柱间。""周人"后省"殡"字，"殷人"后省"殡于"二字，逐句省字，文法灵活。又如《淮南衡山列传》云："其非吏，他，赎死金二斤八两。""他"字用法奇特，犹如今天的"及其他"。这些都说明司马迁所运用的句式、句法，变幻多端，毫无准则，然而参差错落，摇曳多姿。他采用了大量古代典籍中的"佶屈聱牙"古语，如对《尚书》中之《尧典》、《洪范》的采用，但都用通畅明白的散文翻译过来。对《左传》、《国语》、《国策》中材料的引用，或意译，或直译，经过提炼加工，形成自己的散文风格。他的散文的语言，就是这样疏疏落落，有一种不整齐之美，生动、活泼而富于表现力。他往往运用口语来描写人物的声貌、神态，如田成子相齐简公，脩鳌子之政,齐人歌咏说:"妪乎采芑,归乎田成子!"(《史记·田敬仲完世家》)"妪乎"即噢呀! 用口语表现齐人都心向田成子。陈涉旧时的同伴见陈涉时说:"夥颐! 涉之为王沈沈者!"(《史记·陈涉世家》)用楚地方言来形容陈涉为王之显赫。周昌口吃,对刘邦说:"臣口不能言,然臣期期知其不可! 陛下虽欲废太子,臣期期不奉诏!"(《史记·张丞相列传》)活现出一个口吃者的声貌。他还采用大量的谚语、民谣来加强文章的表现力,如《魏其武安侯列传》引颍川儿歌:"颍水清,灌氏宁;颍水浊,灌氏族。"《李将军列传赞》引"谚曰":"桃李不言,下自成蹊。"《白起王翦列传赞》引"鄙语曰":"尺有所短,寸有所长。"例子很多。这些民谣、谚语,都是从群众实际生活中概括出来的,含义深刻,足以增加文章的丰富性、生动性。司马迁能够把古语、谚语、民谣融化到自己的散文中去,形成简洁、精炼、通畅、流利的统一的语言风格。

司马迁以善于叙事著称,班固即说:"善序事理,辨而不华,质而不俚。"(《汉书·司马迁传赞》)他是朴朴实实地把事件讲清楚。他的强烈的倾向性和鲜明的褒贬态度,有时不是通过发议论表现出来,而是包含在对人物、事件的具体叙述之中。顾炎武也说:"古人作史有不待论断而于序事之中即见其指者,惟太史公能之。"(《日知录》卷二十六)顾炎武举了五个例子来说明司马迁这一写作特点,但都不十分典型。典型而确切的莫如对汉武帝的描述,一篇《武帝本纪》都是通过叙述贬斥汉武帝的。汉武帝迷信方士,追求长生,对方士李少君的胡言乱语深信不疑,李少君病死,而"天子以为化去不死",揭露了他的愚蠢。又方士少翁诳言能用方术把武帝所宠爱的王夫人的魂魄招来,武帝信以为真,便按照他的要求把宫室布置成神仙境界,住在其中,以待神仙。"居岁余,其方益衰,神不至",结果被骗了。因为怕人嘲笑,具体细节不肯对人谈,"详弗知也"、"隐之",直书其事以贬斥之。武帝相信游水发根的话,说上郡有巫神可以治病,当他患病时便把神君请到寿宫中来,这个神君怎么样呢,"非可得见,闻其音,与人言等",并没有什么特殊,而武帝却对之恭谨、虔诚之极,"神君所言,上使人受书其言,命之曰'画法'"。果真神异灵验吗?完全不是。司马迁叙述说:"其所语,世俗之所知也,毋绝殊者,而天子独喜。其事秘,世莫知也。"其情伪之态毕现。栾大妄言能入东海见仙人,得到不死之药,武帝又信以为真,拜他为五利将军。当五利将军治装东去时,他"使人微随验,实无所见。五利妄言见其师,其方尽,多不雠"。再次受骗!又公孙卿告诉他黄帝学仙升天的事,他无限感慨地说:"吾诚得如黄帝,吾视去妻子如脱蹤耳。"自此以后,他经常东巡海上,求神仙。如"于是上欣然庶几遇之,乃复东至海上望,冀遇蓬莱焉"。如"东至海上,考入海及方士求神者"。如"临渤海,将以望祠蓬莱之属,冀至殊庭焉。"结果都无应验,"然无验者","终无有验","无其效"。但是这个昏庸的君主仍然不回头,"莫验,然益遣,冀遇之"。最后他倦怠了,"天子益怠厌方士之怪迂语矣"。然而他总不能忘怀这件事。"然终羁縻弗绝,冀遇其真。"全是叙述,而对武帝的愚蠢、昏愦揭露得多么深刻!又如刘邦与项羽相距京、索之间,多次派人回来慰问萧何,为什么呢?"有疑君(萧何)心也"(《史记·萧相国世家》),在叙述之中揭露刘邦的猜忌。汉景帝做太子时,过司马门不下车,张释之曾弹劾过他。到他即位后,便把张释之调去做淮南王相了,司马迁点明说:"犹尚以前过也。"(《史记·张释之列传》)在叙述之中贬斥景帝的忌恨。一篇《李将军列传》集中写李广之不遇时,段落之际、词句之间,对李广充满了深厚的同情。这种把自己的思想、观点、态度寓于叙述之中的方法,是一种很高的表现手法,可以增强艺术效果,增强艺术感染力。

我国古代散文成就最高的是汉代,汉代散文成就最高的是传记文学,传记文学成就最高的是《史记》。

鲁迅曾给《史记》以崇高的评价,说它是"史家之绝唱,无韵之《离骚》"(《汉文学史纲要》),这是对《史记》在文学、史学两方面最正确的概括。特别是他指出了司马迁在精神上、思想上和伟大诗人屈原的联系。司马迁从屈原的政治悲剧中,感受到自己的遭遇,从屈原的文学事业中,产生了共鸣。他赞扬屈原说:"屈平疾王听之不聪也,谗谄之蔽明也,邪曲之害公也,方正之不容也,故忧愁幽思而作《离骚》。……《国风》好色而不淫,《小雅》怨诽而不乱。若《离骚》者,可谓兼之矣。……其文约,其辞微,其志洁,其行廉,其称文小而其指极大,举类迩而见义远。其志洁,故其称物芳。其行廉,故死而不容自疏。濯淖淤泥之中,蝉蜕于浊秽。以浮游尘埃之外,不获世之滋垢,皭然泥而不滓者也。推此志也,虽与日月争光可也。"(《史记·屈原列传》)这是对屈原的赞扬,但却包含着自己的血泪,或者说简直就是自己感情的倾泻了!对那个谗谄蔽明、邪曲害公、方正不容的社会,有什么可说的!只有含着血和泪,"述往事,思来者"(《史记·太史公自序》)了。他借修史以抒情,借著述以抒情,整部《史记》可以说是一组抒情的长诗!

对《李将军列传》的几点认识

司马迁是伟大的历史家并文学家。作为历史家的司马迁,是把人的社会活动看做历史的基本内容,一定阶级的代表人物的活动,更与历史有密切的关系。司马迁即通过写这些人物,特别是写一些有代表性人物的身世和社会活动来反映历史。作为文学家的司马迁,是把人作为描写的主要对象,文学必须借助人,才能表现一定时期的社会生活。人是社会关系的总和。只有通过人才能揭示出社会的本质和复杂的阶级关系。司马迁通过描写人的思想、言行、感情、精神,来反映当时的社会矛盾、斗争和变化。他用一部以人物为中心的史传巨著,完成了历史与文学所赋予他的崇高使命。

在司马迁所写的众多人物中,《李将军列传》中的李广是写得极其完整、丰富、具有真挚感情的。

那么我们怎样看待这个人物呢? 司马迁为李广立传的意图是什么呢? 他在《自序》中说:

> 勇于当敌,仁爱士卒,号令不烦,师徒乡之。作《李将军列传》。

可见他的目的在记述李广在治军方面的才能。同样,他在本篇传记的赞语中说:

> 《传》曰:"其身正,不令而行;其身不正,虽令不从。"其李将军之谓也?

也主要是从军事才能方面赞扬李广的。诚然,这是本篇传记所写的重要内容,也是李广这员良将所具有的鲜明特征。司马迁写李广治军的思想是简易和省约文书,如:

> 广行无部伍行陈,就善水草屯,舍止人人自便,不击刁斗以自卫,莫府省约文书籍事。

并且把李广和程不识治军之谨于文法作对比,然后插叙说:"是时汉边郡李广、程不识皆为名将,然匈奴畏李广之略,士卒亦多乐从李广而苦程不识。"表明了自己对两种治军方法的取舍态度。李广这种简易治军的思想基础,在于他惠爱士卒,能深得军心,因此士卒皆乐为其所用。司马迁记述说:

> 广之将兵,乏绝之处,见水,士卒不尽饮,广不近水,士卒不尽食,广不尝食。宽缓不苛,士以此爱乐为用。

而且他肯于为部下承担责任,当军迷失道,误了会师的期约,卫青责令幕府人员受审时,他亲自去质对说:"诸校尉无罪,乃我自失道。吾今自上簿。"

对枉加之罪,能锐身自任,为士卒开脱,士卒皆深受感动。司马迁在记述李广这些行迹时充满了赞美之情。实际上其中也包含着他自己的政治观点。司马迁是主张宽缓治国,反对严刑峻法的。他在《循吏列传》中说:"奉职循理,亦可以为治,何必威严哉!"并赞扬孙叔敖"三月为楚相,施教导民,上下和合,世俗盛美,政缓禁止,吏无奸邪,盗贼不起"。在《吕后本纪》的赞语中说:"孝惠皇帝、高后之时,黎民得离战国之苦,君臣俱欲休息乎无为,故惠帝垂拱,高后女主称制,政不出房户。天下晏然。刑罚罕用,罪人是希。民务稼穑,衣食滋殖。"称誉惠帝、高后时实行与民休息无为的政绩。相反,在《酷吏列传》中开宗明义即指出:"法令者治之具,而非制治清浊之源也。"这些政治观点与李广治军的方法完全是一致的,所以他赞扬李广,同时也抒发了自己的政治理想。

与此紧密相关,司马迁还写了李广在军事方面的果敢和才略,并特别突出了李广的善射,"广家世世受射",因为善骑射,杀首虏多,得为汉中郎。他"为人长,猨臂","与人居则画地为军陈,射阔狭以饮。专以射为戏,竟死"。善射这一特长贯穿于他生活的每个领域之中。他"见草中石,以为虎而射之,中石没镞"。箭能穿石,亦见其筋力之强,箭术之高。其"所居郡闻有虎,尝自射之。及居右北平射虎。……竟射杀之"。他多次与虎搏斗,为虎所伤,也在所不辞。司马迁概括地叙述他的箭法说:

> 其射,见敌急,非在数十步之内,度不中不发,发即应弦而倒。

这种临阵近攻的战术,一方面杀敌能够奏效,另一方面也容易为敌人所困辱。李广一生"与匈奴大小七十余战",都是采用这种战术,其得失亦如上述。

司马迁笔下李广的骁勇、才略,都在他率领少数士卒深入敌境,施展智谋,战胜敌人,保全了自己等方面表现出来。李广并不是一员横冲直撞的猛士,而是一位能根据敌我不同的具体情况摆阵势、用策略的良将。如他曾率百骑追赶并擒杀了三个匈奴射雕的能手,之后,遇到匈奴数千骑劲旅,士卒都大为恐惧,要往回跑。怎么办? 司马迁有这样一段描写:

> 广曰:"吾去大军数十里,今如此以百骑走,匈奴追射我立尽。今我留,匈奴必以我为大军诱之,必不敢击我。"广令诸骑曰:"前!"前未到匈奴陈二里所,止,令曰:"皆下马解鞍!"其骑曰:"虏多且近,即有急,奈何?"广曰:"彼虏以我为走,今皆

解鞍以示不走,用坚其意。"于是胡骑遂不敢击。有白马将出护其兵,李广上马与十余骑奔射杀胡白马将,而复还至其骑中,解鞍,令士皆纵马卧。是时会暮,胡兵终怪之,不敢击。夜半时,胡兵亦以为汉有伏军于旁,欲夜取之,胡皆引兵而去。

李广对敌我情况进行了冷静的分析,采取了相应的策略,以百骑当数千骑,取得了这次战斗的胜利。在出雁门山与匈奴的一场战争中,李广军败,被生擒。司马迁有这样一段描写:

> 胡骑得广,广时伤病,置广两马间,络而盛卧广。行十余里,广佯死,睨其旁有一胡儿骑善马,广暂腾而上胡儿马,因推堕儿,取其弓,鞭马南驰数十里,复得其余军,因引而入塞。匈奴捕者骑数百追之,广行取胡儿弓,射杀追骑,以故得脱。

李广以超人的胆略、骁捷的行动,逃脱了敌人的网络,在某种意义上也是一种胜利。在与博望侯张骞共同出击匈奴的一次战役中,他被左贤王所将之四万骑包围。为了稳定军心,他"使其子敢往驰之。敢独与数十骑驰,直贯胡骑,出其左右而还,告广曰:'胡虏易与耳。'军士乃安"。根据被围困的具体形势,他另是一种布阵和战斗方式:

> 广为圆陈外向,胡急击之,矢下如雨。汉兵死者过半,汉矢且尽。广乃令士持满毋发,而广身自以大黄射其裨将,杀数人,胡虏益解。……军中自是服其勇也。明日,复力战,而博望侯军亦至,匈奴军乃解去。

为"圆陈外向",以抵挡敌人的包围,用大黄弩射杀其裨将,以使敌人丧胆。他的战略战术是根据形势的不同而灵活多变的。

李广在出塞作战时,无论情况多么危急、艰难,他都毫无顾忌而肯于承担重任。他随卫青出击匈奴,即请求说:"臣结发而与匈奴战,今乃一得当单于,臣愿居前,先死单于。"可见他与汉代那些"全躯保妻子之臣"不同,而是"常思奋不顾身以殉国家之急"、"出万死不顾一生之计,赴公家之难"(《汉书·司马迁传》),用生命报效国家的"国士"。

司马迁描写了李广这样一个勇敢有才略,仁爱士卒,士卒亦乐为其用,为保卫汉家天下立下汗马功劳的人物,但是这个人物不但不被汉代统治者所重用和封赏,反而走向自刭的道路。这是为什么?这是司马迁在本篇传记中所提出的问题。司马迁思想之敏锐、深刻,不在于他对自己所提出问题的正面解释上,而在于事实的具体记述之中。他的正面解释可能是错误的,但他的具体记述却真实的说明了李广一生不幸产生的原委。

传记开篇即记载当文帝时,李广为郎官,文帝见了他说:

> 惜乎,子不遇时!如令子当高帝时,万户侯岂足道哉!

这句话暗含着司马迁自己对李广终生不遇的解释。用"不遇时"三字形容李广,并不科学,但却透露了文景以后,特别是汉武帝时代政治腐朽、不善于用人的事实。这句话是全篇传记的纲,是中心线索。司马迁即围绕这一中心记述李广屡建战功,却得不到任何封赏,最后竟被迫自杀的悲剧结局的。

景帝当国,李广以骁骑都尉"从太尉亚夫击吴、楚军,取旗,显功名昌邑下。以梁王授广将军印,还,赏不行"。

武帝即位,李广以卫尉为将军,出雁门击匈奴,匈奴兵多,为其生擒,旋夺得胡儿马逃归,"汉下广吏。吏当广所失亡多,为虏所生得,当斩,赎为庶人"。

元朔六年,李广以后将军,从属于大将军卫青,出定襄击匈奴,

"诸将多中首虏率,以功为侯者,而广军无功"。

元狩二年,李广以郎中令与博望侯张骞共同出击匈奴,敌我双方兵力相差悬殊,战斗激烈,"吏士皆无人色,而广义气自如,益治军"。匈奴军终不能胜,而"广军功自如,无赏"。

司马迁就是这样具体地记述了李广与匈奴英勇战斗而得不到封赏的原因。之后,叙述了一笔李广的从弟李蔡的晋升过程:"景帝时,蔡积功劳至二千石。孝武帝时,至代相。以元朔五年为轻车将军,从大将军击右贤王,有功中率,封为乐安侯。元狩二年中,代公孙弘为丞相。蔡为人在下中,名声出广下甚远,然广不得爵邑,官不过九卿,而蔡为列侯,位至三公。"而且"诸广之军吏及士卒或取封侯"。这些是非倒置的现象,不能不引起李广的怀疑,他曾和望气王朔私下谈论:

> 自汉击匈奴而广未尝不在其中,而诸部校尉以下,才能不及中人,然以击胡军功取侯者数十人,而广不为后人,然无尺寸之功以得封邑者,何也?岂吾相不当侯邪?且固命也?

李广并无希图封赐的思想,他为人廉洁,"得赏赐辄分其麾下,饮食与士共之。终广之身,为二千石四十余年,家无余财,终不言家产事"。可见他并不想追求什么功名富贵。这里是愤慨之言,是对其一生的不平之鸣。这也不能说明他相信天命,相反是他从一生不幸的遭遇中对天命产生了怀疑,对天命提出了质询。这当然也包含着司马迁自己的思想在。司马迁在《伯夷列传》中更明确地表现了这种思想。他针对伯夷、叔齐砥行立名而饿死的遭际,对历史和当时社会一切不平的现象提出质问。

> 或曰:"天道无亲,常与善人。"若伯夷、叔齐,可谓善人者非邪?积仁絜行如此而饿死!且七十子之徒,仲尼独荐颜渊

为好学。然回也屡空,糟糠不厌,而卒蚤夭。天之报施善人,
其何如哉?盗跖日杀不辜,肝人之肉,暴戾恣睢,聚党数千人
横行天下,竟以寿终。是遵何德哉?此其尤大彰明较著者也。
若至近世,操行不轨,专犯忌讳,而终身逸乐,富厚累世不绝。
或择地而蹈之,时然后出言,行不由径,非公正不发愤,而遇祸
灾者,不可胜数也。余甚惑焉,傥所谓天道,是邪非邪?

司马迁是相信天命的,在本篇传记中,他还提到李广"数奇",
认为李广之不能封侯是上天对其杀已降的报应。李广与匈奴大小
七十余战,最后还得听审、对质,"岂非天哉"?这与《项羽本纪》写
项羽失败之后感叹说"此天亡我也!"同调。但是,当他描写的人
物的行迹有许多用天命解释不通时,又不能不对天命产生怀疑。
天命观念、天人感应学说,是汉武帝用以巩固其统治的思想武器。
而司马迁笔下的人物对天命的怀疑,其矛头正是针对汉武帝的。
这恰是司马迁思想上最具有价值的部分,也是他笔下人物最具有
光辉的部分。

司马迁写李广的不幸遭际,更明显的是在元狩四年。这一年,
大将军卫青、骠骑将军霍去病出击匈奴,他屡次请行,要求居前列,
先死单于。然而——

　　天子以为老,弗许;良久乃许之,以为前将军。

并暗中告诫卫青:

　　以为李广老,数奇,毋令当单于,恐不能得所欲。

卫青找到了借口,欲趁此能立功的机会,私下成就公孙敖。司
马迁在此画龙点睛地指出:

　　是时公孙敖新失侯,为中将军从大将军,大将军亦欲使

敖。与俱当单于，故徙前将军广。

这就戳穿了卫青内心的秘密。卫青之所以偏袒公孙敖，是因为卫青在未受宠幸时，皇后因妒恨其姊而逮捕了他，欲置他于死地。"其友公孙敖与壮士往篡取之"，才得免一死。卫青为报救命之恩，成全了公孙敖，反而逼李广自杀了。李广亲自去卫青幕府听审，说：

> 广结发与匈奴大小七十余战，今幸从大将军出接单于兵，而大将军又徙广部行回远，而又迷失道，岂非天哉！且广年六十余矣，终不能复对刀笔之吏。

终于"引刀自刭"。可见李广并非不能建立功勋，更非命运不好，而是统治阶级迫害所致，是汉武帝和外戚陷害的结果。李广终"不能复对刀笔之吏"的誓言，包含着司马迁自己的隐痛。不仅在此，在其他篇章中也随处流露着。如《老子韩非列传》："余独悲韩子为《说难》，而不能自脱耳。"又《孙子吴起列传》赞："孙子筹策庞涓明矣，然不能早救患于被刑。"又《廉颇蔺相如列传》赞："知死必勇，非死者难也，处死者难。"又《魏豹彭越列传》赞："魏豹、彭越……怀畔逆之意，及败，不死而虏囚，身被刑戮，何哉？中材以上，且羞其行，况王者乎！彼无异故，智略绝人，独患无身耳。"等等，不胜枚举。那么这里对李广的描写，李广之耻对刀笔吏，简直是他自己感情的倾泻了。

司马迁完成了对李广的描写。从他"原始察终"的历史观点看，他记述了李广一生行迹的全过程，通过李广这个人物考察了文帝和景帝，特别是汉武帝时代的历史，剖析了汉代所谓盛世的政治情况。从他"发愤著书"的文学观点看，司马迁从李广的政治悲剧中感受到自己的遭遇，产生了共鸣，在李广身上倾注着自己的血泪,对汉代的统治提出了控诉!这就是作为历史家和文学家的司马迁在描写李广这个人物时所体现的意义和精神!

评陶潜《桃花源记》并诗

《桃花源记》并诗是陶潜的代表作,比较集中地反映了陶潜的社会理想和政治观点。

关于这篇作品的写作年代,前人多从把"避秦时乱"比作避宋的观点出发,认为是作于刘裕篡晋之后。如明黄文焕《陶诗析疑》卷四说:"盖以避宋之怀匹避秦也。"清余良栋修《桃源县志》说:"惟不仕伪宋一说,深得靖节本旨。"他们的意见是可取的。陶潜晚年最感到痛心的莫过于晋、宋易代,因此把这篇作品编于刘裕篡晋以后,没有什么问题。又陈寅恪《桃花源记旁证》一文考证,陶渊明所写都是有现实根据的。其一,是羊长史(羊松龄)入秦(关中)贺刘裕收复长安,听说戴延之随刘裕入关时,著《西征记》,记载北方人民于西晋末年为了逃避异族统治者的压迫,便寻找一些平旷而与外界隔绝的地方居住。陶渊明与羊长史友善,大概是他从羊长史那里得知戴延之从刘裕入关中途中之所见闻。其二,是刘骥之入衡山采药失路的事,这是晋时极为流传的故事。刘骥之即《桃花源记》中的刘子骥。刘裕攻破长安在晋安帝义熙十三年(公元 417 年),同年羊长史入关贺捷,他有《赠羊长史》诗。那么此文可能即是这之后所作。当时陶潜五十余岁。

《桃花源记》并诗的产生并非偶然,而是有其具体的历史条件的。在陶潜五十多岁以前,相当长一段历史时期,晋代社会战乱迭起,人民饥寒流亡,是极其普遍的现象。《通鉴·晋纪》中有很多记载,如太元十年(公元 385 年)西燕主冲进攻长安,"纵兵暴掠,关中士民流散,道路断绝,千里无烟"。又当其"入据长安,纵兵大掠,死者不可胜计"。战争破坏了生产,社会凋敝,人民无以为生,出现了"时长安饥,人相食"的严重现实。义熙六年(公元410年),孙恩的起义队伍卢循军在陶潜的家乡寻阳与东晋官军频繁交战,"五月戊午,毅与循战于桑落洲。毅兵大败,弃船,以数百人步走,余众皆为循所虏"。"秋七月庚申循自蔡洲南还寻阳。""十二月己卯……循兵大败,走还寻阳,将趣豫章,乃悉力栅断左里。"这些情况陶潜应当都是亲身经历过的。元熙二年(公元420年)刘裕废晋帝,建立宋朝,也是触动他心弦的事。对这些历史事件,陶潜的态度极其复杂,他憎恨北方部族的不断侵扰,同情人民饥寒交迫的境遇,但并不理解人民的反抗,对起义军之惨遭镇压态度冷漠;他对晋末政治的腐朽黑暗有所不满,但东晋王朝为刘裕所灭时,他又表示了极深的惋惜和依恋。这种种矛盾在他思想中无法解决,便产生了一种厌恶战乱、追求和平宁静生活的理想。这就是《桃花源记》并诗产生的根源。

《桃花源记》中说:"乃不知有汉,无论魏、晋。"这是贬斥汉以下都是动乱的朝代,说明桃花源的理想与汉末以来的动乱社会有联系。《三国志·魏书·田畴传》即记载,田畴"入徐无山中,营深险平敞地而居,躬耕以养父母,百姓归之,数年间至五千余家"以避乱的事。西晋灭亡之后北方地主、官僚避居山林者也不少,如《晋书·郗鉴传》记载,郗鉴的宗族、乡曲孤老"咸相谓曰:'今天子播越,中原无伯,当归依仁德,可以后亡。'遂共推鉴为主,举千余家,俱避难于鲁之峄山"。在陶潜生活的东晋末年,他家乡江州也有许多人由于负担不了沉重的赋税而逃到深山险境。《晋书·刘毅传》记载,约在义熙八年(公元412年)刘毅上表云:"江州以一隅之地,当逆顺之冲。自桓玄以来,驱蹙残败。至乃男不被养,女无匹对,逃亡去就,不避幽深。"《桃花源记》所写的是武陵捕鱼人,武陵即荆州,据《宋书·武帝纪》记载,刘裕下书说:"此州积弊,事故相仍。民疲田芜,杼轴空匮。加以旧章乖昧,事役频苦,童耋夺养,老稚服戎,空户从役,或越绋应召。"说明当地人民衣食无着,还要服役,走投无路,只好逃亡。《宋书·荆州蛮传》记载刘宋初年荆州人民逃亡的情况说:"宋民赋役严苦,贫者不复堪命,多逃亡入蛮。蛮无徭役,强者又不供官税。"至堪注意的是逃亡到的地方是"无徭役"、"不供官税",这正是《桃花源记》并诗中所描写的。这种从汉末到晋、宋之际,从北方到江州、荆州,人们入深山绝境逃脱赋役、躲避战乱的特定社会生活,必然反映到陶潜头脑中去,成为他创作的素材。这是《桃花源记》并诗产生的又一根源。

《桃花源记》并诗是两篇互为表里的诗文,不可分割。《文》以写淳朴社会风俗画面,《诗》以咏形成这种淳朴社会生活的主要原因。互为补充,相得益彰。要之,其《诗》、《文》的描写,都是作为当时社会面貌的反衬,作为与当时社会的对比来写的。他政治观点和社会理想,在那污浊腐朽的社会中,正是濯淖污泥之中,浮游尘埃之外,皭然泥而不滓者也!

陶潜这种纯洁高尚的理想,最集中地体现在《记》文中间之一大段里:

> 土地平旷,屋舍俨然。有良田、美池、桑竹之属。阡陌交通,鸡犬相闻。其中往来种作,男女衣着,悉如外人;黄发垂髫,并怡然自乐。见渔人,乃大惊,问所从来,具答之。便要还家,设酒杀鸡作食。村中闻有此人,咸来问讯。自云先世避秦时乱,率妻子邑人来此绝境,不复出焉,遂与外人间隔。问今是何世,乃不知有汉,无论魏、晋。此人一一为具言所闻,皆叹惋。余人各复延至其家,皆出酒食。停数日,辞去。此中人语

云：“不足为外人道也。”

这段文字描写了桃源内的土地平旷、园田丰美、屋舍齐整、人人耕作、丰衣足食，男女老幼都过着安乐幸福的生活；描写了桃源中人之好客，对渔人殷勤接待，自谓“避秦时乱”，才来到此，其生活之所以美好，是由于隔绝了汉、晋以来的社会动乱。特别值得注意的是“不足为外人道也”一句，乃一篇之结穴。为什么不能对外人讲呢？因为外人知道后，战乱也就乘虚而入，他们的和平安乐生活就会遭到破坏了。陶潜在这里描绘出处于乱世中的一块人间乐土，表现了那一时期人们的生活理想。虽然当人们还找不到摆脱这种战乱痛苦的出路时，他们的理想不能不具有空想的性质，但它毕竟是人们对那个时代所加给自己的苦难的一种反抗精神的特殊表现。同时这也是陶潜自己精神世界的展示，是他对自己精神领域的开拓。

在《诗》章中，陶潜不但歌咏了当时的社会风貌，而且赞美了人们的生活状况和社会制度，进一步揭示了桃源人所以享有那样美好安乐生活的原因，在于那里没有剥削和压迫，人人都劳动：

> 相命肆农耕，日入从所憩。桑竹垂余荫，菽稷随时艺。春蚕收长丝，秋熟靡王税。荒路暖交通，鸡犬互鸣吠。俎豆犹古法，衣裳无新制。童孺纵行歌，斑白欢游诣。草荣识节和，木衰知风厉。虽无纪历志，四时自成岁。怡然有余乐，于何劳智慧。

诗中所咏桃源人从事耕作是互相召唤的，没有有司长吏的统辖，他们春播秋收也各任其便，不受他人的聚敛，因而人们都以劳动为乐。这就向人们揭示出桃源人生活美好的根源在于远古时代的共耕制。由于人们参加耕作，就没有现实社会那种主佃关系，也没有封建时代那种君臣关系,从而也就没有"王税"了。诗歌前后文意告诉人们"嬴氏乱天纪,贤者避其世",政治黑暗才多隐逸之士,没有王朝的赋税,人们就可以生活幸福,就可以"怡然自乐"。这就是这首诗所确切表明的真正意义。言外之意,汉、晋时代人民的苦难境遇,是封建剥削制度造成的,因而又是对封建制度的有力批判。

《记》文和《诗》章描写桃花源的共同特点是:这里没有战乱的干扰,不知朝代的更变,没有尔虞我诈的人与人之间的关系,没有王朝的税收,人们都自耕自食,礼法、衣饰保持着古代的规模,生活很优裕富足。这是我国5世纪乌托邦式的社会理想。这种理想带有浓厚的复古主义色彩,其中甚至主张无诗书历志,不劳智慧,但在封建社会的特定历史阶段,他似乎借此向人民提供了一个摆脱压迫、剥削和一切苦难的理想王国。

陶潜所抒发的桃源的政治理想,与老庄思想有着密切的联系。老子倡导的"甘其食,美其服,安其居,乐其俗"的小国寡民的社会,在桃花源中有明显的投影。但是陶潜并未落入老庄思想的窠臼,而是有自己的发展和新的探索。老子主张"邻国相望,鸡犬之声相闻,民至老死不相往来"。陶潜则特别写了桃源人之往来,而且"斑白欢游诣"。老子主张"小国寡民"(以上引文皆见《老子·德经》),陶潜则只写了秉性淳朴的"民",并未写"国",因为有国,就有君,有君必然就有"王税"了,这是陶潜所坚决反对的。王安石在其《桃源行》中即指出这个社会"虽有父子无君臣"。"无君"是陶潜对老庄思想的重要突破。

"无君说"是老庄思想发展到魏晋时期产生的,东晋鲍敬言即构想过这样的社会,他在与葛洪争辩时说:"曩古之世,无君无臣。穿井而饮,耕田而食。日出而作,日入而息。汎然不系,恢尔自得。

不竞不营,无荣无辱。山无蹊径,泽无舟梁。川谷不通,则不相并兼……势利不萌,祸乱不作,干戈不用,城池不设。万物玄同,相忘于道,疫疠不流。民获考终。纯白在胸,机心不生。舍(当是"含"字之误写)铺而熙,鼓腹而游……安得聚敛以夺民财?安得严刑以为坑阱?""身无在公之役,家无轮(当是"输"字之误写)调之费。安土乐业,顺天分地,内足衣食之用,外无势利之争,操杖攻劫非人情也。"(《抱朴子·诘鲍》)这里没有封建的徭役、赋税和掠夺,没有城池、军备和刑法,人人都劳动,过着美好幸福的生活。当人们还不认识劳动者在封建制度下被剥削被奴役的必然性时,就经常把暴君和酷吏看做是人民一切苦难的根源,因此便以除消"君""臣"作为自己理想社会的标志。这是当时社会的一种思潮。陶潜的桃花源社会理想与这一社会思潮是一致的,并具体地体现了这一思潮。这是他以前历代所没有的,是他顺应历史潮流以其《桃花源记》并诗为他那个时代提供的新的思想因素,对那个时代君主专制的封建制度提出了挑战。这就是《桃花源记》并诗的价值和意义所在,是这篇《记》文和《诗》章大放思想光辉的原因。

《蜀道难》本事新考

　　李白的乐府感情炽烈,意境高远,纵横变幻,气象万千,而《蜀道难》一篇尤为突出,博得历代评论者的普遍称誉。但《蜀道难》的意旨是什么,自古以来却众说纷纭,莫衷一是,究其实大抵郢书燕说,各执偏见,因此得不出公允、正确的结论。我根据自己掌握的资料并参考各家的说法加以考察,提出看法,以就正于专家学者。原诗云:

　　噫吁嚱!危乎高哉!蜀道之难,难于上青天。蚕丛及鱼凫,开国何茫然!尔来四万八千岁,不与秦塞通人烟。西当太白有鸟道,可以横绝峨嵋巅。地崩山摧壮士死,然后天梯石栈相钩连。上有六龙回日之高标,下有冲波逆折之回川。黄鹤之飞尚不得过,猿猱欲度愁攀援。青泥何盘盘!百步九折萦岩峦。扪参历井仰胁息,以手抚膺坐长叹。问君西游何时还?畏途巉岩不可攀。但见悲鸟号古木,雄飞雌从绕林间。又闻子规啼夜月,愁空山。蜀道之难,难于上青天,使人听此凋朱颜。连峰去天不盈尺,枯松倒挂倚绝壁。飞湍瀑流争喧豗。砯崖转石万壑雷。其险也若此,嗟尔远道之人胡为乎来哉?剑阁峥嵘而崔嵬,一夫当关,万夫莫开。所守或匪亲,化为狼与豺。朝避猛虎,夕避长蛇。磨牙吮血,杀人如麻。锦城虽云乐,不如早还家。蜀道之难,难于上青天,侧身西望长咨嗟。

对这首诗的本意,自晚唐至清代有以下几种解释:

其一，是唐李绰《尚书故实》、唐范摅《云溪友议》、《新唐书·严武传》和《韦皋传》、宋杨遂《李太白故宅记》、宋钱易《南部新书》等认为是忧虑杜甫、房琯而作。杜甫晚年和房琯在蜀地做剑南节度使严武的部下，严武为人暴虐，李白深恐他们遭杀害，所以作诗劝他们离开蜀地。

其二，是北宋沈括《梦溪笔谈》卷四、南宋胡仔《苕溪渔隐丛话》前集引"洪驹父诗话"、南宋洪迈《容斋续笔》卷六、清仇兆鳌《杜少陵集详注》卷十《寄题杜二锦江野亭》注等，认为是讽刺章仇兼琼，章仇兼琼在开元末和天宝初任蜀地军政长官，李白担心他不受唐王朝的节制，所以作诗讽之。

其三，是元萧士赟《分类补注李太白诗》卷三、清沈德潜《唐诗别裁》卷五、清陈沆《诗比兴笺》、清《唐宋诗醇》等，认为是为讽唐明皇而作。安史之乱爆发以后，唐明皇逃亡蜀地，李白认为蜀地不可久居，所以作诗以讽。

其四，是明胡震亨《李诗通》卷四、清顾炎武《日知录》卷二十六等，认为《蜀道难》是古乐府旧题，李白是蜀人，便沿用乐府旧题写蜀地山川的险要，不是写一人或一事。

要确定这四种说法哪一种是正确的，就必须考察一下《蜀道难》的写作年代。唐孟棨《本事诗·高逸第三》云：

> 李太白初自蜀至京师，舍于逆旅。贺知章闻其名，首访之。既奇其姿，复请所为文。出《蜀道难》以示之。读未竟，称叹者数四，号为谪仙。

五代王定保《唐摭言》卷七云：

> 李太白始自西蜀至京，名未甚振，因以所业贽谒贺知章。知章览《蜀道难》一篇，扬眉谓之曰："公非人世之人，可不是

太白星精耶?"

《本事诗》和《唐摭言》虽非正史,但其所记,必是有根据的。按李白入长安在玄宗天宝元年,贺知章于天宝三年正月自秘书监退职还乡(见王琦《李太白年谱》注)。然则此诗至晚是天宝三年以前所作。

又与李白同时的殷璠所编的《河岳英灵集》(明翻刻宋刊本),其序文云:

> 开元十五年后,声律风骨始备矣。实由主上恶华好朴,去伪从真,使海内词场,翕然尊古……粤若王维、昌龄、储光羲等二十四人,皆河岳英灵也。此集便以河岳英灵为号,诗二百三十四首,分为上下卷,起甲寅,终癸巳。

文中的"主上"应指玄宗,玄宗时的癸巳年是天宝十二载。北宋曾彦和《国秀集》(明刊本)的跋文云:"殷璠所撰《河岳英灵集》,作于天宝十一载。"这里的十一载应是十二载之误。《全唐文》卷四三六所载殷璠序文作"起甲寅,终乙酉"。乙酉是天宝四载。唐时日本人遍照金刚的《文镜秘府论》南卷引殷璠序作"终癸巳"。遍照金刚以唐时人引唐人序,应当以"癸巳"为是。《蜀道难》和《远别离》并见于《河岳英灵集》中,可以证明《蜀道难》是天宝十二载以前所作。综合以上两方面的论证,《蜀道难》作于天宝初年,大概没有问题。

严武做成都尹、剑南节度使在肃宗上元二年,上元三年李白就死了(见闻一多《少陵先生年谱会笺》),在时间上晚于《蜀道难》之作近二十年,因此认为这首诗是为刺严武而作,"为房杜危之也"的说法是不能成立的。又《旧唐书·杜甫传》云:

> 武与甫世旧,待遇甚隆。甫性褊躁。无器度,特恩放恣,

　　尝凭醉登武之床,瞪视武曰:"严挺之乃有此儿。"武虽急暴,
不以为忤。

　　其中并没有记载严武欲杀杜甫的事。《旧唐书·严武传》则
根本没有提到杜甫,提到房琯时也只是说:"(武)初为剑南节度
使,旧相房琯出为管内刺史,琯于武有荐导之恩,武骄倨,见琯略无
朝礼。"没有说欲杀房琯的事。《新唐书·严武传》和《杜甫传》是
根据唐人小说记载的,不可信,应当以《旧唐书》为正。而且严武
和杜甫私交很厚,杜甫咏严武的诗歌很多,都表现了一种眷恋之
情,而没有流露任何忧虑被杀之意,"为房杜危之也"说法的错误,
不辨自明。

　　至于玄宗幸蜀,那是在天宝十五年,时间上也晚于《蜀道难》
之作十余年,因此说此诗是讽玄宗幸蜀也是站不住脚的。同时从
李白的政治观点看,他并不反对玄宗幸蜀,相反却认为幸蜀是一件
盛事。他的《上皇西巡南京歌》就表现了这种思想,其中极力称赞
蜀地山川之美,和《蜀道难》描写的险恶情景形成鲜明的对立。安
史之乱爆发之后,唐王朝把两个皇帝避过难的地方都改名为京,肃
宗至德二载改蜀郡为南京,同年李白写了这十首诗(据王琦《李太
白年谱》)。其中称赞蜀地之美,比秦川毫不逊色:

　　　　华阳春树似新丰,行入新都若旧宫。柳色未饶秦地绿,花
　　光不减上阳红。(其三)

又称赞成都的江山胜于长安:

　　　　九天开出一成都,万户千门入画图。草树云山如锦绣,秦
　　川得及此间无?(其二)

更重要的是歌颂玄宗幸蜀说:

谁道君王行路难,六龙西幸万人欢?（其四）

这就和《蜀道难》大唱反调了,可以说明《蜀道难》绝不是讽玄宗幸蜀的,不然怎样解释这种主题上的矛盾呢? 萧士斌认为:"《蜀道难》是初闻上皇仓促幸蜀之时,见得事理不便者如此,情发于中,不得已而言也。《西巡南京歌》是事已定之后所作,成事不说,遂事不谏,朝廷处分已定,何必更为异议乎?"（见王琦注《李太白全集》引）曲为之说,岂能服人?

再则,关于《蜀道难》是沿用乐府旧题写蜀地山川之险要,不是写一人一事的说法,表面上看似乎宏通,实际上与作品的内容不符。作品的开篇即说:"噫吁嚱! 危乎高哉! 蜀道之难,难于上青天";中间又说:"蜀道之难,难于上青天";结尾又说:"蜀道之难,难于上青天"。一唱三叹,大声疾呼。仔细玩味,不是漫无所为,而是深有所感而发。又如说:"嗟尔远道之人胡为乎来哉?"此人是谁? 值得这样郑重叮咛? 看来是确有所指。那么说它"即事成篇,别无寓意"或"风人之义远矣"等,不过是一种不得确解的解释,是漫为可否之论耳。

以上三种说法都不能成立,不可取,剩下一种说法就是"讽章仇兼琼"了。对此应该如何看待呢? 我认为这一说法是正确的,但还有不足之处,应该补充。以下便逐步加以论证。

关于《蜀道难》是讽章仇兼琼,最有力的证据是以下诸条:

缪氏影刻北宋《李太白集》于《蜀道难》题下自注:

讽章仇兼琼也。

萧士斌注（见王琦注《李太白全集》引）引洪刍《洪驹父诗话》云:

尝见李集一本,于《蜀道难》题下注:"讽章仇兼琼也。"考其年月近之矣。

这两条记载,都说明宋刻本《李太白集》于《蜀道难》题下注为"讽章仇兼琼",又萧士斌注引黄山谷书写此诗时,也作了同样的题注。如萧士斌注云:

> 黄鲁直尝于宜州用三钱买鸡毛笔,为周维深作草书《蜀道难》,亦于题下注云:"讽章仇兼琼也。"

黄山谷如此书写,必然是有依据的,不会全凭臆想。又沈括《梦溪笔谈》卷四云:

> (《蜀道难》)李白集中称刺章仇兼琼,与《唐书》所载不同,此《唐书》误也。

洪迈《容斋续笔》卷六云:

> 按:李白《蜀道难》,本以讥章仇兼琼。

沈括和洪迈也认为《蜀道难》是讽章仇兼琼。这几条材料都是宋人的见闻和记载,是可信的史实。清代曾国藩《十八家诗钞》也以"讽章仇兼琼也"为自注,不是没有根据的。因此,《蜀道难》是讽章仇兼琼,乃确切无疑。

但是,章仇兼琼是怎样的人呢?《唐书》上没有他的传,他的事迹只散见于其他史传、诗文等。按:《大清一统志》四川、成都府、名宦记载:

> 章仇兼琼颍川人,开元中益州长史。开通济大堰一,小堰十,自新泽中江口,旨渠南下,百二十里,至眉州古南入江,溉田千六百顷。

《永乐大典》卷三千五百八十五,十四页引《舆地纪胜》记载:

> 潼川铁天尊在飞鸟县广福观。天宝中节度使章仇兼琼
> 铸,灵应甚多。

他做过益州长史,在任职期间曾兴修水利,灌溉良田,并曾铸造铁天尊像。《旧唐书》卷一九六《吐蕃传》记载:

> 开元二十七年……诏以华州刺史张宥为益州长史、剑南
> 防御使,主客员外郎章仇兼琼为益州司马、防御副使。宥既文
> 吏,素无攻战之策,兼琼遂专其戎事。俄而兼琼入奏,盛陈攻
> 取安戎之策,上甚悦,徙张宥为光禄卿,拔兼琼令知益州长史
> 事,代张宥节度,仍为之亲画取城之计。二十八年春,兼琼密
> 与安戎城中吐蕃翟都局及维州别贺董承宴等通谋,都局等遂
> 翻城归款,因引官军入城,尽杀吐蕃将士,使监察御史许远率
> 兵镇守。上闻之甚悦……其年十月,吐蕃又引众寇安戎城及
> 维州,章仇兼琼遣裨将率众御之,仍发关中旷骑以救援焉。时
> 属凝寒,贼久之自引退。诏改安戎城为平戎城。

又《新唐书》卷二一六《吐蕃传》也有简略的记载:

> ……昱之败,以张宥代节度剑南,以章仇兼琼为益州司
> 马。宥,文吏,不知兵,委事兼琼。兼琼因得入奏,天子果其
> 议,拔兼琼代宥节度。兼琼谋诱吐蕃安戎城主为应,导官军
> 入,尽杀虏戎,以监察御史许远守之。

这都是记载章仇兼琼做剑南节度使时取安戎城的事迹。另外,他在镇蜀期间还曾为陈子昂雪狱,《唐语林》卷四“豪爽”类云:

> 或谓章仇大夫兼琼为陈子昂拾遗雪狱,高侍御适与王江
> 宁昌龄申冤,当时同为义士也。

他还推荐过杜秀才出来做官,《分类补注李太白集》卷十九

《答杜秀才五松山见赠》诗云：

> ……闻君往年游锦城，章仇尚书倒屣迎。飞笺络绎奏明主，天书降问回恩荣。肮脏不能就丰组，至今空扬高蹈名。

他的其他方面的政治活动，有《新唐书》卷二〇六《杨国忠传》记载：

> 剑南节度使章仇兼琼，与宰相李林甫不平，闻杨氏新有宠，思有以结纳之为奥助，使仲通之长安，仲通辞以国忠见，干貌颀峻，口辩给，兼琼喜，表为推官，使部春贡长安。将行，告曰："郫有一日粮，君至，可取之也。"国忠至，乃得蜀货百万，即大喜。至京师，见群女弟，致赠遗。于时虢国新寡，国忠多分赂，宣淫不止。诸杨日为兼琼誉，而言国忠善摴蒲。玄宗引见，擢金吾兵曹参军、闲厩判官。兼琼入为户部尚书兼御史大夫，用其力也。

同样的事迹，《资治通鉴》记载得更详细，《通鉴》卷二一五天宝四载七月云：

> 杨钊（即杨国忠），贵妃之从祖兄也。不学无行，为宗党所鄙，从军于蜀，得新都尉。考满家贫，不能自归。新政富民鲜于仲通，常资给之……剑南节度使章仇兼琼引为采访支使，委以心腹。尝从容谓仲通曰："今吾独为上所厚，苟无内援，必为李林甫所危。闻杨妃新得幸，人未敢附之。子能为我至长安，与其家相结，吾无患矣。"仲通曰："仲通蜀人，未尝游上国，恐败公事。今为公更求得一人。"因言钊本末。兼琼引见钊，仪观丰伟，言辞敏给，兼琼大喜，即辟为推官。往来浸亲密。乃使之献春绨于京师。将别，谓曰："有少物在郫，以具一

日之粮,子过可取之。"钊至郫,兼琼使亲信大赍蜀货精美者遗之,可直万缗。钊大喜过望,昼夜兼行。至长安,历抵诸姝,以蜀货遗之,曰:"此章仇公所赠也。"时中女新寡,钊遂馆于其室中,分蜀货以与之。于是诸杨日夜誉兼琼。

又《通鉴》同卷天宝五载云:

> 五月乙亥,以剑南节度使章仇兼琼为户部尚书,诸杨引之也。

这是说章仇兼琼为了巩固在蜀地的统治地位,贿赂勾结杨氏,以取宠于玄宗。他还约束蜀地人民采马鞭向京师进贡以邀宠,《全唐诗》卷二百六十五顾况《露青竹杖歌》云:

> 鲜于仲通正当年,章仇兼琼在蜀川。约束蜀儿采马鞭,蜀儿采鞭不敢眠。横截斜飞飞鸟边,绳桥夜上层崖颠。头插白云跨飞泉,采得马鞭长且坚。浮沤丁子珠联联,灰煮蜡楷光烂然。章仇兼琼持上天,上天雨露何其偏……圣人不贵难得货,金玉珊瑚谁买恩。

原诗很长,这里只是节录,亦足见诗人对他这种行为的讽刺。他生活奢侈,迷恋轻歌曼舞。《少室山房笔丛》卷十二"弓足"条记载:

> 《丽情集》载:章仇公镇成都,有真珠之惑。或上诗以讽云:"神女初离碧玉阶,彤云犹拥牡丹鞋。应知子建怜罗袜,顾步褰衣拾坠钗。"

他还求仙访道,在蜀地遇上太白星。《太平广记》卷四十"章仇兼琼"条记载:

　　章仇兼琼尚书镇西川，常令左右搜访道术士。有一鬻酒者，酒胜其党，又不急于利，赊贷甚众。每有纱帽藜杖四人来饮酒，皆至数斗，积债十余石，即并还之，谈谐笑谑，酣畅而去。其话言爱说孙思邈。又云："此小儿有何所会。"或报章仇公，乃遣亲吏候其半醉，前拜言曰："尚书令传语，某苦心修学，知仙官在此，欲候起居，不知俯赐许否？"四人不顾，酣乐如旧。逡巡，问酒家曰："适饮酒几斗？"曰："一石。"皆拍掌笑，太多。言讫，不离席上，已不见矣。使者具报章仇公。公遂专令探伺。自后月余不至。一日又来。章仇公遂潜驾往诣，从者三四人。公服至前，跃出载拜。公自称姓名，相顾徐起，唯柴烬四枚在于坐前，不复见矣。时玄宗好道，章仇公遂奏其事。诏召孙公问之，公曰："此太白酒星耳，仙格绝高，每游人间饮酒，处处皆至，尤乐蜀中。"自后更令寻访，绝无踪迹。（出《逸史》）

　　同样的事迹，在《分类补注李太白集》卷十九《酬崔侍御》诗"自是客星辞帝座，元非太白醉扬州"句下杨齐贤注也引用过。

　　从以上所引证的散见材料中，我们可以对章仇兼琼镇蜀的行迹有一个初步的了解。即他兴修水利，取安戎城，并为陈子昂申冤等，可谓政绩卓著。同时，作为一个地方节镇，为了巩固的地位，以与当朝的宰相李林甫抗衡，他便以鲜于仲通为心腹，通过他结纳杨氏兄妹，并约束蜀地人民采马鞭进贡长安，以取宠于玄宗等。至于"有真珠之惑"，求仙访道，则是唐朝官吏普遍的生活作风，非独章仇兼琼如此，不值得特别诟病。胡震亨《李诗通》说："兼琼在蜀，御吐蕃著绩，无据险跋扈之迹可当此诗。"他确是看到了问题的本质。章仇兼琼镇蜀最大的业绩是抵御吐蕃，其他生活作风都是末节。他没有劣迹，更没有恃险割据的野心。李白并没有把他看做是地方割据势力予以讽刺,而是把他当作朋友来规劝。李白的《答杜秀才五松见赠》诗所谓"闻君往年游锦城,章仇兼琼倒屣迎",不仅表现了杜秀才的贤能和章仇兼琼之重视贤才,也表现了李白对章仇兼琼的友好感情。李白是用蜀道之艰难,用"长蛇"、"猛虎"等等比喻人事之艰难,比喻政治上的风险,规劝章仇兼琼不要为贪图功名而使自己陷入危险的境遇。

　　诗中"问君西游何时还"之"君"和"嗟尔远道之人"的"人"即指章仇兼琼。李白于天宝初年来到长安,在长安前后仅三年。这期间他还写过《剑阁赋》和《送友人入蜀》两首诗,写的是自秦入蜀的道路。其中除了对蜀道艰险的描写和《蜀道难》相似外,所表现的思想感情也与《蜀道难》相通。如"送佳人兮此去,复何时兮归来?"即"问君西游何时还"之意;"望夫君兮安极?我沉吟兮叹息!"即"侧身西望长咨嗟"之意;其规劝朋友功名不可强求的拳拳之情,即"嗟尔远道之人胡为乎来哉!"的感叹。这说明它们是先后同时之作,都是讽入蜀的朋友。不过与《剑阁赋》之讽王琰和《送友人入蜀》所讽的那位友人不同,《蜀道难》是讽章仇兼琼。李白规劝章仇兼琼不要为了追求功名而久居蜀地,那里关山险恶,豺狼当道,政治环境十分恶劣,"锦城虽云乐,不加早还家",还是回来的好!

　　解诗是很难的事,要解《蜀道难》这种迷离惝恍的诗就更难。李白写《蜀道难》以想象之词、缥缈之笔,创造出一个神奇险峻的境界,若把其中每一句描写都落实到现实生活里的某些细节,未免失之穿凿。因此,我仅考其要旨:为讽章仇兼琼。

杜甫部分珍贵资料辑录

吴曾《能改斋漫录》卷十一：

　　《杜子美集无遣忧》：余家有唐顾陶大中丙子岁所编《唐诗类选》，载杜子美遣忧一诗云："乱离知又甚，消息苦难真。受谏无今日，临危忆故臣。纷纷乘白马，攘攘着黄巾。隋氏营宫室，焚烧何太频？"世所传杜集，皆无此诗。

江少虞《皇朝类苑》卷五十九：

　　《杜子美》："往年有人于洞庭湖中得一石，刻一诗云：'蛟室围青草，龙堆隐白沙。护江蟠古木，迎棹舞神雅。破浪南风上，收帆畏日斜。云山千万叠，底处上仙搓。'或持问诸作者云，'此老杜诗也。'近有管城士大夫家藏唐本题《杜东（疑为"子"字之误）美》一卷，皆子美诗。其中一首云《惠二还东溪因置一送》：'惠子曰鱼瘦，归溪唯病身。黄天无老眼，空谷滞斯人。崖蜜松花熟，山杯竹叶春。柴门了无事，黄绮未称臣。'今子美集中所无，而用字亦多不同，如'故园杨柳今摇落，何得愁中曲尽生。'作却尽生，意味远矣。"

赵德麟《侯鲭录》：

　　刘路左车尝收唐人新编当时人诗册，有老杜数十首，其间用字皆与今本不同。有《送惠二过东溪》诗，集中无有，诗云："惠子白驴瘦，归溪唯病身。黄天无老眼，空谷滞斯人。崖蜜松花熟,山杯竹叶春。柴门了无事,黄绮未称臣。"

章大来《后甲集》下:

> 杜子美行□□于水滨,得一石子,有文云:诗王出在陈芳国,九夜扪之麟篆熟,声振扶桑享天福。杜怀之入葱肆;闻空中语曰:邂逅秒吾,令汝文而不贵。自来编杜集者,皆不识此事。余闻之鸿宝倪先生之子无功,云先生口授者。

蔡梦弼《草堂诗笺》卷三:

> 《奉赠韦左丞丈二十二韵》中之"骑驴三十载"注:"公有诗云:'迎旦东风骑蹇驴,旋呵暖手冻粘须。洛阳无限丹青手,还有工夫画得无。'王维遂作子美骑驴醉图。诗旧集不载。"

江少虞《皇朝类苑》卷五十九:

> 《杜子美》:"杜子美和裴迪《早梅》诗有'还如何逊在杨州'之句,注云:《梁史·何巡传》不见扬州事。盖逊《早梅》诗云:'兔园标物序,惊时最是梅。冲霜当路发,映雪拟寒开。枝横却月观,花绕凌风台。朝洒长门注,夕驻临邛杯。知应早飘落,故逐上春来。'(《汉皋诗话》)"按:此诗一题《扬州法曹梅花盛开》。

江少虞《皇朝类苑》卷五十九:

> 《杜子美》:"老杜云:'长镵长镵白木柄,我生托子以为命。黄独无苗山雪盛,短衣数挽不掩胫。'往时儒者不解黄独是何,《本草》赭魁注:'黄独肉白皮黄,巴汉人蒸食之,江东谓之土芋。'余求之江西,谓之土卵,煮食之,类芋魁云。(《后山居士诗话》)"

江少虞《皇朝类苑》卷六十二：

> 《老杜坟》："杜甫终耒阳，藁葬之。至元和中，其孙始改葬于巩县，元微之为志。而郑刑部文宝谪官衡州，有《经耒阳子美墓》诗。岂但为志而不克迁，或已迁而故冢尚存耶？"

冯贽《云仙杂记》卷一：

> 《笼桶衫柿油巾》："杜甫在蜀日，以七金买黄儿米半篮，细子鱼一串，笼桶衫柿油巾，皆蜀人奉养之粗者。（出《浣花旅地志》）"

杜甫《夜归》诗：

> 夜半归来冲虎过，山黑家中已眠卧。傍见北斗向江低，仰看明星当空大。庭前把烛嗔（一作唤）两炬，峡口惊猿闻一个。白头老罢舞复歌，杖藜不睡谁能那。
>
> 按：两炬大费，所以老杜嗔之。可见杜甫在蜀生活之贫困。张文虎《叙艺式余笔》谓"嗔"当作"唤"，非也。

黄庭坚《山谷外集》卷八：

> 《老杜浣花溪图引》："浣花酒船散车骑，野墙无主看桃李。宗文守家宗武扶，落日塞驴驮醉起。

陆放翁《剑南诗稿》卷五：

> 《野饭》诗自注："杜氏自谱，以为子美下硖，留一子守浣花旧业，其后避成都乱，徙眉州大垭，或徙大蓬云。"按："大"应是"天"字之误。

陈师道《后山诗》卷十二：

> 《和饶节咏周昉画李白真》："君不见浣花老翁醉骑驴，熊

儿捉螯骥子扶。金花仙伯哦七字,好事不复千金摹。青莲居士亦其亚,斗酒百篇天所借。英姿秀骨尚可似,逸气高怀那得画?周郎韵胜笔有神,解衣槃礴未必真。一朝写此英妙质,似悔只识如花人。醉色欲尽玉色起,分明尚带金井水。乌纱白纻真天人,不用更着山严里。平生潦倒饱丘园,禁省不识将军尊。袖手犹怀脱靴气,岂是从来骨相屯。仰视云空鸿鹄举,眼前纷纷那得顾,是非荣辱不到处,正恐朝来有新句。勿言身后不要名,尚得吴侯费百金。江西胜士与长吟,后来不忧身陆沉。"

赵德麟《侯鲭录》:

东坡云:"久在江湖不见伟人,在金山见滕元发乘小舟破巨浪来相见,出船巍然,使人神耸,好一个没兴底张镐滕公,且为我致意,别后酒狂甚长进也。杜甫诗云:'张公一生江海客,身长九尺须眉苍。'谓张镐也。"

郑处诲《明皇杂录》补遗:

杜甫后漂寓湘潭间,旅于衡州耒阳县,颇为令长所厌。甫投诗于宰,宰遂致牛炙白酒以遗。甫饮过多,一夕而卒。集中犹有赠聂耒阳诗也。

子俞子《萤雪丛说》卷下:

陈季陆常推贾挺才好,先生非唯笔力过人,又且讲授不雷同。如说《孟子》引得杜诗为证,极是明白。若解文王为台为治而民欢乐之,正是"丈人屋上乌,人好乌亦好。"桀纣瑶台琼室,正是"君看墙头桃树花,尽是行人眼中血。"夫以乌鸟本是可恶之物,而反喜之;桃花本是可喜之物,而反恶,是何也?盖由人情所感而然尔。灵台瑶台,亦莫不然。

范成大《吴郡志》卷六:

《官宇》:"设厅……后嘉祐中,王琪以知制诰守郡,始大修设厅,规模宏壮,假省库钱数千缗。厅既成,漕司不肯除破。时方贵杜集,人间苦无全书。琪家藏本,雠校素精,即俾公使库镂版印万本,每部为直千钱,士人争买之,富室或买十许部。既偿省库,羡余以给公厨。"

伊世珍《瑯嬛记》卷上:

余延寿选杜甫诗作六十卷,其余二十余卷不足存,欲畀宋无忌,有一俗客将掩为己物,延寿不欲,遂临之以刃,与之。以矍糜之容,而被夷光之服,何益哉而求如此也。其后有觉之者,仍入杜集中。(《胶葛》)

高彦休《唐阙史》卷下:

《韦进士见亡妓》:"京兆韦氏子举进士,门阀甚盛。尝纳妓于潞,颜色明秀,尤善音律,慧心巧思。众寡其伦。韦曾令写杜工部诗,得本甚舛缺,妓随笔铅正,文理晓然。以是韦颇惑之。"

张丑《清河书画舫》寅集:

《王维》:"传闻右丞'花杂重重树,云轻处处山'(见杜集《涪江泛舟送韦班归京》)小帧,在文征仲太史家,纸本,浅绛色,布景极异,落笔精微,以较冯氏所藏《江山雪霁图》可方驾也。此画原系矮直幅,太史恐其日久愈坏,命工补缀为短卷,有诗题其后云。"

孙绍远《声画集》卷一：

　　林子仁《书吴熙老醉杜甫像》："清晨出寻酒家门，蹇驴破帽衣悬鹑。年年碧溪坊下路，野梅官柳惯寻春。酒钱有无俱醉倒，改罢新诗留腹稿，儿童拍手遮路衢，拾遗笑倩旁人扶。百年风雅前无古，沈宋曹刘安足数。后来一字人难补，君莫笑渠作诗苦。"

孙绍远《声画集》卷一：

　　王履道《次秦夷行观老杜画像韵》："寒折天吴图，饥枺太官栗。拾遗官在朝，何异老林麓。英风想廉蔺，妙手传顾陆。蒙茸头倾冠，骏骕镫脱作。熊儿与阿段，左右相扶逐。生平经纶具，怅望青蒲伏。穷涂付曲蘖，放意谢羁束。草堂幸无事，尹骑时见辱。清吟动霄堮，逸艳惊鱼目。顾兹神明意，岂易丹青卜。当时腰长镵，惟悴十指秃。声名乾坤破，生事岁月促。但闻列仙癯，岂见肉食墨。企予攀逸驾，短步羞匍匐。不能师广袖，乃尔好奇服。嗜诗得隽永，徐味自当肉。不知褒公贵，顾谓何郎俗。穷通等梦幻，思虑自振触。苦吟只效尤，呼盏进蚁绿。"

李义山诗说

近来读李义山诗,深感于它寄托之深,境界之高,风格之新,可是,"诗家总爱西昆好,独恨无人作郑笺"(元遗山语)。又极苦于他的诗意的难解。然而吟咏之间,也不无所得,写成札记数则,总名之曰"李义山诗说"。

《漫成五章》

> 沈宋裁辞矜变律,王杨落笔得良朋。
> 当时自谓宗师妙,今日惟观对属能。

沈、宋,是指初唐诗人沈佺期和宋之问,"裁辞"、"变律",是说明沈、宋在诗歌发展中的地位,诗至沈、宋才正式完成律体,所以称"变律"。王、杨,是指王勃和杨炯。王勃、杨炯、卢照邻、骆宾王在唐代以诗文齐名,号"四杰",即所谓"良朋"也。沈、宋、王、杨在初唐地位很高,当时自矜为诗文的宗师,但是在今天看来不过是属文对仗的能手罢了。这是对沈、宋、王、杨的历史评价,贬低他们的地位,认为他们的诗文创作没有什么了不起。但是义山并不是单纯地评价别人,而是借对别人的评价来抒发自己的身世之感,具体地讲即批判自己曾经从令狐楚习骈体文。

> 李杜操持事略齐,三才万象共端倪。
> 集仙殿与金銮殿,可是苍蝇惑曙鸡。

这首诗的头两句很难解,"操持"的意思是什么？是操守吗？显然不是,因为这句诗是赞扬李、杜的文学才能的,所以"操持"应当作"操翰墨"解,杜甫《戏为六绝句》:"纵使卢王操翰墨,劣于汉魏近风骚。"义山诗即化用此句。那么通句的意思是说,李白、杜甫是以诗齐名于当时。"三才",即天、地、人,"万象",即自然万物。"端倪",最早见于《庄子·大宗师》:"反复终始,不知端倪",即头角的意思。李义山《和孙朴韦蟾孔雀咏》诗:"爱堪通梦寐,画得不端倪",意即爱孔雀可以于梦中见到,但要画却画不出个头角来。那么在李、杜笔下则不同,在他们笔下自然万物一切景象都能够毕现,所谓"共端倪"也,极力赞扬李、杜才华之高。集仙殿与金銮殿是分别写杜甫与李白受最高统治者恩宠的事。杜甫于天宝末年进《三大礼赋》受唐玄宗的赏识,命待制集贤院,召试文章。李白被召见于金銮殿,论当时政事,奏颂一篇,玄宗赐食,并亲手为他调羹。"苍蝇惑曙鸡",是用《诗经·鸡鸣》篇"匪鸡则鸣,苍蝇之声"的句意,是说李、杜遭谗言。李、杜虽然才高,但不能久居集仙殿和金銮殿,反而是那些文学侍从之臣嘈杂其间,所谓"苍蝇惑曙鸡"。这首诗是赞扬李白、杜甫的高度才华,同情他们的被谗言陷害。同时也是义山自负才高,感慨自己之坎坷不遇。

> 生儿古有孙征虏,嫁女今无王右军。
> 但问琴书终一世,何如旗盖仰三分？

孙征虏即孙权,《三国志·吴书·孙权传》注引《吴历》云:"曹公出濡须,作油船,夜渡洲上,权以水军围取,得三千余人。……公见舟船、器仗、军伍整肃,喟然叹曰:生子当如孙仲谋,刘景升儿子若豚犬耳。"这是曹操称赞孙权的话,为人们所熟悉。"嫁女今无王右军",朱鹤龄、冯浩等各家注本都解释为郗鉴向王导择婿,择着了王羲之的事，其实这与诗的意思没有什么关联。义山自是用《世说新语·方正》篇一条的故事："诸葛恢大女适太尉庾亮儿，次女适徐州刺史羊忱儿……于时谢尚书求其小女婿。恢乃云：'羊邓是世婚，江家我顾伊，庾家伊顾我，不能复与谢裒儿婚。'及恢亡，遂婚。于是王右军往谢家看新妇，犹有恢之遗法，威仪端详，容服光整。王叹曰：'我在，遣女裁得尔耳。'"这是王右军感叹自己不如诸葛恢之有威仪礼法，今天既无王右军那样嫁女的礼法，当然更不用说诸葛恢了。王右军是以书法文章名世的人，嫁女却不敢望如诸葛恢之大官僚那样威严庄重，所以为读书人悲也。"琴书终一世"，指王右军；"旗盖仰三分"，指孙征房。总的意思是说，古代有孙征房那样的英雄，今天却没有王右军那样的读书人，即使像王右军那样琴书一世的名贵，若是拿来和建立三分鼎足形势的孙权相比，更是远远不如。诗人以王右军自比，感慨自己琴书一世，反不如一个武将，表现了对重武轻文的愤慨。同样在《骄儿诗》中也说："儿慎勿学爷，读书求甲乙，穰苴司马法，张良黄石术，便为帝王师，不假更纤悉。"杜甫《草堂》诗："天下尚未宁，健儿胜腐儒"，与此诗显示了同样的悲愤情绪。

> 代北偏师衔使节，关东裨将建行台。
> 不妨常日饶轻薄，且喜临戎用草莱。

这首诗头两句都是写李德裕的将领石雄的业绩。"代北"即代州之北，代州在今天山西省内，古属雁门郡，唐代于代州之北驻有代北军。"偏师"，指整个军队中之一部分。《旧唐书·石雄传》："石雄，徐州牙校也……授壁州刺史，智兴寻杀雄之素相善诸将士百余人，仍奏雄摇动军情，请行诛戮。文宗雅知其能，惜之，乃长流白州。太和中，河西党项扰乱，选求武士，乃召还，隶振武刘沔军为裨将,累立破羌之功……会昌初,回鹘寇天德,诏命刘沔为招抚回鹘使,三年回鹘大掠云朔北边牙于五原,沔以太原之师屯于云州……雄受教自选劲骑,得沙陀李国昌三部落兼契苾拓拔杂虏三千骑,月暗夜发马邑……直犯乌介牙帐……斩首万级,生擒五千,羊马车帐皆委之而去,遂迎公主还太原。"石雄建立功业正在代北之地,所以说代北偏师。"关东"即函谷关之东,这里具体指河东,属今天山西省治内。"裨将",即副将。"行台",是专为征讨时设置在外地的机构,代中央机关的台省行事。石雄起自偏裨,"以功加检校左散骑常侍、丰州刺史兼御史大夫、天德防御等使……累迁检校左仆射河中尹,河中晋绛节度使"。即所谓建行台。这两句是赞扬石雄破回纥平昭义的功勋。"饶轻薄"即备受菲薄的意思,指李德裕未罢相之前,他的党人如石雄等已经常被人菲薄。"临戎",即面临军旅之事。"草莱",指石雄出身寒微,又被召自流放之地。这两句是说,尽管日常许多人加以轻薄,而遇到军事紧急的时候,却仓皇召用此草茅之人,是令人兴奋的。诗的主旨是赞扬李德裕的善用人才,使石雄为唐王朝建立了不少功业,同时为李党人石雄的被排挤而鸣不平,也流露了自己同样的身世之慨。

　　郭令素心非黩武,韩公本意在和戎。
　　两都耆旧皆垂泪,临老中原见朔风。

"郭令"即郭子仪,曾于乾元元年进中书令。"素心"即本意。郭子仪曾单骑与回纥盟约,并于吐蕃请和时能立即定边,所谓"素心非黩武"也。"韩公"即张仁愿,曾于景龙二年封韩国公。他做朔方总管,于河北筑三受降城以拒突厥,突厥不敢再犯,北边安定,所谓"本意在和戎"也。杜甫《诸将五首》之"韩公本意筑三城,拟绝天骄拔汉旌"是这句诗意的来源。这两句是写郭子仪和张仁愿,实质上是赞美李德裕，以郭、张比李德裕。冯浩注："咏河、湟收复之事，而悼卫公（李德裕）也。《通鉴》会昌四年，以回纥微弱，吐蕃内乱，议复河、湟四镇十八州，令天德、振武、河东训卒励兵以俟其时。《会昌一品集》所谓令代北诸军拟拟排比也。时刘濛为巡边使，其赐诏曰：'缘边诸镇各宜选练师徒，多蓄军食，使器甲犀利，烽火精明，密为制置，勿显事机。'是卫公已大有收复之谋，其异议者必曰佳兵黩武，故借郭、张以白之。观会昌初，天德军使田牟请击嗢没斯及赤心内附之众，德裕独谓当遣使镇抚，赐以粮食，怀柔得宜，彼必感恩，此亦足见非黩武而在和戎之大指矣。及大中三年，收复河、湟，未始非叨会昌之余威，而卫公则已叠贬将死也。"写李德裕企图收复河、湟事，犹郭子仪和张仁愿，意非在黩武而在和戎。"两都耆旧"，指长安和洛阳的耆老，他们听到河、湟的消息，感激而垂泪，《旧唐书·吐蕃传》："河陇耆老率长幼千余人赴阙，上御延喜楼观之，莫不欢呼忭舞，更相解辫争冠带于康衢。"即对他们之激动心情的具体描述。"中原见朔风"是什么意思呢？特别是"朔风"，在这里怎样解释，我们想这应该是当时的习用语，用史孝山《出师颂》"苍生更始，朔风变楚"的话。《文选》李善注引："《史记》子贡问乐曰，舜弹五弦之琴，歌南风之诗，而天下治；纣为朝歌北鄙之音，身死国亡，何也？夫南风之诗者，生长之音，舜乐好之，故天下治也。夫北者，败也，鄙者，陋也，纣乐好之，故身死国亡。"可见朔风是杀伐之风，楚风即周南召南之风，是治世之风，王化之风（参看章太炎《检论》卷二《诗终始论》）。《出师颂》写的是周朝战胜殷朝的事，以方邓骘之大败西羌叛军，这里又用来说明李德裕抵御外寇，以至于后来收复河、湟事。"中原见朔风"乃是说耆旧于垂老之年在中原得见朔风变楚风，北鄙之风变成王化之风，所以激动而流泪也。义山原是对李德裕推崇备至，赞美他运筹策划的才能,并为他的被斥而鸣不平的。

这五首诗全是学习杜甫《戏为六绝句》、《诸将五首》等诗的创作精神,并且可以看到他一生的经历和心迹,在其诗中地位很重要。

《南朝》

> 玄武湖中玉漏催,鸡鸣埭口绣襦回。
> 谁言琼树朝朝见,不及金莲步步来。
> 敌国军营漂木柿,前朝神庙锁烟煤。
> 满宫学士皆颜色,江令当年只费才。

玄武湖、鸡鸣埭都是南朝的胜迹,在今天南京市郊。一个建筑于宋文帝元嘉年间,一个得名于齐武帝时期。齐武帝常常幸琅邪城,带领宫女,早晨出发,到湖北埭鸡才叫,所以叫鸡鸣埭。玉漏,古代的计时器,"玉漏催"即天将明。"绣襦",女子的衣服,这里指代宫女。"回",即去。这两句是说,当天将明的时候,齐武帝带着宫女经鸡鸣埭去琅邪城玩乐。"琼树朝朝见"指陈后主,陈后主荒淫,创制艳词丽曲,歌咏张贵妃、孔贵嫔的姿色,其《玉树后庭花》有"璧月夜夜满,琼树朝朝新"之句。"金莲步步来"指齐东昏侯之好女色,东昏侯凿成金莲花,让潘妃在上面走,赞赏谓"此步步生莲花也"。"敌国军营漂木柿"指隋伐陈的事。隋文帝准备伐陈,在蜀地大造战船,很多木札被抛在江中,顺江流下,有人谏议应下令禁止,免得被陈朝知道,文帝则说:"吾将显行天诛,何密之有,使投柿于江,若彼能改,吾又何求?""木柿"即木札、木柴,"敌国"指隋。"前朝神庙锁烟煤"也是指陈后主的事,《通鉴·陈纪》祯明元年:"大市令华郁郁不得志,上书极谏,略曰:'昔高祖南平百越,北诛逆虏;世祖东定吴会,西破王琳;高宗克复淮南,辟地千里;三祖之功勤亦至矣。陛下即位于今五年,不思先帝之艰难,不知天命之可畏,溺于嬖宠,惑于酒色,祠七庙而不出,拜三妃而临轩,老臣宿将弃之草莽,谄佞谗邪升之朝廷。今疆场日蹙,隋军压境,陛下如不改弦易张,臣见麋鹿复游于姑苏矣。'”“前朝”指后主之前陈高祖诸朝。“烟煤”即屋顶掉下来的灰尘,俗称煤炱。神庙为煤炱所封,说明后主于隋兵压境之际并不悔改,仍近女色,而不祭太庙,祖宗之统已绝。“满宫学士皆颜色”是指女学士,所以称颜色。据历史记载,陈后主常引宾客与张贵妃,龚、孔二贵嫔等游宴,以宫中有文学才能的女子袁大舍等为女学士,让她们与狎客共同赋诗,以供玩赏。“江令费才”指江总,陈朝时曾做尚书令,陈后主不让他主持政务,但与宫人游宴赋诗,所以说“费才”。这是一首咏史诗,屈复谓“虽用宋齐事,却只有陈亡,不为宋齐而发”,冯浩谓“此为游江东怀古之作,无他寓意”,都不正确。按此诗虽为怀古,实质却是伤今,前六句都是写南朝统治者齐武帝、齐东昏侯、陈后主荒淫的事,并不重要,重要的是最后两句。这两句是为江总的才大而不得用悲伤。义山对江总的才华是十分推崇的,在《赠司勋杜十三员外》中即赞扬杜牧“前身应是梁江总,名总还应字总持”。结句是说,像江总这样高的才华,都用在咏女学士们的姿容上,未免用非其才。其意义在于借江总以自伤,感伤自己才高不得重用,不过只作些艳体诗而已。

《流莺》

流莺漂荡复参差,渡陌临流不自持。
巧啭岂能无本意,良辰未必有佳期。

　　　风朝露夜阴晴里，万户千门开闭时。

　　　曾苦伤春不忍听，"凤城何处有花枝"

　　头两句写莺到处飞翔、参差漂荡，不能掌握自己，所以说不"自持"。三、四句写莺的巧啼婉转怎么能没有自己的本愿呢，但是佳期难逢，也无可奈何。五、六句写莺在风朝露夜阴晴之中和千门万户开闭之时，总是在天空漂荡不定。七、八句写苦于不忍听那伤春的叫声："凤城何处有花枝？"最后应是流莺的叫声，说明在京城没有一个知己者。凤城即京城，这里具体指长安，杜甫《夜诗》："步檐倚杖看牛斗，银汉遥应接凤城。"义山以莺自喻，借莺来写自己的感受，到处流荡漂泊，虽是良辰，但对景伤情，在长安冒着朝风夕露，看遍了王门相府，找不到自己的知己伴侣，所以最不忍听莺之"凤城何处有花枝"的哀鸣。

《席上作》

　　　淡云轻雨拂高唐，玉殿秋来夜正长。

　　　料得也应怜宋玉，一生惟事楚襄王。

　　作者《原注》云："予为桂州从事故府郑公出家妓，令赋高唐诗。"按郑公即郑亚，因为是追述从前在郑亚的宴席上，郑亚放逐家妓，让他赋诗的事，所以称故。"高唐"，用楚襄王游高唐，梦神女荐枕事，"淡云轻雨"也即高唐云雨的意思。"玉殿"，应席上，因为写的是高唐，所以用玉殿。最后两句是说，料想家妓应怜宋玉之平生只奉侍襄王一人，而自己所事奉者却无定主。诗人同情家妓被驱逐的不幸遭遇，同时也流露了自己的身世之慨，慨叹自己不像宋玉之终生事一主，而是到处迁徙，那景况也不过如家妓而已。这和他的《城外》诗"未必明时胜蟪蛄,一生长共月亏盈"的意思相同。

《王昭君》

> 毛延寿画欲通神,忍为黄金不为人。
> 马上琵琶行万里,汉宫长有隔生春。

诗的意思是说,毛延寿画能通神,但是他忍心为了金钱而不肯画出人的真像,结果使昭君出塞和番。末一句最沉痛,"隔生春"即来生春,意即今生休矣,只有来生再见汉宫。他的《马嵬》诗所谓"他生未卜此生休"亦即此意。诗写昭君的不平遭遇,及其对汉宫的留恋悲痛心情。同时也概括有诗人自己的思想情绪,冯浩谓"怨魂终古矣,借慨为人所摈"。义山在政治上被排挤,远离长安,想到自己今生再不能回朝廷,来生也很渺茫,所以深悲也。

《忆梅》

> 定定住天涯,依依向物华。
> 寒梅最堪恨,常作去年花。

"定定"是什么意思呢?他的《春日寄怀》有云:"青袍似草年年定",即此定字。唐朝五品以下的官穿青袍,"青袍年年定"者,是说自己的低微官职永久不变。那么这句诗的意思,是说死死地呆在天涯,不能回来。"依依",在这里有亲近的意思,是留恋自然万物。诗人流落异乡,长期不能回长安,只有在自然景物中讨安慰。但见到寒梅却益生恨,因为它年年开花结蕊。意即梅尚有生机,而自己则生机都绝,不及寒梅远矣。

《隋师东》

东征日调万黄金,几竭中原买斗心。
军令未闻诛马谡,捷书惟是报孙歆。
但须鹭鸶巢阿阁,岂假鸱鸮在泮林。
可惜前朝元菟郡,积骸成莽阵云深。

这首诗是以隋炀帝竭兵征高丽讽唐文宗东征李同捷。《通鉴·唐纪》:太和元年,"李同捷擅据沧景……命乌重胤、王智兴、康志睦、史宪诚、李载义与义成节度使李听、义武节度使张璠各帅本军讨之"。二年,"河南北诸军讨同捷,久未成功,每有小胜,则虚张首虏以邀厚赏。朝廷竭力奉之,江淮为之耗弊"。三年,"沧州承丧乱之余,骸骨蔽地,城空野旷,户口存者什无三四"。诗中所写即此时事。"竭中原买斗心"者,言竭中原之资财,以买士兵之斗志也。"诛马谡"者,是马谡由于不听诸葛亮的将令,而失街亭,结果被诛。今未闻诛马谡,是说军令不严,对违反军令的将帅也不诛戮。捷书报孙歆,义山"原注":"平吴之役,上言得歆,吴平,孙尚在。"按《晋书·杜预传》:"旨巢等伏兵乐乡城外,歆遣军出距,王浚大败而还。旨等发伏兵随歆军而入。歆不觉,直至帐下,虏歆而还……王浚先列上得孙歆头,预后生送歆。洛中以为大笑。"王浚并未获孙歆,而以孙歆头上报,是虚报军功。这句诗的意思是说传来的捷书,都是假报军功。"鹭鸶巢阿阁","鹭鸶"是凤凰类的鸟。"阿阁",据《太平御览》卷九一五引《尚书中候》云:"黄帝时,天气休通,五行期化,凤凰巢阿阁,欢树。"宫中的御门叫阁,阁的荣叫阿。《礼记》"洗当东荣"疏:"荣,屋翼也。"凤凰巢于御门和飞檐之间,指贤人立朝。《旧唐书·裴度传》:(敬宗)"叹宰辅非才,致奸臣悖逆如此！翰林学士韦处厚上言曰：'……臣伏以裴度勋高中夏，声播外夷，廷凑克融皆惮其用，吐蕃回鹘悉服其名。今若置之岩廊，委其参决，西夷北虏未测中华，河北山东必禀庙算。'……度至，帝礼遇隆厚，数日宣制复知政事……时沧景节度使李全略死，其子同捷窃弄兵柄，以求继袭，度请行诛伐，逾年而同捷诛"。裴度在朝极孚众望，但屡被谗诅。诗中所言，实指裴度。"鸱鸮在泮林"，鸱鸮是恶鸟，代表坏人，泮林是古代的学校，代表文化高的地方。坏人在学校，说明受教育而感化，《诗经·鲁颂·泮水》："翩彼飞鸮，集于泮林。食我桑黮，怀我好音"，即喻淮夷的归化。这里指感化李同捷。这两句的意思是说，只须贤臣裴度立朝，修文德，李同捷自然归服，不必去打。"前朝元菟郡"，前朝指隋，元菟郡指高丽，《汉书·地理志》元菟郡注："武帝元封四年开高句丽。""积骸成莽"，言堆积的尸骸腐如草莽。"阵云"即杀气，高适《燕歌行》："杀气三时作阵云。"此诗讽刺唐统治者弃贤臣而用小人，竭全国之资财以征讨节度使李同捷，积尸成莽，酣战不休。主张修文德以化人。

《无题》

> 昨夜星辰昨夜风，画楼西畔桂堂东。
> 身无彩凤双飞翼，心有灵犀一点通。
> 隔座送钩春酒暖，分曹射覆蜡灯红。
> 嗟余听鼓应官去，走马兰台类转蓬。

　　首句写宴会的时刻在深夜，次句写宴会的地点在画楼与桂堂之间。"灵犀"，指犀牛角的灵异，中央白色，能两头相通，所谓一点通也。后来引申为心心相印的意思。"送钩"，行酒时所做的一种藏钩之戏。"射覆",也是行酒时一种酒令,是在覆器之下放置什物,令人猜射之。此写宴会的热闹景象,隔座行藏钩之戏,分拨猜测谜底。"听鼓应官去",是说听到天亮的更鼓响而应上朝,说明宴饮通宵。"兰台",唐代的秘书省,"走马兰台类转蓬"者,言自己飘荡不定。此诗写一场从夜晚到天明的豪华宴会,在宴会中追求自己所爱的人。两心相印,情深意浓,不料鼓响天明,需要上朝,深恐后会之难期,兼怨官职之累身。

《碧城三首》之一

> 碧城十二曲阑干,犀辟尘埃玉辟寒。
> 阆苑有书多附鹤,女床无树不栖鸾。
> 星沉海底当窗见,雨过河源隔座看。
> 若是晓珠明又定,一生长对水精盘。

"碧城"即玉城。"十二曲阑干",见《西洲曲》:"栏干十二曲,垂手明如玉",形容碧城栏干之曲折。"犀辟尘埃玉辟寒"者,犀即犀牛,其角可以辟尘,放在座边,尘埃不入;玉之色温润,所以俗称暖玉,因其暖故能辟寒。通句写碧城清净温和的境界。"阆苑",神仙所居。"有书多附鹤",是说阆苑之中多以鹤捎书。"女床",山名,山上多鸾鸟,所以说"无树不栖鸾"。这两句全写碧城的神山仙境。"星沉海底当窗见"者,是居高临下,故星沉在海底下,当窗就可以看见,极状碧城之高。"雨过河源隔座看"者,是登高临远,故雨过之后,隔座可以看到河流之源,极状碧城之危。"晓珠明又定",《唐诗鼓吹注》:"晓珠,谓日也。"水精盘难得确解,考义山《天平公座中呈令狐令公》诗中有"慢妆娇树水晶盘"句,又《月夜重寄宋华阳姊妹》诗中有"玉楼仍是水精帘"句,皆写月,这里也应是月。这首诗极写碧城之清贵、空灵、深远的境界,危城高矗,居高临远,胸怀为之荡然,不禁引起无限感慨,忧虑这种境界也变化无定,不如一生常对日月为久长。

《七月二十八日夜与王郑二秀才听雨后梦作》

> 初梦龙宫宝焰然,瑞霞明丽满晴天。
> 旋成醉倚蓬莱树,有个仙人拍我肩。
> 少顷远闻吹细管,闻声不见隔飞烟。
> 逡巡又过潇湘雨,雨打湘灵五十弦。
> 瞥见冯夷殊怅望,鲛绡休卖海为田。
> 亦逢毛女无憀极,龙伯擎将华岳莲。
> 恍惚无倪明又暗,低迷不已断还连。
> 觉来正是平阶雨,独背寒灯枕手眠。

"龙宫宝焰"者,龙宫是百宝所聚,其光焰焰也。"瑞霞明丽"者,云霞之光明华丽也。此皆写梦境。"蓬莱树"二句,蓬莱是神仙家所谓海中之仙山,因醉而倚蓬莱树,并且有个仙人拍自己的肩来打招呼。"闻声不见隔飞烟",是闻管声而不见吹管的人,因飞烟迷茫相隔。"雨打湘灵五十弦",湘灵即湘水之神,湘君湘夫人也。湘水神善鼓瑟,所以说雨的声音,像打在湘灵的弦瑟上那样动听。唐人钱起《省试湘灵鼓瑟》诗云:"善鼓云和瑟,常闻帝子灵。冯夷空自舞,楚客不堪听。""冯夷殊怅望"二句,冯夷,水中之神,即河伯。鲛绡,水中鲛人所织的绸料,传说水中鲛人常将织绡带出来卖。意思是说沧海已变为桑田,鲛人也就不能卖鲛绡了,因此水神冯夷极怅望。"毛女无憀极"二句,毛女,华阴山莲花峰之神,无憀即无聊。龙伯,传说中龙伯国的人,其人长三十丈,生一万八千岁。这里的伯有头的意思，是说龙伯首领将华岳之峰擎去，因此山神毛女极无聊赖。"无倪"，倪即端，无倪即无头绪，言梦境忽明忽暗而无端绪。"不已"，即不见了，言梦境之迷蒙既断还续。"觉来"二句，平阶即满阶，是说醒来之后什么都不见了，听到的只是满阶雨声，我独自一人背寒灯枕手而眠。这是一首写梦的绝作，把梦写成在明暗之间、虚实之间，并且用"初"、"旋"、"少"、"顷"、"逡巡"、"瞥见"、"亦逢"、"恍惚"、"低迷"等字，若断若续地表现梦的恍惚迷离境界。

《柳》

> 柳映江潭底有情，望中频遣客心惊。
> 巴雷隐隐千山外，更作章台走马声。

"底有情"之底，犹言何其。杨万里《寒食游翟园得十诗》："荆溪老守底风流，哦就千诗一笑休。""底风流"即何其风流。这里的"底有情"即言柳之何其有情！"频遣客心惊"者，频使逆旅异乡之人入望心惊也。"巴雷"，义山时在川东柳仲郢幕，故称巴雷。"隐隐"，犹《诗经》中《殷其雷》之殷。雷在千山外，故声隐隐。"章台"有两种解释，一种是指与歌妓来往，一种是指汉代长安的章台街，义山用的是后一种意思，具体指唐代长安的街道。这句是说巴雷隐隐好像听到长安章台街贵官显要的马蹄声。义山身在川东，心怀长安，所以听到与马蹄相类的雷声，益觉心惊。冯浩谓"意曲而挚"者，甚当。

《出关宿盘豆馆对丛芦有感》

芦叶梢梢夏景深,邮亭暂欲洒尘襟。
昔年曾是江南客,此日初为关外心。
思子台边风自急,玉娘湖上月应沉。
清声不远行人去,一世荒城伴夜砧!

这是李义山因为在政治上被排挤,在一年夏季之末,由长安去江南,路过潼关时写的。他住在当地的名胜"盘豆馆"里,馆前芦苇茂密,对景生情,遂赋成篇。

诗中其他各句都比较好理解,不多谈,只谈一句"此日初为关外心"。这句诗从字面上看,也不是多么难解。但是它所包含的意义的深刻丰富,却不只是从字面上可以了解到的,而必须结合当时的社会条件和历史情况来看。为什么"此日初为关外心"呢?"关外心"是什么,"初"的意义又在哪里? 形成他这种心理状态,自有它的社会历史原因。

先谈"关外心"。要了解"关外心"的涵义,可以从两条材料入手。其一,是"杨仆移关"的事。《汉书·武帝纪》中"元鼎……三年冬,徙函谷关于新安"一段文下,应劭注曰:"时楼船将军杨仆数有大功,耻为关外民,上书乞徙东关,以家财给其用度。武帝意亦好广阔,于是徙关于新安,去弘农三百里。"杨仆以关外民为耻,所以愿以自己的财产作费用请求汉武帝把函谷关移到新安,使自己能成为关内人。这说明关内民之荣耀和关外民之粗卑,说明关外民热切希望做关内民,以接近京畿,并希图富贵利禄。李义山《荆山》诗云:"杨仆移关三百里,可能全是为荆山?"是杨仆移关,并不是为荆山的风景美,希望它成为关内之山,而是为了自己能变成关内之民。所以屈复说："势利之念重,山水之念轻。"

其二,是倪若水和班景倩的事。《新唐书》卷一二八《倪若水传》:"时天下久平,朝廷尊荣,人皆重内任,虽自冗官擢方面,皆自谓下迁。班景倩自扬州采访使入为大理少卿,过州(指汴州),若水饯于郊,顾左右曰:'班公是行若登仙,吾恨不得为驺仆。'"倪若水目班景倩做大理少卿为登仙,而自己以汴州刺史之尊反而恨不得为其驺仆,说明他对内任羡慕之至。所谓"自冗官擢升为方面"官,都看做是下迁,是说虽为冗官,却得近朝廷,纵为方面,则终嫌疏贱。

这两条材料,都说明汉、唐两代,人们都重关内而轻关外,重内任而轻外任,因为关内、内任临近京城帝都,自然感到荣耀,而关外、外任则远离京城帝都,人们自然也自卑自贱了。李义山是宦途漂泊者,在心灵上同样受时代、历史思潮的影响。他的"关外心",即被迁徙之心,即被排挤离长安远去江南的落魄之感。感到自己没有希望了,永远再不能回长安。

"初"字又怎样理解呢?按"初"即"始"字意。但在"昔年曾是江南客,此日初为关外心"这个具体环境中又怎样领会呢?从历史上一些和他有共同感受的人物的思想变化上可以帮助我们领会。《晋书》卷七十五《王安期传》记载,当晋东渡时,王安期也随之过江:"既至下邳,登山北望,叹曰:'人言愁,我始欲愁矣。'"王安期过去不了解愁,今天看到北方故土沦陷,感到前途艰险,开始真正领会愁的滋味。又白居易《琵琶引·序》:"予出官二年,恬然自安,感斯人言,是夕始觉有迁谪意。"白居易听琵琶女弹的琵琶有京都声,才有被迁谪之感。白居易这种"始觉有迁谪意"和王安期之"吾始欲愁矣"的神情,正是李义山"此日初为关外心"的心境,也是他承继古人用字与构思的地方。

《细雨》

帷飘白玉堂，簟卷碧牙床。

楚女当时意，萧萧发彩凉。

这是李义山一首有名的诗，但是怎样得到确切的解释，历来注释都未加注意。我们觉得这里的帷、簟，都不是实际生活中的一般帷幕和簟席，而写的是细雨。写细雨被微风吹动，像帷幕一样飘荡在白玉堂前，像珠箔一样从天空漫卷下来。楚女，也并不是指巫山云雨的事，那与作品所写的细雨无关。这里应从屈原《九歌》得到解释。《九歌·少司命》云："与女沐兮咸池，晞女发兮阳之阿。"正是从此处所说的楚女的发丝鬒长，想象到神女的梳头。发彩，形容发的光泽。那么这首诗是写雨之细密、光泽、清凉如神女所濯之长发。"当时意"即指神女濯发的样子，屈原《离骚》所谓："夕归次于穷石兮，朝濯发乎洧盘。"境界空灵，构思清新，此则与其同一境界。"碧牙床"应指实物，与"白玉堂"皆写家具与屋室的华美。"帷飘"、"簟卷"皆写微雨初凉的情景。一个人在这种时候，容易引起遐想和回忆，故此诗应是抚今追昔、对景怀人之作。

《回中牡丹为雨所败二首》之一

浪笑榴花不及春，先期零落更愁人。

玉盘进泪伤心数，锦瑟惊弦破梦频。

万里重阴非旧圃，一年生意属流尘！

前溪舞罢君回顾，并觉今朝粉态新。

　　这是人们所熟识的一首七律，但是，他写的内容是什么？寄托的是什么？其迷人的艺术力量在哪里？我们却并不确切了解，或者乍看起来好像了解，仔细一玩味又不知所云。"浪笑榴花不及春，先期零落更愁人"是什么意思？"浪笑"又作何解？历代注释家也多捉摸不定。其实，浪是漫的意思，浪笑是不要笑，石榴五月开花，不当春时，所以说不及春。唐高祖时，孔绍安侍宴应诏咏石榴诗云："只为时来晚，开花不及春。""先期零落"写牡丹，牡丹初春开花，但为雨所败，故云先期零落。全句的意思是：不要笑榴花开放不当春时，牡丹春日开花，却被雨击落，看了更令人生愁，也就是辛稼轩《摸鱼儿》词"惜春长怕花开早，何况落红无数"之意。三、四两句全写雨，"玉盘"即牡丹，雨点打在花上溅起来的水珠，犹牡丹进出的眼泪；"数"是迫切的意思；"锦瑟惊弦"，形容雨下得急骤，如鼓瑟弦，他的《七月二十八日夜与王郑二秀才听雨后梦作》诗，有"雨打湘灵（瑟）五十弦"之句；"破梦"即惊梦，惊破春梦也。上句写雨形，下句状雨声。"万里重阴非旧圃"并不如何焯所说的"应回中"，写回中的园圃，而是写长安的下苑，因为回中牡丹是从下苑移来的，所以说非旧圃，它的意思正如他自己《临发崇让宅紫薇》诗"天涯地角同荣谢，岂要移根上苑栽"所表现的相同。"一年生意属流尘"是说，一年的生机、春意算完了，苏东坡所谓"春色三分，二分尘土，一分流水"（《杨花词》）之意也。

　　但是，这首诗最难解的还不是这些，而是最后两句，为什么"前溪舞罢君回顾"，就"并觉今朝粉态新"？联系他自己和同时代其他诗人的诗，也可以作出比较适当的解释来。他的五律《离思》：

　　　　气尽前溪舞，心酸子夜歌。

是写舞女由于舞前溪舞而气尽，唱子夜歌而心酸。白乐天《想东游五十韵》：

> 舞繁红袖凝，歌切翠眉愁。
> 弦管宁容歇，杯盘未许收。

又《三月三日袯禊洛滨》：

> 舞急红腰凝，歌迟翠黛低。

　　这几句也写舞女的痛苦遭遇，反映了她们的悲惨生活；歌舞时疲倦的精神状态，精疲力竭以至于红袖硬而挥舞不起来，舞腰变硬而回旋不动，对她们充满了同情，与李义山《离思》所写舞女的悲苦心境是完全一致的。那么由此可以了解"前溪舞罢君回顾"的内容，他回顾的是什么？是舞女歌舞之后精疲力竭的样子，惨红愁绿的神态。相比之下，加倍地感到为雨所败的牡丹之新鲜。

　　这样疏通这首诗的文义，或者更符合诗的原意。它的内容是写牡丹为雨所败，为牡丹的先期零落而感伤、落泪。对于一个普通的人来说，这样的描写已经够高了，可是，对李义山却还不够，他的诗的内容比字面上表现的要深刻得多。他不是为牡丹而写牡丹，而是有所寄托的。他以牡丹自喻，用牡丹来概括自己的身世、经历、失望的感情和不同流俗的情操。他借牡丹来发抒自己的不平遭际和被摧残被斥逐的痛苦，伤牡丹实际上是自伤。

　　人们或许会认为这就是这首诗最深的意了，历代的注释家、研究者一般都持这种看法。其实不然，根据上面我们对这首诗最后两句的解释，它的意义应当还深一层，那就是诗中虽概括有作者自己的身世、遭遇，但比起歌舞之后舞女的精疲力竭的样子来，还加倍感到自己鲜艳，那么舞女的悲惨命运达到了何等程度，已可想而知！这里不但包含有作者自己的愤慨和不平，同时更主要的是表现了对被压迫被愚弄的舞女的深切同情，这才是这首诗最深刻的意义。

李义山在表现这首诗的内容时,采取一种迂回曲折、层层深入的方式,最后使自己的感情发展到回旋的极点。舞女之愁容倦态恰足以显现出为雨所败的花片之新鲜,所以为花(诗人自己)之先期零落伤,且尤为舞女之痛苦遭遇悲也。这种丰富深刻的内容,就是这首诗所以有令人咀嚼不尽的韵味和感人的艺术力量的主要原因。

李义山在诗中赋予一切自然景物以浓挚的感情色彩,特别是赋予牡丹以感情色彩。在他笔下所有景物都为它愁恨、悲痛和感伤,为它动情;伤心迸泪、惊弦破梦也是为同情它的不幸遭遇而表现的一种精神状态。同时,这些也是他自己感情的具体化,他以自然景物抒情,抒自己被摧残被斥逐之情和对舞女被迫害被凌辱的同情。

这里还附带谈一个问题,即"凝"的解释问题。李义山《骄儿诗》中有"凝走弄香奁,拔脱金屈戌"两句。"凝"字怎样解释? 历代注释家都各持不同的看法,我们也谈谈自己的意见。按白乐天《想东游五十韵》中曾用了这个字(见前面引文),自注"凝,去声",读去声即硬字。何焯解释为"转",与下句用的"悉"字表现的情绪不合。他的《三月三日被禊洛滨》(见前面引文)和《酬李二十侍郎》:

> 残莺着雨慵休啭,落絮无风凝不飞。

也都用了凝字,都读作去声,因此都应该作硬字解释。硬字不见于《说文》,唐代开始有这个字,杜甫《李潮八分小篆歌》:

> 苦县光和尚骨立,书贵瘦硬方通神。

唐以前硬字之形还未固定,因此白乐天、李义山都用凝字。当时凝字有两个意思，读平声，作动词，是冻结；读去声，作状词，是硬。那么，李义山《骄儿诗》所谓"凝走弄香奁"即"硬走弄香奁"，"硬走"，即今天所说的愣走，非如此不可的意思。形容骄儿的顽皮，硬要拨弄姐姐的妆奁，拔掉妆盒上的金纽环。

李义山诗商兑录

我在学校讲授李义山的诗,对李义山的一些诗、某些诗句和诗的编年等提了自己的看法。这些看法有的是前人未曾谈过的,有的是对前人见解的发挥。现在集中起来,刊诸学报,和学术界同行们商讨。(其中吸收了一些先师王汝弼的意见)

《锦瑟》

对《锦瑟》诗历来解释纷纭,笺释者见仁见智,各执一词,得不出确切的答案。我们认为从李义山《回中牡丹为雨所败》中有"锦瑟惊弦破梦频"之语看,则此诗暗寓有"黄粱梦觉"之意。但这并不是此诗抒情的主要内容,其主要内容是自悲身世。这一点,前人已曾论及,何焯即说:"此篇乃自伤之词。骚人所谓美人迟暮也。庄生句言付之梦寐,望帝句言待之来世;沧海、蓝田言埋韫而不得自见,月明、日暖则清时而独为不遇之人,尤可悲也。"(《义门读书记·李义山诗评》)在全部主张自伤身世的说法中,何焯的意见是比较中肯的。但犹有未备,特别是"望帝春心托杜鹃"一句,他没有联系当时重大的政治事件加以解释,而以"待之来世"解之,未免失误。按:此句是用望帝国亡身死,化为杜鹃,悲鸣以传恨的故实。见《华阳国志·蜀志》和蔡梦弼《杜工部草堂诗笺》一九《杜鹃》注引《成都记》。这里作者是用"望帝"以哀悼化去的帝王,可比拟为重用李党的武宗。中晚唐以后,牛、李党争的起伏交替,很明显地在皇位嬗代之间表现出来。特别是在武宗下世,宣宗嗣位,标志李党失势,牛党重新上台的政治局面已经确立以后,被目为李党的作者意识到自己前进的道路已经阻塞,政治幻想已经破灭,在精神上所受的创伤非常深重。十几年的冷落宦情,使他完全陷入绝望的境地。因此,我们认为"望帝"一词,不是诗人自我写照,而是他笔下当时大行皇帝武宗的化身。这,我们可以杜甫的《杜鹃》诗为证。《杜鹃》诗云:"西川有杜鹃,东川无杜鹃。涪万无杜鹃,云安有杜鹃。我昔游锦城,结庐锦水边。有竹一顷余,乔木上参天。杜鹃暮春至,哀哀叫其间。我见常再拜,重是古帝魂。生子百鸟巢,百鸟不敢嗔。仍为喂其子,礼若奉至尊。鸿雁及羔羊,有礼太古前。行飞与跪乳,识序如(一作又)知恩。圣贤古法则,付与后世传。君看禽鸟情,犹解事杜鹃。今忽暮春间,值我病经年。身病不能拜,泪下如迸泉!"此诗的小标题为"明皇蒙尘在蜀",那么杜甫是把杜鹃视为唐玄宗的化身。蔡梦弼注云:"夫人为万物之灵,万物尚知君臣父子之分,今人乃叛君肆为悖逆,如安史之徒,了无上下礼节,可以人而不如禽兽乎? 甫以身病不能再拜,其亦缅思朝廷不忘君父之意。"以杜甫《杜鹃》诗为例,则李义山这句诗的遣词,虽完全依据故实,但在命意上,并未墨守成规。"望帝"化为"杜鹃",影射的是客观现实,实际指的是武宗死亡。"春心"二字写的是作者自己。由于武宗死亡,作者"欲回天地"的豪言壮语徒"托"为空言。这就是这句诗的真意所在。我们这样解释,可以在诗人其他作品中得到充分的内证,如《井络》"堪叹故君成杜宇"一句,便是最有力的证据。从这里我们看不到丝毫希冀的曙光,却听到了声声凄咽的哀叫。在这哀叫声中,似乎还可以听到一些诗人与之同命运的悲凉吟叹!

《隋师东》

此诗是借讽隋炀帝穷兵黩武，远征高丽，暗刺唐文宗初年，出兵东征沧景，讨李同捷。在作者看来，这场战争如果处理得当，原是可以避免的，但因人谋不臧，贸然发动了，结果朝廷付出重大代价，人民惨遭无辜伤亡。这段历史，《资治通鉴·唐纪》大和元年有详细具体的记载，与此诗所写，可以互相印证。

此诗最重要的两句是"但须鸑鷟巢阿阁，岂假鸱鸮在泮林?"这两句表现了作者的政治观点，是全诗的中心。在作者看来，如果贤者在朝廷当政，那么地方节镇就不会任非其人了。这是作者一贯的看法，他在《行次西郊作一百韵》中即说："又闻理与乱，系人不系天。""例以贤牧伯，征入司陶钧。"认为国家的治乱，在于是否选贤任能。人们都认为这两句是谴责统治集团，但究竟谴责的是哪些人? 按:此诗《冯谱》编在大和二年(公元 828 年)，《张笺》编在大和三年(公元 829 年)，相差一年。而《资治通鉴·唐纪》大和二年，采录刘蕡《贤良对策》，痛陈宦官专政之弊，与此两句所写，埙篪相应，至可注意。如《贤良对策》有云："汉元帝……纪纲日紊，国祚日衰，奸宄日强，黎元日困者，以其不能择贤明而任之，失其操柄也……陛下诚能揭国权以归相，持兵柄以归将，则心无不达，行无不孚矣。"所论与"但须鸑鷟巢阿阁"句所讽，基本一致。《通鉴·唐纪》分析当时的情事说："自大历以来，节度使多出禁军，其禁军大将资高者，皆以倍称之息，贷钱于富室，以赂中尉(禁军首领，大宦官)，动逾亿万，然后得之，未尝由执政(宰相)。至镇，则重敛以偿所负。"当时的情况如此，所以刘蕡在《贤良对策》中又严正指出："陛下宜先忧者，宫闱将变，社稷将危，天下将倾，海内将乱……陛下将杜篡弑之渐,则居正位而近正人。远刀锯之贱(指宦官),亲骨鲠之直。辅相得以专其任,庶职得以守其官。奈何以亵近五六人(最受皇帝宠信的大宦官)总天下大政。祸稔萧墙,奸生帐幄,臣恐曹节、侯览(东汉弑君的两个宦官)复生于今日。”又云:“威柄凌夷,藩臣跋扈,或有不达人臣之节,首乱者以安君为名,不究《春秋》之微,称臣者以逐恶为义,则政刑不由乎天子,征伐必自于诸侯。”这段关于时政的见解,与“岂假鸱鸮在泮林”句所咏如出一辙。刘蕡是李义山极为崇敬的人物,由于在策论中猛烈抨击宦官乱政,被贬为柳州司户参军,并死于被贬途中。义山写了五首诗赠或哭刘蕡,为刘蕡之被迫害鸣不平。他和刘蕡的政治观点是一致的。由于诗歌形式的限制,不能像政论文论述那样具体。不过从上面所引刘蕡《贤良对策》中的一段文字,也可以阐发这句诗的底蕴,可以得知李义山谋国之切,忧国之深!

《寿安公主出降》

寿安公主是文宗(李昂)的叔父绛王(李悟)之女,文宗的堂妹。文宗兵变,杀死绛王,夺取皇位。于开成二年晋封绛王女为公主,以便嫁给成德节度使王元逵。原诗云:“沩水闻贞媛,常山索锐师。昔忧迷帝力,今分送王姬。事等和强虏,恩殊睦本枝。四郊多垒在,此礼恐无时。”值得重视的是此诗所咏与历史记载在思想倾向上大不相同。《旧唐书·王廷凑子元逵传》:“王廷凑,本回鹘阿布思之种族,世隶安东都护府……依前检校司徒成德军节度使。镇冀自李宝臣已来,虽惟岳、承宗继叛,而犹亲邻畏法,期自新之路;而凶毒好乱,无君不仁,未如廷凑之甚也……八年(大和)十一月卒……子元逵为镇州右司马兼都知兵马使。廷凑卒,三军推主军事,请命于朝。乃起复检校工部尚书镇州大都督府长史成德军节度使,累迁检校左仆射。元逵素怀忠顺,顿革父风。及领藩垣,颇输诚款。岁时贡奉,结辙于途。文宗嘉之……诏以寿安公主出降,加驸马都尉。元逵遣段氏姑诣阙纳聘礼。段氏进食二千盘,并御衣战马公主妆奁及私白身女口等,其从如云,朝野荣之。"《新唐书·藩镇传》所载略同。可见史官记述,有褒无贬。而义山此诗,则认为文宗的做法是牺牲宗亲,屈膝藩镇,丧权辱国,助长效尤。持论与史乘全异其趣。对文宗的昏愦无能,采取讽刺批判态度,应该说这是一种进步倾向的表现。

又"常山索锐师"一句,人们认为是派精锐军队迎娶。索者,娶也。并举陆游《老学庵笔记》中之"今人谓娶妇为索妇"为证。但若依照陆游"索妇"的句法,那么"索锐师"便成为娶精锐的部队,岂非大谬? 按:《左传·襄公八年》:"悉索敝赋,以讨于蔡。""索敝赋"与"索锐师"的词语结构相同。注:"索,尽也。"谓罄全国所有之士兵以讨蔡。然则此句"索锐师",是指王元逵为了威胁朝廷,把镇州所有的精锐部队都集合起来。这种描写与史书的记载出入很大,至堪注意。或者史官为尊者讳,将这段史实删掉了。则此句诗所写可补史乘之阙。

《骄儿诗》

《骄儿诗》是继左思《娇女》和杜甫《北征》之后,又一篇刻画儿童天真烂漫形象的名作,其中有句云:"凝走弄香奁,拔脱金屈戍。"不好理解的是"凝"字,"凝走"怎样解释? 按:"凝"字,读如白居易《想东游五十韵》诗"舞繁红袖凝,歌切翠眉愁"的"凝"。白氏自注:"凝,去声。"即读"硬"。又白居易《三月三日祓禊洛滨》诗

"舞急红腰凝"和《酬李十二侍郎》诗"落絮无风凝不飞",这些"凝"字,都应读去声,作"硬"字解。"硬"字不见于《说文》,唐朝才开始有这个字,杜甫《李潮八分小篆歌》:"书贵瘦硬方通神。"唐以前"硬"字的形体尚未固定,因此白居易、李义山都还用"凝"字。那么,这里的"凝走",意即"硬走",也就是"愣走",非如此不可。意谓衮师一定要拨弄姐姐的梳妆盒,并拔掉上面的纽环。这把一个儿童的顽皮、淘气的神态写尽了。

《曲江》

　　此诗所咏,说者意见纷纭。比较有影响的说法认为是咏天宝遗事,但不可取。我们认为在旧注中唯有程梦星、冯浩两家之说近实。程氏《李义山诗集笺注》云:"此诗专言文宗。盖文宗时曲江的兴罢,与甘露之事相终始也。曲江之修,因郑注厌灾一言始之;曲江之罢,因李训甘露一事终之。故但是曲江,而太(按:当作"大",说详钱大昕《二十二史考异》)和间时事足以概见矣。"冯氏《玉溪生诗集详注》云:"此盖伤文宗崩后杨贤妃赐死而作也。文宗后妃,旧新书竟无传可考。今据《安王溶》、《杨嗣复传》:'安王溶,穆宗第八子也。杨贤妃有宠于文宗,晚稍多疾,阴请以安王为嗣,密为自安地。帝谋于宰相李珏,珏非之,乃立陈王成美。妃与宰相杨嗣复宗家(姑侄),及仇士良立武宗,遂摘此事,潜而杀之。'诗首句谓文宗,次句谓贤妃,三四承上,五六则以甘露之变作衬,而谓伤春之痛,较甚于此。盖文宗受制阉奴,南司涂炭,已不胜天荒地变之恨,孰知宫车晚出,并不保深宫一爱姬哉?……余深味此章与下章,杨贤妃之死也,必弃骨水中,故以王涯辈弃骨渭水为衬,实可补史之阙文,非臆度也。"按,冯氏这种说法,极为张采田在《会笺》中所诟病,然张氏持论未免标新立异,欲与古人校一日之长。实则义山此诗所写,是取现实题材,冯氏的注解,远比张氏《会笺》贴切得多。

我们根据此诗的内容,进一步论证冯氏的说法。先从"望断平时翠辇过,空闻子夜鬼悲歌"两句看。"平时"一词,是理解上句诗的关键。这个词是阮籍"平生少年时"的简括,只用于作者追述过去的切身经历,而不能是其他用法。根据此二字的使用,可以肯定诗人绝非追叙天宝遗事,而是自述从前的生活。证之史传,作者以文宗开成二年(公元837年)春进士及第。依照唐朝惯例,进士及第后,皇帝必于曲江赐宴。这对封建时代的士大夫来说,是一种很高的荣宠。但曾几何时,再也看不到皇帝坐着翠辇临幸了。这才是"望断"二字的真正涵义。下句的"子夜歌",表面是用《晋书·乐志》对南朝"子夜歌"的解题的典故,而内容与"子夜歌"毫无关系,乃是指半夜鬼哭。谛审下文"金舆不返倾城色,玉殿犹分下苑波"句,则知冯浩所谓暗示杨贤妃赐死一事,实为卓识。如果此诗所咏为远追玄宗旧游,那么杜甫《哀江头》已明言"血污游魂归不得",这时哪里来的"空闻子夜鬼悲歌"呢?

再从"死忆华亭闻唳鹤,老忧王室泣铜驼"两句看。上句是用陆机因被宦官孟玖所谗受诛的典故。《世说·尤悔》:"陆平原(机)河桥败,为卢志所谗被诛,临刑,叹曰:'欲闻华亭鹤唳,可复得乎?'"刘孝标注引《机别传》曰:"成都王长史卢志与机弟云趣舍不同。又黄门(宦官)孟玖求为邯郸令于颖,颖教付云,云时为左司马,曰:'刑余之人,不可以君民。'玖闻此怨云。与志谗构日至。及机于七里涧大败,玖诬机谋反所致。颖乃使牵秀斩机……遂见害,时年四十三,军士莫不流涕。是日天地雾合,大风折木,平地尺雪。"又引干宝《晋纪》曰:"及机云见害,三族无遗。"作者在这里引晋代陆机被宦官所谗受诛之事,反映甘露之变,官僚向宦官夺权而惨遭杀戮的事实。当时长安城中,受诛连的很多,所以有风声鹤唳恐怖气氛的描写。这种情景绝非天宝年间和马嵬之变以前所能有的。下句是为在甘露之变中牺牲的李训等人挽叹。《旧唐书·李训传》云:"文宗性守正嫉恶,以宦者权宠太过,继为祸胎。元和末,弑逆之徒,尚在左右。虽外示优假,心不堪之。思欲芟落本根,以雪仇耻。九重深处,难与将相明言……训既在翰林,解《易》之际,或语及'巷伯'(《诗·小雅》)里宦官的职称)事,则再三愤激,以动上心……九月迁礼部侍郎同平章事……训既秉权衡,即谋诛内竖……天下之人,有冀训以致太平者。"即此句所反映的历史史实。作者旨在阐明甘露之变起源于几个谋国忧时的老臣在文宗授意下,铲除阉宦,重振朝纲,由于计划不周,惨遭杀害。

以上是足以补充和发挥冯浩的说法的,但冯浩对末两句"天荒地变心虽折,若比伤春意未多"的全诗结穴"伤春"二字,却未明确指出,不免袭貌遗神。意谓尽管甘露事变以后,朝廷发生了翻天覆地的变化,阉宦嚣张,王权旁落,蒿目时艰,令人心碎。然而尤其使人悲伤的是更为深重的灾难还远远没有结束呢!文宗死后,宦官仇士良拥立武宗李瀍,作为自己任意操纵的傀儡。宰相杨嗣复被贬为湖南观察使。李珏做桂州刺史、桂管观察使。形势急转直下。杨嗣复是作者挚友刘蕡的恩师,终武宗之世,一直被贬为外官。这说明武宗上台,就意味着新党进一步失势,而这却是为当时有政治抱负的作家极其愤慨的。按照一般的惯例,新皇帝嗣位,总是要给人带来一些希望的,所以《春秋》书法,以"元年春王正月"开始,以后成为定制。先王崩逝,后王嗣位,例不改元。须待第二年春正,方易年号。所以这两句所写,若非望绝嬗代,何至情绪如此悲凉?在这两句诗中,贯串着作者对晚唐政治形势的总看法,用当时流行的一句口语说："一年不如一年。"(《旧唐书·杨嗣复传》)这里既透露了社会危机的潜长,也体现着作者意匠的创新。近读黄侃《李义山诗偶评》(见《中华文史论丛》1981 年第 3 期),由于他不理解"平时"是确定诗歌内容最有关系的两个字,从而否认程、冯二氏的正确笺释。由于他对诗的基本内容发生误解,因此得出错误的评论:"临命之悲,亡国之恨,犹未敌倾城夭枉。"这种看法不仅错误,而且不符合作者对李、杨事件的评价,未可轻信。

《富平少侯》

此诗是借汉成帝和宠臣微行出游,自称富平侯家人的史事,托喻唐朝统治者少年即位荒淫误国的现实。原诗云:"七国三边未到忧,十三身袭富平侯。不收金弹抛林外,却惜银床在井头。彩树转灯珠错落,绣檀回枕玉雕镂。当关不报侵晨客,新得佳人字莫愁。"这首诗究竟是讽刺谁,历来是有争论的。按,《汉书·张安世传》:"昭帝即位……封安世为富平侯。"又同卷《张延寿传》:"延寿子勃,勃子临嗣……临尚敬武公主。薨,子放嗣。(成帝)鸿嘉中,上欲遵武帝故事,与近臣游宴。放以公主子开敏,得幸。放取皇后弟平恩侯许嘉女,上为放供张,赐甲第,充以乘舆服饰,号为天子取妇,皇后嫁女。"又《五行志》记载:"成帝为微行出游,常与富平侯张放俱称富平侯家人。"因此,何焯评此诗云:"此刺敬宗诗,成帝自称富平侯家人。"其说信而有征。关于唐敬宗李湛之童昏无知,《旧唐书·本纪》有比较具体的记载:"(长庆四年二月)己亥,册大行皇帝(初死的穆宗)皇太后为太皇太后。庚子,西川节度使杜元颖进罨画、打球衣五百事(件),非礼也……丁未,御中和殿击球。赐教坊乐官绫绢三千五百匹。戊申,击球于飞笼院。己酉,大合乐于中和殿,极欢而罢,内官颁赐有差……戊辰,群臣入阁,日高犹未坐,有不任立而踣者……庚午,赐内教坊钱一万贯,以备游幸……丙子,浙西观察使李德裕奏:诏令当道造盝子二十具,计用银一万三千两,金一百三十两。昨已进两具,用银一千三百两。当道在库贮备银无二三百两,皆百计收市方成此两具……(九月)丁未,波斯大商李苏沙进沉香亭子材,拾遗李汉谏云:'沉香为亭子,不异瑶台琼室。'上怒……己巳,浙西、淮南各进宣索银妆奁三具……辛丑,吐蕃贡牦牛、铸成银犀牛羊鹿各一……(宝历元年七月)甲辰,盐铁使王播造羡余绢一百万匹,仍请日进二万,计五十日方毕……己未,诏王播造竞渡船二十只供进,仍以船材京内造,时计其功,当半年转运之费。谏议大夫张仲方切谏,乃改进十只……诏度支进铜三千斤,金薄(箔)十万,翻修清思院新殿及升阳殿图障……宝历二年三月上巳,幸鱼藻宫观竞渡……(五月)戊寅,幸鱼藻宫观竞渡……帝性好土木,自春至冬,兴作相继。(六月)庚申,郓州进驴打球人石定宽等四人……甲子,上御三殿,观两军、教坊、内园分朋驴鞠、角抵、戏酾,有碎首折臂者,至一更二更方罢……九月丁丑朔,大合宴于宣和殿,陈百戏……十二月甲午朔,帝夜猎还宫……史臣曰:'……宝历不君,国统几绝……彼狡童兮,夫何足议!'"史文、诗作,互为表里,足以证明此诗是讽刺敬宗之作。

但是黄侃却认为是讽刺唐武宗,他在《李义山诗偶评》中说:"此诗刺武宗,题曰《富平少侯》,诡辞也。首句隐括汉成帝《报许后书》意,而注家皆不憭。武宗好游猎,又宠王才人,故以成帝比之。"按,黄氏征引汉成帝《报许后书》以释首句,乃过去注释家所未及,是他的创获。《报许后书》有云:"诸侯拘迫汉制,牧相执持之也,又安获齐、赵七国之难……匈奴夷狄,非有冒顿郅支之伦也;

方外内向,百蛮宾服,殊俗慕义,八州怀德;虽使其怀挟邪意,犹不足忧,又况其无乎?"(见《汉书·外戚孝成许皇后传》)用这段意思,解释"七国三边未到忧",是十分贴切的。但黄氏进而推论此诗是刺武宗,则未免违反历史事实。其一,《旧唐书·武宗纪》记载武宗"即皇帝位……时年二十七",已届盛壮,不得犹谓"十三身袭富平侯",且与诗题《富平少侯》明显枘凿。其二,《旧唐书·武宗纪》:"史臣曰:'昭肃(武宗谥)……雄谋勇断,振已去之威权;运策励精,拔非常之俊杰。属天骄失国,潞孽阻兵,不惑盈庭之言,独纳大臣(李德裕)之计,戎车既驾,乱略底宁,纪律再张,声名复振,足以蹈章武出师之迹,继元和戡乱之功。'"勋业如此,还说不为国家的危亡担忧,岂非颠倒事实? 至于他所摘引的武宗"好游猎,宠才人"二事,则唐朝皇帝,屡见不鲜,而尤以敬宗为突出。因此,黄氏的论断是不能成立的。

《细雨》

李义山共写了两首《细雨》,这是其中之一,原诗云:"帷飘白玉堂,簟卷碧牙床。楚女当时意,萧萧发彩凉。"此诗冯、张二氏皆入不编年。我们认为应与《漫成三首》同作于开成三年(公元838年)初婚于王氏,即所谓"雾夕咏芙蕖,何郎得意初"的时刻。雾,即细雨。"楚女当时意",不是作者在追怀过去,而是联想到古代,只因历代注释家对此发生了误解,所以对诗的内容和编年不能作出正确的论断。"楚女"句不是用《春秋·公羊传·僖公十年》"西宫灾"的典实,而是用《楚辞·九歌·少司命》中"与女沐兮咸池,晞女发兮阳之阿"的诗意。"当时意",指古时神女濯发的样子。"楚雨含情皆有托",作者在化用了《少司命》中两句意境的同时,即隐括有紧接着的下两句的意思,即"望美人兮未来,临风恍兮浩歌"。那么此二句意谓:像这样的绝代佳人,只能存在于想望之中,现实社会是很难遇到的。现在好了,眼前的"萧萧发彩"还不就是楚辞中所写的"晞发阳阿"的美女吗? 其人美秀端严,几可与杜甫《月夜》中之"香雾云鬟湿,清辉玉臂寒"媲美。此诗与杜甫《月夜》,皆属闺情诗的上乘。

《咏史》

李义山共写过两首《咏史》,此是首句为"历览前贤国与家"之一首。诗题为"咏史",实为悼念文宗而作。《朱注》、《张笺》都极为精审,使诗意明爽豁然! 不需赘述。需要补充者对"何须琥珀方为枕,岂得真珠始是车"两句的解释,主要是对下句的解释。"真珠",即珍珠,一本也作"珍珠"。按,《史记·田敬仲完世家》:"(威王)二十四年,与魏王会田于郊。魏王问曰:'王亦有宝乎?'威王曰:'无有。'魏王曰:'若寡人国小也,尚有径寸之珠,照车前后各十二乘者十枚,奈何以万乘之国而无宝乎?'威王曰:'寡人之所以为宝与王异。吾臣有檀子者,使守南城,则楚人不敢为寇东取,泗上十二诸侯皆来朝。吾臣有盼子者,使守高唐,则赵人不敢东渔于河。吾吏有黔夫者,使守徐州,则燕人祭北门,赵人祭西门,徙而从者七千余家。吾臣有种首者,使备盗贼,则道不拾遗。将以照千里,岂特十二乘哉!'"历代笺释家征引这段史实,只引至魏王一段话为止,而舍去了齐威王一段回答。其实,齐威王的回答才是这一典故的中心。人们往往只袭用字词,而忽略了其内在涵义。在齐威王看来,他手下的能臣良将就是他的国宝。义山此句诗全用其意,是说文宗岂有琥珀珍珠之侈? 而是注意去奢从俭,重用贤臣。据《通鉴》卷二百四十三记载："上（指文宗）自为诸王，深知两朝（指穆宗、敬宗）之弊，及即位，励精求治，去奢从俭。诏宫女非有职掌者，皆出之，出三千余人。五坊鹰犬，准元和故事，量留校猎外，悉放之。有司供宫禁年支物，并准贞元故事。省教坊翰林总监冗食千二百余员，停诸司新加衣粮。御马坊场，及近岁别贮钱谷，所占陂田，悉归之有司。先宣索组绣雕镂之物，悉罢之……对宰相群臣，延访政事，久之方罢。待制官旧虽设之，未尝召对，至是屡蒙延问。其辍朝放朝，皆用偶日。中外翕然相贺，以为太平可冀。"即此两句所咏的文宗史实，诗、文可以互证。

《淮阳路》

这首诗首先有个编年问题。《张笺》编于会昌二年（公元842年）云："此赴茂元陈许辟时作。"他把王茂元为忠武军节度、陈许观察使一事，系于会昌元年（公元841年）。根据他所作的引证，推断王茂元出镇陈、许，是在是年秋冬之间，信而有征。但将此诗编于会昌二年，则与《樊南文集·为濮阳公陈许谢上表》的史实相矛盾。假使义山不是随王茂元赴任，则代草谢表之事便是不可能的。况且此诗所写的物候，与张氏所考定的王茂元出镇季节，如此吻合。可见诗与表是同年所作，即会昌元年所作。

其中结尾二句云："猜贰谁先致，三朝事始平。"程梦星《李义山诗集笺注》云："德宗猜忌，人情不安，陆贽尝屡谏之。"至于陆贽的意见是什么？他并没有说。按，《资治通鉴·唐德宗纪》："（贞元元年）上使问陆贽，河中既平，复有何事？所宜区处，令悉条奏。贽以河中既平，虑必有希旨生事之人，以为王师所向无敌，请乘胜讨淮西者。李希烈必诱谕其所部及新附诸帅曰：'奉天息兵之旨，乃因窘而言,朝廷稍安,必复诛伐。'如此则四方负罪者,孰不自疑?
河朔青齐,固当响应。兵连祸结,赋役繁兴。建中之忧,行将复
起……又曰:'曩讨之而愈叛,今释之而毕来,曩以百万之师而力
殚,今以咫尺之诏而化洽;是则圣王之敷理道,服暴人,任德而不任
兵明矣。群帅之悖乱臣礼,拒天诛,图活而不图王又明矣……'乃
诏李希烈若降,当待以不死……(贞元二年三月李希烈)兵势日
蹙,会有疾。夏四月丙寅,大将陈仙奇使医陈山甫毒杀之……举众
来降。甲申,以仙奇为淮西节度使。……(贞元三年,)初……陈
仙奇举淮西降,才数月,诏发其兵于京西防秋。仙奇遣都知兵马使
苏浦悉将淮西精兵五千人以行,会仙奇为吴少诚所杀,少诚密遣人
召门枪兵马使吴法超等使引兵归……丙午,上急遣中使敕陕虢观
察使李泌发兵防遏……斩法超,杀其士卒三分之二……上命刘玄
佐乘驿归汴,以诏书缘道诱之,得百三十余人,至汴州,尽杀之。其
溃兵在道,复为村民所杀,得至蔡者,才四十七人。吴少诚以其少,
悉斩之以闻……申蔡留后吴少诚缮兵完城,欲拒朝命……"朱鹤龄
《李义山诗注》:"陈蔡接壤,吴氏据蔡,历德、顺、宪三朝,始讨平
之。"此诗末两句所写,大旨同于陆贽的意见,认为德宗以后,藩镇
和朝廷之所以互相猜疑,首先是由于朝廷迷信武力,挑起衅端,致
使藩镇人人自危,走向公开抗命或举行军事叛变的道路。

《贾生》

　　此诗《冯谱》、《张笺》俱编于宣宗大中二年(公元848年),但
无确据。从诗篇所揭示的主要问题看,以作于武宗朝的可能性较
大。《旧唐书·武宗纪》:"(会昌)五年春正月己酉朔,敕造望仙台
于南郊坛,时道士赵归真特承恩礼,谏官上疏,论之延英,帝谓宰臣

曰：'谏官论赵归真，此意要卿等知。朕宫中无事，屏去声技，但要此人道话耳。'李德裕对曰：'臣不敢言前代得失，只缘归真于敬宗朝出入宫掖，以此人情不愿陛下复亲近之。'"可见武宗迷信道士赵归真服药成仙的邪说，在当时是引起宰臣和谏官抗议的一件大事。前此李义山因母丧在永乐闲居数载，服满还朝，正值此事发生后不久，所以以汉代逐臣贾谊自喻，作了这首诗，表示在舆论上给李德裕以声援。因此，我们编此诗于会昌五年（公元845年），李义山由永乐服满回京任秘书省正字时。此诗最脍炙人口的是最后两句："可怜夜半虚前席，不问苍生问鬼神。"这两句不仅揭露了封建皇帝对苍生疾苦漠不关心，对宗教迷信趋之若鹜，而且进一步提出了政论家每苦于国君不肯用贤，而不知即使能用贤，还有个如何用的问题。如果不能解决如何用的问题，则所谓用贤云者，仍然是一句空话。不过是弃连城而赏斌珷罢了。这就是这首诗的深刻涵义。

《落花》

此诗《冯谱》编于会昌五年（公元845年），《张笺》基本上同意这个意见，但在语气上留有余地。当时作者因母丧而闲居永乐（今山西黄城县），以栽植花木自娱。《集》中有《永乐县所居一草一木无非自栽，今春悉已芳茂，因书即事一章》。

诗中可供探讨的是"高阁客竟去"一句。"高阁"，疑指灵仙阁，《太平广记》引传奇，灵仙阁在永乐县。《集》中有《灵仙阁晚眺寄郓州韦评事》诗，可见是义山居永乐时常去临眺之处。"客"，疑指《集》中《和刘评事永乐闲居见寄》诗中的刘评事，其人名字不详。又《集》中有《大卤平后，移家到永乐县居，书怀十韵，寄刘、韦二前辈,二公尝于此县寄居》诗,其中的刘某,疑即刘评事。"大卤平后",指杨弁据太原举行军事叛变被平定以后。然则刘评事于义山移居永乐之前已在那里寄居,当义山到永乐时,他又离开永乐回长安。《永乐闲居》诗有"青云器业我全疏"之语,可作这句诗的旁注。

《城上》

这首诗是宣宗大中元年(公元847年)在桂林郑亚幕府时所作。内容是抒发自己天涯薄宦、壮志难酬的愤懑。其中"沙禽失侣远,江树着阴轻"两句应当注意。"沙禽",疑指沙鸥,暗用杜甫《旅夜书怀》"飘飘何所似,天地一沙鸥"遗意,极写个人投闲置散、英雄无用武之地的感慨。"江树",成语,谢朓《之宣城郡出新林浦向板桥》:"天际识归舟,云中辨江树。"此江当指流经桂林的漓江。"江树"当与上句"沙禽"合看,也是即景寄兴之词。《左传·哀公十一年》:"鸟则择木,木岂能择鸟?"所以后世有"良禽择木而栖"之说。东汉时冯异被人称为大树将军。作者以大树喻方镇,在其《集》中屡见,这里用以隐喻郑亚等。"着阴轻",暗示未见重用。值得重视的是,由此可见义山与郑亚、幕僚和府主间的微妙关系。

《江村题壁》

此诗《冯谱》、《张笺》俱编在大中元年(公元847年)。张笺云:"此则使南郡时途次之作矣。"诗之第二句云:"维艄听越禽","越禽"二字,与全诗似乎并无关涉,窃疑当是"越吟"声误。王粲《登楼赋》:"庄舄显而越吟",正用荆州掌故。主人是越籍而侨居鄂地的人，所以吟咏多越音。下句，"数家同老寿"，正是承此而言。诗之第六句云："应官说采金"，唐代鄂岳贡银，《元和郡县志》："江南道·鄂州：开元贡银、碌、纻布。元和贡银。"按：银，可泛称金。江陵府临近鄂岳，但地志并无产银的记录，为何官方强令百姓开采交纳？唯一可能的借口是主人乃客户。《隋书·地理志》记载荆州地区土俗说："四方凑会，故益多衣冠之绪，稍尚礼义经籍焉。"《太平寰宇记》记载："江南东道·荆州：唐至德之后，流佣聚食者众，五方杂居。"然则此诗所写主人的身份为寓居，成为贪婪的地方官吏借口敲诈的对象，就没有疑问了。那么传本作"越禽"之必为"越吟"，殆可定谳矣。

《梦泽》

此诗是通过"楚王好细腰，宫中多饿死"这一沉痛的历史事实，揭露历代封建君主荒淫无道的罪恶行径，都是建筑在千百万生灵惨遭涂炭的基础之上的。云与梦古时异地别称，云泽在江北，梦泽在江南。《左传·昭公三年》："郑伯如楚……王以田江南之梦。"此诗既以楚灵王史事为背景，则鲁昭公三年于楚为灵王即位的第二年，因而此"梦泽"烙有时代印记，不得认为是"云梦泽"的省称。

此诗首句云："梦泽悲风动白茅"，是写时令并以比兴领起下文。《楚辞·九辨》："悲哉秋之为气也，萧瑟兮草木摇落而变衰。"可见这里所写的悲风，实际就是秋风。楚地生茅，从《左传》起即有记载，故足以显示出地方的特色。但细绎下文，此句还有更深一层的含义，为人们所未曾领会。盖风人传统，固有以白茅兴言女性之美的。如《诗·召南·野有死麇》之"白茅纯束，有女如玉"即是。明确了这一点，则下文的"楚王葬尽满城娇"，就成为相承一脉，丝毫不使人感到突兀了。

《九日》

此诗《冯谱》、《张笺》并编在宣宗大中二年。考此年令狐绹已任翰林学士承旨，是翰林学士六人之中品级最高的一个。他独承皇帝密命，所以有内相之称，与中书舍人同，都是机要重职。而绹于翌年二月，又拜中书舍人，可以称得上诗中所谓"郎君官贵"了。作者于是年十月才被武宁军节度使卢弘止奏为判官，在此以前一年的时间里，他都住在长安，只做过京兆府的掾属，没有得到称心的职位。"弹冠俟知己"，而令狐绹怒其背恩，义山虽屡次陈情，却终不见答。这种情况当令狐绹未做相时便如此，不必等他拜相之后。《旧唐书·本传》载："绹作相，商隐屡启陈情，绹不之省。"但稽考史籍，令狐绹拜相在大中四年十一月，当时义山在徐州幕府，不在长安，情事有所不合，所以《新唐书·本传》改为"绹当国，商隐归穷自解，绹憾不置"。在措词上比较审慎，可以信从。但后人又有在《旧唐书》疏失的基础上又进一步增饰的，如孙光宪《北梦琐言》云："令狐楚没，子绹继有韦平之拜。似疏陇西，未尝展分。重阳日，义山诣宅，于厅事上留题云云……相国（绹）睹之，惭怅而已，乃扃闭此厅，终身不处也。"王定保《唐摭言》也有同类记载。独胡仔《苕溪渔隐丛话》不信这类传说，首先提出疑问云："绹父名楚，商隐又受知于楚，诗中有'楚客'之语，题于厅事，更不避其家讳，何耶？"程梦星《李义山诗注》更进一步辨析说："东阁难窥，又何从题壁耶？'有所思'，非承上思把酒之时，正透下思'郎君官贵'之日。东阁属楚，非属绹也。曰'官贵'，犹在绹未相之先；若韦平继拜，又不止于'官贵'矣。诗当在绹为学士或舍人时作，义山自岭表入朝时也。"徐树谷、徐炯《李义山文集笺注》："楚没于开成丁巳，至大中二年戊辰，已十二年，尚可举成数言，时绹官学士，亦已贵矣。若绹当国，则不得云十年，且岂仅施行马哉？"冯浩《玉溪生诗详注》："义山于子直（令狐绹）既怨之，犹不能无望之。敢于其宅发狂犯讳哉？诸家之辨已明。余更定为此时途次所作。第六句兼志客程也。盖大中二年，绹已充内相（翰林学士承旨），故异乡把盏，远有所思，恐其官已渐贵，我还京师，尚未得窥旧时之东阁，况敢望其援手哉？预为疑揣，不作实事解，弥见其佳。观一作'许再'可悟矣。及三年入京，内实睽离，外犹联络，屡曾留宿，备见诗篇，何至不得窥东阁哉？《本传》所云：'绹谢不与通'，亦误也。后人妄撰一宗公案，皆不足信，故详引而驳之。"张采田在《会笺》中同意冯浩的见解，认为："此解亦可从，如此则此诗是入京道中作矣。"我们经过分析认为：令狐绹于李义山有旧恩（义山进士及第，实由于令狐绹向考官高锴关说），只是因为他与王茂元的女儿成婚，才被令狐氏视为"诡薄无行"，令狐氏的情况，既非如诗中所说"不学汉臣栽苜蓿"，自己的操守，也未必等同于屈原的"扈江蓠"吧！义山摛辞的兀傲，毕竟掩盖不住内心的鄙倍。结尾两句："郎君官贵施行马，东阁无因得再窥。"是暴露得最为明显不过的了。所以这首诗只能写于自岭南回京，寄援引希望于令狐，而遭到冷遇之后，时间大约在大中二年秋至三年秋一年之间。诗是抒愤之作，绝非题壁之词。

《楚吟》

此诗《张笺》编于大中二年（公元 848 年），笺云："此亦荆楚感时之作。"所感者维何?《冯注》顾谓"不敢指其事以实之",又是为什么?原诗云:"山上离宫宫上楼,楼前宫畔暮江流。楚天长短黄昏雨,宋玉无愁亦自愁。"按:此诗全是用宋玉《高唐赋》的掌故。宋玉在《高唐赋》中自述其创作动机说:"长吏隳官(降职),贤士失志;愁思无已,叹息垂泪;登高远望,使人心瘁。"待到唐朝,杜甫凭吊古迹,目击当日楚宫,已荡然无存,讽诵遗篇,不禁感慨系之,写下《咏怀古迹》一首,其词云:"摇落深知宋玉悲,风流儒雅亦吾师。怅望千秋一洒泪,萧条异代不同时。江山故宅空文藻,云雨荒台岂梦思?最是楚宫俱泯灭,舟人指点到今疑。"可是杜甫作诗,着眼点虽在古代,而立足点则在当时。以此为线索,寻绎义山这首诗,可以思过半矣。

此诗首句本于宋玉《高唐赋》:"妾在巫山之阳,高丘之阻。"和《序》:"昔者楚襄王与宋玉游于云梦之台,望高唐之观(馆)。"是写古帝王的行宫。读了使人自然会产生像梁鸿写《五噫》时那种愤慨:"顾瞻帝京兮,噫!宫阙崔巍兮,噫!民之劬劳兮,噫!辽辽未央兮,噫!"次句与上句之似写朝廷施设相反,销凝处似写国步陵夷。其意若谓:暮江东去,行见沧海横流;殷鉴不远,只在宫畔楼前。第三句之"长短",犹今言"反正"、"横竖"、"总是"。"黄昏雨",即暮雨,语义双关,本于《高唐赋》:"且为朝云,暮为行雨,朝朝暮暮,阳台之下。"比物此志也。然而此句所写,绝非纯是自然景象,而是另有兴寄,兴寄什么?阮籍《咏怀》诗:"三楚多秀士,朝云进荒淫",这是借楚喻唐。作者的视野并非局限于大江南北,而是着眼于万民俱瞻的京华,断可知矣。李义山这首诗的写景全是虚构,如司马长卿之赋《子虚》!末句作者以宋玉自喻。无愁亦自愁,谓愁非由己。语重心长,是全篇的结穴。

《人欲》

　　此诗《张笺》引何焯弟子徐燉《义山集》批本所作的解释是："诗似为赞皇（李德裕）崖州时作。赞皇之贬，当时有深快者。如飞卿（温庭筠）《题卫公诗二首》痛诋之，至所谓'人欲天从也'。说似可从。"但张氏总览全书之后，认为徐燉"间出新意，非僻即缪（谬）……终不如阙疑为愈耳"。而宁肯持审慎保留态度，入"不编年"诗中，则未免因噎废食。我们认为义山此诗，就是针对温庭筠《题李卫公诗二首》，把李德裕看成窃国大盗，认为他崖州之贬，是天从人愿、罪有应得的观点而发的。唐宣宗初年，一反武宗会昌时的行政设施，李德裕的党徒，随着党魁在政治上的失势，也备受排挤打击，如郑亚由桂管防御观察使贬为循州刺史，义山因此不得不辞幕北归，这在自己的创作中，不可能不留下一些鸿雪爪痕。所以将此诗编于大中二年（公元848年）或稍后，当无大误。

　　此诗首句云："人欲天从竟不疑"，怎样解释？按，《书·泰誓》："民之所欲，天必从之。"唐人例避太宗李世民讳，所以此诗改"民"用"人"。然而"人欲"，也有所本，《文选》王粲《杂诗》："回身入空房，托梦通精诚。人欲天不违，何惧不合并？"同样用"人欲"，唯"天从"作"天不违"，词异而义同。那么"人欲天从"这一词语，是采《尚书》、《文选》诗两用之。全句意谓：所谓"人欲天从"是把希望当成了现实，并非是可信的，但有人竟笃信不疑。纪昀评："不疑当作可疑。"至为确当。

《偶成转韵七十二句赠四同舍》

此诗作于宣宗大中三年（公元849年），当时检校户部尚书卢弘止出任徐州刺史、武宁军节度使，李义山于次年赶赴徐州，望卢征辟，先作此诗，投赠幕僚。卢弘止的出任武宁军节度使，是肩负着朝廷决心整顿徐泗方镇自王智兴以来就形成了骄横难制的政治局面的重大使命，他本人也有一定的才干。在李义山看来，他是个比较贤明、理想的上司。所以这首诗除了抒发他个人感恩知己的情愫外，对卢弘止的历史功绩也作了如实的描述，从而反映了晚唐政局的一个侧面。

其中之二句云："公事武皇为铁冠，历厅请我相所难。""武皇"，指唐武宗李瀍。"铁冠"，古代法官所戴。蔡邕《独断》："法冠:高五寸，以纚裹铁柱卷，秦制法服之，今御史廷尉、监平服之。"《旧唐书·舆服志》："法冠，一名獬豸冠，以铁为柱，其上施珠两枚，为獬豸之形。左右御史台流内九品以上服之。"又《旧唐书·卢弘止传》叙其为官有"入为监察御史、侍御史"之文，所以旧注多以"为侍御史"事当之。独冯浩注知其错误，认为从品级看，侍御史只是六品官，低于郎中、给事中。按照正常顺序，弘止官阶不会越来越低，而应当是与给事中同品的御史中丞。我认为冯氏看到了旧注的漏洞，提出了自己的看法，把问题的解决向前推进了一步。但从全诗看，此句下接"历厅请我相所难"，全诗结尾云："收旗卧鼓相天子，相门出相光青史。"如果按照冯氏的说法，则仍感到有些合不拢，而不能不怀疑他的解释犹隔一间。我们的意见是卢弘止到了会昌四年，其官职可能已经不是御史中丞，而是御史大夫，是唐代御史台的最高长官。而御史大夫，据《汉书·百官公卿表》："御史大夫位上卿……掌副丞相。"到了唐朝，御史大夫仍然称作"亚相"，如岑参《轮台歌奉送封大夫出师西征》，就称御史大夫封常清为亚相。了解了这一点，则下文"历厅请我相所难"句中，用"相"字才有着落。《旧唐书·职官志》："御史台：大夫、中丞押奏大事，则冠法冠，衣朱衣纁裳，白纱中单以弹之。小事常服而已。"下句之"历厅"，谓超越机关界限。"请我"，写卢弘止虚怀若谷，礼贤下士。"相所难"，称颂卢弘止虽身为相，然求贤如渴，有汉相公孙弘遗风。《汉书·公孙弘传》："开东阁以延贤人。"

其中又二句云："彭门十万皆雄勇，首戴公恩若山重。"其下句字面上是使用了《列子·汤问》篇的典故："渤海之东……有五山焉……常随潮波上下往还，不得暂峙焉……（帝）乃命禹强使巨鳌十五，举首而戴之……五山始峙。"又结合白居易《观海图屏风诗》，以巨鳌象征藩镇势力。它所反映的史实，则当如《旧唐书·卢弘止传》所载："出为徐州刺史、武宁军节度使、徐泗濠观察等使。徐方自（王）智兴之后，军士骄怠，有银刀都尤劳姑息，前后屡逐主帅。弘止（原作"正"）在镇期年，皆去其首恶，喻之忠义，讫于受代，军旅无哗。"写卢弘止作为一个方镇长官，有文才武略，能转危为安。

《戏题枢言草阁三十二韵》

此诗题为《枢言草阁》，则枢言应是草阁主人名字。根据此诗对他身世的介绍"百岁本无业，阴阴仙李枝。尚书文与武，战罢幕府开。君从渭南至，我自仙游来"等句看来，他姓李，是李义山在徐州卢弘止幕府时的同僚。本篇风格素朴而少典实，兼采汉魏六朝乐府与唐代长庆诗作之长，在义山诗中别开生面，值得重视。

其中的二句云:"徒令真珠胐,裹入珊瑚腮。"上句的"胐"字,《说文》等字书训牛百叶(胃),然与诗旨无关。近人注或疑为"眦"之形误,而解释作泪腺、泪囊,亦觉不妥。按:"胐"当为"泚"之形误,《孟子·滕文公》篇:"其颡有泚",意为前额上冒汗珠。"真珠",此处是形容汗珠而非泪点。下句之"裹"字当是"渨"之借字。《诗·召南·行露》:"厌渨行露。"《传》:"厌渨,湿意。""珊瑚",色近肉红,渲染美人的腮。同时语意双关,用白居易《新乐府·涧底松》"高者未必贤,下者未必愚。君不见沉沉海底生珊瑚,历历天上种白榆"诗意,极写枢言美才蕴玉,如《世说·容止》写裴令公:"有俊容仪,脱冠冕,粗服乱头皆好,时人以为玉人。"而无所用。虽未免令人汗颜,而珠光宝气,迥异俗流。称誉之,乃所以激励之,鞭策之。

《咏怀寄秘阁旧僚二十六韵》

此诗《冯谱》编于大中六年(公元852年),《张笺》编于大中五年(公元851年),义山徐州府罢入朝,又以文章投令狐绹,蒙其引荐补任太学博士。这是一个基本上无事可做的闲冷差使,但他的生活却从此由流动而暂时归于宁静,有时间把前此一段很长时期的游宦生活,幕府的、朝廷的、地方的、家庭的、亲友的各方面,作一个简单的总结。给人总的印象是在封建社会里,特别是在一个王朝临近崩溃的时代,一切有才华、有抱负的士子是没有出路的。这与东方朔之作《答客难》、扬雄之作《解嘲》、韩愈之作《进学解》,虽然具体内容不相同,但中心思想是一致的,可谓异世同慨!

其中之二句云:"敢忘垂堂戒,宁将暗室欺。""垂堂",指什么?《史记·袁盎列传》:"千金之子,坐不垂堂。"《论衡·四讳篇》:

"毋承屋檐而坐,恐瓦堕击人首也。"王充之说,可作"垂堂"确诂。这是写自己的为人,谨小慎微,唯恐罹祸。"暗室欺",不欺暗室,古人常用作慎独束身的箴铭。《宋书·阮长之传》:"一生不侮暗室。"《梁书·简文帝纪》:"弗欺暗室。"意为即使一个人独处暗室,也不做自欺欺人的勾当,不萌自欺欺人的念头。这种对自己的思想行为提出如此严格的要求,我国古代先哲便已形成。《诗·大雅·抑》:"相在尔室,尚不愧于屋漏。"《毛传》:"西北隅谓之屋漏。"所谓"不愧屋漏"或"不欺暗室",一脉相承,都是反对阳一套阴一套两面做人的处世哲学的。其内容并不仅限于"男女之大防",如《诗·小雅·巷伯》《毛传》所举颜叔子的行为那样。《冯注》引之以解此诗,是片面的,甚至是错误的。

其中又二句云:"瓮间眠太率,床下隐何卑!"上句典出《世说·任诞》注引《晋中兴书》:"毕卓字茂世,新蔡人,少傲达,为胡母辅之所知。太兴末,为吏部郎,尝饮酒废职。比舍郎酿酒熟,卓因醉夜至其瓮间取饮之。主者谓是盗,执而缚之,知为吏部也,释之。卓遂引主人燕(宴)瓮侧,取醉而去。温峤素知爱卓,请为平南长史,卒。"按:据诗人《戏题枢言草阁》诗中有"我虽不能饮"之句,则此句当是写秘阁旧僚,其中可能有"醉酒狂歌空度日"如李白者,所以于结尾前略致规劝之意。下句典出《唐摭言》卷十一:"襄阳诗人孟浩然,开元中,颇为王右丞所知。句有'微云淡河汉,疏雨滴梧桐'者,右丞吟咏之,常击节不已。维私诏金銮殿,一旦召之,商较风雅,忽遇上幸维所,浩然错愕伏床下。维不敢隐,因之奏闻。上欣然曰:'朕素闻其人。'因得诏见。上曰:'卿将得诗来耶'?……浩然奉诏拜舞念诗曰:'北阙休上书,南山归卧庐。不才明主弃,多病故人疏。'上闻之,怃然曰:'朕未曾弃人,自是卿不求进,奈何反有此作?'因命放归南山,终身不仕。"《冯注》:"《新书》采入传文。源师引注此句。义山用事,必不古今夹杂,意境亦不类,况本不足信乎?"按:冯氏谓义山用事,必不古今夹杂,本篇即可举出反证;谓凡不足信的故实,绝不入诗,也过于武断。本篇用的许多典故,果尽足信乎? 义山采用这些掌故,对秘阁旧僚表面似在指责,实际则是寄予深厚的哀怜和同情。《诗》云:"善戏谑兮,不为虐兮。"此之谓也!

《宿晋昌亭闻惊禽》

此诗以"惊禽"为一篇主线,义山所以自喻。内容则万感丛集,但形诸笔墨,却圆融轶荡,遒丽浑成。其中有句云:"胡马嘶和榆塞笛,楚猿吟杂橘村砧。"上句之"榆塞",究竟如何解释?《汉书·韩安国传》:"累石为城,树榆为塞。"按,《史记·秦始皇本纪》云:"西北斥逐匈奴,自榆中(注引徐广曰:"在金城。")并河以东,属之阴山,以为四十四县,城河上为塞。"这实际上是为"榆塞"这一语词作了"释名"。此以"胡马嘶"与"榆塞笛"为当句对,而重点在后者。因为文学描写的对象是人而不是物,是因物见志。这里有主次之分,工拙之异。下句之"橘村",旧注都采用《水经·湘水注》"湘水又北迳南津城西,西对橘洲"以及"又龙阳有泛洲,李衡植橘处"以指实此句"橘村"的所在,未免过于拘泥。按,《三国志·吴书·孙休传》注引《襄阳记》:"(李)衡,字叔平。本襄阳卒家子也……为丹杨太守,……衡每欲治家,妻(习氏)辄不听。后密遣客十人于武陵龙阳汜洲上作宅,种甘橘千株。临死,敕儿曰:'……有千头木奴,不责汝衣食,岁上一匹绢,亦可足用耳。'……后儿以白母,母曰:'此当是种甘橘也……人患无德义,不患不富,若贵而能贫方好耳。用此何为?'"又《史记·货殖列传》:"安邑千树枣,燕、秦千树栗,蜀、汉、江陵千树橘……此其人皆与千户侯等。"所以李衡临死对其子如此嘱咐。《楚辞·九章·橘颂》:"后皇嘉树,橘来服兮。受命不迁,生南国兮。"这都说明楚国是橘树的故乡。橘村,即橘的故乡。这两句一方面概括了作者游宦的历程,另一方面也反映了劳人思妇的哀怨。此唯钟嵘《诗品序》所谓"塞客衣单,孀闺泪尽"的情景足以当之。何焯评云:"五六客中客,不为佳。"则是"看朱成碧"了。

《初起》

对这首诗的解释,历来也很分歧,但以《张笺》为近是。他编此诗于大中七年(公元853年)在梓幕中,曰:"远客思入京华之慨。'咸池日光',所指甚显。盖去岁曾托杜惊附状,今则消息阒如,故诗有余叹也。"然而他却没有更具体地论述。兹补疏之。

原诗云:"想像咸池日欲光,五更钟后更回肠。三年苦雾巴江水,不为离人照屋梁。""咸池日光",见《淮南子·天文训》:"日出于旸谷,浴于咸池。"古代往往以日为君象,乃本于《楚辞·九歌·东君》:"暾将出兮东方,照吾槛兮扶桑。""五更钟后",暗示梦回。古有"梦见人君者梦见日"的说法,见《战国策·赵策》。"更回肠",谓梦醒失望。"三年苦雾",作者从大中五年赴梓幕,到七年已经三个年头。梓州多雾,俗称雾城。其诗《北禽》篇云:"为恋巴江暖,无辞瘴雾蒸。"可以互参。末句是说浮云蔽日,不能像东君那样"照吾槛兮扶桑",则是大可悲矣。按:屈原《九章·哀郢》已有"哀见君而不再得"之叹,义山于此,盖也有"謇法前修"之意。但君之为君,臣之为臣,具体情况千差万别,要在论世知人,区别对待,不能主观武断,一概相量。

《夜饮》

此诗题本于《诗·小雅·湛露》："厌厌夜饮，不醉无归。"按，《左传·文公四年》："卫宁武子来聘，（鲁文）公与之宴（谦），为赋《湛露》……不答赋……对曰：'……昔诸侯朝正于王，王宴乐之，于是乎赋《湛露》，则天子当阳，诸侯用命也。'"因知《湛露》本天子宴飨诸侯之诗。不过，到了春秋时代，诸侯也已赋用。唐代方镇的地位，相当于古代诸侯。此诗是作者被幕主邀请参加府宴时所抒发的一些感叹，所以摘取《湛露》篇中的成语为题。《冯谱》编此诗于大中二年，《张笺》则编于大中七年（公元 853 年）义山在梓幕时。验以作者《梓州罢吟寄同舍》诗中有"漳滨多病"之语，与此诗"淹卧剧清漳"之语完全契合，所以《张笺》可信。

其中有句云："烛分歌扇泪。"是写在烛光的照耀下，可以分明看出歌扇之间舞女在落泪。至于为什么会出现这种情况，《集》中之《上河东公启》一篇，有云："两日前于张评事处伏睹手笔兼评事传指意，于乐籍中赐一人，以备纫补。某悼伤以来，光阴未几；梧桐半死，才有述哀……自安衰薄，微得端倪。至于南国妖姬，丛台妙妓，虽有涉于篇什，实不接于风流。况张懿仙本自无双，曾来独立，既从上将，又托英僚……伏惟克从至愿，赐寝前言！"从中我们可以找到一些线索。结合下句"雨送酒船香"，则是写与宴者和侑酒者因地位不同而流露出苦与乐截然不同的思想感情。

其中又云："乾坤百战场。"按：义山作此诗时，东部有为卢弘止镇抚下去的军事叛乱，川西有吐蕃、党项和汉族上层所挑起的种族摩擦，还有西距东川首府梓州不远的蓬、果二州爆发的以宗教为号召的鸡山区农民起义。全国性的政治危机已经激化成为武装冲突。结合上句"江海三年客"，则是写广大有识之士的颠沛流离和生灵涂炭的景况，与以上两句所写封建特权阶层的灯红酒绿、纸醉金迷的生活相对照。这极为王安石所称道，认为虽老杜无以过。这两句诗表面上是学习杜甫《江汉》："江汉思归客，乾坤一腐儒。"而其内涵却比杜作要丰富广阔得多。形式是取法乎上，而内容则实已"青出于蓝"。因此何焯评为"不病而呻"，是错误的，而冯浩认为"指事中兼含身世之感，非强慕悲壮之钝汉也"则极为精当。

《北禽》

胡震亨《唐音统签》云："此必东川幕府不得意寄托之作。"朱彝尊评，同意他的看法，认为："此诗作于东川。义山自北来居幕府，故题曰《北禽》，以自况也。中二联皆忧谗畏讥之意，末语有羡于雕陵之鹊，其为周身之防至矣。此等诗意味深长，逼真少陵家法。"据此则此诗当作于大中五年到十年，义山充柳仲郢东川幕府的属僚期间，而时间略靠前的可能性要大些。所反映的是地方节镇幕府新旧僚属间的矛盾，这种矛盾早在作者参加王茂元泾原节度使幕府时已经存在，因此他是有切身体会的。

诗之颔联云："纵能朝杜宇，可得值苍鹰。""朝杜宇"，作为一个成语使用，则当本之于杜甫《杜鹃》诗："杜鹃暮春至，哀哀叫其间。我见常再拜，重是古帝魂。""苍鹰"，古人往往用来比喻酷吏，但未必尽合诗旨。这里"值苍鹰"三字的实际涵义，应如谢朓《暂使下都，夜发新林至京邑赠西府同僚》诗所说："常恐鹰隼击，时菊委严霜；寄言蔚罗者，寥廓已高翔。"鹰隼与蔚罗，都是猎人使用的工具，与谗人专门用深文周纳的手段以诬陷好人的行径相似。那么这两句诗的实际涵义是，即使此行能为自己效忠于巴蜀的君长创造了条件,却担忧妒贤害能的同僚,对自己横加诬陷。

《樟州罢吟寄同舍》

此诗是柳仲郢自东川节度使内调为吏部侍郎,义山因之罢幕职时,寄赠梓幕同僚之作。其中之二联,通行本多所误解。兹作确诂。

"君缘接坐交珠履,我为分行近翠翘。""君",称同舍。"接坐"是接席而坐,指席位接近府主,特蒙礼遇。"交",谓厕足其间。《史记·春申君列传》:"客三千余人,其上客皆蹑珠履。"但这里并非指达官贵人,《冯注》"此则谓妇人珠履"是完全正确的。"分行",按品级排队。"翠翘",妇人首饰的一种。韦应物《长安道》诗:"丽人绮阁情飘飘,头上鸳钗双翠翘。"《山堂肆考》:"翡翠鸟尾上长白毛曰翘,美人首饰如之,固名翠翘。"此翠翘与上珠履,都是以物代人,借指节度使府中所畜营妓。亦即其《病中闻河东公乐营置酒口占寄上》诗所说的"乐营",她们的身份都是官妓。

又"楚雨含情皆有托,清漳卧病竟无慅"。上句用典本于《文选》宋玉《高唐赋序》:"'妾巫山之女也,为高唐之客,闻君游高唐,愿荐枕席。'王因幸之。去而辞曰:'妾在巫山之阳,高丘之阻。旦为朝云,暮为行雨,朝朝暮暮,阳台之下。'"句意兴言僚属盛感恩遇以销永夜,营妓也热情献艺冀托终身。他解皆非。下句掌故出《文选》刘桢《赠五官中郎将(曹丕)》诗:"余婴沉痼疾,窜身清漳滨,自夏涉玄冬,弥旷十余旬……望慕结不解,贻尔新诗文。勉哉修令德,北面自宠珍!"按:作者自比于刘桢的漳滨抱病。病是会有的,但这也恐怕是他委婉的托辞。此典在他的诗中屡见使用,往往与谢绝声伎相连,我们从中也可以约略窥见作者的衷曲。

《有怀在蒙飞卿》

此诗《冯谱》编于大中十年（公元856年）梓州诗中。《张笺》编于前一年，笺云："在蒙不详何人，据五六写景，是梓州作也。《飞卿集》有《秋日旅舍寄义山李侍御》诗，结云：'子虚何处堪消渴？试向文园问长卿。'盖寄义山东川者，温李酬唱始此。以上皆东川诗，而不能定编何年矣，附此（九）年末。"《旧唐书·文苑传》："温庭筠者，太原人，本名岐，字飞卿。大中初，应进士，苦心砚席，尤长于诗赋。初至京师，人士翕然推重……累年不第。"按：自《旧唐书》以至《唐才子传》等史传文字，皆有"徐商镇襄阳，往依之，署为巡官"等记载，但徐商镇襄阳在大中十二年，义山于同年死，不可能有往依受署之事，故未可信从。晚唐诗人，温李齐名。此诗为二人酬唱开始时的作品，所以值得重视。

诗中有句云："当年久索居。""当年"，作何解？按：当年，同丁年、壮年之意。古代"当"与"丁"通用。《管子·轻重·丁篇》："男女当壮"，《戊篇》作"丁壮"，义同。故《淮南子·齐俗》："丈夫丁壮而不耕……妇人当年而不织。""当年"与"丁壮"对文同意。《易林·随之既济》："当年早寡，独立孤居，鸡鸣犬吠，无敢问者。"此"当年"亦谓壮年，为此诗用"当年"为"壮年"所本。"久索居"，用《礼记·檀弓》："吾离群而索居，亦已久矣。"此句意谓自己已过"强壮"之年，而宦途坎壈，壮志难酬。

又有句云："所思惟翰墨。"此当用曹植《与杨德祖（修）书》："吾虽德薄，位为蕃侯（义山诗中常称"我系本王孙"），犹庶几戮力上国，流惠下民，建永世之业，留金石之功，岂徒以翰墨为勋绩、辞赋为君子哉？""惟翰墨"之意是不得已而求其次。和曹丕《典论·

论文》所说"古之作者,寄身于翰墨,见意于篇籍"的用意,是大相径庭的。冯浩引之以注此诗,殆所谓"未达一间"者也。

《过故府中武威公交城旧庄感事》

此诗所咏武威公是谁?朱鹤龄《李义山诗集笺注》认为是王茂元。冯浩注初以为是刘从谏,重校本又曰:"颇以为李光颜也。"张采田《会笺》据《偶成转韵》诗尝称卢弘止(原误为正)为武威将军,谓其人当指卢弘止。但又以弘止"未赏封爵加平章事,似与腹联用典不合"为疑。按,《偶成转韵》诗末云:"收旗卧鼓相天子,相门出相光青史。"彼诗既可以悬拟平章,则此诗又何不可以仅型汉相?所以张氏的论断是完全能够成立的。至于交城和卢弘止的关系,张氏《会笺》云:"弘止(原作正)范阳人,后徙家于蒲,或有庄在交城也。"这虽然是一种推论,但我们可以找到旁证,李德裕赞皇(今河北省赞皇县西南)人,而有别墅在平泉(今河南省洛阳市南)。卢弘止卒于大中五年,义山此诗则写于大中十年梓幕罢归以后,故称《故府中武威公》。

此诗中之二联为历代注释家所不曾透彻理解。颔联云:"日落高门喧燕雀,风飘大树撼熊罴。"上句疑用《史记·陈涉世家》:"嗟乎!燕雀安知鸿鹄之志哉?"暗喻交城旧居随卢弘止之死,李德裕党徒在政治舞台上的失势,而被牛党走卒所据有,所以上面着一"喧"字,显示一种强烈的鄙薄讽刺意味。下句也未必是写实景,而是借以寄兴。《后汉书·冯异传》:"诸将并坐论功,异常独屏树下,军中号曰大树将军。"因下面还有"撼熊罴"的托寓,则此"风飘大树"还可能另有寄兴。曹植《野田黄雀行》:"高树多悲风,海水扬其波。"朱乾曰:"风波以喻险恶。"则此以"风飘大树"概括晚唐党争剧烈、动荡不安的政治局势。如此理解，与下文"撼熊罴"各明一意，不相重复。"熊罴"，喻武臣。《书·康王之诰》："则亦有熊罴之士，不二心之臣。"这里用以颂扬削平泽潞叛镇和镇抚徐泗军乱的卢弘止。熊罴皆能上树，而且冬季喜在树穴中安眠，因此风吹树动，熊罴撼摇。此句是对故府主卢弘止的功勋热情称颂，对他晚年在政治上受打击排挤暗表同情。

颈联云："新蒲似笔思投日，芳草如茵忆吐时。""新蒲似笔"，本于谢灵运《于南山往北山经湖中瞻眺》诗："新蒲含紫茸。"李善注："此茸谓蒲华也。（郭璞）《江赋》曰：'擢紫茸茸。'""似笔"是指蒲草花苞而言。"思投日"，本于《后汉书·班超传》："班超常为官佣书……久劳苦，尝辍业投笔叹曰：'大丈夫无它志略，犹当效傅介子、张骞，立功异域……安能久事笔研间乎？'"这里似喻作者前参卢幕。谓自己本一介书生，受卢赏识，辟参徐幕，故见新蒲而忆投笔，亦"心念旧恩"之意。《冯注》则以为"此则以投笔谓封侯也"。考《旧唐书·卢简辞附传》，弘止在受任邢、洺、磁团练观察留后（未行）以前，已为给事中（《旧唐书·职官志》："给事中，正五品上，位次门下侍郎。"），与班超履历大不相同，何能妄加比附？因知其所论是错误的。下句从形式看本于谢万《春游赋》："草靡靡以成茵。"从内容看则是本于《汉书·丙吉传》："（丙吉）于官属橡吏，务掩过扬善。吉驭吏耆（嗜）酒，数逋荡。尝从吉出，醉欧（呕）丞相车上，西曹主吏白欲斥之。吉曰：'以醉饱之失去士，使此人将复何所容？西曹地忍之。此不过污丞相车茵耳。'遂不去也。"按：作者是用丙吉宽以待下的掌故，表明自己对卢容人犯过的恢弘器度感到由衷的仰戴。这两句仍然是写卢弘止，但是结合着自己和卢的一些交往的观感来写，这比额联更深入一层，用笔也把前面的粗线条换成细线条，表现手法变化多样。

《和人题真娘墓》

　　此诗《原注》："真娘吴中乐妓,墓在虎邱山下寺中。"陆广微《吴地记》："(虎邱)寺侧有贞娘墓,吴国之佳丽也。行客才子,多题诗墓上。有举子谭铢作诗一绝,其后人稍稍息笔。"按,《白氏长庆集》一二有《真娘墓》一篇,有句云:"霜摧桃李风折莲,真娘死时犹少年。"结合此诗"胃树断丝悲舞席,出云清梵想歌筵"的叙写,推断真娘之死,必然是受横暴的封建势力摧残的结果。其成为"行客才子"凭吊的对象,并非仅仅因为容貌之美,才艺之高,年龄之促,而主要是出于对她的同情。《张笺》入不编年诗,我们认为很可能作于大中十一年(公元857年)江东之游时。

　　诗之颔联云:"胃树断丝悲舞席,出云清梵想歌筵。"上句疑是模拟真娘自缢时的情状。槐树有一种悬丝自垂的青虫,我国北方俗称"吊死鬼",疑即《尔雅·释虫》:"蜆,缢女。"郭注:"小黑虫,赤头,喜自经死,故曰缢女。"朱骏声云:"今苏俗谓之蓑衣虫,吐丝自裹,有时而悬,非真死也。""悲舞席",谓人亡艺绝,身世堪悲。下句写真娘生前歌声能上彻云霄。《列子·汤问》:"薛谭学讴于秦青……辞归,秦青弗止,饯于郊衢,抚节悲歌,声振林木,响遏行云。"此用其意。虎邱山下有虎邱寺,所以有梵呗和梵唱。又唐代霓裳羽衣曲本为婆罗门曲,梵唱已成为民间歌曲的一部分,故真娘有可能唱佛曲。

　　诗之末句云:"只应江上独婵娟。""婵娟",在这里怎样解释?《楚辞·离骚》:"女嬃之婵媛兮。"王逸注:"婵娟,犹牵引也。"按:牵引,义同抽搐,心情过度激动时的生理反应,所以与伤怀字连用。《楚辞·九章·哀郢》:"心婵媛而伤怀兮。"王逸注:"婵媛,犹牵引也。"婵媛、婵娟，音义皆同。全句意为真娘色相才艺超群，而被迫致死，因此触动自己的满腔义愤。

《井泥四十韵》

此诗诗题如何解释？涵义是什么？《易经·井》："初六，井泥不食。"（意谓：井泥地位既低，当然容易藏垢纳污，不会有人饮用。）又："九三，井渫不食，为我心恻（意谓：但是一口经过淘浚整治的井，清泉芳冽，如果仍然没人汲引饮用，那就未免太可惜了。），可用汲；王明，并受其福。"后来司马迁作《史记·屈原列传》，感于"明于治乱，娴于辞令"的屈原在楚国遭受污蔑与排挤，身世颇有些像《易经·井》卦爻辞所写的情况，于是就把《易经·井》卦九三的原文全部录入，并加评论说："王之不明，岂足福哉！"对楚怀王、顷襄王父子倒行逆施加以猛烈的抨击。从此以后，"井泥"就成了在野贤才自托身世的公用词汇，如无名氏所作《箜篌谣》（或以为梁孝威所作，未见确据）云："岂甘井中泥，时至出作尘（或本作"上出作埃尘"）？"诗人大概是读到这些古典文献而深有感触，受到启发，故假"井泥"名篇，以抒发其生不逢辰、壮怀徒抱的愤慨。

此诗《冯谱》编于开成五年（公元840年），笺云："行行来自西，自长安至东都也。溯其游踪，玩其引古，盖当文宗崩，武宗立，杨嗣复辈远斥江湘，李德裕由淮入相之时。"《张笺》编于大中十二年（公元858年）云："此篇感念一生得丧而作。赞皇（李德裕）辈无端遭废，令狐（绹）辈无端秉钧，武宗无端而殂落，宣宗无端而得位，皆天时人事，难以理推者。意有所触，不觉累累满纸，怨愤深矣。观'行行来自西'语，盖推官罢后自京还洛时也。即以诗格论，意境颓唐，亦近晚年，冯氏谓卫公当国时，为牛党致慨，真臆说矣。"按：李德裕由淮入相时，义山已婚于李党王氏，他在政治上绝不反李，所以被张采田斥为臆说。张氏所见是正确的。但是，我们认为张氏概括此诗的内容，完全着眼于朋党之争，则不太全面。此诗所揭露的，主要是中晚唐时代的最高封建统治者，尽管他们表面上标榜"依仁"行义，可是实际行动却为虎副角，驱使酷吏杀人；笯凤如鸡，坐观贤能失位。这种黑暗的社会现象，层出不穷，愈演愈烈。作者为了充分揭露矛盾，增强感染力，从历史故事和民间传说中，列举了大量的奇闻轶事，雄辩地论证了社会上贵与贱、贫与富之分都不是天定的、一成不变的，而是变化莫测、超越于常情之外的。这是对封建正统的历史观的无情的嘲弄，大胆的否定。对此，过去的评论家也觉察到了，如何焯即说："后半与牧之《杜秋诗》极相似，《天问》之遗！"虽寥寥数语，而巨眼卓识，迥异常伦。应当作为我们研究此诗的重要参考。

其首二句云，"皇都依仁里，西北有高斋。"《朱注》："在东都。《白氏长庆集》有《宿崔十八依仁新亭诗》。"按：东都指洛阳。白氏原诗题目是《闻崔十八宿于新昌敝宅，时予亦宿崔家新亭，一宵偶同，两兴暗合，因而成咏，聊以写怀》。这里的"依仁里"虽是洛阳城内的里坊名，但它又是全诗的一个有机组成部分。是沿用《论语·里仁》篇和《先进》篇"依于仁"的成语寓意，以为下文揭露李唐王朝的伪善面目作镜鉴。又《文选·古诗十九首》："西北有高楼"，李善注："此篇明高才之人，仕宦未达，知人者稀也。西北乾位，君之居也。"下句完全袭用《文选·古诗》之意。说明自己虽具英才，却不为当朝所用。这两句领起全篇，是理解这首诗的关键。

《出关宿盘豆馆对丛芦有感》

此诗《冯谱》编于会昌三年（公元843年），《张笺》编于会昌四年（公元844年），因母丧营葬，罢秘书省正字，由长安回永乐，过潼关，宿盘豆馆，对丛芦而抒发一些丧母休官的杂感。这种判断是立足于把第三句的"江南客"理解为开成五年（公元840年）至会昌元年（公元841年）义山曾有一度江湘之游。虽然岑仲勉《玉溪生年谱会笺平质》曾提出疑问，认为缺少确证。我们认为义山江湘之游是极其可能的，但对冯、张二氏对此诗的编年及对第三句"江南客"的解释，却有不同看法。诗人在大中元年（公元847年）曾应桂管观察使郑亚辟去桂林，大中十年（公元856年）又经柳仲郢推荐任盐铁推官赴江东，这在习惯上都可自称为"江南客"。而且最明显的展示此诗写作时间的，是"此日初为关外心"这句。这句与上句用对比的手法把作者的生平划分为"游宦"和"归隐"两个截然不同的阶段。在这样的思想基础上，我们不难看出作者心弦的波动是很激烈的。它标志着作者生活发生了重大的变化。如果这首诗是写在会昌三、四年之际，则那时他生活上较大的变革是母丧丁忧，暂时休官，不久还要还朝。些许小故，何足使他产生"此日初为关外心"的感慨？这不仅令人有小题大做之想，而更重要的是不符合生活实际。下文的"思子台"、"玉娘湖"两个抒情色彩很浓的词语，都应该看成是作者生活的有机或有关组成部分，而不是泛设。那么，我们不禁要问：这"思子"和"玉娘"到底说的是谁？是义山的亡母吗？人已经死了，岂能"思子"？为人子能称呼自己的母亲为"玉娘"么？况且结尾还有"一世荒城伴夜砧"的感慨，也绝非壮游时期所能发出的喟叹。所以，我们认为此诗当作于大中十二年(公元858年)义山罢盐铁推官,还郑州,路出潼关之时。

那么"思子台边风自急,玉娘湖上月应沉"两句究竟怎样解释呢?"思子台"本于《汉书·戾太子传》:"上怜太子无辜,乃作思子宫,为归来望思之台于湖。"颜师古注:"台在今湖城县之西,阌乡之东。"按:湖城在故阌乡县东四十里,县早废,辖区并入今河南省灵宝县。这句意为:因自己先有思子之情,所以见台而归心益加迫切。此所谓"触景生情"的表现手法。"玉娘湖",《冯注》:"玉娘湖未详。旧引嵩山玉女台,误甚。而王阮亭(士禛)《秦蜀驿程后记》云:'过阌乡盘豆驿,涉郎水,即义山所云之玉娘湖。'未知何据? 俟再考。又检《太平御览·台类》下引《水经注》:'河水南至华阴,又东北(重校本误作"西",兹据影宋本《御览》订正),玉湖(此据重校本,影宋本《御览》"湖"作"涧")水注之。'此乃玉涧水(按:冯氏所引《御览》乃通行刊本,有误字,故其言如此),即'南出玉溪,北流,径皇天原西者,原上有思子台'。《御览》传本多讹,不足据。然窃疑唐时或作'玉湖',或即此'玉娘湖',盖二句正写宿字,必近地也。斯诚妄测耳。风急月沉,丛芦尤觉萧森也。"按:冯氏勤心考索,虽自己持审慎保留态度,但我们认为此注仍有一定参考价值。不过想再做一点补充,即这两句所写应当是作者在驿站投宿时,百感交集,通宵不寐,临当起床前的所闻(上句)和所想(下句)。"风自急",在屋里即可以听见;"月应沉",在屋里看不见,因而用想当然的口吻。既然作者对天时的预测是如此,所以次一步的行动就只能是起床赶路,从而又有结尾两句。上下文的内在联系如此紧密,如此自然,在律诗中是不可多得的。此外,这两句诗寓情于景,选词敷色都有兴寄,如"思子"台、"玉娘"湖皆然。这和他的《隋宫》"欲取芜城作帝家"的"芜城",隐含讽喻,所运用的匠心正同。这样就密切了写景与抒情的联系,从而增强了作者室家之思的感染力。

李义山的《齐宫词》及其他

　　读《人民日报》6月20日副刊,看到范放同志《古典诗词涉笔》的文章,文章中谈到读古典诗词要有"一定的历史知识",这个问题很重要,因为不了解历史就很难发掘一首诗词具体的历史内容,也很难了解一个作家在具体历史条件下的复杂情感,从而更难于使我们领会某首诗词的含义,读了之后真要像范放同志所说的产生"像槌击木钟,叩之无声"的现象。

　　但范放同志在举李义山《齐宫词》作例子时,却把《齐宫词》所写的历史解错了。范放同志说:"如果对北朝易代史实很清楚,就会感到作者好像和你絮絮对话,突出齐后主嬖幸的冯淑妃给北周兵掳去,比喻封建统治里面经改姓易代后一副凄凉局面。"《齐宫词》是写的北齐后主及冯淑妃的历史事实吗? 为了说明问题,我们把范放同志曾经引过的原文再抄在下面加以考察。"永寿兵来夜不扃,金莲无复印中庭。梁台歌管三更罢,犹自风摇九子铃。"

　　诗中有四件事情值得注意,就是:永寿、金莲、梁台、九子铃。这四件事哪一件与北齐后主及冯淑妃有关系?《齐宫词》写的不是北齐的事,而是南齐的事,不是齐后主及冯淑妃的事,而是南齐废帝宝卷及潘妃的事。永寿,指齐废帝为潘妃起神仙、永寿、玉寿三殿事,梁武帝的兵入建康,手下的将领王珍国、张稷带兵入殿,废帝的侍卫丰勇之为内应,结果把废帝杀了。这件事分别见于《南史·齐废帝东昏侯本纪》和《南齐书·东昏侯本纪》。金莲,指潘妃步行金莲花之上,身段优美,为废帝所观赏的事。梁台,指梁武帝所建立的台省,也就是梁朝的政府。九子铃,是废帝剥取佛寺的东西,用来装饰潘妃宫殿的,是一种玉质的铃,并不是"铜铃"。可见从四句诗之每一句考察,都不是写齐后主,而是写齐废帝,不是写北齐之亡。而是写南齐之亡。

李义山是否有写北齐灭亡的诗呢? 有!《北齐二首》就是。这两首确是写齐后主和冯淑妃的荒淫生活而造成亡国败身的,原文如下:

> 一笑相倾国便亡,何劳荆棘始堪伤!
> 小怜玉体横陈夜,已报周师入晋阳。
> 巧笑知堪敌万几,倾城最在着戎衣。
> 晋阳已陷休回顾,更请君王猎一围。

小怜是冯淑妃的名字,周师入晋阳是指武平七年十二月周武帝攻打晋州,齐兵大败,晋阳失守的事。晋阳是北齐的重镇,晋阳失守,齐已将亡。

第二首全诗写的是女子倾城,第一句的巧笑也代表女子,具体的当然指的冯淑妃,但第二句却写的是戎衣倾城。查《国语·晋语》卷一"必有女戎",韦昭注:"戎,兵也。言其祸犹兵也。"我们认为李义山这句诗就是化这个意思而成。那么这首诗的整个意思即贯通了。晋阳已陷与第一首写的是同样历史事实,请君王更猎一围是指冯淑妃于晋州危急时,还请齐后主更杀一围的事。

《齐宫词》和《北齐二首》写的是两个绝然不同的内容,两次完全不同的历史事件,表现了李义山在特定的历史条件下对封建统治者荒淫误国的批判,和自己吊古伤今的共同情感,但是是通过两个历史侧面来表现的,不应该混淆。

范放同志提出读古典诗词要了解历史的看法,我们很同意,而且这是基本的。除此之外,我们觉得还应该了解一些古文的语言规律和特点,特别是诗的语言规律和特点,否则对一首诗词的内容理解就不会深,就不能领会一首诗词艺术上的美。注释工作除了注解历史、典故之外,也应该注解一个作家一篇作品的语言锤炼和特殊构思等,目前这方面的工作却做得很少。

关于李煜的评价问题

最近,《文学遗产》编辑部发起和组织了关于李煜评价问题的讨论。在讨论中批判了对待遗产的粗暴态度,提出了文学史研究范围内对一些复杂现象如何分析问题。这在我国古典文学研究中是一项极有意义的事。因此,我们也愿意写出自己的意见,以就正于研究者们。

一

探讨李煜及其作品的价值,先从对五代十国和南唐的具体历史环境分析出发,这完全是正确的。但是对南唐(包括吴)七十余年的政治、经济、文化的叙述,并不能代替对李煜本人的生活、政治活动和创作实践的更切实的分析。因为实事求是地分析李煜本人在环绕他的时代里所起的作用,才能准确地评定他及其作品的内涵和意义。

那么,李煜在他所处的历史环境中究竟起了些什么作用呢?据史籍记载,在他称帝的十四年期间,是实行过一些在某种程度上符合人民利益的措施的,像他即位之初(建隆二年),曾"罢诸路屯田使",使"佃民绝公吏之挠"(马令《南唐书·后主传》);他又曾为韩熙载"尽忠能直言"(《五代史·南唐世家》),而想争取他作宰相;开宝四年,他还曾"缮甲募兵潜为战备"(《宋史·南唐李氏世家》)等等。但是,这在他全部政治活动中却是次要的,在其政治生活中最主要、最本质的部分则是对人民的剥削和压迫，以及建立在这一基础之上的个人生活的奢侈和糜烂。

李煜一生的政治活动，一般地可分为前后两期，而北宋开宝八年他的被虏，则是这两个时期的分界线。关于前期的李煜，史籍上为我们提供了丰富的资料，确凿地证明他是历史上最荒淫、最奢侈的皇帝之一。这一点，连封建统治阶级所修的"正史"也不讳言。如《十国春秋·南唐·后主昭惠国后周氏传》云：

> 后主以后好音律，因亦耽嗜，废政事。

又《新五代史·南唐世家》云：

> 煜性骄侈，好声色，又喜浮图，为高谈，不恤政事。

这是封建统治阶级的记载，恐怕比李煜实际的荒淫生活要少得多了。

又据《十国春秋·南唐·继国后周氏传》云：

> 时后主常于群花中作亭，幂以红罗，押以玳牙，雕镂华丽，而极迫小，仅容二人，每与后酺饮其间。

他又特别用"主香宫女"，焚香器皿的样式就有十数种之多，而且都是"金玉为之，璀璨夺目"。《十国春秋》又记载，当李煜续娶小周后时，聘礼极其豪奢，民众争看者竟达数万人。封建文人的记述如此，而广大人民对此的态度呢？《十国春秋·南唐·继国后周氏传》"注"引《古今风谣》所载当时江南童谣云：

> 索得娘来忘却家，后园桃李不生花。猪儿狗儿都死尽，养得猫儿患赤痕。

并加诠释说："娘来，谓再娶周后也。猪狗死，谓尽戊亥年也。

赤瘕,目病,猫有目病,则不能捕鼠,谓不见丙子之年也。"可见广大
人民对李煜的奢侈淫逸生活是怀着极深的怨恨情绪的。像这样发
自人民的评议,表现了人民的思想、观点和看法的风谣,比南唐的
旧臣徐铉为李煜所作的充满谀辞的墓志铭,不知要珍贵多少倍!

　　李煜前期生活的荒淫奢侈,与他政治上的昏庸腐朽是密切联
系着的。他除了耽缅女色之外,还迷信佛教。《十国春秋·南唐·
汪焕传》云:

　　　　元宗、后主皆佞佛,而后主尤酷信之,庄严施舍,斋设持
　　诵,月无虚日。宫中造寺十余,都城建塔创寺几满,广出金钱,
　　募民为僧,所供养逾万人,悉取于县官,不计耗竭。上下狂惑,
　　国事日非。

又马令《南唐书·后主书》云:

　　　　国主与后顶僧伽帽,衣袈裟,诵佛经,跪拜顿颡,至为瘤
　　赘。由是建康城中僧徒迫至数千,给廪米缯帛以供之。

　　李煜如此迷信佛教,募民为僧,广兴寺院,并取国库的资财以
供给那些脱离生产的僧侣,其结果必然加强了对人民的剥削,加深
了人民生活的痛苦。

　　至于李煜的腐败的政治经济制度,史籍上也不乏记载,马令
《南唐书·苛政传》引《浮屠传》记载云:

　　　　后主对佛像,燃命灯以决大辟,自夕至旦,火灭则诛之,不
　　灭则贳之。由是富商大贾,遗赂内官,俾续灯,获免者甚众。

又《十国春秋·南唐·殷崇义传》云:

　　　　后主初立,令民间行铁钱,物价腾涌。崇义上言:"泉布屡
　　变,乱之招也。且豪民富商,不保其赀,则日益思乱。"

他"燃命灯以决大辟"的方法,必然导致"富商大贾"为非作歹,从而摆脱王法的制裁,穷苦百姓却因为无力贿赂宦官而冤枉死去。滥发货币,造成物价上涨的现象,从中得利的仍是操纵货物的"豪民富商",百姓遭受的却是更严重的贫困和饥饿。很明显,他的布政施令,并不像有的同志所说"一即位就注意到人民的负担",相反是加重了人民的负担。又据《十国春秋·南唐·后主本纪》记载,南唐在北宋开宝元年,"境内旱,宋饷米麦十万石"。又开宝六年,"是岁江南饥,宋馈米麦十万斛"。而李煜每年向宋朝纳贡如故,并不曾有任何解民倒悬的措施。

有的同志还肯定"李煜也颇有'从善如流'的政治风度",并以其对待萧俨的谏阻奕棋、张宪的谏阻耽缅声乐为例。其实,若更全面地考察当时史书的记载,事实并非如此。关于张宪谏阻耽缅声乐的事,在上文所引《十国春秋·南唐·后主昭惠国后周氏传》之"后主以后好音律,固亦耽嗜,废政事"以后,接着说:

> 监察御史张宪切谏,赐帛三十疋,以旌敢言,然不为辍也。

又如上文所引《十国春秋·南唐·汪焕传》云,李煜迷信佛教,以致"上下狂惑,国事日非"之后即说:

> 时有二臣极谏,一徙一流。最后焕死谏,且曰:"……臣恐他日犹不得如梁武也。"后主得谏书,云:"此敢死士也!"不之罪,擢校书郎,而言卒不用。

从这两条材料中,我们可以明了李煜对官吏劝谏的态度了。他以财货和爵位表扬他们的效死敢言,但实际上并不考虑和采纳他们的意见。固然比起闭塞言路杀戮谏官的皇帝来,李煜好像仁慈宽大多了,但把这就称作"从谏如流",则未免违背事实的真象。事实上由于向李煜进谏而死者也是有的。例如《十国春秋·南唐·廖居素传》记载说：

> 后主孱昏，而群臣方充位，保富贵，国益削。居素独慷慨
> 骤谏，冀后主一悟，终不见听，乃闭门却食，服朝衣冠，立死井
> 中。已而得大字于箧，曰："吾之死，不忍见国破而主辱也。"

再如潘佑、李平也是由于进谏而被迫自杀的。《十国春秋·南唐·潘佑传》记载潘佑上表云：

> 陛下力蔽奸邪，曲容谄伪，遂使家国惛惛，如日将暮。古
> 有桀、纣、孙皓者，破国亡家，自己而作，尚为千古所笑，今陛下
> 取则奸回，败乱国家，不及桀、纣、孙皓远矣。臣终不能与奸臣
> 杂处，事亡国之主……

李煜因之"发怒"，他联系到潘佑和李平友好，认为是李平支持潘佑上此谏表。当时李平被谗佞者辈所陷害，受到李煜的厌弃。李煜于是便要一并将他们治罪。潘佑、李平因此自杀。马令《南唐书》特立《诛死传》并作序云：

> 南唐享国日浅，可名之士无几，而诛死大半……然则南唐
> 之亡，非人亡之，亦自亡也。为国而自去其股肱，譬诸排空之
> 鸟，而自折其羽翮，孰有不困者哉！

这就比较深刻地揭露了李煜等南唐统治者杀戮的本质和南唐灭亡的重要原因。

关于李煜对北宋的策略，据《宋史·南唐李氏世家》记载，是"外示畏服，修藩臣之礼；而内实缮甲募兵，潜为战备"。但事实并非如此，开宝七年九月，宋朝出兵江南，到八年十一月南唐就力竭财尽了。他们的军队"实不可用，奔溃相踵"，并且"百姓疫死，士卒乏食"（马令《南唐书·后主传》），这说明李煜的战备工作十分

微少,不然何至不堪一击? 南唐的实力不及北宋,这是事实,但若南唐真是久经战备,其力量对比当不至于如此悬殊。有的同志认为"李煜对北宋采取了卑屈的政策,从策略说也是对的,他企图冲淡北宋的敌情观念"。又认为"他的卑屈是有发奋图强的目的的。"这实质上是美化李煜,为李煜的屈辱政策开脱。对此,我们可以从李煜对北宋策略的具体实施上加以考察。

李煜刚即位,就遣户部尚书冯谧到宋朝朝贡金器二千两、银器二万两、纱罗缯彩三万匹,并奉表表示说:"既嗣宗枋,敢忘负荷? 惟坚臣节,上奉天朝。若曰稍易初心,辄萌异志,岂独不遵于祖祢,实当受谴于神明。"(《宋史·南唐李氏世家》)以后他就备极小心地父事宋朝。又《宋史·南唐李氏世家》记载:

> 每闻朝廷出师克捷及嘉庆之事,必遣使犒师修贡。其大庆即更以买宴为名,别奉珍玩为献。吉凶大礼,皆别修贡助。

这种毕恭毕敬地对宋朝纳贡的策略,固然延续了南唐国祚十五年,推迟了战争灾害的发生,但南唐地窄人多,统治阶级荒淫奢侈生活给人民造成的负担已经不轻,每年还要将大量的财物输送北国,人民的苦难生活就可想而知了。事实上,李煜采取这种策略并未"冲淡北宋的敌情观念",相反则是他自己丧失了"敌情观念。"他以为"卑屈"地对北国奉侍,就可以相安无事了,可以长期地维持自己的荒淫糜烂生活了。他自动撤消了南唐国号,"贬损制度"。宋太祖召他入宋,他立刻应命。陈乔谏阻说:

> 陛下与臣俱受先帝顾命,委以社稷大计。今往而见留,则国非己有,悔将何及? (马令《南唐书·陈乔传》)

他听了之后,怕宋朝伐罪,陈乔表示自己愿担罪时,他才"称疾不奉诏"。从这里很难看出,像有的同志所说的,他对宋朝所加给他的侮辱作出任何的"坚决拒绝"的表示。当宋太祖出师江南,形势紧迫的时候,他连忙派遣徐铉"奉方物为贡"(《宋史·南唐李氏世家》)并上《乞缓师表》说:

> 臣又闻鸟兽微物也,依人而犹哀之;君臣大义也,倾忠能无怜乎? 倘令臣进退之迹,不至丑恶,宗社之失,不自臣身,是臣生死之愿毕矣,实存没之幸也。

很明显,他的乞怜绝对没有"发奋图强"的目的,只是祈求宋朝不给他太大的难堪,希望南唐的灭亡不发生在他这一代,至于后代南唐的存亡就不是他所考虑的了。当金陵被围困时,据说他还在宫中饮酒作乐,及至城陷,就率领群臣"肉袒降于军门"(《十国春秋·南唐·后主本纪》)了,这能算作"坚决拒抗"的行动吗? 宋龙衮《江南野史》卷三有这样一段记载:

> 初后主既违朝旨,拒命不行,尝谓人曰:"他日王师见讨,孤当擐戎服,亲督士卒,背城一战,以存社稷。如其不获,乃聚室自焚,终不作他国之鬼。"太祖闻之,谓左右曰:"此措大儿语耳,徒有其口,必无其志。渠能如此,孙皓、叔宝不为降虏矣!"

据说李煜在宫廷中真正准备了柴草,筹划自焚,但到危急关头,他还是选择了出降的道路。曹彬整军入城之后,要把李煜押解到宋京问罪,临行前任他入内整治行装。裨将梁迥、田钦祚认为不妥,恐怕他自杀,曹彬笑道:"彼能出降,安能死乎?"(马令《南唐书·后主传》)宋太祖、曹彬确是真正了解他的,果然李煜不耻"白衣纱帽"(《宋史·南唐李氏世家》)到宋太祖殿前去接受"违命侯"的封号。从此,有着"四十年来家国,三千里地山河"的南唐就归于灭亡了。

　　李煜对待宋朝的态度问题，是有关评价中的一个重要问题。因为北宋是南唐的劲敌，他们之间的关系关乎南唐的兴衰存亡。一个人的爱国情感应当集中表现在他对国家命运的关怀上。南唐灭亡在李煜之世，在亡国前他所施行的政策对于亡国是起了促进作用的，他对北宋所采取的奴颜婢膝的做法，并不能避免战争的侵扰，相反却带给人民更沉重的负担，这绝对不是什么正确的策略。李煜不过是一般的荒淫帝王而已，并不值得颂扬和吹嘘。

二

　　作为一个封建帝王的李煜，在他的作品中表现了他所属的阶级的感情、意愿和希望，表现了他的帝王生活，而不是表现其他阶级的什么。在评价古典文学作品时，我们首先应当打破鲁迅所批评的那种"只要流传的便是好文学，只要消灭的便是坏文学"（鲁迅《而已集·文学和出汗》）的观念。文学反映现实有其复杂性，我们决不能简单地"按照作品的客观效果，得出自己的结论"，而应当注意到文学作品流传在各个不同的时代或阶级中间，所产生的效果是不同的。今天我们所以要对一些文学史上的现象重新评价，原因也在这里。如果取消了时间的差异，模糊了阶级的界限，那就无法理解李煜及其作品的真实价值。

　　有的同志说李煜前期的词"大多数还是有一定程度的人民性"的。我们的意见却相反，李煜前期的词所反映的完全是他个人的生活。当然，反映作者个人生活的作品并不是绝对没有意义的，像伟大诗人杜甫的作品，由于他的生活经历和人民的遭遇相联系，他的感情和人民的思想相接近，其中所反映的诗人自己的生活，也包涵着人民的生活和要求。而李煜身为人民的压迫者和剥削者，

在他作品中所反映的完全是自己对那种奢侈享乐生活的陶醉和歌颂,如〔浣溪沙〕云:

> 红日己高三丈透,金炉次第添香兽,红锦地衣随步皱。
> 佳人舞点金钗溜,酒恶时拈花蕊嗅,别殿遥闻箫鼓奏。

写宫廷中通宵达旦歌舞的情况,对舞女起舞的步伐和婉转的姿态,舞罢饮酒,酒醉撒娇的情景,尽情地雕琢和描摹。又如〔玉楼春〕云:

> 晚妆初了明肌雪,春殿嫔娥鱼贯列。笙箫吹断水云间,重按霓裳歌遍彻。　临春谁更飘香屑?醉拍阑干情味切。归时休照烛花红,待踏马蹄清夜月。

写很多美丽的宫女,排成队列在奏乐、歌唱,直至踏月归去。这些词都表现了李煜豪华、糜烂的宫廷生活,它和人民的生活有什么联系?怎么能说有人民性呢!这类词就内容说,是不值得称许的。

在李煜前期的作品中,也有一些写恋爱生活的词。这些词是他沿袭前人作《宫词》的惯例而写成的,同样是他自己现实生活中的感受。如〔菩萨蛮〕云:

> 花明月暗笼轻雾,今宵好向郎边去。划袜步香阶,手提金缕鞋。　画堂南畔见,一向偎人颤。奴为出来难,教郎恣意怜。

写一个女子赴男子约会时的偷摸行径和紧张心情。她双袜踏地,一手提鞋,向男子跑去,任凭男子求欢。又如〔一斛珠〕云:

> 晚妆初过,沉檀轻注些儿个,向人微露丁香颗。一曲清歌,暂引樱桃破。　罗袖裛残殷色可,杯深旋被香醪涴,绣

床斜凭娇无那,烂嚼红茸,笑向檀郎唾。

写一个女子向男子挑情的情景。她晓妆初罢,注了檀香,清歌一曲,然后酌酒,酒喝多了,就靠在绣床上,烂嚼红绒,向檀郎吐去。这类词有些可能是他为小周后所作,其中虽然在一定程度上表现了妇女的真挚感情,但却包涵着轻佻、色情的因素,而李煜对这种情调是欣赏、赞美的。这确实是封建统治阶级的恋爱生活,与人民的爱情表现绝然不同,也不能说它有人民性。至于说这类作品能"丰富和提高着我们的精神世界",从中感受到"爱情的巨大力量",也是十分不妥当的。

在李煜前期的词中,像有的同志所说,"也表现了对某种事物的追求没有实现的苦闷"。这是不错的,而且这类作品还占有相当的数量。问题在李煜所追求的是什么事物? 从作品的表现看,他描写是享乐生活中的迷惘、忧郁与宴罢歌歇后的悲哀。如〔菩萨蛮〕云:

铜簧韵脆锵寒竹,新声慢奏移纤玉。眼色暗相钩,秋波横欲流。   雨云深绣户,未便谐衷素。宴罢又成空,魂迷春梦中。

其中最能表现李煜空虚、悲哀情感的是"宴罢又成空,魂迷春梦中"两句,联系全篇的文义看,他感到不满足的是什么? 自然是奢侈享乐的生活。又如〔谢新恩〕的"庭空客散人归后,画堂半掩珠帘",表现同样的内容。可见李煜所追求的仍然是富贵豪华的生活,因为无厌地追求,而得不到满足,所以苦闷。这样的情感内容能说是有人民性吗?

但是,由于李煜是有教养的特权阶级,他有着较高的文学造诣,又精通音律,这为他的文学创作提供了有利条件。更重要的是他爱恋和沉醉于那种奢侈豪华生活,而他的作品正反映了作为一个最高统治者所熟悉的生活和内心情感。所以,从这一意义上讲,可以说他的词正暴露了他那个阶级的腐朽本质和生活情调。在艺术上,李煜前期的词继承了温庭筠所达到的成就,而更广泛地加以运用,达到新的境界。像"离恨恰如春草,更行、更远、还生"(〔清平乐〕)的形象的比喻;像"桃李依依春暗度,谁在秋千笑里低低语?"(〔蝶恋花〕)的朴素的语言;以及真率细腻地对感情的概括,都成为李煜词在艺术方面可取的部分。这些和他后期词的成就是相联系着的,是他后期词发展的重要因素。

<h2 style="text-align:center">三</h2>

　　毛泽东同志指出:"爱国主义的具体内容,看在什么样的历史条件之下来决定。"(《毛泽东选集·中国共产党在民族战争中的地位》)李煜词的内容也因其不同的历史条件而有所不同。李煜后期的词,由于南唐灭亡这一历史事件所决定,表现出与前期不同的性质。

　　南唐灭亡和北宋统一,是历史发展的必然趋势,北宋初年所采取的恢复和发展农业生产的措施,是合乎社会要求的。但当时南唐人民却不可能意识到社会发展的规律。五代以来藩镇割据大混战给人民造成生命财产上的严重损失,尤其是北方,在契丹的侵扰和掠夺下,人民的生命就更加悲惨了。人们为求生存,便大量逃亡到南方,在那里找到了比较安全的生产环境。特别是南唐,在接续吴国的成就之后,李昪的措施就在一定程度上符合了人民的要求。中经李璟到了李煜时代,南唐初年的承平气象不见了。但当时的人民对以前的盛况却记忆犹新。他们向往着没有战争和轻赋薄徭的那些年代,因为在那些年代人们可通过劳动取得起码的生活资料。况且,北宋统一的好处,他们并没有经验到,他们遭遇的是由于北宋伐江南所带给他们的战争的灾难。这就是人民爱南唐的基本内容,南唐灭亡前,他们对李煜的怨恨是根据这个,南唐灭亡后他们对"故国"的怀念也是根据这个。

当然,人民所爱的国家不可能是一个和统治阶级区别开来的国家,因为在阶级社会中,国家是统治阶级对被统治阶级进行统治的工具,其中即包括着这两个对立的阶级。人民尽管反对残酷的阶级压迫和剥削,但这样的国家他们还是承认并可能爱的。据宋郑文宝《江表志》卷下记载:

> 建康受围二岁,斗米数千,死者相藉,人无叛心。后主殂于大梁,江左闻之,皆巷哭为斋。

又据《十国春秋·南唐·后主本纪》记载,李煜降宋之后,"忽忽不乐,常与金陵旧宫人书词,甚悲惋,不可忍。凶问至江南,父老多有巷哭者"。可见人民的爱国也包括了对皇帝的怀念。李煜对故国的怀念就在这一点上和人民取得了联系,这就是他的词在客观上所体现的社会意义。

李煜在封建统治集团斗争中失败了,他的心情是怎样的呢?他感受到了被压迫被侮辱的痛苦,不满于北宋皇帝所允许他的物质生活,他曾经"自言其贫",留恋自己过去在江南时的奢靡享乐,而那时的生活是基于他的帝王地位上才有的,是在南唐这一领域内才存在的,是从其祖父以来二十多年过程中积累成的。这些都必然引起他的回忆。所以他所谓的"往事"的内容,尽管主要是对享乐生活的怀念,但同时也包涵着上面这些方面,像"四十年来家国,三千里地山河"(〔破阵子〕)、"故国梦重归,觉来双泪垂"(〔子

夜歌〕)、"小楼昨夜又东风,故国不堪回首月明中"(〔虞美人〕)、
"无限关山,别时容易见时难"(〔浪淘沙令〕)等等,就是从留恋享
乐生活出发而联想到的,我们从这一角度上可以看出他的词内容
与人民表现了某种程度的一致性。但是,李煜毕竟是一个被俘的
帝王,作为没落阶级的一员,他看不到前途,也没有前途,只有在现
实的痛苦中回忆过去,他沉吟着:"往事已成空,还如一梦中。"
(〔子夜歌〕)"往事只堪哀,对景难排?"(〔浪淘沙〕)"春花秋月何
时了? 往事知多少。"(〔虞美人〕)慨叹着:"多少恨,昨夜梦魂中:
还似旧时游上苑,车如流水马如龙,花月正春风!"(〔望江南〕)抒
发着一个没落帝王的悲哀。它传给读者的是一种消极、颓唐的情
绪,并不像有的同志所说的其"效果是积极的"。

　　李煜降宋后的生活是非常难堪的,宋太宗对他和小周后采取
嘲讽、凌辱的态度,他都屈辱地忍受而无任何反抗。从"醉乡路稳
宜频到,此外不堪行"(〔乌夜啼〕)的感慨中,可以看到他所选择的
仍然是苟且偷安的道路。至于"凭阑半日独无言,依旧竹声新月似
当年"(〔虞美人〕)、"无言独上西楼,月如钩"(〔乌夜啼〕),正是他
自己消极懦弱的具体表现。就是"金琐已沉埋,壮气蒿莱"(〔浪淘
沙〕)的句子,也还是一种绝望迷惘的声音。"金琐",据明万历吕
远刻本《南唐二主词》作"金锁"。这两句源于刘禹锡《西塞山怀
古》诗,原诗云:"王浚楼船下益州,金陵王气黯然收。千寻铁锁沉
江底,一片降幡出石头。……"所咏为晋朝铁锁横江的史实(《晋
书·王浚传》)。李煜采取刘禹锡诗意而创作,"铁锁"不能入词,
乃改作"金锁","壮气"也即"王气",并非"雄壮"或"豪壮"之气。
因此,我们在这里看不出像有的同志所说的那"不屈服者"的形
象,相反是一种没落沮丧情感的抒发。

　　有的同志认为:"李煜终于体会到封建统治者的冷酷和恶

毒。"又认为："他对统治阶级的丑恶面已有了相当深刻的理解。"这都是错误的。从李煜后期作品总的倾向看,他虽然有时感到"自是人生长恨水长东"(〔乌夜啼〕)的惆怅,也曾有"烛残漏滴频欹枕,起坐不能平"(〔乌夜啼〕)的烦恼,但他还是在"梦里不知身是客,一饷贪欢"(〔浪淘沙令〕)地追求和沉醉于享乐生活。他虽然由一个尊贵的帝王一跌而成阶下囚,但他的阶级地位还在限制着他,使他不可能认识到统治阶级的"冷酷和恶毒"。但是,李煜后期生活的骤然改变,提供给他的词以新的内容,使他以一个失败、被俘虏的形象出现在作品之中,表现出一种沉痛、真挚的对过去的留恋和对故国的怀念情绪,反映了封建社会统治者之间互相倾轧和兴衰递代的情况,比他前期作品的主题范围扩大了,内容的深度也增强了。

由于内容的转变,也促使形式有所发展。就是说李煜在现实生活中所产生的悲哀情绪,要求与之相适应的艺术形式来表现它。这一点,王国维在《人间词话》中已经接触到了,他说:"词至李后主而眼界始大,感慨遂深。"李煜的眼界为现实生活所扩大,感慨也为现实生活所加深。这就使他的词具有高爽、清朗的意境,藉以烘托出他痛苦、悲哀的精神世界。王国维在评定温飞卿的词为"句秀",韦端己的词为"骨秀"之后,即指出李重光的词为"神秀",原因当在这里。李煜的词所表达的情感是真挚的,这种真挚的情感不自他的后期作品始,在他的前期作品中已经作为一种因素蕴藏着,但在后期的作品里表现得更突出。李煜以自己的成就对词作了有力的贡献,他把词由偏重于对宫廷生活和妇女相思恋爱的描写,扩大到抒发具有社会意义的个人悲哀情感的境界,对成为一代特色的宋词产生了重要影响。

总之,李煜作为一个历史上的昏庸荒淫皇帝是不值得歌颂的,作为反映他这种生活的前期作品,在内容上和人民性这一概念也是联系不起来的。南唐灭亡之后,他开始了一段被侮辱被蹂躏的生活,虽然他并未摆脱封建统治阶级的本性,但他的被压迫的命运和怀念故国的痛苦心情,却取得了当时人民一定程度的同情。这样的作品在客观上暴露了统治阶级的丑恶、腐朽与必然没落的情景,因而具有一定的社会意义。在艺术上达到相当高的成就,像高朗的境界、流畅的语言、和谐的韵律等,都值得我们今天继承和借鉴。

一九五六年一月

北宋诗文举要

五代史伶官传序　欧阳修

呜呼，盛衰之理，虽曰天命，岂非人事哉！原庄宗之所以得天下，与其所以失之者，可以知之矣。

世言晋王之将终也，以三矢赐庄宗而告之曰："梁，吾仇也，燕王吾所立，契丹与吾约为兄弟，而皆背晋以归梁。此三者，吾遗恨也。与尔三矢，尔其无忘乃父之志！"庄宗受而藏之于庙。其后用兵，则遣从事以一少牢告庙，请其矢，盛以锦囊，负而前驱，及凯旋而纳之。

方其系燕父子以组，函梁君臣之首，入于太庙，还矢先王而告以成功，其意气之盛，可谓壮哉！及仇雠已灭，天下已定，一夫夜呼，乱者四应，仓皇东出，未及见贼而士卒离散，君臣相顾，不知所归，至于誓天断发，泣下沾襟，何其衰也！岂得之难而失之易欤？抑本其成败之迹而皆自于人欤？《书》曰："满招损，谦受益。"忧劳可以兴国，逸豫可以亡身，自然之理也。

故方其盛也，举天下之豪杰，莫能与之争；及其衰也，数十伶人困之，而身死国灭，为天下笑。夫祸患常积于忽微，而智勇多困于所溺，岂独伶人也哉！

【题解】

一，欧阳修生活在宋仁宗、宋英宗时期，仁宗统治共四十年，他主要生活在仁宗时期。这属于北宋的前期，当时社会还是向上发展的，但在政治、经济、军事等方面已经呈现出危机。

二，这篇文章的写作目的是总结历史经验，以巩固宋王朝的封建统治。他提出一条重要经验是"忧劳可以兴国，逸豫可以亡身"。他以历史的经验教训向当时的皇帝和臣僚们进谏。宋初以来社会安定，经济发展，皇室贵族都安富尊荣、宴乐歌舞，宋太祖"杯酒释兵权"中就告诉石守信等功臣宿将，要他们"多积田帛以遗子孙，歌儿舞女以终天年"。同时优礼大臣百官，使文武百官终日"寄情声色"，像大官僚宋祁有很多姬妾，修《唐书》时，姬妾左右问候着。有一次在锦江宴会，因为天冷，要加衣服，他的姬妾都争着送衣服来，一共十多件。他为了怕姬妾说他厚此薄彼，哪一件也没有穿，宁愿挨冻而归（宋魏泰《东轩笔录》）。当时宫廷里每有庆赏、宴会，皇帝和侍从大臣唱和诗歌，以妓乐相伴。他们无厌倦地追求享乐，置国家危亡于不顾，所以欧阳修以"忧劳可以兴国，逸豫可以亡身"为谏。

三，这篇文章的中心思想是认为封建王朝的兴亡不在于"天命"而在于"人事"。这种思想在当时是有进步意义的。自汉唐以来唯心主义思想家总是把一个朝代的兴亡和一个人的穷通祸福，都看作是"天命"，人只能对之随顺敬畏，而不能有任何作用。欧阳修在这里提出国家的兴亡关键在人。尽管他并未彻底否定"天命"，但他力图从具体的政治活动中去找根源，这就在很大程度上突破了"天命"的束缚，强调了人的活动在历史上的作用。这种"人事"与"天命"的斗争和北宋初年即出现的党争有密切的联系。代表豪族地主利益的吕夷简的守旧派，他们的思想必然和"天命"相联系。而参加范仲淹的地主阶级改良派的欧阳修,既然主张社会改革,就必然强调人的作用,他们的思想和他们的政治主张是一致的。当然,他们所主张的"人事",是帝王将相在历史上的活动。这本质上是一种英雄史观,也即一种唯心史观。这就是用历史唯物主义观点和阶级观点评价这篇作品的中心思想,即既看到它在历史上的进步作用,也指出它的阶级局限性。

四,这篇文章的艺术特点。文章的前段是叙事,后段是议论。议论紧紧围绕着兴衰得失这个中心,说理清楚,朴而有力,文气一张一弛,一扬一抑,抑扬顿挫,波涌起伏,最后总结出主题"岂独伶人也哉"。

这篇文章的格调和《史记·伯夷列传》很相似,简纯流畅,纡徐唱叹,深得《史记》之神韵!

蝶恋花　欧阳修

庭院深深深几许?杨柳堆烟,帘幕无重数。玉勒雕鞍游冶处,楼高不见章台路。　　雨横风狂三月暮,门掩黄昏,无计留春住。泪眼问花花不语,乱红飞过秋千去。

【题解】

玉勒雕鞍,玉做成的马衔和雕绘的马鞍。游冶,指恣情色之事。章台路,汉代长安有章台街,多是妓女所居住。这首词是写一个妇女的痛苦心情。她处在一个深深的庭院里,她的丈夫却玉勒雕鞍到处游荡,嫖妓院。她登上高楼也望不见他。"无计留春住",从字面看是留恋春光,实质上是感叹自己青春的消逝。"泪眼问花",因为自己的心事无人可告诉,所以问花。"花不语",花也不表示同情。"乱红飞去",花自己也凋零了。"秋千"是她和丈夫旧时游玩的地方,见了之后,更产生出怨恨。

这首词最突出的艺术手法,是把自然景物具体化形象化。上片先提出春深几许?接着说"杨柳堆烟,帘幕无重数",柳如烟、帘幕都是写春景。下片写暮春的风雨正在送春归,黄昏闭门,也无法把春景留住。意思是自己的青春就要消逝了。

可见欧词还未摆脱花间派的影响,有华艳之风,内容多写男欢女爱,是继承了花间派的词风。这与他诗文方面的革新不同。这和他对诗、文、词这种不同体裁应表现什么内容的看法有关。在他看来词就应该写男欢女爱的。

田家语　梅尧臣

庚辰(仁宗康定元年)诏书,凡民三丁籍一,立校与长,号"弓箭手",用备不虞。主司欲以多媚上,急责郡吏,郡吏畏,不敢辨,遂以属县令。互搜民口,虽老幼不得免。上下愁怨,天雨淫淫,岂助圣上抚育之意耶,因录田家之言,次为文以俟采诗者云。

谁道田家乐?春税秋未足!里胥扣我门,日夕苦煎促。盛夏流潦多,白水高于屋。水既害我菽,蝗又食我粟。前月诏书来,生齿复板录。三丁籍一壮,恶使操弓鞲。州符今又严,老吏持鞭朴。搜索稚与艾,唯存跛无目。田间敢怨嗟,父子各悲哭。南亩焉可事?买箭卖牛犊。愁气变久雨,铛缶空无粥。盲跛不能耕,死亡在迟速。我闻诚所惭,徒尔叨君禄。却咏《归去来》,刈薪向深谷。

【题解】

这首诗的写作目的在于揭露地主阶级所宣扬的"田家乐"的虚伪本质。他以具体的事实驳斥了所谓"田家乐"不过是骗人的鬼话。实质上田家不但不乐,而是悲惨无法生活的。这些描写是有历史根据的,如《宋史·食货志》:"水旱霜雹蝗蛾间为之灾,幸而收成,公私之债,交争互夺。"又北宋初自耕农的景况:"朝耕尺寸之田,暮入差徭之籍,追胥责问,继踵而来,虽蒙蠲其常租,实无补于损瘠。"又农民因避私债或逃公税而逃亡:"则乡里检其资财,至于室庐、什器、桑枣、材木,咸计其值,或乡官用以输税,或债主取以偿逋。"农民之痛苦可以想见。诗中揭露了造成农民生活苦难的三种原因:其一,是官府的横征暴敛,其二,是水灾虫灾,其三,是兵役制度的迫害。总之是阶级压迫和阶级剥削,自然灾害也是在阶级压迫、剥削的基础上产生的,因为统治阶级只顾压迫剥削农民,哪管自然灾害给农民造成的苦难!

当然,正像"原注"所说,中心还是揭露兵役制度给农民造成的灾难。三丁抽一丁,已经很严酷了,但地方官吏为了媚上取宠,却多多益善,把年老、年少的都抓走了,剩下的只有瘤子和瞎子,他们锅里既无米,又不能耕作,只有等待饿死。这就进一步揭露了政治的腐败。

作者对于农民的这种苦难遭受深切的同情,他感到自己身为县令,拿着皇帝的俸禄,实质在压迫农民,于心有愧。这当然是他思想有意义的一方面,但作品的真正意义不在于此,而在他对农民苦难生活的揭露,这使我们对封建社会有认识意义。

作品的内容是通过一个农民的口吻叙述的。通过农民的切身遭受,揭露封建社会的黑暗残酷,是人间地狱。语言平淡朴实,全是叙事,是新乐府体裁,直陈其事,毫无雕饰。

游褒禅山记　王安石

褒禅山亦谓之华山,唐浮图慧褒始舍于其址,而卒葬之;以故其后名之曰"褒禅"。今所谓慧空禅院者,褒之庐冢也。距其院东五里,所谓华山洞者,以其乃华山之阳名之也。距洞百余步,有碑仆道,其文漫灭,独其为文犹可识,曰"花山"。今言"华"如"华实"之"华"者,盖音谬也。

其下平旷,有泉侧出,而记游者甚众,所谓前洞也。由山以上五六里,有穴窈然,入之甚寒,问其深,则其好游者不能穷也,谓之后洞。余与四人拥火以入,入之愈深,其进愈难,而其见愈奇。有怠而欲出者,曰:"不出,火且尽。"遂与之俱出。盖予所至,比好游者尚不能十一,然视其左右,来而记之者已少。盖其又深,则其至又加少矣。方是时,予之力尚足以入,火尚足以明也。既其出,则或咎其欲出者,而予亦悔其随之,而不得极夫游之乐也。

于是予有叹焉。古人之观于天地、山川、草木、虫鱼、鸟兽,往往有得,以其求思之深而无不在也。夫夷以近,则游者众;险以远,则至者少。而世之奇伟、瑰怪、非常之观,常在于险远,而人之所罕至焉,故非有志者不能至也。有志矣,不随以止也,然力不足者,亦不能至也。有志与力,而又不随以怠,至于幽暗昏惑而无物以相之,亦不能至也。然力足以至焉,于人为可讥,而在己为有悔;尽吾志也而不能至者,可以无悔矣,其孰能讥之乎?

此予之所得也。

余于仆碑,又以悲夫古书之不存,后世之谬其传而莫能名者,何可胜道也哉!此所以学者不可以不深思而慎取之也。

四人者:庐陵萧君圭君玉,长乐王回深父,余弟安国平父、安上纯父。至和元年七月某日,临川王某记。

【题解】

一、时代背景:

文章写于至和元年(1054)他三十四岁。他二十一岁(1042)中进士,被派到扬州去作幕僚。二十六岁(1047)改任鄞县知县,官至二十九岁(1050)。宋朝规定,凡进士必须先到州郡做一任幕僚,三年任满,可以进其新近的论著,申请台试,通过这次考试,就可以到中央做官。这是向更高职位升迁的必由之路。王安石符合这个条件,但他不主动申请台试,他想了解地方情况,进行一些地方政治改革,所以鄞县任满之后,又被派做舒州通判。他三十三岁舒州通判任满,朝廷命他任集贤院校理,他上书拒绝了,理由是"得因吏事之力,少施其所学",就是想用做地方官的机会,初步试行一下自己的改革措施。文章正是此时写的。文章的内容反映了他此时的思想。

二、文章的内容:

文章即在表述他在艰险过程中探索改革政治的方法和道路,是他此时的思想面貌的反映。其中提出两项措施,其一,是要有坚强的意志,只有具备坚强的意志,才能克服种种困难,达到"非常之观",创造宏伟的业绩。他在《答王深父书》中说:"自江东日得毁于流俗之士,顾吾心未尝为之变。"这是他在常州任上写给王深父的信中说的。时间是在 1057 年。但这种改革政治而不屈的意志,是早已存在着。这种坚强的意志和文章中表现的是统一的。其二,指出后世古书"谬其传而莫能名"的现象极其普遍,因而读书应当"深思而慎取之"。这种观点他在《扬雄二首》中也说过:"史官蔽多闻,自古喜穿凿。"看到古书存在的问题,应当慎重对待。这种精神和文章中表现的也是统一的。总之,文章中所表现的思想是他这一时期精神状态的反映。

河北民　王安石

河北民,生近二边长苦辛。家家养子学耕织,输与官家事夷狄。今年大旱千里赤,州县仍催给河役。老小相携来就南,南人丰年自无食。悲愁白日天地昏,路旁过者无颜色。汝生不及贞观中,斗粟数钱无兵戎!

【题解】

一、思想内容:

这是变法以前所作。它反映北宋河北路农民的苦难生活。通过对农民苦难生活的描写,揭露当时政治。当时的政治如何? 即北宋王朝对外屈辱求和,对内盘剥人民,驱使人民服徭役。宋代统治者对辽、夏不敢加兵抵御,而是向辽、夏剿贡议和。仁宗庆历二年以后,宋每年向辽送银二十万两,绢三十万疋。庆历四年以后,宋每年向西夏送银七万二千两,绢十五万三千疋、茶三万斤。即诗中所谓"输与官家事夷狄"。徭役之重历史上记载很多。这就必然加重人们的负担,人民因此相继逃亡,饥寒交迫。作品描写了在腐败政治迫害下的一幅流民图。所以这是一首政治性很强的诗。最后作者提出自己的政治理想即贞观之治。《通鉴·唐纪》："（贞观四年）天下大稔，流散者咸归乡里，米斗不过三四钱。"贞观之治有两点，即粮食贱，无兵戎。也即有粮食吃，没有边患，也就是富国强兵。

二、此诗创作的思想基础：

王安石在写此诗之后所写的《感事》诗中说："贱子昔在野，心哀此黔首。丰年不饱食，水旱尚何有？"表示了对人民的深切同情。他在上书中，对宋王朝"不能无惧于夷狄"，极为不满。他曾跟随父亲做官到过很多地方，也到过黄河流域，到过开封。后来中了进士，又到开封做过官。因此对河北人民的生活有比较多的了解。因为他同情人民和有反抗敌人的思想，所以能写出这种政治性很强的诗歌来。

三、艺术特点：

其一，是乐府歌行体，首句标其目，点明诗的内容是写河北人民，是白居易的新乐府诗风。风格质朴明朗，通俗易懂。其二，概括性比较高，仅仅用八十个字，写出北宋时代农村的缩影，从二边附近，扩展到千里饥荒，从河之北，伸展到河之南。其三，批评北宋的政治：事夷狄，催河役，不救流民。最后指出不生贞观生今日，以贞观来否定当时。同情人民，批评时政，双管齐下。

桂枝香·金陵怀古　王安石

登临送目。正故国晚秋，天气初肃。千里澄江似练，翠峰如簇。归帆去棹残阳里，背西风、酒旗斜矗。彩舟云淡，星河鹭起，画图难足。　　念往昔、繁华竞逐。叹门外楼头，悲恨相续。千古凭高，对此谩嗟荣辱。六朝旧事随流水，但寒烟、衰草凝绿。至今商女,时时犹唱,后庭遗曲。

【题解】

一、写作时间:

这是王安石晚年居住在金陵所作。此时他推行新法已经失败,保守派依旧掌权,因循守旧,苟且偷安,过着奢侈享乐的生活。王安石已失掉早年变法的信心。其内心并不平静,因此写词怀古伤今,关心北宋王朝的命运。

二、内容:

上片写景,从登临的角度写,登山临水,写山写水。大江千里,山峰高峻,船棹往来,云飘鹭起,风吹酒旗。而且善于抓住特征写,如江如练,山如簇,云如舟,鹭如河。诗情画意,极尽赞美,画不尽,说不完。江山如此多娇,其中包含着作者对祖国山河的深厚感情和无限喜爱。

下片抒情,即怀古,借古喻今,表示自己对现实的态度。北宋与六朝有相似的地方,"繁华竞逐",只知享乐,"不恤国事"。六朝亡国的教训并未被吸取,所以作者感慨历史的教训已被忘记。商女固然不知亡国之恨,还在那里唱后庭遗曲,作为酒宴之娱乐,其他人何曾知道这支曲子是亡国之音?其中含有深刻的讽刺,也含有作者沉痛的感慨。在批判北宋统治者忘掉历史教训的同时,却表现了作者自己对历史、现实的清醒认识。

三、艺术特点:

其一,音调高亢,境界很高,展现出一幅开阔壮美的意境。其二,隐括古人诗句入词,自然贴切。如"千里澄江似练"、"门外楼头"、"旧事随流水"、商女唱后庭曲等,都是六朝人的事。没有生搬硬套的痕迹,而富有表现力。其三,领字的运用,增强了抒情力量。念,想到过去的事。叹,叹息六朝的灭亡。这种念、叹,即下文的"谩嗟",也即无用。念叹有什么用? 别人不能领会,即所谓"谩嗟荣辱"。不要作兴亡之叹了,谁能了解自己的心情?

石钟山记　苏　轼

《水经》云:"彭蠡之口有石钟山焉。"郦元以为下临深潭,微风鼓浪,水石相搏,声如洪钟。是说也,人常疑之。今以钟磬置水中,虽大风浪不能鸣也,而况石乎! 至唐李渤始访其遗踪,得双石于潭上,扣而聆之,南声函胡,北音清越,枹止响腾,余韵徐歇。自以为得之矣。然是说也,余尤疑之。石之铿然有声者,所在皆是也,而此独以钟名,何哉?

元丰七年六月丁丑,余自齐安舟行适临汝,而长子迈将赴饶之德兴尉,送之至湖口,因得观所谓石钟者。寺僧使小童持斧,于乱石间择其一二扣之,硿硿焉。余固笑而不信也。至莫夜月明,独与迈乘小舟,至绝壁下。大石侧立千尺,如猛兽奇鬼,森然欲搏人;而山上栖鹘,闻人声亦惊起,磔磔云霄间;又有若老人咳且笑于山谷中者,或曰此鹳鹤也。余方心动欲还,而大声发于水上,噌吰如钟鼓不绝。舟人大恐。徐而察之,则山下皆石穴罅,不知其浅深,微波入焉,涵淡澎湃而为此也。舟回至两山间,将入港口,有大石当中流,可坐百人,空中而多窍,与风水相吞吐,有窾坎镗鞳之声,与向之噌吰者相应,如乐作焉。因笑谓迈曰:"汝识之乎? 噌吰者,周景王之无射也;窾坎镗鞳者,魏庄子之歌钟也。古之人不余欺也!"

　　事不目见耳闻,而臆断其有无,可乎?郦元之所见闻,殆与余同,而言之不详;士大夫终不肯以小舟夜泊绝壁之下,故莫能知;而渔工水师虽知而不能言。此世所以不传也。而陋者乃以斧斤考击而求之,自以为得其实。余是以记之,盖叹郦元之简,而笑李渤之陋也。

【题解】

一、写作时代:

　　苏轼因"讥谤新法",被贬到黄州(今湖北黄冈)作了四年团练副使。元丰(神宗年号)七年四月又移官汝州(今河南临汝)团练副使,他没有直接北上,而是从水路绕道江西,为的是送长子苏迈去德兴上任,看望在筠州(今江西高安)做官的弟弟苏辙,并游览一下庐山等名胜古迹。苏轼六月初到达湖口,亲自寻访了石钟山,写下这篇游记。这篇文章的写作时间是元丰七年六月。

二、艺术成就:

　　这是一篇游记,中心内容是通过探求石钟山命名的来由,说明要了解事物真相,必须进行实地考察,不能轻信别人的意见,也不能主观臆断。作者对两个人的说法提出怀疑,一是郦道元,一是李渤。郦道元的见《水经注》:"石钟山西枕彭蠡,连峰叠嶂,壁立峭削,其西南北皆水,四时如一,白波撼山,响如洪钟,因名。"(《读史方舆纪要》卷八五)李渤的说法见其《辩石钟山记》:"予访其遗迹,遇双石欹枕潭间,扣而聆之,南音函胡,北音清越。"对这两种说法的怀疑,又有程度的不同。对郦道元是说"人常疑之",我亦疑之。对李渤的说法则是"余尤疑之"。并且"叹郦元之简,而笑李渤之陋"。可见文章行文之周密。

　　文章结构极为谨严。作者先提出对两种旧说的疑问,其次写进行调查的经过,最后发表议论,点出全文主旨。全文分三段,各段之间都有内在联系,条理清楚,层次分明。作者始终围绕着石钟山命名的问题作文章,以怀疑郦、李之说开始,以"叹郦元之简,而笑李渤之陋"终结,前后呼应。但是考察石钟山得名的来由并不是目的,目的是"即物以明理",为了写出自己的感想。所以写前头的怀疑、中间的调查,都是为了最后发表议论。整篇文章有主有次,重心突出。

　　作者善于把叙事、议论和抒情结合起来。在叙事、写景和议论过程中,常常流露自己的感情。如听小僮扣石,"余固笑而不信也",停舟绝壁下,"余方心动欲还",察有所获时,就"笑谓迈曰……",最后"叹郦元之简,而笑李渤之陋",都自然流露出自己鲜明的感情,使文章不呆板、不僵滞。这正是苏轼文章的独特风格。

　　文章生动、形象,作为散文这是不容易做到的。从"至绝壁下"到"舟回至两山间"的过程中,那大石的形象、山鸟的鸣声、水上的巨响,都写得鲜明、生动,逼真地刻画出一幅阴森的境界。文章还运用比喻的手法,加强形象性。如以"猛兽奇鬼"喻大石,以"老人"喻鹳鹤,把千尺巨石的形象,山谷中鹳鹤的鸣声,逼真地描绘出来。又用象声词把阴森的夜景烘托出来,如栖鹘的"磔磔"惊鸣,水上"噌吰"、"窾坎镗鞳"的巨响等,都增强了散文的艺术效果。

水调歌头　苏　轼

　　丙辰中秋,欢饮达旦,大醉,作此篇,兼怀子由。

明月几时有?把酒问青天。不知天上宫阙,今夕是何年。

我欲乘风归去,又恐琼楼玉宇,高处不胜寒。起舞弄清影,何似在人间?　　　转朱阁,低绮户,照无眠。不应有恨,何事长向别时圆?人有悲欢离合,月有阴晴圆缺,此事古难全。但愿人长久,千里共婵娟。

【题解】

一、内容:

抒怀,抒发孤独、失意、寂寞的情怀,兼怀子由,是感叹骨肉不能团圆。前三句都是问天上的明月。是因人间的失意而向往月宫。然而月宫的环境也很冷酷,又不得不留在人间。总之无论天上人间都得不到温暖。而且独自一人,形影相吊,所谓"起舞弄清影"。

月光在移动,夜将尽,自己的情感也在变化。"照无眠",为什么月亮西沉,夜将尽,自己还睡不着?一是政治失意;二是生活孤独;三是骨肉分离。这是他此时的恨事,但月亮没有什么恨事,为什么总向人们分别时圆呢?把自己的感情赋予月亮身上。"悲欢离合",说明不只是和弟弟离别之恨,还有政治上失意之恨。最后以悲欢离合是自然现象,不可免,来求得解脱。"但愿人长久,千里共婵娟",以远隔千里共赏明月来互相安慰吧!

二、艺术特点:

想象的奇特,有飘飘欲仙之意。因为是中秋,所以始终写月宫月光,他的失意、孤独、寂寞和对子由的怀念,都是伴随着月而抒发的情。这种借月抒情的手法,李白有《把酒问月》:"青天有月来几时,我今停杯一问之。"谢庄《月赋》:"美人迈兮音尘阙,隔千里兮共明月。"他是传承了这一美好的传统。

岳阳楼记　范仲淹

庆历四年春,滕子京谪守巴陵郡。越明年,政通人和,百废具兴,乃重修岳阳楼,增其旧制,刻唐贤今人诗赋于其上。属予作文以记之。

予观夫巴陵胜状,在洞庭一湖。衔远山,吞长江,浩浩汤汤,横无际涯;朝晖夕阴,气象万千。此则岳阳楼之大观也,前人之述备矣。然则北通巫峡,南极潇湘,迁客骚人,多会于此,览物之情,得无异乎?

若夫霪雨霏霏,连月不开,阴风怒号,浊浪排空;日星隐曜,山岳潜形;商旅不行,樯倾楫摧;薄暮冥冥,虎啸猿啼。登斯楼也,则有去国怀乡,忧谗畏讥,满目萧然,感极而悲者矣。

至若春和景明,波澜不惊,上下天光,一碧万顷;沙鸥翔集,锦鳞游泳;岸芷汀兰,郁郁青青。而或长烟一空,皓月千里,浮光跃金,静影沉璧,渔歌互答,此乐何极!登斯楼也,则有心旷神怡,宠辱偕忘,把酒临风,其喜洋洋者矣。

嗟夫!予尝求古仁人之心,或异二者之为,何哉?不以物喜,不以己悲;居庙堂之高则忧其民,处江湖之远则忧其君。是进亦忧,退亦忧。然则何时而乐耶?其必曰"先天下之忧而忧,后天下之乐而乐"乎?噫!微斯人,吾谁与归?

时六年九月十五日。

【题解】

一、作者的生平思想：

早年生活贫困，能知道民间疾苦。入仕途之后曾多年守卫西北边疆，善用兵，爱士卒，使西夏不敢侵犯。《宋史》本传记载他"胸中有百万甲兵"。他的政治主张在当时是比较进步的："使桀纣好谏诤，秦好仁义，隋炀帝好节俭，岂有丧乱之祸哉！"（《帝王好尚论》）一生从事改革弊政，和顽固派吕夷简进行斗争。

在文学主张上，认为"风化厚薄见于文章"，重视文学反映现实。又说"文弊则救之以质，质弊则救之以文"。（以上皆见《奏上时务书》）重文亦重质，即重形式也重内容。从理论上批判西昆体的华靡文风，在创作上是内容充实文风质朴。他写了不少诗歌，多学习杜甫，也写了一些散文和赋等。

二、艺术特点：

①以景抒情，写岳阳楼却把重点放在洞庭湖上。写洞庭湖的雄浑和宏伟，"衔远山，吞长江"，相比之下，远山和长江都非常渺小，湖水浩浩汤汤，湖面无边无际，阴晴变化，气象万千，好像洞庭湖弥漫天地之间。在这种阔大雄伟的环境中，迁人骚客出现了。用这样阔大的环境衬托人的渺小，衬托迁人骚客穷途末路的情绪。然后以霪雨霏霏的自然景色，来抒发自己忧谗畏讥的悲伤情绪，以春和景明来抒发自己宠辱皆忘的乐观情绪，总之表现了一个被贬谪人的思想感情。②语言的鲜明形象，是诗一般的语言如"浮光跃金，静影沉璧"，把自然现象写得很生动，整个自然界处在动的状态中，可谓气象万千。这就是游记性散文和哲理散文最大的不同点。哲学散文是通过逻辑思维表现一种道理，游记散文是通过形象思维来抒发自己的感情。

这篇游记也融汇了一些辞赋的体制，用铺陈方法写景，而且基本上用四字句,有些句子还押韵。但没有四六文那样呆滞,比较灵活,运用自如。这种特点和《五代史伶官传序》比较就显得更鲜明了。《五代史伶官传序》是严格的散体文,没有偶句。

三、中心思想:

这篇文章的中心思想认为一个人不应当斤斤计较个人的得失,而应当把国家、人民放在首位,应当超出个人的利益,而考虑国家、人民的大事。这和他立志"以天下国家为己任"的思想是一致的。为此他创造了一个古代的仁人君子,这个仁人的特点是自己的悲喜不受客观环境的影响,不计较个人的得失;忧国忧民,无论在朝在野都把君民看得高于一切;这个人忧多乐少,他只有天下人都快乐时他才乐。这是作者理想的化身。但是也应该看到他终日忧思的是巩固封建政权,他所乐的是广大人民在轻徭薄税下的生活。这在当时是很有重要意义的。

八声甘州　柳　永

对潇潇、暮雨洒江天,一番洗清秋。渐霜风凄惨,关河冷落,残照当楼。是处红衰翠减,苒苒物华休。惟有长江水,无语东流。　　不忍登高临远,望故乡渺邈,归思难收。叹年来踪迹,何事苦淹留?想佳人,妆楼颙望,误几回、天际识归舟。争知我,倚阑干处,正恁凝愁!

【题解】

这首词是写寄旅异乡者的凄苦心情和对家乡"佳人"的怀念。上片写深秋的景色。秋雨之后,一片清爽。然后写雨后景色的变化:霜风凄紧、关河冷落、夕照当楼、叶落花残,一切自然景物都完了。这种景物描写说明了什么?说明了时光易逝,年华易老,一年的光景过去了,自己却仍然飘流在外。在这种感情之下,他想到的只有长江水生命最长,不受自然环境变化的影响,而永远地流下去。

下片正面写怀乡。他怕登高远望,以免引起思归的情感难收。他感叹自己不知为什么长年流落异乡?想象自己所思念的那个人在妆楼凝望,不知多少次把远处的船错认为是丈夫的归舟。她却不知道我也在怀念她呢!

这首词的感情深沉悲切。我国旧时代的文人往往有一种不健康的感情,秋风萧瑟,便有悲戚之感,所谓宋玉悲秋。这首词也是从秋景的变化,来抒发自己的怀乡之情。杜甫诗"露从今夜白,月是故乡明",都是同样的思想感情。这种情感的深切表现,是不说自己在想佳人,却说佳人在妆楼望自己归去。再从自己说,佳人怎知自己也在凭栏远望呢?委婉曲折,曲情达意。

这种词已经突破了男欢女爱的描写,而写离情别绪,扩大了词的领域。

读岳飞的诗

路工同志的《访书见闻录》提到岳飞"雄气堂堂贯斗牛"的一首诗,认为是"他在路过安徽新淦萧寺时"题在壁上的。其实不然,新淦县在江西省南昌县西南,并不在安徽境内,岳飞在宋高宗绍兴六年住在洪州(即南昌附近),这首诗正题在这个时期。

文章中又引了他《池州翠微亭》一首诗,原文如下:

> 经年尘土满征衣,特特寻芳上翠微。
>
> 好山好水看不足,马蹄催趁月明归。

好山好水应该是好水好山,先仄后平,若作好山好水便与律体不对。

文章中还引了一首写景诗,题作《鄱阳巍石山龙寺题》,也有错,清乾隆刻的《艺海珠尘》所收的"忠武王集"题作《巍石山寺》,没有"龙"字,焦竑《焦氏笔乘》卷一岳武穆诗条说:"鄱阳巍石山有龙居寺。岳武穆尝过之,留题云(诗略),近有集武穆诗文者,不载此。因笔记之。"那么或者题"巍石山寺",或者题"巍石山龙居寺"都可以,却绝然不能题"巍石山龙寺",因为"龙寺"不通。路工同志是录自明万历十年刻的《汤阴精忠庙志》,可能是原书错误,也可能是路工同志抄错。从诗的结句看,应该以有"龙居"二字为适当,诗的结句云"我来属龙语,为雨济民忧",正是扣"龙居"之题。

读辛稼轩的几首词

辛稼轩的词有它的特色。这些特色不仅表现在风格的豪放上,而且表现在内容上除了抒发爱国思想之外,还描写了不少有关农村的生活、风俗和习尚。而这些,正是他以前的词人很少写到的,是他对词的领域的开拓。而且在采取和描写这些题材时,又有其独到之处,往往高于他以前和与他同时代的作家。我们就从辛稼轩的几首词来分析他描写农村生活词的一些特点。

其一,在辛稼轩笔下,对农村生活的描写总比其他作家所写的要生动、细腻,观察得深刻入微,极像一幅农村的风俗画。如他有名的《清平乐》(村居):

> 茅檐低小,溪上青青草。醉里吴音相媚好,白发谁家翁媪? 大儿锄豆溪东。中儿正织鸡笼。最喜小儿无赖,溪头卧剥莲蓬。

写农村矮小的茅屋,清清的溪水,老翁、老妇的音容笑貌,以及三个儿子的不同劳动操作,各具特点,声态并作,情景生动逼真!杨诚斋有一首诗,题为《闲居初夏午睡起二绝句》,和辛稼轩这首《清平乐》写的是相似的题材,如:“梅子留酸溅齿牙,芭蕉分绿上窗纱。日长睡起无情思,闲看儿童捉柳花。”不但在生动、逼真上不如辛稼轩的词,而且纯客观地欣赏“儿童捉柳花”的情趣。与辛稼轩之真实地描写农村生活,并对农村生活充满了喜悦和热爱是完全不同的。

其二，辛稼轩这一类的词，在内容上比其他作家更突出地表现出自己的个性，浓重地渗透着自己的生活感受和理想。如关于醉翁这种题材的描写，便具有这一特征。我们把它和其他诗人的创作相比，这一特征就更鲜明了。唐人卢仝有一首《村醉》诗云："昨夜村饮归，健倒三四五。摩挲青莓苔，莫嗔惊著汝。"写自己既醉之后，以手抚摩莓苔，怕莓苔惊惧而嗔怒。他所着重表现的不是醉后之倔强，而是惧怕，完全是一个醉汉的形象。辛稼轩则不同，他的《西江月》（遣兴）下片云：

> 昨夜松边醉倒，问松我醉何如。只疑松动要来扶，以手推松曰去！

他虽然醉倒了，但仍旧很坚强，沉湎之中好像松树要来扶他，他却用手把松树推开。松柏有坚贞之节，辛稼轩却加以解嘲，表明自己的思想性格比松柏还高，还坚贞。又韩愈有一首《楸树》诗，写他的遭遇和抱负："几岁生成为大树，一朝缠绕困长藤。谁人与脱青罗帔，看吐高花万万层。"他把自己目前的困境和希望有朝一日再施展怀抱的精神表现得很充分，气象很高。同样，辛稼轩在他的《乌夜啼》（廓之见和，复用前韵）下片说：

> 千尺蔓，云叶乱，系长松。却笑一身缠绕、似衰翁。

他以松树自喻，对自己被藤蔓缠绕，不但不悲伤，反而一笑置之，表现了一种乐观态度。虽然气象没有韩愈的诗那样高，但那种终身被世俗所羁绊，而且想摆脱这种羁绊的精神与韩愈的诗却是相同的。

其三，辛稼轩的词经常采用一个故事或一件事敷衍而成。其特点在于有很强的概括性，寥寥几句就能概括出这一故事或事件的全部丰富内容。像儿女婚嫁这一题材，历代不少诗词作家写过，但在辛稼轩笔下却与他们不同。试以白居易的诗作比较。白居易的《朱陈村》云："徐州古丰县，有村曰朱陈。去县百余里，桑麻青氛氲……一村唯两姓，世世为婚姻……生者不远别，嫁娶先近邻。死者不远葬，坟墓多绕村。既安生与死，不苦形与神。所以多寿考，往往见玄孙……"白居易的着眼点，在于一个村舍的古朴生活，写村中两姓人家世世结为婚姻的情况。他采取的是叙述方法，从各方面描写这两家的姻戚关系。而辛稼轩对村舍却是另一种写法。他的词《鹧鸪天》（戏题村舍）云：

> 鸡鸭成群晚未收，桑麻长过屋山头。有何不可吾方羡，要底都无饱便休。　　新柳树，旧沙洲，去年溪打那边流。自言此地生儿女，不嫁余家即聘周。

虽然同样再现了农村的淳朴生活，但对这一生活面的重心，即儿女婚嫁的事，却只用最后两句概括出来。这之前的全部笔墨的挥洒，都是为表现"自言此地生儿女，不嫁余家即聘周"这一重心。这就比白居易所写的更集中、更概括。

最后，辛稼轩的农村词很少纯自然景物的描写，他在描写自然景物时，往往增加些社会风俗的画面。对文学作品来说，社会风俗景物的描写比自然景物的描写更重要，因为风俗景物能给人以更真实的感觉。应该说辛稼轩是特别重视风俗景物的描绘的。这，我们也可以做个比较。如关于春天的歌咏，唐王驾《雨晴》诗云："雨前初见花间蕊，雨后兼无叶里花。蛱蝶飞来过墙去，却疑春色在邻家。"纯粹是对春天自然景物的描写，绝无社会风俗的影迹。和王驾所写的相反，辛稼轩笔下的春天则另是一番景色。他的《鹧鸪天》（代人赋）云：

> 陌上柔桑破嫩芽，东邻蚕种已生些。平冈细草鸣黄犊，斜

日寒林点暮鸦。　　　山远近,路横斜,青旗沽酒有人家。城中桃李愁风雨,春在溪头荠菜花。

其中除了"城中桃李愁风雨,春在溪头荠菜花"的两句与"蛱蝶飞来过墙去,却疑春色在邻家"所写的景物相近外,其他描写都含有风俗画面的内容。如柔桑吐芽、春蚕生长、黄犊鸣、暮鸦飞、远山、斜路、酒旗等,是自然景物,我们却可以从中想象到养蚕、春播、沽酒等社会活动,因此比王驾的诗更富有生活气息。

列宁曾经指出:"判断历史的功绩,不是根据历史活动家有没有提供现代所要求的东西,而是根据他们比他们的前辈提供了新的东西。"(见《列宁全集》第 2 卷,第 150 页)在这里,列宁提出了评价历史人物的历史唯物主义原则,我们研究我国古代作家,也必须坚持这一原则。从这个基本原则出发,我们把辛稼轩描写农村生活的词和他以前的诗人采用同样题材的诗歌相比较,就能更鲜明更具体地显示出他这部分词的特色。这些特色是他对词的创作提供的新因素,是他对他以前的诗歌的继承和发展,因此在诗词的发展史上是进步的。

诗词叙说

阮　籍

《咏怀》其一

夜中不能寐,起坐弹鸣琴。薄帷鉴明月,清风吹我襟。孤鸿号外野,翔鸟鸣北林。徘徊将何见,忧思独伤心!

《咏怀》是阮籍一生所作诗歌之总题,凡八十二首(《晋书·阮籍传》谓"八十余篇",明冯惟讷所辑《诗纪》收八十二首)。这些诗并非一时之作,各首内容也不一致。《文选·咏怀诗》李善注:"嗣宗身仕乱朝,常恐罹谤遇祸,因兹发咏,故每有忧生之嗟。虽志在刺讥,而文多隐避,百代之下,难以情测。故粗明大意,略其幽旨也。"他身处魏朝政权濒于崩溃、晋朝司马氏逐渐兴起、政治斗争极其剧烈的时代,他一方面痛恨魏统治集团的腐化无能,另一方面对司马氏父子用各种卑劣手段篡夺政权表示不满。瞬息万变的政局,使他眩惑迷茫。《晋书·阮籍传》云:"魏晋之际,天下多故,名士少有全者。"在这种严峻的时代环境中,他"有济世志",却"不与世事",既"任性不羁",又要避祸全生,复杂的内心矛盾,形成精神上的极端痛苦,史称其为穷途之哭,原因即在此。为了避祸远害,他的诗歌创作多采取象征、隐喻的手法,故诗旨曲折、隐晦,钟嵘所谓"厥旨渊放,归趣难求"(《诗品》卷上)。但是,结合他的身世和时代,仍可"循声测影而得之"(王夫之《古诗评选》)。

"夜中不能寐"是第一首,是对他一生情感的总括,也可看做全部《咏怀》诗的序言。方东树《昭昧詹言》卷三云:"此是八十一首发端,不过总言所以咏怀不能已于言之故。"是抒发作者矛盾、苦闷的心情。诗人深夜不能入睡,在月光下、清风前,弹琴自遣。并且听到孤鸿在号,飞鸟在叫,联想到他们的飞翔、号叫犹如自己弹琴抒怀,徘徊、伤心,没有着落,无法解脱。作者以"孤鸿"、"翔鸟"衬托夜景之凄凉,比喻自己孤独之处境,象征自己不安的心情。"徘徊将何见"紧承上两句,好像是写鸿与鸟,实际是写自己。王夫之评其描写手法:"以高朗之怀,脱颖之气,取神似于离合之间,大要如晴云出岫,舒卷无定质。"(《古诗评选》)诗人以鸿鸟为象征,即"取神似于离合之间"者。全诗以"不能寐"始,以"独伤心"终,表明诗人的矛盾、痛苦始终不得解除。方东树《昭昧詹言》卷三云:"起句何以'不能寐',所谓幽旨也。'孤鸿'以下,当此之时,而忽然伤,然其固有所见而然,故自疑而问之,所谓幽旨也。"阮籍的处世态度是"喜怒不形于色","发言玄远,口不臧否人物","嗜酒能啸,善弹琴"。与此诗所写完全一致,黄节注:"斯则《咏怀》之作所由来也。"这首诗真实地表现了他的思想和人格。

《咏怀》其三十一

驾言发魏都,南向望吹台。箫管有遗音,梁王安在哉?战士食糟糠,贤者处蒿莱。歌舞曲未终,秦兵已复来。夹林非吾有,朱宫生尘埃。军败华阳下,身竟为土灰。

这是一首咏史诗,借咏史以讽今。古人所谓"讽",不同于现在之讽刺,《文选·甘泉赋》李善注:"不敢正言谓之讽。"即以委婉之言辞劝谏当权者之意。此以战国时魏王之亡讽三国时之魏君。

陈沆《诗比兴笺》卷二云："驾言发魏都,借古以寓今也。明帝末路,歌舞荒淫,而不求贤讲武,为苞桑之计,不亡于敌国,则亡于权奸,岂非百世殷鉴哉?"明确指出此诗之作乃为明帝而发。据《三国志·魏书》卷三《明帝纪》记载:"(太和)二年春正月……蜀大将诸葛亮寇边,天水、南安、安定三郡吏民叛应亮……秋九月,曹休率诸军至皖,与吴将陆议战于石亭,败绩……十二月,诸葛亮围陈仓,曹真遣将军费曜等拒之……(四年)秋七月……诏大司马曹真、大将军司马宣王,伐蜀……九月大雨,伊、洛、河、汉水溢,诏真等班师……(青龙元年)六月,洛阳宫鞠室灾。保塞鲜卑大人步度根与叛鲜卑大人轲比能私通,并州刺史毕轨表轲出军,以外威比能,内镇步度根……轨以进军屯阴馆,遣将军苏尚、董弼追鲜卑比能,遣子将千余骑迎步度根部落,与尚、弼相遇,战于楼烦,二将没,步度根部落皆叛出塞,与比能合寇边。遣骁骑将军秦朗将中军讨之,虏乃走漠北。秋九月,安定保塞匈奴大人胡薄居姿职等叛,司马宣王遣将军胡遵等追讨破降之。冬十月,步度根部落大人戴胡阿狼泥等诣并州降。……(二年)夏四月,大疫,崇华殿灾……是月,诸葛亮出斜谷,屯渭南。司马宣王率诸军拒之……五月……孙权入居巢湖口,向合肥新城。又遣将陆议、孙韶,各将万余人入淮沔。六月,征东将军满宠进军拒之……七月壬寅,帝亲御龙舟东征,权攻新城,将军张颖等拒守力战,帝军未至数百里,权遁走。……八月……司马宣王与亮相持,连围积日,亮数挑战,宣王坚垒不应,会亮卒,其军退还……(三年)三月……是时大治洛阳宫,起昭阳太极殿,筑总章观,百姓失农时。"裴注引《魏略》曰:"是年起太极诸殿,筑总章观,高十余丈,建翔风于其上。又于芳林园中起陂池,楫棹越歌。又于列殿之北,立八坊。诸才人以次序处其中。贵人夫人以上,转南附焉。其秩石拟百官之数。帝常游宴在内,乃选女子知书可付信者六人,以为女尚书,使典省外奏事,处当画可。自贵人以下至尚保及给掖庭洒扫伎歌者,各有千数。通引谷水过九龙殿前,为玉井绮栏,蟾蜍含受,神龙吐出,使博士马均作司南车,水转百戏。岁首建巨兽鱼龙曼延,弄马倒骑,备如汉西京之制。筑闾阖诸门阙外罘罳。"以上记载说明,明帝之世,魏之对外战争已由主动转为被动,而统治者仍穷奢极侈,过着骄纵淫逸之腐化生活。阮籍因此作诗讽之。"魏都",指战国魏之都城大梁。"吹台",战国魏王所建,在今开封东南。"梁王",即魏王婴。意谓从魏都城出发,南向而望,可以看到吹台之遗迹,而筑吹台之梁王魏婴却不见了。"战士"、"贤者"二句,指魏王不修武用贤,说明魏败亡之由。"秦兵句",以秦之灭魏喻魏明帝时受外部军事威胁之严重。"夹林",魏王游览之处;"朱宫",魏王宴居之所。《战国策·魏策》:"秦败魏于华,魏王且入朝于秦。"意谓华阳军败,导致魏之灭亡,魏王也身名俱灭。作者一方面描写曹魏集团生活之奢侈和政治之腐败,另一方面描写战士、贤者之悲惨处境。突出对比,以表现魏君国亡身败之迅速:正当歌舞享乐之时,秦兵复来,夹林失守,朱宫生尘,军败华阳,身为土灰,一贯而下,顷刻间土崩瓦解!这种写法,显示作者着意在加强其警谕作用。方东树云:"'驾言发魏都'借梁王以陈殷鉴,而文笔雄迈沉郁,意厚词醇。此言魏将亡于司马氏耳,文义最为明白。"(《昭昧詹言》卷三)揭示了此诗之底蕴。

王安石

《河北民》

河北民,生近二边长苦辛。家家养子学耕织,输与官家事夷狄。今年大旱千里赤,州县仍催给河役。老小相携来就南,南人丰年自无食。悲愁白日天地昏,路旁过者无颜色。汝生不及贞观中,斗粟数钱无兵戎!

这首诗是王安石变法之前写的,描写北宋河北路农民的苦难生活。宋代河北路,约当今天河北省霸县以南和河南、山东境内黄河以北地区。王安石曾随父亲做官宦游南北,到过黄河流域,也到过京城开封。后来自己中进士,又在开封做官,对河北人民的生活有深切的了解,因此有此篇之作。

人民生活的好与坏,是一个时代政治修明与腐败的具体表现。因此诗人通过对人民苦难生活的描写,来揭露当时政治的腐败与混乱。首二句是全诗之纲。"二边",即宋北边之辽,西北边之西夏。"长苦辛",贯全篇。次二句写苦辛之一,即向辽、西夏纳贡。北宋朝廷对辽、西夏不敢加兵抵御,而是纳贡议和。据历史记载,仁宗庆历二年以后,每年向辽输送银二十万两,绢三十万疋。庆历四年以后,每年向西夏输送银七万二千两,绢十五万三千疋,茶三万斤。这些财物皆出于农民耕织所得,官家则以之"事夷狄"也。"今年"二句写苦辛之二,即灾荒与徭役。北宋徭役之繁重,史不绝书,不胜枚举。"老小"二句写苦辛之三,即农民在赋税和徭役的压迫下,饥寒交迫,无以为生,便逃亡到江南求食。江南人民虽在丰收之年,也无粮米疗饥。原因何在?诗歌并未明言,曾巩《元丰类稿》卷一"胡使"云:"南粟鳞鳞多送北,北兵林林长备胡……还来里间索穷下,斗食尺衣皆北输。"即说明江南人民"丰年自无食"的原因。"悲愁"二句写河北农民流落到南方衣食无着的悲惨景象。据古代"天人感应"观念,人事处理不当,能引起天象的变化,"悲愁白日天地昏"即此意也。末二句提出自己的政治理想,即贞观之治。《通鉴》卷一九六《唐纪》记载:"(贞观十五年)上

（太宗）谓侍臣曰：朕有二喜……比年丰稔，长安斗粟直三四钱，一喜也。北虏久服，边鄙无虞，二喜也。"贞观之治表现在两方面，即粮食贱，无兵戎，也即富国强兵。作者经常关心者是人民的衣食和平息边患。如在此诗之后所写《感事》诗云："贱子昔在野，心哀此黔首。丰年不饱食，水旱尚何有？"又在其上奏书中，对朝廷"不能无惧于夷狄"极为不满。都是从这两个方面着眼当时的政治问题的。作者十分向往贞观之治，见于吟咏者，此诗之外，还有《叹息行》《寓言》第五首等。作者为宋朝人民不生于贞观之时而悔恨，即以贞观政治之修明，来批判宋朝政治之昏暗。

此诗采用歌行体，首句标其目，即事名篇，风格质朴，通俗易懂，是白居易一类新乐府。语言概括性强，仅八十个字，便写出北宋农村残破之缩影，从"二边"之苦辛，扩展到"千里赤"的饥荒，从河之北，延伸到河之南，描绘出一幅饥寒交迫的流民图。

黄庭坚

《寄黄几复》

我居北海君南海，寄雁传书谢不能。桃李春风一杯酒，江湖夜雨十年灯。持家但有四立壁，治病不蕲三折肱。想得读书头已白，隔溪猿哭瘴烟藤。

此诗自注："乙丑年德平镇作。"乙丑年即神宗元丰八年（公元1085 年）。当时黄庭坚监德州（即今山东德州）德平镇，在北方。黄几复名黄介，字几复，当时知四会县（即今广东四会县），在南方。他与黄庭坚少年交游，友情诚笃，黄庭坚写过不少赠他的诗，如《留几复饮》、《再留几复饮》、《赠别几复》等，《寄黄几复》是其中之一。作者跋此诗云："几复在广州四会,予在德州德平镇,皆海滨也。"故首二句云:一居北海,一居南海,相隔万里,音书难达,因此雁都辞却而不为其传书。次二句,据《黄几复墓志铭》(见《豫章先生文集》卷二三)记载,黄几复于熙宁九年(公元1076年)"同学究出身,调程乡尉",其时与黄庭坚曾在京城相聚,然后即分别了。至写此诗时,恰好十年。"桃李春风",写别时之景,表相聚之欢乐;"江湖夜雨",写目前之景,表别后之凄凉。"持家"句,说明自己家境之贫困,《汉书·司马相如传》:"家徒四壁立。""治病"句,说明黄几复政绩之卓异,《左传·定公十三年》:"三折肱,知为良医。"指医生治病经验丰富,这里借指黄几复之善治国,《国语·晋语》有"上医医国,其次疾人"。以医国喻治国。此言黄几复医道高明,不必须三折肱之经验。把"四壁立"改为"四立壁",以与"三折肱"相对。"想得"句,是想到黄几复读书时之情景,今天可能头发都白了。得,为助词,无义。李煜《虞美人》:"想得玉楼瑶殿影,空照秦淮。""隔溪"句,指黄几复居处之凄苦,广东多瘴气,故云"瘴烟藤"。

这是一首七律,严于声调,工于对仗。黄庭坚自云:"宁律不谐,而不使句弱;宁用字不工,而不使语俗。"(见《昭昧詹言》卷一〇引)他所谓"不谐",当指拗句。此诗"持家"句两平五仄,"治病"句即顺中带拗,于拗折之中,见波峭之致。所谓"不工",如此诗之"四立壁",乃改"四壁立"而成,即用典使事非俗语也。方东树评云:"入思深,造句奇崛,笔势健,足以药熟滑,山谷之长也。"(《昭昧詹言》卷一二)此诗正以奇崛之句法,矫健之笔势,表现作者对黄几复之深切怀念,感情真切动人。

陆　游

《金错刀行》

黄金错刀白玉装，夜穿窗扉出光芒。丈夫五十功未立，提刀独立顾八荒。京华结交尽奇士，意气相期共生死。千年史策耻无名，一片丹心报天子。尔来从军天汉滨，南山晓雪玉嶙峋。呜呼！楚虽三户能亡秦，岂有堂堂中国空无人！

此诗见《剑南诗稿》卷四。陆游曾在川陕宣抚使王炎幕府任干办公事。王炎是主战派，陆游在其麾下任职很兴奋，向王炎献进取计划。这年是孝宗乾道八年（公元1172年），陆游四十八岁，作诗表达他报效国家、图谋恢复之壮志。

这是一首古诗，全诗分三层，一层四句。每层换韵。第一层用平声（装、芒、荒），从宝刀写起，以宝刀自喻。首句言宝刀镀金装玉之美，次句言刀之锋利，光芒四射，穿窗而出。"丈夫"二句承上，写提刀人之愤慨，谓有如此好的宝刀却不能杀敌，犹自己有如此高的才能却报国无路，年近五十还不能为国立功，岂不悲痛！"提刀"、"独立"、"顾八荒"，显示出诗人踌躇满志之英雄气概。

第二层用仄声（十、死、子），写结交京华（临安）奇士，相期为国为君共死生。首二句言奇士与奇士相交，意气相投，以生死相期。末二句申明共生死之内容，是希望为国为君而留名千古。

第三层又用平声（滨、峋、秦、人），写对抗敌事业胜利的信心。首句言在川陕宣抚使幕府任干办公事。"天汉滨"，指陕西省南部汉水之边。次句言终南山上雪景之嶙峋，犹如玉琢一般。末二句用"楚虽三户，亡秦必楚也"（《史记·项羽本纪》）之历史故实，说明堂堂中国一定能战胜敌人。以反问语气,雄健有力,表现出一种民族自豪感!

诗歌之语言流畅,气魄沉雄,形象鲜明,以宝刀之光芒穿窗而出,喻诗人不甘居一室,力图冲向沙场之壮志豪情。每四句一换韵,平仄相间,意随韵转,极尽和谐、铿锵之致。

《关山月》

和戎诏下十五年,将军不战空临边。朱门沉沉按歌舞,厩马肥死弓断弦。戍楼刁斗催落月,三十从军今白发。笛里谁知壮士心?沙头空照征人骨。中原干戈古亦闻,岂有逆胡传子孙!遗民忍死望恢复,几处今宵垂泪痕。

此诗见《剑南诗稿》卷八,作于孝宗淳熙四年(公元1177年),陆游五十二岁。这年陆游应范成大之邀请,做成都府安抚署参议。他和范成大诗酒唱和,不拘礼法。言官以"不拘礼法,恃酒颓放"罪弹劾之,他被免官领祠禄。因此,自号放翁。自孝宗隆兴二年(公元1164年)下诏与金人第二次议和,至淳熙四年,陆游写此诗时,凡十三年,诗云"十五年",乃举其成数。

《关山月》是古乐府《横吹曲辞》。《乐府解题》曰:"《关山月》,伤离别也。古《木兰诗》曰:'万里赴戎机,关山度若飞。朔气传金柝,寒光照铁衣。……按《相和曲》有《度关山》,亦类此也。"前人多用此题写征人远戍、思妇断肠一类题材,如李白《关山月》云:"由来征战地,不见有人还。戍客望边邑,思归多苦颜。"情调比较消极。陆游此诗无论在题材和思想上比前人都有发展,他用这一题材批判南宋朝廷的和戎政策。

全诗通过远戍边疆士卒之口吻写出。共分三层,一层四句,每层换韵。第一层用平声(年、边、弦),写宋朝文臣武将只贪图安逸享乐,不修边备。首句批判和戎政策,是全诗之骨干,贯全篇。次句指责将军临边不战,软弱无能。三句揭露贵族豪门歌舞享乐。四句写武备废弛。

第二层用仄声(月、发、骨),表现远戍士卒之悲愤情绪。首二句言由于将军不战,士卒只能在戍楼上敲击刁斗虚度光阴。光阴荏苒,三十岁从军,如今已鬓发斑白了。末二句,写耳所闻,目所见。耳闻横笛吹出壮士愤激之心声,眼见冷月映照沙头征人之白骨。

第三层又用平声(闻、孙、痕),写沦陷区人民渴望恢复故国而不得之悲痛。首二句言中原自古以来有战争,但不曾让敌人长久地盘踞,任其子孙相传。末二句言人民在敌人的蹂躏下,濒于死亡,仍垂泪忍死等待恢复。通篇用对比手法,强烈的爱憎感情,揭露贵族集团的思想行为与广大人民和士卒的要求愿望的尖锐对立。一方面是贯族集团之沉沉歌舞,不修边备,另一方面是广大人民和士卒暴骨荒沙,希望恢复而不得实现的痛苦和愤慨!诗旨所归是批判统治阶级之和戎政策。

《书愤》

早岁那知世事艰,中原北望气如山。楼船夜雪瓜洲渡,铁马秋风大散关。塞上长城空自许,镜中衰鬓已先斑。出师一表真名世,千载谁堪伯仲间!

此诗见《剑南诗稿》卷一七。陆游于孝宗淳熙六年(公元1179年)被调任江西提举常平茶盐公事,即管理人民生活资料的官职。次年江西发生水灾,他奏请开义仓赈灾,并通知各县一起行动。结果以"擅权"罪名被免职。免职后写的《早行》诗有云:"江路迢迢马首东,临川(指江西抚州)一梦又成空。"表现他报国、爱民的愿望又成梦幻的失意心情。回到山阴,住了六年,过着"访古颓垣荒堑里,觅交屠狗卖浆中"(《野饮》)的生活。《书愤》即是他政治上受挫折,但又不肯放弃自己的抱负,怀着满腔愤懑写的。当时陆游六十二岁。

这是一首七言律诗,有严整的平仄,通首用一韵。全诗可分两层,第一层写他早年渴望北伐的英雄气概。首二句是对自己前半生生活的总结。"世事艰"一语,即他在同年写给枢密使周必大谢启中自叙生平所谓"早已孤危,马一鸣而辄斥;晚尤颠沛,龟六铸而不成。羽翮摧伤,风波震荡。薄禄作无穷之祟,虚名结不解之仇"。使他遭"马一鸣而辄斥"之事实很多,最突出的是两件:一为隆兴二年在通判镇江军府事时,因"力说张浚用兵"之罪被罢职回家。一为乾道八年随四川宣抚使王炎在南郑前线积极准备抗金事业之时,王炎被免职,他也被调到后方成都做"无一事"的"冷官"。这两件事对他打击很大,所以有"中原北望气如山"的愤慨。次二句是回忆他早岁的两次经历。或谓两句是一虚一实,实则不然,这两次事件皆其亲身经历。"瓜洲渡"之事,他在《过采石有感》诗云:"唾手每思双羽箭,快心初见万楼船。"采石近瓜洲,故以瓜洲代采石。此诗是在那次战役十年后写的,说明他确有夜宿楼船之军事生活。至于大散关之军事活动,多次见于他的吟咏,如《江北庄取米到作饭香甚有感》:"我昔从戎清渭侧,散关嵯峨下临贼。铁衣上马蹴坚冰,有时三日不火食……飞霜掠面寒压指,一寸赤心惟报国。"又《归次汉中境上》:"马蹄初喜踏梁州……大散关头又一秋。"此诗是大散关破敌第二年写的。这两句说明向敌人反攻的声势与途径,瓜洲渡是从水路反攻,大散关是从陆路反攻。两处都是当时的国防重地,一在西北,即今天陕西省宝鸡县西南,是宋金分界线,金人曾于绍兴初年和末年两次攻入大散关,被宋兵击退。一在东南,即今天江苏省扬州之南,长江北岸。绍兴三十一年(公元1161年)金主完颜亮南下侵宋,集兵瓜洲,完颜亮限日渡江,激起士兵哗变,完颜亮被部下杀害,各地义军乘机反攻,金兵北逃。这两次都是宋人夸耀为大获胜利之战役,诗人举此二事以大张其声威。这两句对仗工整、语言凝练,不用一个动词,不用一个虚字,以夜雪、秋风表反攻时之景象,以楼船、铁马表反攻之队伍,把地点、景物、队伍结合起来,构成一幅豪气凌云的出师图。五六句写其图恢复之志愿落空。刘宋之名将檀道济自比为万里长城,唐朝名将李勣被唐太宗比为长城,意谓他们有保卫国家的能力。陆游采用其事,抒发自己之豪情壮志。这两句是全诗之转折,由豪壮转为悲凉,气势一落千丈,慨叹岁月蹉跎,报国壮志未遂。早岁豪气如山,以"塞上长城"自许,如今鬓发斑白,而祖国山河依然破碎,人民依然当牛做马,望不到故国之恢复。一个"空"字,表示一切皆空;一个"已"字,表示老而无成。沉痛至极!这种情绪在诗人其他诗中也多次流露,如《初寒在告有感》:"未灭匈奴身已老,此生虚负幄中筹!"与此同调。七八两句是赞美诸葛亮的《出师表》。诸葛亮北伐中原时,向蜀主上表,说明自己之志愿。末句化用杜甫《咏怀古迹》中之"伯仲之间见伊吕"句,言千年来没有能与诸葛亮相比之人。陆游写了不少咏诸葛亮的诗,其中都颂扬了《出师表》,如《游诸葛武侯书台》:"出师一表千载无。"《七十二岁吟》:"一表何人继出师。"《感秋》:"凛然出师表,一字不可删。"陆游对《出师表》如此赞不绝口,因为它道出了自己的心愿,如《出师表》有云:"奖率三军,北定中原……兴复汉室,还于旧都。"正是他的抱负。他渴望像诸葛亮那样得遇明君,上表出师北伐,留名千古。陆游如此歌颂诸葛亮,还因为他作诗取法杜甫,杜甫有不少赞颂诸葛亮之作,即如这首诗之风格,前半篇豪视一世,后半篇转入哀伤,极尽沉郁顿挫之致,亦从杜甫创作中得来。

秦　观

〔踏莎行〕郴州旅舍

雾失楼台,月迷津渡,桃源望断无寻处。可堪孤馆闭春寒,杜鹃声里斜阳暮。　　驿寄梅花,鱼传尺素,砌成此恨无重数。郴江幸自绕郴山,为谁流下潇湘去?

宋哲宗绍圣元年(公元 1094 年),新党执政打击旧党,秦观连遭贬谪,绍圣四年(公元 1097 年)被贬至郴州(今湖南省郴县)。此词即同年在郴州所作,写其遭贬后孤凄寂寞之心境。

“雾失楼台”,楼台消失在雾中。“月迷津渡”,渡口被苍茫月色所迷。“失”、“迷”二字下得工巧,表明无所寻觅。“桃源”,即陶渊明理想中的桃花源。言郴州离桃源(今湖南省桃源县)虽近,极目远望仍不可见。日暮杜鹃啼叫,所以表作者之悲苦。作者自比武陵捕鱼人,想探寻一个和平宁静的桃花源,但由于津渡为月所迷,楼台为雾所笼罩,很难寻找,伴随自己者,唯早春之孤寒,黄昏之杜鹃声。此情此景,人何以堪!

“驿寄梅花”,刘宋时陆凯与范晔为友,自江南寄一枝梅花给在长安的范晔,并赠诗云:“折梅逢驿使,寄与陇头人。江南无所有,聊赠一枝春。”此用其意。“鱼传尺素”,汉乐府《饮马长城窟行》:“客从远方来,遗我双鲤鱼。呼儿烹鲤鱼,中有尺素书。”尺素书,以一尺长之绸绢写的信。言朋友来信表示的同情,恰足以砌成无穷的愁恨。“砌”字用得生动形象。“郴江”,源出郴州东之黄岑山,北流入郴口,入湘江支流未水。言郴江自流,并不理睬自己。

"为谁流下潇湘去?"杜甫《秦州杂诗》:"清渭无情极,愁时独向东。"谓流水无情,不因人愁而停留,人自愁,水自流,毫不相干。在作者笔下一切社会、自然景象都足以增加自己的愁恨。通篇表现了一个无辜士人孤独、凄楚的心境。《苕溪渔隐丛话》前集卷五十引惠洪《冷斋夜话》云:"少游到郴州,作长短句云:'雾失楼台,月迷津渡。……'东坡绝爱其尾两句,自书于扇曰:'少游已矣,虽万人何赎。'"使被贬谪的苏东坡产生共鸣,可见这首词的意义是抒发了被贬谪者共同的思想感情。

周邦彦

〔苏慕遮〕

燎沉香,消溽暑。鸟雀呼晴,侵晓窥檐语。叶上初阳干宿雨,水面清圆,一一风荷举。　　故乡遥,何日去?家住吴门,久作长安旅。五月渔郎相忆否?小楫轻舟,梦入芙蓉浦。

周邦彦曾在汴京太学攻读,后又位居列卿,为文学侍臣,旅居京师多年。此词即其在京师所写的怀乡之作。

上片写景。"燎",即烧。沉香,瑞香科植物,其木材可作香料,香气浓郁。"溽",即湿。《礼记·月令》:"土润溽暑,大雨时行。"言烧沉香以消除潮湿之暑气。"侵晓",即破晓。意谓凌晨鸟雀呼唤天晴并窥檐而叫。用"呼"、"窥"、"语"三个动词,把鸟雀于天气晴朗后之喜悦写得声态并作。"叶上"句,言朝阳把昨夜荷叶上的雨水晒干了。"水面清圆",指浮在水面上的荷叶。"风荷举",荷花在晨风中一一挺立起来,王国维《人间词话》云:"真能得荷之神理者。"岂但传荷之神,又何尝不传鸟雀之神!整个上片都是造境之作。

　　下片抒情。以上所见汴京夏日之景,有似江南,因此引起对故乡的怀念。"吴门",江苏吴县,又称吴门。周邦彦是浙江钱塘人,钱塘古属三吴之地,故亦得称吴。"家住吴门,久作长安旅。"言外之意对长期的京都生活感到厌倦。"渔郎",指故乡的渔夫。"芙蓉浦",生长荷花的浅水湖。意谓:渔郎,还怀念我吗?如今我梦中还和你们划桨乘舟,荡漾于荷塘之中!作者长期的宦游生活,使他产生强烈的乡关之思,梦魂经常缭绕故乡,其见于吟咏者,如《满庭芳·忆钱塘》"似梦魂迢递,长到吴门",又《隔浦莲近拍》"屏里吴山梦自到"等,然皆不如本篇所写梦境之生动、有情致。陈世焜《云韶集·宋词选·周词评》云:"〔苏幕遮〕'燎沉香……'不必以词胜,而词自胜。风致绝佳,亦见先生胸襟恬淡。"又刘熙载《词概》以"富艳精工"概括美成词风。要之,美成此词意境清新,语言工丽,洗涤尽五代词之铅华。

辛弃疾

〔永遇乐〕京口北固亭怀古

千古江山,英雄无觅、孙仲谋处。舞榭歌台,风流总被、雨打风吹去。斜阳草树,寻常巷陌,人道寄奴曾住。想当年、金戈铁马,气吞万里如虎。　　元嘉草草,封狼居胥,赢得仓皇北顾。四十三年,望中犹记、烽火扬州路。可堪回首,佛狸祠下,一片神鸦社鼓。凭谁问:廉颇老矣,尚能饭否?

　　这首词是辛弃疾六十五岁时作于镇江知府任上。当时南宋朝廷起用主战派韩侂胄。韩侂胄见蒙古已经崛起,威胁着金国,金国国势渐衰，并发生内乱，他想乘机伐金，建立功勋，以巩固自己的地位，便任用辛弃疾，作为北伐的号召。辛弃疾起初被任为绍兴知府兼浙东安抚使，第二年才被调至抗金前线的镇江任知府。辛弃疾二十三岁从山东起义南来，企图报效国家，但在南方待了四十年，正值投降派当权，自己壮志难酬，这番被调任镇江，自认为是施展才能的好机会，因此积极作北伐的准备，如派人去金国侦察形势，招募沿边士兵进行训练等。但这却与韩侂胄的意图相违背，韩侂胄为了邀功取宠，主张尽早伐金，其部下也随声附和。辛弃疾则认为南宋政权长期在投降派把持下，兵备废弛，士气消沉，必须经过一番准备方能成其事，不可轻举妄动。这引起韩侂胄等人的不满，借故降其官职，把他调离镇江，不许他参与抗金大计。这对辛弃疾是极大的打击，使他一度呈现的报国希望，又成泡影。这首词正是在他这样的心境下写出的。他通过吊古来抒发自己的愤懑不平，吊古代人物的英雄业绩，以抒发自己的雄心壮志，抒发年老不得报效国家的感慨！

　　上片吊两个人物，即孙权和刘裕。"京口北固亭"，京口，即今江苏省镇江市，吴孙权曾建都于此；北固亭，在镇江城北北固山上，下临长江，三面临水，形势险要。"寄奴"，南朝宋武帝刘裕的小字，早年在京口起兵讨桓玄。孙权在此始置京口镇，所以从他说起。他在此打垮了来自北方的曹操，保卫了吴国的都城。刘裕曾经由此出兵北伐，讨晋桓玄，灭山东的南燕，又灭陕西的后秦，建立了刘宋政权。他们都是"金戈铁马，气吞万里如虎"的英雄，可是现在呢？他们的风流业绩，"总被雨打风吹去"，从前轰轰烈烈起事之处，剩下来的仅有"斜阳草树，寻常巷陌"了。作者借历史故实隐约地抒发出自己对时事失望的心情。

　　下片用南朝宋文帝刘义隆、北朝魏太武帝佛狸、赵将廉颇之事迹来写现实。"元嘉",宋文帝刘义隆年号。"狼居胥",古时匈奴境内山名。汉武帝曾派霍去病追击匈奴,到狼居胥山,封山而还(《史记·卫将军骠骑列传》)。"封",古时称祭山为封。"四十三年",作者于绍兴三十二年(公元 1162 年)投奔南宋,到宁宗开禧元年(公元 1205 年)出守京口,作此词之时,正四十三年。"佛狸",魏太武帝拓跋焘的小字,他曾率大军侵入瓜步,并在瓜步山设立行宫,后来成为太武帝庙,又称佛狸祠。廉颇,战国时赵将,善用兵,晚年被黜奔魏。后来赵被秦兵所困,赵王想再起用廉颇,遣使探问,廉颇当使者面,吃一斗米饭,十斤肉,并披甲上马,以示还能上阵。然使者受郭开之贿,回报赵王说,廉颇虽老,尚能吃饭,但坐谈之间,竟三遗矢。赵王便不召用(《史记·廉颇蔺相如列传》)。意谓宋文帝元嘉年间因为听大臣王玄谟的建议,便草率北伐。《宋书·王玄谟传》:"玄谟每陈北侵之策,上谓殷景仁曰:'闻王玄谟陈说,使人有封狼居胥意。'"结果失败,后魏的军队追至长江边,江南震恐。宋文帝登烽楼北望,有诗句:"北顾涕交流。"(《宋书·索虏传》)伐魏未成,只落得仓皇北顾而已。作者用这个历史故事警告韩侂胄不要草率从事。他又想起四十三年前起义南来时,所经过的扬州到处是抗金的战火,可是现在呢? 同样在扬州,人们却在敌人的庙宇佛狸祠里祭神赛社,一派欢乐气氛,已经忘记敌人入侵的历史,自己怎能不痛心疾首呢? 最后以廉颇自比,"凭谁问",说明无人过问,自己虽然老了,可是"烈士暮年,壮心不已"。流露出对被打击被暗算之愤慨。

全词多引用历史故事来抒发自己之现实感受。这些历史故事除了廉颇之外,都是镇江的典实,有助于强化这一主题。而且运用得很贴切,和作者的思想情感结合得很紧密。含义深刻丰富,韵味无穷,成为辛弃疾词作中之最佳篇章。明杨慎《词品》即说:"辛词当以'京口北固怀古'〔永遇乐〕为第一。"

〔西江月〕夜行黄沙道中

　　明月别枝惊鹊,清风半夜鸣蝉。稻花香里说丰年,听取蛙声一片。　　　七八个星天外,两三点雨山前。旧时茅店社林边,路转溪桥忽见。

　　辛弃疾于淳熙八年(公元1181年)被言官弹劾落职,退居江西上饶带湖,过着悠闲自得的农村生活。上饶之西有黄沙岭,风景秀美,他经常到那里游玩。这首词即写他夜间经过该处时所见之景色。

　　上片写对农村丰收的喜悦。首二句对仗工整。明月、清风都写的是自然景物。惊、鸣都是动词。由于月光明亮,惊起了沉睡在别枝上的喜鹊。蝉本来夜间不鸣,由于清风吹动,也惊噪起来。苏轼《次韵蒋颖叔》诗:"月明惊鹊未安枝",此化用其意。别枝,是空间;夜半,是时间;惊鹊,属视觉;鸣蝉,属听觉;境界不同。又蛙鸣,古人认为是丰年的征兆。要之,皆写夜之宁静,表现了作者怡然之心境。

　　下片写天色破晓,晨星云雨出现。"七八个星"承"明月"句而来。五代卢延让《松门寺》诗:"两三条电欲为雨,七八个星犹在天。"(五代何光远:《鉴诫录》卷五)此化用其意。月明则星稀,所以天外之星历历可数。顷刻间"两三点雨"飘然而至,预示大雨将临。诗人心情紧张,回忆往时行经此处,曾见社林附近有个茅店,或可避雨。急忙之中,往前奔走,过了溪桥,转过路弯,果然旧时茅店出现在眼前。一个"忽"字,喜悦之情毕现。文笔委婉曲折,穷形极相,也描尽诗人内心感情之变化。陆游《游山西村》诗:"山穷水复疑无路,柳暗花明又一村。"可与此词之意境相印证。

诗人描写了农村丰收的欢乐景象,同时也反映了自己的心境。当时他在官场中被排挤下来了,希图在自然景物中寻求精神寄托,在周围环境中寻找乐趣。"人生在勤,当以力田为先"(《宋史·辛弃疾传》)正是这个时期的主张。他要学陶渊明"躬耕",在田园生活中求得安慰,这首词正是他当时精神状态之真实反映。

什么是桐城派古文？

"古文"是我国古典散文中的一种形式，是相对着"骈文"而言的。作为一种有理论指导的文学思潮，古文是开始于唐朝，但作为文学史上的一种文体，它在周秦之前就已经存在着。唐朝的韩愈之所以提倡古文，是为了反对六朝以来流行的缺乏内容专求声韵之美的骈体文和四六文，因此，是有进步意义的。清朝桐城文派古文继承了和取法了唐宋的古文，并且直接与明朝古文家归有光有渊源关系。因为这一派的领袖都是安徽桐城人，所以称他们为桐城派。

桐城文派是清代散文正统的一个中心派别，它的产生是鉴于明朝的士大夫崇尚秦汉古文只剽窃字句因袭格式的流弊，而提出像唐宋古文那样的要求表现实际内容的创作主张。他们有一套完整一致的文学理论，并且努力去实践这种理论，因此能在文坛上独树一帜。

这一派中的主要人物是方苞、刘大櫆和姚鼐，简称为桐城三祖。他们对文学的中心见解，就是讲究义法。什么叫义法呢？方苞解释说："义即'易'之所谓'言有物也'，法即'易'之所谓'言有序也'。义以为经而法纬之，然后为成体之文。"（《望溪文集》中之《又书货殖传后》）可见"义"是指文章的内容，"法"是指文章的表现形式而言。一篇作品必须义法统一（内容与形式统一），所谓"义以为经而法纬之，然后为成体之文"。而在内容与形式的关系上，他们认为内容决定着形式，认为文章的表现"或顺或逆，或前或后,皆义之所不得不然"(《左传义法举要》)。这些虽然都是方苞的话,但却可以概括这一流派理论的总的精神,尽管后来的刘大櫆、姚鼐在用词上与他不同,而精神实质是完全一致的。刘大櫆说:"作文本以明义理适世用,而明义理适世用,必有待于文人之能事。"(《论文偶记》)所谓"能事"就是文笔的表达力,是作家的表达技能。姚鼐主张的"道与艺合"也是指内容与形式相结合的意思。那么进行文学创作要有物(内容)有序(形式),便成为桐城文派最重要的理论了。

桐城派古文家主张取法于古文,但反对因袭,要求创意,表现独特的内容。刘大櫆便说过:"今人行文,反用古人成语,自谓有出处,自矜典雅,不知其为袭也,剽贼也。"(《论文偶记》)因为他们反对对文章内容和形式上的因袭,所以才能有一定的生命力,才能在当时形成为一个坚强的文学流派。

桐城派古文开始于方苞,过渡于刘大櫆,成熟于姚鼐。姚鼐对文学的见解比方苞更为精密。他主张义理(思想)、考据(求实)、文章(形式)的统一,并特别强调诗文的意境。他说:"以考证累其文则是弊耳,以考证助文之境,正有佳处。"(《惜抱轩尺牍》六,《与陈硕士》)这就是说,以考证(指研究古代书籍的字义及历代文物典章制度等工作)来妨碍了文章的思想内容,只有害处;以考证来加强文章的意境,是有好处的。但,他也十分重视文章的内容:"夫古人之文,岂第文焉而已! 明道义,维风俗以诏世者,君子之志;而辞足以尽其志者,君子之文也。"(《惜抱轩文集》六,《复汪进士辉祖书》)这就是说,古人不仅是为写文章而写文章,而是以阐明道义、维持风俗以教育世人作为写文章的目的。他主张三者的统一,认为只有把义理、考据、文章和谐地统一起来,才是天地间的至文。

这一些只是桐城文派对文学见解的主要方面,他们的全部理论当然还周密得多。他们追求文章的雅洁风格，所谓"雅"就是指学习古文，"洁"就是文笔的简洁通顺富于表达力。他们的理论可以说是我国文学史上"正统"派文学理论的总结。他们不但有完整体系的理论，并且还积极以自己的创作来实践这种理论，方苞的《望溪文集》、刘大櫆的有名的《论文偶记》和姚鼐的《惜抱轩文集》就是他们的理论和创作的总汇。此外，他们又按照自己理论的标准编辑了文章选集，进行传播和推广。像方苞的《古文约选》和姚鼐的《古文辞类纂》，几乎成了当时人们学习古文的教科书，影响了一代的文风。

桐城派古文家对文学的见解有许多可取的地方，他们在清朝文学界的影响也是很大的。但是，由于思想上的限制，使他们的成就被削弱了。他们反对明朝一些士大夫只因袭、剽窃秦汉古文形式的作风，主张内容与形式要统一。然而，他们所谓的内容是宣传迂腐的"圣道"，尊崇程、朱理学，并未认识到文学要反映现实生活和表达真正的思想感情的作用。因此，他们的文章的内容除了宣传一板正经的"圣道"之外，缺乏真实的感情，而形式也只是徒具形式而已。

关于中国文学史中之若干问题

研治中国文学史,最重要的是尊重历史,尊重文学史之客观发展过程。重史实、重证据,在对历史史实综合分析中,不囿于成说,不囿于传统的看法,作出新的概括。以下是我根据自己对中国文学史发展实际之考察,提出的一些见解,就正于同行、专家。

一、文、笔、言之区分

魏晋六朝时期,由于文学成为文人之专业,则他们的钻研、创作尤精,文体从而繁兴起来,加之声律说之产生,因此有"文"与"笔"之分。这是治中国文学史者之共同认识。但是,我们认为当时不仅有"文"、"笔"之分,还应当有"言"一类。试分别论述如下。《南史》卷三三《范晔传》记载:

> 常谓情志所托,故当以意为主,以文传意。以意为主,则其旨必见。以文传意,则其辞不流。然后抽其芬芳,振其金石耳。观古今文人,多不全了此处。年少中,谢庄最有其分。手笔差易,于文不拘韵故也。

范晔所谓"手笔"不拘韵,则与"笔"相对之"文",自然拘韵了。这说明他与谢庄都以有韵者为"文",无韵者为"笔"。这是"文"、"笔"界说之滥觞。又梁元帝萧绎《金楼子》卷四《立言》云:

> 古人之学者有二,今人之学者有四。夫子门徒,转相师

受,通圣人之经者谓之儒。屈原、宋玉、枚乘、长卿之徒,止于辞赋,则谓之文。今之儒博穷子史,但能识其事,不能通其理者,谓之学。至如不便为诗如阎纂,善为章奏如伯松,若此之流,泛谓之笔。吟咏风谣,流连哀思者,谓之文。

萧绎认为章奏之类是为"笔",风谣之类是为"文"。章奏无韵,风谣有韵。他的观点与范晔完全一致。又《文心雕龙》卷九《总术》云:

今之常言,有文有笔,以为无韵者笔也,有韵者文也。

则径直道出了"文"、"笔"之区别在有韵与无韵。至清代阮元更发挥了以上诸说法,如《揅经室三集》卷二《文言说》云:

为文章者,不务协音以成韵,修词以达远,使人易诵易记,而惟以单行之语,纵横恣肆,动辄千言万字,不知此乃古人所谓直言之言,论难之语,非言之有文者也,非孔子所谓文也。《文言》数百字,几于句句用韵……不但多用韵,抑且多用偶。……凡偶,皆文也。于物两色相偶而交错之,乃得名曰文,文即象其形也。

他推演了六朝人之说,认为"文"不但要有韵,而且应当对偶,并以《易·乾·文言》为例证。此外,他在其《揅经室集》中之《梁昭明太子文选序后》、《文韵说》、《与友人论古文书》、《四六丛话序》、《学海堂文笔策对》诸文,都论述到"文"与"笔"之区别,观点与《文言说》相同。近代刘申叔《中古文学史·文笔之区别》,从《文心雕龙》篇目之编次,看到刘勰对"文"与"笔"的看法。如云:

更即《雕龙》篇次言之,由第六迄于第十五,以《明诗》《乐府》《诠赋》《颂赞》《祝盟》《铭箴》《诔碑》《哀吊》《杂文》《谐

隐》诸篇相次,是均有韵之文也。由第十六迄于第二十五,以
《史传》《诸子》《论说》《诏策》《檄移》《封禅》(篇中所举扬雄
《剧秦美新》,为无韵之文,相如《封禅文》惟颂有韵。班氏《典
引》,亦不尽叶韵。又东汉《封禅仪记》,则记事之体也。)《章
表》《奏启》《议对》《书记》诸篇相次,是均无韵之笔也。此非
《雕龙》隐区文笔二体之验乎?

他认为刘勰将有韵者之篇目编为一个系列,将无韵者之篇目编为
另一个系列,编次不乱,即隐含着刘勰对"文"与"笔"两种文体之
认识。刘申叔之用心可谓深细,也确实辨析出了刘勰对"文"与
"笔"之见解。那么,我们可以概括出南北朝时期二者之区别,即
有韵之作谓之"文",无韵之作谓之"笔"。

　　"文"与"笔"之界说既明,我们再探讨"言"。《文心雕龙·总
术》云:

　　　　颜延年以为"笔之为体,言之文也;经典则言而非笔,传记
　　则笔而非言"。

颜延之明确提出"文"与"笔"之外,还有"言"。黄侃《〈文心雕龙〉
札记》云:"颜延年之说,今不知所出,宜在所著之《庭诰》中。……
颜氏之分言、笔,盖与文、笔不同,故云'笔之为体,言之文也'。此
'文'谓有文采。经典质实,故云非笔;传记广博,故云非言。"颜延
之所论述者为"笔",他认为"笔"也应当有文采,所谓"言之文也",
如他所著之《庭诰》。至于"言",应当质实,犹阮元所谓之"单行之
语"、"直言之言"(《文言说》),毫无文饰,如经典之类。颜延之之
说法,还可以从唐代日本僧人空海所撰之《文镜秘府论》(古钞本)
中得到补充,如云:

　　　　在于文章,皆须对属,其不对者,止得一处二处有之。若

以不对为常,则非复文章。

末二句原注云:"若常不对,则与俗言无异。"其所谓"俗言",即以通俗语言写作,也即毫无文饰之"言",所谓"质实"也。《文镜秘府论》在当时是一部重要的作文秘诀之书,其见解与颜延之大致相同,很值得重视。那么,我们可以得出结论,南北朝文体应当分为"文"、"笔"、"言"三类,具体如下:

文——包括五言诗、乐府及一切有韵之文。

笔——包括骈文、四六文及其他稍加文饰之文。

言——与通俗语言接近之散文,如姚察、苏绰之散文。

这三类基本上可以涵盖南北朝时期之文体。其对后代文体之发展影响很大,如姚察、苏绰之散文,即唐代古文运动之先导。

二、南北朝文学之统一与庾信

北魏前期,由于入侵之鲜卑族文化极端落后,因此没有文学可言。而南朝因为中原士族之南迁,则使该地区之文学比较发达。但是,当时南北对立,壁垒森严,而且互相鄙视,南人称北人为"索虏",北人称南人为"岛夷"。在这种严峻对立之形势下,文学不可能沟通,阻碍了南朝文学之北渐。直到魏孝文帝以后,才逐渐接受南朝文学,即中原文学。公元493年,魏孝文帝自平城迁都洛阳,实行与汉族同化政策。孝文帝深慕汉族文化,要变鲜卑俗为华风。据《魏书》卷七《高祖孝文帝纪》记载:

雅好读书,手不释卷。五经之义,览之便讲。学不师受,探其精奥。史传百家,无不该涉。善谈庄老,尤精释义。才藻富赡,好为文章。诗赋铭颂,任兴而作。有大文笔,马上口授,及其成也,不改一字。自太和十年已后,诏册皆帝之文也。

孝文帝仰慕汉文化,且善于吟诗作文,《隋书·经籍志》著录"后魏孝文帝集三十九卷",可见其著述之多。上行下效,当时北方文人士子也极向往南朝文学,史载南朝之诗文流传至北方,在上层文士中广为传诵。如《北史》卷五五《元文遥传》云:

> 济阴王晖业,……常大会宾客。时有人将《何逊集》初入洛,诸贤皆赞赏之。河间邢邵试命文遥诵之,几遍可得。文遥一览便诵,时年始十余岁。

这虽然是赞赏元文遥之"敏慧夙成",但却显示了北人对南朝文学之心仪神往。

到了北齐,由于侯景之乱,梁朝不少文士逃往北方,北齐政权皆招揽之。《北齐书》卷四五《文苑传序》云:

> 有齐自霸图云启,广延髦俊,开四门以纳之,举八纮以掩之,邺京之下,烟霏雾集。

如此众多之文人士子云集北方,其对北方文学形成之影响可以想见,虽然如此,当时北方之文士皆将主要精力用于推广"纬经",用之于文学方面者很少,因此文学之成就仍然很低。要之,唯温子升、邢邵、魏收三家而已。但是,他们的成就还是受南朝文学之影响而获致的。《北齐书》卷三七《魏收传》有如下一段记载:

> 收每议陋邢邵文,邵又云:"江南任昉,文体本疏,魏收非直模拟,亦大偷窃。"收闻乃曰:"伊常于沈约集中作贼,何意道我偷任昉?"

这虽然是邢、魏二人互相戏谑之言,但却可以说明他们之诗文喜欢模仿任昉、沈约之作,是任、沈之附庸。他们是北朝诗人的代表,由此也可以说明当时北朝之文学完全是南朝文学之附庸,尚未形成独立之文风。

那么什么时候南朝文学与北朝文学统一起来,成为一个系统呢? 我认为应该始于庾信入周之时。梁被西魏所灭,庾信(还有王褒、颜之推)由南朝转入北朝,他初仕西魏,于北周孝闵帝宇文觉代西魏后,又仕北周。因为他是南方宫体文学之大师,一代文学之宗,在北周备受君臣贵族及文人士子之礼遇和推崇,如《北史》卷八三《庾信传》记载:

> 明帝、武帝并雅好文学,信特蒙恩礼。至于赵、滕诸王,周旋款至,有若布衣之交。

又《周书》卷四一《庾信传》史臣云:

> 由是朝廷之人,闾阎之士,莫不忘味于遗韵,眩精于末光。犹丘陵之仰嵩、岱,川流之宗溟、渤也。

明帝宇文毓、武帝宇文邕、赵王宇文招、滕王宇文逌等,都很赏识他的才华,特加恩礼。宇文招、宇文逌和他过从尤为密切,他们之文风都步趋庾信。又庾信到北周后,由于久经丧乱,思想受到触动很大,文风也开始转变。如此则庾信将宫体传入北朝,使宫体之华美绮艳与北方文学之遒劲清新结合起来,冶为一炉,促进南北文学之融汇与统一。《四库全书总目提要》评庾信之作云:"北迁以后,阅历既久,学问弥深,所作皆华实相扶,情文兼至。"亦指出他在南北文学统一方面的重要作用。这是我国文学史上之一大关键。

庾信既统一了南北朝文学,又是南北朝文学之集大成者。其创作具有同时代诗人之诗风,又有与同时代诗人之作不同的卓异之处,即高于同时代诗人的成就。沈德潜《古诗源·例言》即指出:

> 庾子山才华富有，悲感之篇，常见风骨，所长不专在造句
> 也。徐、庾并名，恐孝穆华词，瞠乎其后。

说明其高出徐陵之处，不专在华词丽藻，而在有风骨。《古诗源》
卷一四又指出：

> 子山诗固是一时作手，以造句能新，使事无迹，比何水部
> 似又过之。

说明其以造句新颖形象，用典贴切自然，高出何逊一筹。杨慎《升
庵诗话》卷九总论之云：

> 余尝合而衍之曰：绮多伤质，艳多无骨，清易近薄，新易近
> 尖。子山之诗，绮而有质，艳而有骨，清而不薄，新而不尖，所
> 以为老成也。

他从正反比较中，突出了庾信诗歌高于同时代诗人之成就。《北
史》卷八三《文苑传序》云：

> 江左宫商发越，贵于清绮；河朔词义贞刚，重乎气质。气
> 质则理胜其词，清绮则文过其意。理深者便于时用，文华者宜
> 于咏歌，此其南北词人得失之大较也。若能掇彼清音，简兹累
> 句，各去所短，合其两长，则文质彬彬，尽美尽善矣。

庾信的贡献即在于把南方之清绮与北方之气质融汇为一体，形成
自己文质兼备的悲壮瑰丽之诗风，倪璠谓其"穷南北之胜"(《〈庾
子山集〉题辞》)，可谓确论。他的诗歌兼备南北方文学之流风余
韵，而为唐代诗歌之形成准备了充分的条件。杨慎《升庵诗话》卷
九即说：

> 庾信之诗，为梁之冠绝，启唐之先鞭。

刘熙载《艺概·诗概》更具体地说：

> 庾子山《燕歌行》开唐初七古，《乌夜啼》开唐七律，其他体为唐五绝、五律、五排所本者，尤不可胜举。

又杜甫所谓"清新庾开府"，自然是评李白诗之风格，同时又是对唐人近体诗而言，说明唐人之近体诗实出于庾信。庾信之《拟咏怀》，乃上承阮籍之《咏怀》，下启陈子昂之《感遇》，是唐人之古体也出于庾信。庾信是继往开来之伟大作家，他继承了六朝重声律、讲对偶、工用典、善辞藻之作风，开出有唐一代律体、古体诗来。

纵观我国古代文学史发展过程中，有两大关键人物，一为战国末年的屈原，创立楚辞，开启出秦汉以后之文学来，其代表作为《离骚》；一为南北朝末年的庾信，完成了律诗、律赋、四六文，开启出有唐一代之文学来，其代表作为《哀江南赋》。庾信是我国文学史上的伟大作家，他在文学史上的地位与屈原相似，一代文宗，千秋盛业，舍斯人其谁与归！

三、四六文在唐代文坛上之地位

四六文是由骈文发展、演变而成的。骈文起于西汉，形成于东汉，至魏晋已臻于成熟并兴盛、发达起来。刘宋则偏重辞采，句必偶对，言必用事，唯形式之美是求。齐、梁永明体刻意求工，精心藻饰，遂开四六之门径。梁、陈时徐、庾精于裁对，谐于声调，长于敷藻，已形成原始之四六体。迨至唐代，四六文正式形成，成为当时文坛上重要之文学体裁。

一般治文学史者，多认为唐代古文最发达，这是不正确的。事实是唐代诗歌之外，最发达者为四六文，四六文是唐代社会最通行之文体,古文居于其相反之地位,在当时的作用远不如四六文。四六文之为体,固宜于抒情,然在唐时却无施而不可。一切奏议之文,如陆贽之奏议;议论之文,如魏徵之史论;叙事之文,如温大雅之《唐创业起居注》,全用四六文写成。足见其在当时流行之广。又如刘昫作《旧唐书》,亦沿用四六体。其后欧阳修、宋祁作《新唐书》,始将其转为古文。更可见四六文在唐时何等发达了。以下我们按对唐代文学发展之习惯分法,即初、盛、中、晚四个时期,每个时期列举若干代表作家论述之。

（一）初唐时期。这一时期以魏徵、温大雅、王勃为代表。

魏徵,隋末参加李密起义,密败归唐。唐太宗时擢为谏议大夫,封郑国公。为人刚直不阿,敢犯颜进谏,为贞观时名相。曾主编《群书治要》,撰《隋书》序论及梁、陈、北齐诸史之总论。这些史论皆四六体之议论文,内容主要是论述隋之所以亡,作为唐之鉴戒。魏徵不满意南朝文风,但对江淹、沈约诸人之作,又予以充分肯定,他在《隋书》卷七六《文学传序》中说:"缛采郁于云霞,逸响振于金石。英华秀发,波澜浩荡。笔有余力,词无竭源。"他既肯定其文学成就,则他自己之创作必有其影响在。所以孙梅《四六丛话》卷三二"唐四六诸家"评云:

> 郑公初以文笔为李密所知,亲为密草檄,及密《志》《铭》二作,体格清美,蔚乎徐、庾之上。其不以文士名,为勋业掩也。

孙梅认为魏徵之创作体格在徐陵、庾信之上,即说明他之四六文成就之高了。

温大雅,唐高祖起兵,引其参机务,官至吏部尚书,封黎国公。撰《大唐创业起居注》,记高祖起事经过。此书是以四六体写的叙事文。陈振孙《直斋书录解题》卷四云：

> 《唐创业起居注》五卷（案：《唐书·艺文志》作三卷），……所载自起义至受禅，凡三百五十七日，其述神尧不受九锡，反复之语甚详。

此是对《唐创业起居注》内容之简明概括。对其文章，《四六丛话》卷三十二"唐四六诸家"云：

> 四六之文，议论难矣，而叙事尤难。颜氏《家训》，郦氏《水经注》，援据征引，则有之矣，叙事犹未也。其惟《创业起居注》乎！以编年之体，为鸿博之辞，不惟对属之能，兼有三长之目，学者与陆宣公奏议参观之，知熟于此道者，固无施不可。

认为温大雅之作乃首创以四六文叙事，其创作实践证明只要熟谙四六文创作之道，便可以施用于各种文体。

王勃，年少有才华，据《唐语林》卷二记载，他"凡欲作文，先令磨墨数升，饮酒数杯，以被覆面而寝。既寤，援笔而成，文不加点，时人谓为腹稿也"。《四库全书简明目录》称其"文章巨丽，为四杰之冠"。他之四六体，最多用之于作序，其次是作碑文和书启。最著名者为流传千载之《滕王阁序》，它集中体现了句中自成对偶之特点。洪迈《容斋续笔》卷三云：

> 唐人诗文，或于一句中自成对偶，谓之当句对。……如王勃《宴滕王阁序》一篇皆然。谓若："襟三江、带五湖"，"控蛮荆、引瓯越"，"龙光、牛斗"，"徐孺、陈蕃"，"腾蛟、起凤"，"紫电、青霜"，"鹤汀、凫渚"，"桂殿、兰宫"，"钟鸣鼎食之家"，"青雀黄龙之轴"，"落霞、孤鹜"，"秋水、长天"，"天高、地迥"，"兴尽、悲来"，"宇宙、盈虚"，"丘墟、已矣"之辞是也。

以反对四六提倡古文名世之韩愈,对王勃此序却倍加赞扬,在其《新修滕王阁记》(见朱文公校《昌黎先生集》卷一三)中云:

> 江南多临观之美,而滕王阁独为第一,有瑰伟绝特之称。
> 及得三王所为序、赋、记等,壮其文辞,益欲往一观而读之,以
> 忘吾忧。

"三王",注或云"王勃作游阁序,王绪作赋,今中丞王公(按:王仲舒)为从事日作修阁记"。又云:

> 中书舍人太原王公为御史中丞,观察江南西道……前公
> 为从事此邦,适理新之。……以书命愈曰:"子其为我记之。"
> 愈既以未得造观为叹,窃喜载名其上,词列三王之次,有荣
> 耀焉。

他赞扬王勃所作文辞之壮丽,并以自己所作之"记"列序其后为荣。其对王勃"序"文之推崇极矣。《容斋四笔》卷五评云:

> 王勃等四子之文,皆精切有本原。其用骈俪作记、序、碑、
> 碣,盖一时体格如此。

说明四六是当时通行之文体,王勃精于用这种文体作记、序、碑、碣等,便是自然之事了。

(二)盛唐时期。这一时期以张说、苏颋为代表。

张说、苏颋皆开元初文坛之领袖。《新唐书》卷一二五《苏颋传》记载:他"与张说以文章显,称望略等,故时号燕、许大手笔"。他们都善于用四六体作应用文,当时朝廷文诰多出其手,并撰写不少碑志、序文,皆四六文大家。

张说,玄宗时被封为燕国公,据《旧唐书》卷九七本传,他"前后三秉大政,掌文学之任凡三十年。为文俊丽,用思精密,朝廷大

手笔皆特承中旨撰述,天下词人,咸讽诵之。尤长于碑文、墓志,当代无能及者"。可见他文才超群,为一时之选。所作碑志、序文名篇如《齐黄门侍郎卢思道碑》、《宋公遗爱碑颂》、《大唐西域记序》、《唐昭容上官氏文集序》、《送田郎中从魏大夫北征篇序》等。《四六丛话》卷三二评其文云:

> 燕公笔力沈雄,直追东汉。非独魏晋而下,无堪相匹,即令唐宋诸家,自柳州而外,未有能劙其垒者。

认为他崇尚汉魏,笔力沉雄,齐梁以下无人能与其相比。评价不可谓不高。

苏颋,武则天时进士及第,袭封许国公。尤长于用四六作应用文。韩休为其文集所作之序即云:"敏以应用,婉而有章。"(见《全唐文》卷二九五《唐金紫光禄大夫礼部尚书上柱国赠尚书右丞相许国文宪公苏颋文集序》)他文思敏捷,运笔如飞。《新唐书》卷一二五本传记载:

> 玄宗平内难,书诏填委,独颋在太极后阁,口所占授,功状百绪,轻重无所差。书史白曰:丐公徐之,不然手腕脱矣。

又韩休为其文集序云:

> 若或乃天言焕发,王命急宣,则翰动若飞,思如泉涌,典谟作制于邦国,书奏便藩于禁省。

用四六体作应用文,难度很大,而其能下笔立就,如此神速,足见其对这一文体运用之纯熟了。然此二人为文有何不同呢? 宋姚铉在《唐文粹序》中说:

> 洎张燕公以辅相之才,专撰述之任,雄辞逸气,耸动群听;苏许公继以宏丽,丕变习俗。

高步瀛认为张文"气象万千",苏文"直趣深微"(见《唐宋文举要》乙编卷二)。他们身为台阁重臣,各以不同特点之文章擅文坛一时之盛,其影响之大,是可以想见的了。

(三)中唐时期。此期之重要作家为陆贽、柳宗元等。

陆贽,唐代四六文大家,尤以善写四六体奏议名世。德宗时召为翰林学士,转祠部员外郎。建中四年,朱泚反,他从驾幸奉天(今陕西乾县)。据《旧唐书》卷一三九本传,其时"诏书数百,贽挥翰起草,思如泉注。初若不经思虑,既成之后,莫不曲尽事情,中于机会"。说明他文思之流畅,说理之细密。其奏议如《奉天改元大赦制》、《均节赋税恤百姓六条》等,皆为出之以排比,谐之以平仄,指陈形势,策划大计之名篇。《四库全书简明目录·翰苑集》云:

> 贽文多用骈句,盖当日之体裁。然真意笃挚,反复曲畅,不复见排偶之迹。《新唐书》不收四六,独录贽文十余篇,司马光《资治通鉴》录其疏至三十九篇,上下千年,所取无多于是者。经世之文,斯之谓矣。

《新唐书》、《资治通鉴》所以破例多录其文,故缘其文"多出于一时匡救规切之语,而于古今来政治得失之故,无不深切著明,有足为万世龟鉴者"(《四库全书简明目录》),然亦说明四六文也可为应用而作。苏轼《乞校正陆贽奏议上进札子》亦云:

> 伏见唐宰相陆贽,才本王佐,学为帝师。论深切于事情,言不离于道德。智如子房,而文则过;辨如贾谊,而术不疏;上以格君心之非,下以通天下之志。三代以还,一人而已。但其不幸,仕不遇时,……可谓进苦口之药石,针害身之膏肓。使德宗尽用其言,则贞观可得而复。

同样称赞其文之善陈事理,切于实用,并为德宗不能采纳其言而叹惜。《四六丛话》卷三二评其奏议云：

> 古以四六入章奏者有矣，贺谢表而外，惟荐举及进奉则或
> 用之，品藻比拟，此其长也。若敷陈论列，无往不可，而又纂组
> 辉华，宫商谐协，则前无古，后无今，宣公一人而已。

不但论列其切实用，而且赞扬其文章"敷陈论列，无往不可"，"纂
组辉华，宫商谐协"。对陆贽之文可谓推崇备至了。其影响于后世
者深远，宋人之四六、清人之章奏，皆源于此。

柳宗元，人们一般认为他是纯古文家，这是不正确的。实际
上，他也是一位四六文大家。他出身于博学宏词科，唐代科举，入
试诗赋，以声韵为准。所以他早年写四六文，其后始转而写古文。
据《旧唐书》卷一六〇本传：他"少聪警绝众，尤精西汉诗骚，下笔
构思，与古为侔，精裁密致，璨若珠贝。当时流辈，咸推之"。所谓
"精裁密致，璨若珠贝"，正说明他早年精于四六。又当其被贬邵
州、永州时，"涉履蛮瘴，崎岖堙厄，蕴骚人之郁悼，写情叙事，动必
以文，为骚文十数篇，览之者，为之凄恻"。他以骚人写骚文，说明
他中年之后仍在写四六文。其《乞巧文》明确宣示：

> 眩耀为文，琐碎排偶，抽黄对白，啴咺飞走。骈四俪六，锦
> 心绣口，宫沉羽振，笙簧触手。观者舞悦，夸谈雷吼。

他所写之表状，皆骈俪体式，一般序文，也以排偶为主。《四六丛
话》卷三二评云：

> 自有四六以来，辞致纵横，风调高骞，至徐、庾极矣；笔力
> 古劲，气韵沉雄，至燕公极矣；驱使卷轴，词华绚烂，至四杰极
> 矣；意思精密，情文婉转，至义山极矣；及宋欧、苏诸公，笔势一
> 变，创为新逸，又或一道也。惟子厚晚而肆力古文，与昌黎角

立起衰，垂法万世。推其少时，实以词章知名，词科起家，其熔
铸烹炼，色色当行，盖其笔力已具，非复雕虫篆刻家数。然则
有欧、苏之笔者，必无四杰之才，有义山之工者，必无燕公之
健。沿及两宋，又于徐、庾风格去之远矣。独子厚以古文之
笔，而炉鞲于对仗声偶间。天生斯人，使骈体古文合为一家，
明源流之无二致。呜呼！其可及也哉？

孙梅从齐梁至唐以来各家成就之比较中，突出柳宗元"以古文之
笔，而炉鞲于对仗声偶间"。骈体、古文兼能写作，乃他人所不及，
可谓绝才。

（四）晚唐时期。此期之重要作家为令狐楚、李商隐。

令狐楚，唐代最工于以四六文写章奏者，亦即善于用骈体作应
用文。《新唐书》卷一六六本传载他："生五岁，能为辞章。……宪
宗时，累擢职方员外郎，知制诰。其为文，于笺奏制令尤善，每一篇
成，人皆传讽。"可见其章奏之为人喜爱。《旧唐书》卷一七二本传
称其"有文集百卷，行于时，所撰《宪宗哀册文》，辞情典郁，为文士
所重"。此外，《河阳节度使谢上表》、《进异马驹表》亦皆重要辞
章。《四六丛话》卷三二评云：

> 详观文公（令狐楚卒，谥曰文）所作，以意为骨，以气为
> 用，以笔为驰骋出入，殆脱尽裁对隶事之迹，文之深情者也。
> 滔滔矗矗，一往清婉，而又非宋时一种空腐之谈，尽失骈俪真
> 面者所可藉口，由其万卷填胸，超然不滞，此玉溪生所以毕生
> 服膺，欲从末由也。吾于有唐作家集大成者得三家焉：于燕
> 公极其厚，于柳州致其精，于文公仰其高。

四六文之美者，主抒情，重气韵，善用典，巧裁对，四者浑然一体，不
着痕迹，此孙梅所以仰文公之高也。

　　李商隐，唐代最重要的四六文作家。早年以习古文名世，后来始作今体。《旧唐书》卷一九○下本传："商隐能为古文，不喜偶对。从事令狐楚幕，楚能章奏，遂以其道授商隐。自是始为今体章奏。博学强记，下笔不能自休，尤善为诔奠之辞。与太原温庭筠、南郡段成式齐名，时号'三十六'（体）"。他自名其文集为《樊南四六》，足见其对这一文体之重视。晁公武《郡斋读书志》卷一八云：

> 初为文，瑰迈奇古，及从楚学，俪偶长短，而繁缛过之，旨能感人，人谓其横绝前后无侪者，今《樊南甲乙集》皆四六，自为序，即所谓繁缛者。

李商隐在其文集序中说："恣展古集，往往咽噱于任、范、徐、庾之间，有请作文，或时得好对切事、声势物景、哀上浮壮，能感动人。"即其"俪偶长短，而繁缛过之"之意，亦即超过令狐楚之处。《四六丛话》卷三二云：

> 柳子厚少习词科，工为笺奏。及窜永州，肆力古文，为深博无涯涘，一变而成大家。李玉溪少能古文，不喜声偶，及事令狐，授以章奏，一变而为今体，卒以四六名家。

李、柳二人创作道路相反，柳先学四六，而后转习古文，行文总不免四六文气；李则先学古文，而后改习四六，行文仍含古文气格。二人道路不同，然而其创作都达到精美之极致，异曲而同工。《四六丛话》卷三二极力赞扬李商隐之作云：

> 徐、庾以来，声偶未备。王、杨之作，才力太肆。沿及五代，不免靡弱。宋代作者，不无疏拙。惟《樊南甲乙》，则今体之金绳，章奏之玉律也。循讽终篇，其声切无一字之聱屈，其抽对无一语之偏枯。才敛而不肆，体超而不空。学者舍是，何

从入乎？

对李商隐四六文之成就，推崇备至，认为是"今体之金绳，章奏之玉律"，是四六文写作之极则。李商隐四六文之产生，标志着唐代骈文之总结，犹扬雄赋之出现，标志着汉赋之终结然。

以上历史事实，都说明四六文是唐代最通行之文体，擅一时之盛，说明唐代文学除了诗歌之外，最发达者为四六文，而不是古文，古文之产生是四六文发达之结果。

传统文化刍议

如何对待传统文化问题，马克思主义理论论述得很明确，毛泽东同志即指出："在中华民族的开化史上，有素称发达的农业和手工业，有许多伟大的思想家、科学家、发明家、政治家、军事家、文学家和艺术家，有丰富的文化典籍。"（《中国革命和中国共产党》）又指出："从孔夫子到孙中山，我们应当给以总结，承继这一份珍贵的遗产。这对于指导当前的伟大的运动，是有重要的帮助的。"（《中国共产党在民族战争中的地位》）但是，自改革开放以来，西方的文化思想蜂拥而入，其中当然有优良的部分，但很多是文化垃圾，人们往往不加识别地予以吸收，对我国的传统文化则不屑一顾，对马克思主义关于对待文化遗产的论述，在观念中也淡漠了。因此，我们今天有重新认识的必要。我想根据自己的理解，谈三点粗浅的认识。

其一，传统文化的重要性。

传统文化是一个国家和民族在长期的发展过程中形成的，是一个民族的人民在长期的历史过程中创造的，是一个民族精神的体现。因此，传统文化的重要性，对一个国家和民族来说，即在于它的强大的凝聚力。很难设想一个民族没有悠久、丰富的传统文化，而能自立于世界民族之林。我认为正由于一个民族有共同的文化，共同的观念，共同的信仰，才能长久地集聚在一起，保持长期的兴旺发达。传统文化越悠久、丰富，其凝聚力越强大。我们中华民族有历史记载的最早的朝代是夏，而夏代的历史多不可考，从殷商出土的两千多文字数量之多和水平之高来看,可以推断夏朝应当已经有原始文字产生。文字的产生标志着人类由野蛮时代进入了文明时代。如果我们的推断不错,那么从夏朝开始算起,我国就有五千多年的文明史。

在五千多年的历史过程中,逐渐形成了我们华夏民族光辉灿烂、丰富多彩的文化。正是这种文化使我们民族的人民凝聚在一起,同时吸收其他民族文化,不断与其他民族文化相融合,使华夏文化具有更强的生命力,以至于把其他民族也融汇于华夏族之中。夏、商、周三代以中原地区为中心的文化,即在与其周围各部族、民族不断地战争、聘享过程中,扩大其影响,并吸收其他部族及其文化成为华夏民族和文化的重要部分。

传统文化对一个国家和民族的凝聚力,是政治、军事所不能代替的,它是一种精神力量,这种精神力量,在一定的历史时期可以起到政治、军事所起不到的作用。如南北朝时期,由于晋室南渡,中原士族也随之南迁,从而把传统的华夏文化都带到了南方,而北方的魏、齐、周是落后民族,文化也相对落后。当时南北的形势是严峻对立的,北方在政治、军事上对南方是凌逼之势,而南方在传统文化方面对北方很有吸引力。魏孝文帝深慕华夏文化,并变鲜卑俗为华风。一般文人士子对南方文化也心仪神往。梁时逃到北方的文士,都备受北方君臣贵族及文人士子的礼遇与推崇。因此,整个北朝都是在南朝文化笼罩之下,是华夏传统文化征服了北方,统一了中国。又元、清两朝也莫不如此,他们在政治、军事上统一了全国,在文化上则融汇于华夏文化传统之中,陈垣校长所著《元西域人华化考》,以丰富、确凿的史料论证了这个问题。我国是一个多民族的国家,各民族都自有其文化,华夏文化也是吸收其他民族的文化而不断丰富和发展的。所以,尽管朝代不断更迭,而中华民族这个悠久、古老的民族却长盛不衰,其精神支柱即在于有光辉灿烂的传统文化。

其二,传统文化的主要内容是什么?

关于我国传统文化的内容,《汉书·艺文志》记载有六略,略下分三十八种、五百九十六家,这是对汉以前传统文化的总括,汉以后尚不计算在内,亦可见我国传统文化何等丰富了。但是,哪些是最主要的呢?或谓中国文化有三根支柱,即儒学、道学和佛学。我不完全同意,我认为中国文化只有一根支柱,即儒学。道、佛是中国文化的重要内容,但并非支柱。儒学是我国传统文化的核心,两千多年来起着支配我们民族政治、思想、伦理、道德的作用。我们对儒学可以有不同的评价,但这个客观事实,不容抹煞。随着时代的发展,儒学本身也在演变,而其在历史上对我们民族精神生活所起的支配作用则一。

儒学的代表,即儒家的经典。儒学对我们民族的人民为什么有如此大的吸引力?一时还说不清楚,但其中除了有些内容适合封建阶级的需要外,还有一些具有民主性的符合人民愿望的思想和论述。简要的例子,如《周礼》构想了一个我国古代的理想社会,儒者从"大均之礼,恤众也"(《春官宗伯·大宗伯》)怜恤人民的角度出发,提出了平均分配耕地,平均分配粮食,平均赋贡等主张,即各尽所能,各贡所得,不劳动者不得食。又《礼记·礼运》篇托名孔子提出了一个大同世界的模型,与《周礼》所构想的理想社会相同,不过《周礼》是从经济制度着眼,此篇是从社会政治悬想,二者是异曲同工。这些都是极其宝贵的思想,是我国古代中华民族民族精神的体现!《乐》已经亡佚,或谓《周礼》中之《大司乐》章即儒家所传的《乐经》。儒家极其重视"乐",不但以"乐"配礼,也以"乐"配诗,其对文学的影响很大。《大司乐》记述的是儒家所讲求的音乐教育，即"乐德"、"乐语"、"乐舞"，把整个人生都置于艺术环境之中，创造一个乖声不起、逆气不作、人我不分、同心协力的尽善尽美的音乐理想王国。此外，如《大学》、《中庸》、《儒行》之记述儒家对修身做人的讲究，《学记》之记述儒家的教育理论，其中某些部分，在文化特点上，也表现了我们民族的一些精神形态。

从文学方面讲，我国历代文学的文艺思想、写作方法、文学体裁等，莫不与儒学密切联系着，都由儒学开其源，源于儒家经典。就文体而论，《诗经》是诗歌之源，《尚书》是散文之源，《周易》中的《文言》是骈文之源，《春秋》是记事文之源，《左传》是记传文之源。刘勰是位佛教徒，在《文心雕龙》中特立《征圣》《宗经》两篇，也不讳言这个事实。黄宗羲说："文必本之六经，始有根本。"（《论文管见》）对封建时代的文人来说，把儒经看做一切学问的根本，看做为文的根本，并非虚言。正是这种在儒学影响下的文学创作，于表现手法、体裁形式、语言结构等诸方面具有我们民族的特点，形成了我们独特的民族文学形式。

我们只是从一两个侧面说明儒学在我们传统文化中的核心作用，其在其他意识形态领域中的地位也可以想见。

其三，如何用传统文化教育青年？

儒学内容极为丰富，对我国古代文化做出了伟大贡献，在历史上有崇高的地位，我们应当如何对待呢？

我认为首先应当采取分析的态度，因为传统文化是封建社会的产物，其中既有民主性的精华，也有封建性的糟粕，应当按照毛泽东同志的要求，"把它分解为精华和糟粕两部分，然后排泄其糟粕，吸收其精华。"如"劳心者治人，劳力者治于人"、"唯女子与小人为难养也，近之则不逊，远之则怨"、"民可使由之，不可使知之"等等，都是封建糟粕，应当扬弃。但其中民主性精华，我们继承下来，对人民是有益的教材。如儒学在政治上主张天下一统，《公羊传·隐公元年》说："何言乎王正月，大一统也。"又《汉书·王吉传》说："《春秋》所以大一统者，六合同风，九州共贯也。"还主张重民、亲民、爱民和举贤才、薄赋敛、慎刑罚、重教化，反对猛于虎的暴政。在学习上主张"多闻阙疑"、"知之为知之，不知为不知"、"学而时习之"、"温故而知新"、"学而不厌"等。不但要学，而且要思考，"学而不思则罔，思而不学则殆，"而且要实践，"君子耻其言而过其行"、"听其言而观其行"，而且要少说空话多办实事，"君子欲讷于言而敏于行"。在个人修养上，主张仁爱、孝悌、忠信，"老吾老以及人之老，幼吾幼以及人之幼"、"己所不欲，勿施于人"等，以仁义为基础，形成孟子所谓"富贵不能淫，贫贱不能移，威武不能屈"的大丈夫气概。这些都是传统文化中的精华，是中华民族民族性格的体现。在今天改革开放时期，用这些优秀的传统文化教育青年很有意义，能够提高青年对祖国悠久、丰富的文化遗产的认识，增强民族自尊心和爱国心，能够引导青年认真学习和如何学习，能够培养青年美的情操和优秀的道德品质等等。传统文化对青年的教育范围广泛，意义深远。

漫谈学习古典文学的门径

关于治学的方法,每人都有自己的经验和体会,没有一个固定的模式。路子是各人走出来的,因此各人对治学之道便有不同于他人的见解。我也只能根据切身的体验谈谈自己的看法,供同志们参考。

一

我认为学习古典文学首先要有坚实的基础,即扎实的根底。所谓"坚实的基础"和"扎实的根底",即要重点地阅读和掌握一些儒家的经书和史书。因为这些书是我国的文学之源、史学之源、哲学之源以及其他文化思想之源。它影响了两千多年我们民族的精神生活,对我国文化的发展产生过极其重要的作用。要打下这样的基础,应当做到两点,即认真地阅读古书和系统地掌握一些关于古书的知识。

怎样才能读懂古书呢? 我认为可以通过两个途径。其一,必须具备文字学、训诂学、音韵学的知识。这类知识不但研究古汉语的要掌握,研究古典文学的也要掌握。不过我们学习文字学、音韵学与古汉语研究者把它作为一门独立、专门的学问研究不同,而是作为读懂古书的工具。通过对文字学、训诂学、音韵学的学习,了解我国古文的古字、古音、古义以及语法结构等,对读懂古书很有帮助。而不了解这些,便不能真正读懂古书,不可能真正理解古代文学作品。我们的先辈曾说，"小学"是治经学的阶梯。所谓经学即包括古代部分文学在内，那么我们也可以说，"小学"是学习古代文学的阶梯。其二，必须多读、熟读古代的诗文，这是最重要的。因为我们只有理论认识不行，还必须实践，多读、熟读作品就是读懂古书的具体实践。我国古代的诗文结构紧密，文字精赅，气韵生动，有特殊的格律，不熟读便不能理解它的词义的构成，前后句的关系和文气的转折等，只有熟读，掌握了它行文中这些特点，才能领会文章的意义。所谓"读书百遍，其义自现"，是古人读书的经验之谈。

那么，为什么学习古典文学还要以掌握历史知识作为根基呢？这是因为历史是各个朝代政治、经济、典章制度、文化思想的实录（当然有作者的阶级偏见），而文学作品的内容总是与一定历史时期政治、经济制度和文化思想紧密联系着，如果不了解那个特定时期的历史，便不可能真正读懂那一时期的文学作品。我们读古书，理解文中的语词自然是必要的，理解其中的掌故也十分重要，但最重要的是理解其中所记述的当时的政治、经济、典章制度等历史现象。我们可以说，对某一阶段的历史熟识到什么程度，对那一阶段的文学才能理解到什么程度。例如历代注释杜诗，以仇兆鳌的注为最详备，从词语、掌故到某些历史史实都作了引证解释，可谓无一字无来历，但与钱谦益对杜诗的注释相比，其学术价值不免相形见绌了。原因在于钱谦益对唐代历史很熟，他着重以唐史来注解杜诗，对杜诗的理解就更胜一筹。又如历代为李商隐诗作注释的人，都为之作年谱，其中以冯浩之《玉溪生年谱》最为精确，而近人张采田的《玉溪生年谱会笺》比冯作更精审。张是唐史专家，熟悉唐代的名物、制度、地理、掌故，因而能对以前各家的错误，多所匡正。这都说明学习历史对研究古典文学的重要作用。

怎样掌握一些古书的知识呢？我国的古书浩若烟海，我们要用就有一个从何涉足的问题。我认为应当从学习目录学入手。目录学被前人看作读书治学的入门之学，是一种"辨章学术，考镜源流"的学问。学习目录学可以使我们了解各个时代古书的著述、收藏、流传和存佚的情况，可以帮助我们选择读书的门类，可以指导我们怎样读书和怎样查找古代文献资料。我国目录学的历史悠久，早在汉代刘向、刘歆父子即编制了《别录》和《七略》，这两部书虽然都已亡佚了，但却奠定了我国目录学的基础。从此以后，历代都有关于目录的书出现。其中重要的如《汉书·艺文志》，它吸收了刘歆《七略》的内容，同时又增加一些刘歆所不曾见过的书籍。它的重要性不仅在于开创了历代官修史书中以《艺文志》或《经籍志》记载当时藏书、著述的目录的先例，而且记载了古代学术、文化的源流，是一部古代学术文化史。其次是唐人修的《隋书·经籍志》，从它开始采用经、史、子、集四部分类法。它不但记载了当时的藏书，而且把当时已经亡佚而前人书目中记载过的书也收入了，所以十分有价值。到了宋代，出现了许多私人藏书家，他们把自己收藏的书编成书目，其中重要的是晁公武的《郡斋读书志》和陈振孙的《直斋书录解题》。晁、陈二书于每一部书下，或叙述作者的简历，或论证书的要旨，或说明学术源流，或罗列不同的学说，加以考证，为我们了解宋代及其以前的书籍提供了方便。到了清代，随着学术的发展，目录学成为"显学"，出现了《四库全书总目提要》这种集古代目录书之大成的巨著，它包括了清代乾隆以前的我国古书。四部前有总序，大小类前都有小序，每部书附提要。有了这部书，我们对古代书籍可以一目了然。如果我们要了解书的门类，了解应当读哪些书，就可以根据目录书查阅。鲁迅写《中国小说史略》，便是从《隋书·经籍志》《唐书·经籍志》、郑樵《通志·艺文略》、晁公武《郡斋读书志》、尤袤《遂初堂书目》、陈振孙《直斋书录解题》、纪昀等《四库全书总目提要》等书中查找文献资料的。可以说目录是指导我们读书的重要工具。

二

我们有了比较坚实的基础,进一步便有个如何从事研究工作的问题。我认为应当处理、安排好下列诸问题。

其一,怎样处理点与面的关系。现在有些古典文学工作者,大学毕业以后就首先确定自己在整部中国文学史中搞哪一段,是先秦两汉?魏晋南北朝唐宋?还是元明清?为了自己研究成果的专精,集中一个人的精力于某一历史阶段是可以的。问题在于要真正在某一历史阶段取得好的研究成果,必须有整部文学史的基础知识。一个大学本科毕业生,在学校是学习了中国文学史课程的,但是那非常简单,作为研究古典文学的基础是远远不够的。我曾经设想,一个大学中文系毕业生,留校做教学工作,用五年左右的时间把中国文学史从头教两遍,然后再根据爱好和专长,从事某一阶段文学的研究,将是大有好处的。因为这样才算有了文学史的基础知识。如果我们把研究的历史阶段卡得太死、太窄,对一个人的成长是极为不利的。面不宽,点就不能精。反之,只有基础宽厚,重点才能专精。我国历史上许多著名学者的成就便是例证。前人有文史不分家的说法,文史尚且不可分,何况文学史本身呢?顾炎武、章太炎兼经学、史学、文学于一身,王国维从商周历史一直搞到《红楼梦》,鲁迅撰写了《中国小说史略》和《汉文学史纲要》,还计划编一部《中国文学史》,郭沫若既是文学家又是史学家。正因为他们学问渊博,同时才各有专精。他们成就的经验,值得我们借鉴。

其二,怎样安排学习次序。我认为按照文学史发展的顺序学习是顺理成章的,即从先秦逐朝逐代学习到清。这样可以收到事半功倍之效。反之,先近代后古代,从文字上看先易后难,内容上先今后古,好像符合人的认识过程,实际上是逆潮流而动,费力多而见功少。按照文学史发展顺序学习,阅读、理解先秦古书的困难克服了,后代文学作品中的许多问题就可以迎刃而解了,并且可以掌握文学发展的脉络和趋势。在按时代顺序学习的同时,有几部书要认真阅读,即《诗经》、《楚辞》、《左传》、《论语》。这几部书无论专攻哪一历史阶段文学的人都要读,要逐字逐句读,全读。因为这些书的文学思想、文字表达和语言词汇对后代文学的影响至深且广,认真读这些书对研究古典文学大有益处,也算作是打根基吧!

其三,怎样重点深入。我们有了优厚的文学基础,就产生了如何重点深入的问题。这要根据自己的爱好和所长,选择专攻的方向。或研究一个历史阶段,一种文体,一个流派,一个作家等等。这种专攻的方向是在自己平常学习过程中形成的,并非灵机一动想出来的。

无论研究什么,首先对研究的对象要熟。研究一个时代的文学像唐诗,也应当首先把唐诗读熟,尽管唐诗量很大,不可能全读,但对一些主要作家的作品要认真读,一个时代的文学思想和语言形式有其相近或相同之处,如果唐代诗歌掌握得好,那就可以用唐诗解唐诗了。再进一步,如果对魏晋南北朝文学比较熟识,就可以进而考查唐代律诗的形成过程,考查唐代新乐府对其前代的乐府歌辞有哪些发展变化了。这也可以说明一个人的基础知识越广,对其所专攻的重点就越有利。

　　我们一方面强调认真读书,另一方面也要勤于思考问题,孔子说:"学而不思则罔,思而不学则殆。"孔子是奴隶制时代的圣人,他的学说中有益的部分我们应当继承。他的意见是必须把读书和思考问题结合起来。在阅读材料的过程中,对别人的见解要尊重,但不能盲从,要敢于提出自己的看法。如目前学术界流行一种观点,即认为楚文化征服了中原文化成为汉文化,汉文化是楚文化的直接发展等,这对不对呢?我认为这是不符合历史事实的,历史不是这样记载的,而事实也并非如此。根据历史记载,汉代在政治、经济、文化、学术诸方面都是承袭秦朝的。顾炎武《日知录》卷十三云:"汉兴以来,承用秦法,以至今日者多矣。"秦汉在制度上先后承袭,《史记》《汉书》中的记载很多,如:"汉因秦制而未改","汉承秦制","秦制汉氏因之","秦制汉循而未革","汉承秦绪","汉承秦业遂不改更","汉踵秦制","汉初因秦法","攗摭秦法取其宜于时者"等等,不胜枚举。总之,汉代制度比秦代虽有小的变化,但在精神实质上是一脉相承的。秦都咸阳,周都丰、镐,都是关中地区,秦文化自然是承袭了周文化,汉承秦制,那么汉文化主要是继承了中原文化,同时吸收了楚文化而发展起来的。认为汉文化是楚文化的直接发展,未免片面。即以汉代主要的文学形式"赋"为例,其形成,楚辞固然给予很大影响,荀卿的赋和纵横家的散文也起了很大的作用。荀卿的赋雄浑有气魄,纵横家的散文长于隽永、铺陈。这都是汉赋所具有的因素。如《战国策·秦策》苏秦说秦惠王云:"繁称文辞,天下不治;舌敝耳聋,不见成功;行义约信,天下不亲;……宽则两军相攻,迫则杖戟相撞;然后可建大功。"这段文字既铺陈又句句有韵,很像赋的写法,已经初具赋的形式了。汉初纵横家的文章我们已经看不见了,但根据苏秦的文章也可以想见其一斑。那么,我们可以得出一个总的认识,即汉赋是南方的楚辞和北方的赋、散文融汇而成的,是由于汉代政治上的统一,促成南北文学统一的文学形式。推而广之,汉文化应当是南北文化的统一。我想这样理解是符合实际的。这个例子不过说明读书要勤于思考问题,敢于提出自己的见解。

三

　　学习古典文学还要练笔,即手笔要勤,要多写。在读书、研究资料的过程中,形成自己的观点,必须用文字表达出来,如果文不逮意,便使自己的研究工作受到很大的限制。练笔的方法首先是写读书笔记。读书笔记既可以积累知识,又可以提高写作能力。一个人的记忆力有限,读书不能单凭记忆,必须随手札记。写读书笔记有以下几类,即写提要、摘录重要资料和记读书心得等。但无论哪一类都标明书名、篇名、卷次、页数,以便于以后校对原文。特别是摘录资料要如此,甚至要注明版本。至于要做哪一种笔记,须根据阅读的对象而定。例如《聊斋志异》全书凡四、五百篇,要准确记忆比较困难,可先写提要,然后将有关资料附在每篇提要的后面。根据这些提要和资料,我们可以研究蒲松龄在封建社会末期提出哪些问题来。他对青年婚姻问题怎样看? 对科举制度怎样看? 对知识分子怎样看? 对封建官场怎样看? 与他以前作家的同样题材的作品比有什么不同? 同时还可以根据他采用的故事素材来探讨其创作思想等。写读书笔记,形成自己的观点,这是写作的初级阶段。还必须提高一步,根据这些笔记写成系统、完整的文章。这就要求经过周密的思考,把材料处理得更合理、准确,论点阐述得更全面、透彻。这种写作过程是组织材料,进一步深入问题的过程。犹如教师上课时,由于精神集中,往往能发挥出备课时所不曾想到的问题一样,写作过程中,也往往能提高思想认识,谈出一些在做笔记时所不曾注意的新观点和看法。文章写成后,要反复修改。这不但能进一步提高文字表达力,而且能促进人的逻辑思维,不断加深对问题的认识。这都说明多练习写文章的重要性。

我们所说的练笔,不只是要求文字通顺,因为这是作为一个大学中文系的毕业生应该做到的,而主要是要求文章应有较强的综合概括力和分析力。有一种文章,文字上没有毛病,但读后使人有"嫩"的感觉。所谓"嫩",即指文章的综合概括力不强,分析力不强。反之,长期写文章、具有文字锻炼的人,他的文笔就成熟、老练。因此要提高写作能力,没有捷径可走,就是要多写。

此外,写文章的态度要严肃、认真,一丝不苟。一种观点,一个概念,都要反复推敲,力求明确、清楚。引用的资料要准确无误,有异文的要核对,取哪家说法,要注明根据。不能草率从事。论述问题要实事求是,以事实为根据,一切从实际出发,不以偏概全,更不发空论,每个观点、解释都必须落在实处。例如对李义山《流莺》这首人们所熟识的律诗,前人不少的解释并未落到实处,而且有错误。冯浩即认为是客中所赋,是追述他飘泊四方的作品。细味原诗却并非如此,而是写他"十年京师寒且饿"(《樊南甲集序》)的流寓生活。诗题采自岑参《奉和中书舍人贾至早朝大明宫》"莺啭皇州春色阑"句,用其辞而反其意。皇州即京城,写流莺在京城。"漂荡复参差"者,"漂荡",谓行踪不定;"参差",谓离合无常。"度陌临流"之"陌",并非"阡陌"之"陌",而是"紫陌",指京城的大街,见贾至、岑参《早朝大明宫》唱和诗。"流",也不是一般的河流,而是指御沟。崔颢《相逢行》有云:"玉户临驰道,朱门近御沟。""不自持",抒发他急于仕进的心情。"巧啭岂能无本意",是指他以所业诗文干谒当权者,意谓旨在活国济民,绝不是为了哗众取宠。"良辰未必有佳期",意思是即使生逢治世,贤才也未必能遇合,顺利地施展自己的抱负。"风朝露夜阴晴里",是说晴天在风里,阴天在露里,反正逃不脱风吹露浥。"万户千门",不是指一般人的门户,而是指宫殿和当权者的朱门绮户,《汉书·郊祀志》云:"作建章宫,度为千门万户。""开闭时",指早晨万户千门开了,自己则被拒于外;晚上万户千门闭了,自己无处容身。"曾苦伤春不忍听",是说由于自己的流寓,联想到黄莺的漂荡,又因为听到黄莺的巧啭,感伤自己的苦吟。所以对于容易引起共鸣的莺声,就不忍多听了。"凤城何处有花枝",意谓京城之大,而自己独无托足之地。李义山应举不第,流落京师,走投无路,因而借流莺抒情。我想这样解释是实事求是的,既不抬高此诗的意义,也不贬低它的内容,是符合原诗本意的。

关于怎样学习古典文学,我唠唠叨叨谈了这些,不足为训。但有两个问题是贯彻学习始终的,是取得成就的关键,即摆脱名缰利锁和下苦功。一切着眼于名利,让名利牵着鼻子走,是搞不出有价值的成果来的;学习方法虽然很重要,但若不下苦功夫,也是搞不出有价值的成果来的。

我与中国文学史

我与中国文学史的关系,说来话长,这应当从我大学毕业后入母校(北京师范大学)中文系任教谈起。

我是1953年毕业的,是新中国成立后的第一代大学毕业生。毕业后留校在中文系中国古典文学教研室作助教,当时古典文学教研室的教授有刘盼遂、李长之、王汝弼、启功等,1954年谭丕谟教授也调来了,他们都是各方面的专家。我们这个专业从教师力量看,当时在全国同行中是比较强的。当时古典文学的课程,经过新中国成立以来的改革,选修课减少了,将大部分课程合并成两门基础课,即中国文学史和中国古代文学作品选。这两门课每周课时为五——六节,授课时间长达三年。另外,教育系、政教系、历史系等也要开设中国古代文学课。以我们当时较强的师资力量,承担如此多的教学任务,也感到力不从心。那时只有两名青年教师作教学辅助工作,我作为其中之一员,主要为各位主讲教师向学生分发讲义、参加教学辅导等,任务是很重的。在工作的接触中,我对老教师各自的专长和治学方法与路子有了进一步的认识,他们各有师承,而这种师承的影响,在教学工作中总是自然流露,我从中感受到视野清朗,境界开阔,受益良深。

第二年即1954年,由于任务的需要,我被安排主讲教育系中国古代文学课,这门课名为古代文学,实则也是依照历史顺序讲,是简单的古代文学史。作为未曾登过大学讲台的青年教师,我有些惶恐,但任务需要,也只好努力承担了。好在身边有老教师们的支持,有问题随时可以请教,自己的信心也就增强了。为了讲课,必须认真地准备,阅读尽可能多的资料,没有星期天,没有节假日,工作之紧张,是学生时代所不能想像的,专心致志要把课讲好。如此一个学期过去,学生反映还好,自己也更有信心。之后,我又讲过政教系、历史系的古代文学课,取得同样的教学效果。就这样我在外系巡回讲课约两年多,有了一定的教学经验,业务能力也有进一步提高。回顾这一阶段文学史教学,我不是学有成就后才讲授,而是边学习边讲授,以教学促学习,在教学实践中提高,这是我走过的路。

约在 1956 年,我回到中文系上课。中国文学史作为一门专业课,课程内容多了。同时如何以马克思主义和毛泽东文艺思想为指导进行教学的要求也高了。如何对待文学遗产?随着形势的发展有不同的提法,最初提批判继承;而后是先批判,后继承;不破不立,破字当头、立在其中;政治标准第一,艺术标准第二;发展到后来的批儒评法。如何讲授中国文学史,也有不同的提法,如以论带史;历史主义两个方面,即既看作家作品在历史上起什么作用,也要看在今天发挥什么作用;文学史中的两个潮流,即现实主义与反现实主义斗争等等,不一而足。作为一名教师,执行党的文艺方针是自己的职责,当时自己的觉悟不高,分辨不清正确与否,在教学中都认真地贯彻。

我自己有一个习惯,即不论哪一门课,或哪一阶段的课,都必须写成比较详细的讲稿,或称讲义,对自己要讲述的每一项内容、每一个问题的论点,都反覆推敲、琢磨,是否正确?学生能否理解?对所列举的每一条材料,甚至每一个典故,都要认真核对、讲解清楚。我这样做的原因,一者怕思想观点上犯错,二者怕讲错了贻误青年学生。讲课时时刻刻考虑对学生影响如何?如讲陶渊明,担心学生产生消极归隐思想。讲《红楼梦》，担心学生会学贾宝玉和林黛玉。怎么办呢？只好加强批判。我在一次讲授司马迁的课时，曾提出司马迁同情失败者的观点，凡失败者，不分是非，他一概同情，这与他的切身遭际有关。当时听课的一位老师对我说："这是原则问题，蒋介石不就是失败者？"我听后愕然，司马迁与蒋介石有何干系？好像我讲司马迁同情失败者，就是我同情失败者，我同情蒋介石了。真是欲加之罪，何患无辞！我坚决予以回拒。可见当时教师讲课何其艰难！战战兢兢，如履薄冰，稍不留心，就会在政治上犯错误。这种情况一直延续到十年动乱结束为止。

十年动乱结束之后，小平同志提出实践是检验真理的唯一标准，解放思想向前看。全国各个领域都在拨乱反正。我的思想也从过去那些条条框框中解放出来，境界开阔了，对二十余年的文学史教学实践重新审视，感到对如何讲授中国文学史的许多问题，应当重新认识。如什么是历史唯物主义？所谓"以论带史"，难道历史唯物主义不是论？所谓"历史主义两个方面"，难道历史主义有一种特定的模式？实则历史唯物主义即尊重历史的客观存在，实事求是，一切从实际出发。就文学讲，即一切从文学史的客观实际出发，评述文学辩证的发展过程，而不是从理论模式出发。所以我在讲授或撰写文学史时，重史实，重证据，用事实说明问题，不空谈理论，因为事实比空谈理论更有说服力。又如何理解古为今用？所谓古为今用，并非文学史教学要从今天现实斗争的需要出发，与现实斗争配合，更非以古喻今，或以古代影射今天，而是总结古代文学发展的经验，作为今天文学创作的借鉴，即以古鉴今。所以我在讲授或撰写文学史时，重视对一个时代社会环境的论述，从社会、政治、思想、文学诸方面说明此期某一种文学体裁、文学风格、文学流派和文人集团之形成、发展和衰落的原因，并将这些论述与当时的文学现象紧密地联系起来,有力地说明某些文学现象的产生,乃历史发展之必然。又如何评价儒家的经传?新中国成立以来,一直在批儒,十年动乱期间尤甚。究竟如何对待?其实,儒家经传是我国古代极其珍贵的文化遗产,它在我国整个封建社会的政治生活和精神生活中具有重要作用,对我国封建时代文学的产生、发展,发挥着积极影响。这在《文心雕龙·宗经》和《颜氏家训·文章篇》讲得很清楚。我在撰写文学史时,特别论述了古代文学与儒家经传的密切关系,论述古代文学源于儒家经传及其对整个古代文学的影响,给儒家经传在文学史上以应有的地位。又如关于文学的起源问题,一般讲授文学史,都从文学起源于劳动谈起,或将神话作为先导,这自然有一定的道理。但是,我认为文学起源于劳动,属于文学理论范畴,应该在文学理论课程中讲,神话虽属最早的文学,但不如从考史的角度探讨这一问题更可信。所以,我撰写文学史是从三皇五帝及夏、商、周三代进行考稽,探赜索隐,以见文学萌生之迹的。又如文学史与其他学科的关系,或谓讲文学史即是文学的发展史,而不是其他,特别强调文学性。实则我国历史上文、史、哲的关系十分密切,有时是融为一体的。如先秦文学除了《诗经》《楚辞》之外,其他文体或讲哲理,或述史事,然都是优秀的文章。到了东汉文学才成为独立的学科,《后汉书》的《文苑》《儒林》分传,即是证明,文学的自觉是从此开始的。即使文学成为独立学科之后,与其他学科的关系也难解难分,如《后汉书》之纪传皆散体,论赞则全为骈文,此文史不分之一证,又阮籍《通易论》《达庄论》皆哲学论文,体制则为骈偶,此文哲不分之一证。文史哲不分之例证很多,因此将文学从其他学科孤立出来,怎能将文学史的演变过程讲清楚?文学与历史的关系尤为密切,前人有文史不分之说,是很有道理的。文学是社会生活的反映,特定历史时期的社会生活,形成特定历史文学的内容。一般地讲对历史熟习到什么程度,对文学作品内容就了解到什么程度。因此,我撰写文学史采取以史证诗的方法,以求对作品的内容更深一层的理解。又如讲授文学史以作家作品为主,还是以考稽文学源流为主?十年动乱之前,我采用的是前者,一部文学史好像一部作家作品论。实则这是一种偏颇。我国传统的修史原则是"辨章学术,考镜源流",这才是我们应当遵循的。我按照不同的文学体裁分别探讨其产生、发展和演变的过程,如对五言、七言诗产生之考稽,对汉赋、骈文、律诗的形成及其演变的论述等。在不同文体范畴之内再分别说明某作家之文风源于何人,形成何种流派,如对玄言诗、对偶诗、山水诗之论述,以显现其发展线索、脉络之清晰。又如何对待文学史撰写中的考证工作。比较长期以来人们不太重视对文学史料进行考证,甚而卑视之为繁琐。其实这是编写历史的一项重要工作,因为我们面对的是史料,对众多史料必须辨伪存真,使我们论述的问题建立在可靠的基础之上。所以,我撰写文学史收集尽可能多的历史文献资料,无论对时代背景、文体渊源,或作家生平、作品真伪,都加以考析,对每一条史料的出处、异文,都进行核证,力图做到无征不信。这些考析不作为注释附于每章之后,而置于正文之中,以便于学生和读者了解怎样得出这一结论来。又如关于文学史的分期问题,人们有不同的看法,1958年教育大革命,我们系有人提出以农民起义的年代划分,真左得可笑,不值一驳。我的想法还是以朝代划分为宜,否则年代就乱了。所以,我撰写文学史大框架是朝代,又考虑到文学发展的具体情况,作适当的调整,不与朝代完全一致。如秦在制度上与汉是一致的,都是中央集权制国家,前后相承,但文学都不发达,仅有杂赋若干篇,《仙真人诗》和李斯的铭文等,是战国文风的延续,所以将它置于战国之末。

又如隋与唐在制度上是一致的,亦前后相承,而文学却是六朝文风之余绪,所以将其附于六朝之末。又六朝起于吴、东晋,就文学讲,刘宋是六朝文学的开端,所以我讲六朝文学,是从刘宋开始的。当然,我考虑的文学史上的问题还有不少,而且认识的过程比较长,兹就其主要者简单叙述如上。

大体上讲,我讲授或撰写中国文学史可分两个阶段。即十年动乱以前及其以后。其前是结合形势的变革,按照上头的要求,不断调整教学思想和内容,道路是坎坷曲折的。其后由于新形势的出现,经过对前一阶段工作的检讨与反思,我才走向力图用真正马克思主义唯物史观讲授或撰写中国文学史的道路。经过多年的惨淡经营,终于完成了《先秦两汉魏晋南北朝文学史》的写作。也可以算作对自己长期从事中国文学史教学和研究工作之总结吧!

我与中国文学史结下不解之缘,在撰写过程中,思想情感倾注,精神意念投入,庄子有云"用志不分,乃凝于神"(《达生》),一部《先秦两汉魏晋南北朝文学史》是自己全副精神意志的体现!

刘盼遂先生的治学方法

《文史知识》编辑同志,曾多次和我谈过,让我写一篇谈先师刘盼遂先生治学经验的文章。我始终未提笔。原因是我虽然较长时期师从刘先生,但就刘先生的学问来讲,我既未登堂,更未入室,不过是在廊庑之间而已。所了解者只是皮相,因此不知从何谈起。

目前,因北京师大出版社曾有意出版刘先生的著作,我已将先生的著作搜集、整理、编辑完毕,那就从这部著作谈起吧!从已经搜集的刘先生的文章看,内容包括小学、经学、史学、哲学、文学、文献学、语法学、版本目录学等,研究方面则有对古书的笺释、校勘、辨伪、考稽、辑佚等。从整理的过程中,我深切体会到刘先生学问之博,考校之精,殆非常人所能及。

然而先生治学的路子是什么呢?他自己未曾讲过,我们可以从他对前人的评述中得到一些认识。如他为王石渠(念孙)、王伯申(引之)编年谱,并特意将"王氏父子治学切要语"附于谱后,说明他对王氏父子治学经验的重视,也说明他自己的治学道路与王氏父子有契合处,或者说他是有意继承王氏父子的治学道路的。刘先生共辑录王氏父子治学切要语四十一则,兹择其要者抄录如下:

> 余自壮年有志于郑、许之学,考文字,辨音声。非唐以前书,不敢读也。(《群经识小序》)
>
> 世之言汉学者,但见其异于今者则宝贵之,而于古人之传授,文字之变迁,多不暇致辨,或以细而忽之。(《拜经日记

序》）

　　训诂声音明而小学明，小学明而经明。（《说文解字读叙》）

　　诂训之旨本于声音，故有声同字异，声近义同。虽或类聚群分，实亦同条共贯。譬如振裘必提其领，举网必挈其纲，故曰本立而道生，知天下之至啧而不可乱也。此之不悟，则有字别为音，音别为义。或望文虚造，而违古义；或墨守成训，而鲜会通，易简之理既失，而大道多歧矣。今则就古音以求古义，引伸触类，不限形体。苟可以发明前训，斯凌杂之讥，亦所不辞。（《广雅疏证序》）

以上四则之中心意思是说明王氏父子之治学道路是考文字、辨声音，以声求义，所谓"声音明而小学明，小学明而经明"。一句话即以小学通经。刘先生往往于王氏父子治学切要语之后，加上自己的案语，表示自己的认识和理解。这正表明他对王氏父子治学道路的心领神会，说明他与王氏父子取同样的治学方法。刘先生这种以小学通经的学术路数，不仅源于王氏父子，也源于他的老师王静安先生。这，我们也可以从他对王静安先生的评述中得到印证。先生曾有《观堂学书记》、《观堂学礼记》、《说文师说》、《古史新证笔记》、《金文举例笔记》（以上后二种未见到）等听王静安先生讲课的笔记，他在《说文师说》序中说：

　　乙丑、丙寅之际，海宁王静安师在清华研究院宣讲许书。盼遂时怀铅侍侧，每遇奥论，辄札存简端，殆不下数百千事。恒置行箧，籍供玩索。惜累年梗泛南北，散佚过半。爰亟加香录，公之当世。虽断璧零珪，固自精光夺目，令人失色辟易矣。

说明王静安先生讲解《说文》之精辟，虽断璧零圭，仍精光夺目，而自己深有领悟。又他在《观堂学礼记》序中说：

> 先师海宁王先生，学综内外，卓然儒宗。而于甲部之书，
> 尤邃《书》、《礼》。比岁都讲清华园，初为诸生说《尚书》二十
> 八篇。盼遂既疏剺之，成《观堂学书记》矣。大抵服其树义恢
> 郭甄微。而能阙疑阙殆，以不知为不知，力剟响壁回穴之习，
> 此则马、郑、江、段之所未谕，询称鸿宝。今年春，复说《礼经》
> 十七篇，甫至《士丧》下篇，适暑假休课，方意下季赓续毕业，
> 而先生遽沉身御园，蹈彭咸之遗则，哀哉！盼遂一年来，复牵
> 于人事，时作时辍。于先生所讲述者，匪能全录。微言精指，
> 多所沦越。由今日写定此篇，不觉承睫漼焉，悼先生亦自咎
> 也。然此区区数十页中，固已精光艳耀，一字一珠，宁可以其
> 少而忽之欤？嗟呼，梁木其坏，吾将安放！口泽犹新，恍接馨
> 欸。怀方之礼，虽付诸戚衮，而《韩集》之编，自作于李汉。凡
> 我同门，盖共勖诸。

刘先生这里所讲者，自然不是王静安先生的治学经验，而是对静安
先生的悼念。这段文字有重要的史料价值。它一方面记述了静安
先生是在课程未完的情况下，"遽沉身御园，蹈彭咸之遗则"的，另
一方面为我们留下了静安先生讲课时的具体情景，皆"微言精
指"，"精光艳耀，一字一珠"。静安先生讲授者，是以小学解读古
经，以小学解读古史。刘先生深为其学术路数所折服，"服其树义
恢郭甄微"。因此将其治学方法融汇于自己的治学经验中去，形成
自己的治学道路便是自然的了。所以，刘先生不仅以小学训解经
书，也以小学训解史志。

现在我们再看看刘先生自己怎样讲述其著述思路的。他在
《论衡集解》序中说：

> 原夫《论衡》一书,历来号称难读者,约有四因:一曰用事之沉冥,二曰训诂之奇觚,此二者属于著作人之本文然也;三曰极多误衍误脱之字,四曰极多形误音误之文,此二者属于后代钞手及梓人之不慎而然也。……予自负笈清华园,初有志于修正是书。暇日抽读,每遇疑难,随下一签,计起乙丑讫于今兹,此七年中,铢积寸累,所发正者无虑数百千事。于仲任之语法及字学,尤反覆三致意焉。清稿凡经数易始定,匪敢曰勤劬,盖钻仰无匮之情则然尔。

刘先生在这里明确地讲,他是以音韵、文字训解《论衡》,所谓"于语法及字学,尤反覆三致意焉"。又他的《世说新语》后叙中说:

> 临川王《世说》之作,清新俊逸,咳唾珠玑;孝标作注,亦称踵美;前修论之者审矣。……惟临川喜用六朝代语,南服方言,往往扞格难骤通,又是书本杂采郭子《语林》、《俗说》诸书耆戢而成,多有与情实觚牾者,间或循其款窍,发其蒙蔀,胥存简尚,自备遗忘,积岁既久,所获遂多。……盖是书之作所以齐方言之儳牙,核史事之情诬,补参军所未备,绎辟呬之队欢,此盼遂之志也。

刘先生以"齐方言之儳牙,核史事之情诬,补参军之未备,绎辟呬之队欢"为己志以校笺《世说新语》,整齐方言,疏释俚语,寻检古籍,辨析情伪,辑佚补阙,以广异闻。既考案史实,又训解文字。这种治学路数与王念孙、王静安的治学精神一脉相承。从刘先生的正面表述看,也从他的具体研究成果看,他的学术道路是远绍王念孙,近承王静安,是对王念孙和王静安学术传统的继承和发展。不同的是他不仅以音韵、文字训解经书、史书,也以音韵、文字训解诸子、诗文以及其他古籍。概括地讲,刘先生的治学道路是以小学通经、通史、通诸子、通诗文、通一切古文献。这便是我的总认识。

今天,在我国大力宏扬优秀传统文化,提倡新形势下的国学研究的环境中,探讨一下刘盼遂先生的学术道路、治学方法,对推动今天的研究工作是有现实意义的。

作为刘盼遂先生的学生,我师从先生多年,但由于新中国成立以来时代之不同,社会、学界学术风气之不同,自己所研治者多空疏之学,并未很好地继承刘先生的学术传统,有愧于先生的教导,悲夫!

先师刘盼遂先生生于1896年,于今将届百年诞辰,又先生"文革"中遭迫害致死,也已二十八载。往事不堪回首!李义山《哭刘蕡》诗有云:"上帝深宫闭九阍,巫咸不下问衔冤。……只有安仁能作诔,何曾宋玉解《招魂》?"亦借以倾诉我对刘先生的深切悲悼之情!

怀念刘盼遂先生

刘盼遂先生是我们的老师。我们受业于刘先生多年,但是,对先生的人品、学问我们是没有资格评论的。只能根据平时向先生求教、同先生的接触,谈一些对先生的人品、生活和学问的认识与感受,以便在回忆中继续向先生学习,并寄托我们对先生的深切怀念。

刘先生的为人

一个教育工作者或学术工作者,研究学问固然很重要,但人品更重要。因为这直接影响着后学的成长,直接影响到一代的学风。回忆刘先生的行事,在这方面值得学习的很多。先生不但学问渊博,而且人品很高。启功先生曾说:"刘先生不但学问继承了清代的朴学传统,而且为人也朴厚。"那就是说先生的学问和人品是一致的,即朴朴实实,毫无虚假。先生的学问和人品都可以用一个"朴"字来概括。

刘先生的生活非常俭朴。他家住在西单的一个独院,门首题有"居之安"三个字。院落不大,一排正房,两个对厢。屋里陈设非常简单,对着门放了一张方桌、两把椅子,看上去已经颇有年头了,椅子一坐上人便"咯吱咯吱"作响。这就是刘先生经常接待客人、同朋友谈天和向学生授业解惑的地方。另外,临窗还放着一张写字台,写字台前有一把笨重的木椅,这就是刘先生每天工作的地方。靠北墙是一排大书架,上面摆着白纸的《四部丛刊》初、二、三编,百衲本"二十四史"等。靠西墙的书架摆着他经常用的书籍。东面是一间卧房,另一间收藏着各种善本书。刘先生家没有沙发,也没有其他讲究的摆设。从我们认识他开始,他的家老是这个样子,从来没有更换过。只有墙上挂的条幅、联子,有时是章太炎题的,有时是梁任公题的,有时是……。刘先生的吃、穿也很简单。他穿的衣服,常是洗得变色发白的,袜子也是打了补丁的。有一次,我们看到刘先生穿了一双方口布鞋,便问:"您怎么穿了这样一双鞋?"先生笑着说:"这是刘燕(先生的小女儿)穿小了的。"刘先生在穿戴上不修边幅如此!在吃的方面他也从不讲究什么营养价值的高低,他喜欢吃的就是好饭。因而,在他看来,家常风味的鱼肉也就很好了。有一年,正月初一,我们给刘先生去拜年。他正在吃早饭,碗里既有饺子又有面条,他对我们说:"这叫钱串子缠元宝,我是农民,在我们家乡农民春节就吃这个。"然后就给我们讲"缠"字的语根是什么等等。刘先生当然并非喜欢什么钱串子、元宝,他是把这种习俗看作是生活的俚趣。他曾告诉我们,吴晗副市长曾问过他在生活上有什么困难?有什么要求?他回答说:"我生活很好,没有困难。"刘先生每天读书,工作,孜孜不倦,年已古稀,仍在思虑怎样为培养人材出力,但在生活上的要求却很少,很低!

刘先生为人谦虚谨慎,从来不在背后随便品评他人,而总是想着别人的优点和长处。在平时闲谈中,他不但称自己的师长为先生,也称同辈和比自己年轻的人为先生。他经常谈论的是某某先生的学问不错,某某先生在哪方面擅长,教导我们在做学问上要"转益多师",兼取诸家之长。刘先生对师长是非常尊敬的。他极推重自己的老师,经常很动感情地谈起他们的学问、性格和生活作风。如谈王静安先生用甲骨、金文研究社会历史是历史研究方面的一个开创,梁启超先生的思想、学问开一代的学风;陈寅恪先生一向不开重课,他精通多种外语,所以在学问上能沟通中外,等等。刘先生还把王静安先生和梁启超先生的生活作风作了对比,说:梁先生家里明窗净几,大条案上的书放得整整齐齐。他谈笑风生,能使人一见面就被吸引住了。王先生则相反,桌子上堆满了书,只留下一小块地盘供自己工作。见人不知说什么。一年春节,刘先生去拜年,王先生半天没有话可说,最后才问了一句:"你家里有没有信来?"刘先生经常怀着一种爱慕的心情谈起他的老师们,并说明自己正因为有这些老师指导才能在学问上扩大了眼界,增长了见识的。

在刘先生的生活中,读书是第一需要,他名利观念很淡,从不为计较这方面的得失而牵动神思,也很少从事社交活动。他的老朋友,历史所的一位老前辈曾善意地劝他多出去参加些活动,他则说:"×多情,刘寡欲!"他把研究学问、培养后一代当成自己的最大乐趣。由于历史和现实的各种关系及原因,刘先生也结识了一些著名学者和政界重要人物,但他从不对别人说起,绝不以此来自炫。后来,我们惋惜:"文化大革命"初期,当刘先生被红卫兵残酷折磨时,如果他能道出和某某人的关系来,不是可以解脱了吗? 然而,那样便不是刘先生了。先生的思想、品质、作风、节操至死都是不变的!

刘先生对后学的培养

刘先生对后学从没有摆过架子。记得一九五五年我们住在城里时,一天,先生徒步从西单来到我们家。当时我们的一间斗室,放了一张大床、一张书桌、二个书架和两把椅子,拥挤得屋子里再没有活动的余地。我们的孩子刚刚几个月，满屋子晾的尿布。刘先生突然来了，往哪里让？一时慌了手脚。而先生却不嫌脏，当即坐在床边和我们谈了起来，问长问短，聊了半天才走。刘先生是专程来看我们的，他想了解我们的日常生活安排得如何，当知道我们请了保姆带孩子，他很高兴，告诫我们：千万不要因孩子的拖累而影响自己的学业。

刘先生培养后学，并没有什么理论，却有丰富的经验。对后学在学习上应当具备哪些条件？学习什么内容？采取什么方法？他都有自己的看法。他曾经说："要学业上有成就，必须具备三个条件。第一，不要去做官；第二，要书多；第三，要生活安定。"还说："人好比鱼，书好比水，水有多大，鱼就能游多广。"他的这些意见，对我们讲过不只一次，而且有意地引导着我们去做。我们刚毕业时，薪水很低，刘先生曾主动地为我们筹备了一部分基本的必需的书籍。他把自己收藏的、重了的书赠送给我们，像我们手头常用的图书集成局校印的"二十四史"，商务印书馆藏版的《资治通鉴》、《十三经注疏》、段氏《说文解字注》、《昭明文选》、《全唐诗》，就都是刘先生曾用过的，上面还留有先生的墨迹。接受刘先生这么多书，我们心中很不安，曾经请求刘先生收了我们一部分钱。这部分钱在当时可能只相当于商务印的那部竹纸《资治通鉴》的价值。另外，他还帮助我们买了不少书，像那部缩印本《四部丛刊》初编、宋版《草堂诗笺》、《双照楼所刻词》等都是。平常，刘先生逛书店，看到合适的书，有时直接替我们买来，有时告诉在什么地方，让我们自己去买。仅此数例就可以看到刘先生对于学生的关心与爱护是多么具体周到！

关于学习什么，读些什么书，刘先生说："第一是经书，第二是史书，第三是小学。这是文史工作者的学问的根，是基础。清代许多大学者没有不治经史的。此外,才是子书百家和其他诗文集子。"先生一直主张文史不分家,认为学文学不学历史是不行的。在学习方法上,先生不赞成我们只搞文学史的一个阶段,主张上下贯通;反对"白首穷一经",主张广泛涉猎。他曾说:"历代关于经书的注释浩如烟海,我们没有古人那么多时间,所以读书只要读懂原文,就不要逐条看注释,不然,头发白了,一部书还没读完。"刘先生曾经给我们讲过《诗经》《楚辞》。当时,我们觉得国风是民歌,当然最重要,雅、颂多是歌功颂德的,没意思。刘先生则说:"《诗经》中国风固然好,但雅、颂更重要,因为雅、颂记述的是历史,更有价值。"对史书,刘先生认为:"前四史固然好,但以后历代的史书一般都不错,因为这些史书都是官修的,集中了尽可能多的史料,并由各朝代著名的学者编撰,怎么能不好呢?"但是,刘先生认为:"我们读时却要有重点,认真读一部《史记》,汉以前的历史、文化、典章制度,便全部掌握了。"刘先生还告诉我们:"那么多书,怎么读? 要研究什么,就读什么。把研究的问题和读书结合起来,学以致用,对所读的书印象才深,理解才透。不然,漫无边际地读,读完了,也就忘光了。"刘先生这些治学经验,这些甘苦之言,我们年轻时并不认识得很清楚,经过二十多年的工作实践,感受却越来越深了。

刘先生讲课,从来不一般的讲述,而是专讲难点。他认为人们都懂的地方,我们还讲什么? 所以他的兴趣在人们所不懂的地方。一般同学往往认为刘先生讲课系统性、完整性不够,其实这种所谓不够系统、完整的地方,正是刘先生认为人们都懂了的,是他有意省略的地方。在解决难题时,刘先生都是用硬性的材料加以论证,得出带科学性的结论。如他认为《胡笳十八拍》是"严守唐人官韵规范的",因此不是蔡文姬所作。他说:唐代诗人不但作近体诗都恪遵官韵，而且"唐人守官韵已成习惯，到作古体，有些人仍然遵守律令，不敢稍有出入"。他列举第一拍十个押韵字：为、衰、离、时、危、悲、亏、宜、谁、知，全在唐官韵四支部，而汉魏诗押韵往往出入于微、灰、尤诸韵，很少止限于四支一韵的。他又列举第二拍七个押韵字：家、涯、遐、沙、蛇、奢、嗟，全在唐官韵六麻部，而汉魏诗押韵则麻韵与歌韵都不分家，是互相通押的。其他各拍与此相同。因此他得出结论说："《胡笳十八拍》的作者，是服习于唐代的功令，而不能适应于汉魏的规律，则说它是唐以后的作品，也不为过。"这样就用科学的证据否定了《胡笳十八拍》是蔡文姬所作的说法。又如他讲《蜀道难》时，着重解决这首诗讽谁的问题。刘先生认为《蜀道难》之作为讽章仇兼琼。证据主要有四条：一是缪氏影刻北宋《李太白集》于《蜀道难》题下自注："讽章仇兼琼也。"二是萧士赟注引《洪驹父诗话》："尝见李集一本于《蜀道难》题下注：'讽章仇兼琼也'，考其年月近之矣。"又萧士赟注："黄鲁直尝于宜州用三钱买鸡毛笔，为周维深作草书《蜀道难》，亦于题下注云：'讽章仇兼琼也。'"三是《梦溪笔谈》卷四："（《蜀道难》）李白集中称刺章仇兼琼，与《唐书》所载不同，此《唐书》误也。"四是洪迈《容斋续笔》卷六："李白《蜀道难》，本以讽章仇兼琼。"这几条材料都是北宋、南宋人的见闻和记载，是可信的史实。因此就确定《蜀道难》为讽章仇兼琼。

　　刘先生的学术观点，对问题的看法，不仅是通过讲课表达出来，而更经常是通过闲谈传授给我们。我们常到刘先生家去，有问题去问，没有问题也愿意去聊。刘先生所谈的全是有关学问的见解，绝不牵涉到人事的纠纷。他把最近买的书拿给我们看，跟我们谈谈版本。他把最近读书的心得讲给我们听，讲讲学术源流。有时即兴式地看到什么讲什么。他看到蜘蛛在房角上盘网，就说：

"'蜘蛛'是语根,踟跦、踟蹰、踌躇、踟蹰等,都是从这里生发出来的,一个意思。"有一年白露节,他即兴吟咏杜甫两句诗:"露从今夜白,月是故乡明。"然后说:"梁任公先生生前最喜欢这两句,因为这两句最牵动人的感情。"他也常把别人请他提意见的稿子拿给我们看,问我们有什么意见,然后他再谈看法。记得我们在刘先生家看到于省吾先生关于读《诗经》札记的文稿,刘先生让我们看,并问我们的意见,然后他说:"于先生把经书的神秘性揭穿了!"又一次是中华书局把余嘉锡先生的《世说新语》的文稿送到刘先生家,说是周祖谟先生请刘先生给看看。这大概是余嘉锡先生在辅仁大学开设《世说新语》课时的讲义。我们在辅仁大学读书时,余先生已经病休了,未赶上听余先生这门课。刘先生让我们拿回一部分看看。我们感到余先生考证史事非常翔实、严密。刘先生称许说:"好像一部《皇清经解》。"刘先生还常把自己看到的好文章推荐给我们。陈垣校长写了一篇《影印明本册府元龟序》,发表在《北京师大学报》上,刘先生告诉我们:"要认真读读,从中可以学习到治学的方法和路子。"刘先生喜欢游赏自然风光,有时带着几个同学出游。但他并不喜欢富丽堂皇的装饰,而喜欢淳朴的自然美。我们曾和刘先生游过玉渊潭、香山、土城、十三陵等。到玉渊潭,他说:"这里另有一番野味。"到香山,看到野菊和留有被车轮轧过的痕迹的石头,便让我们从中领会杜甫"菊垂今秋花,石戴古车辙"两句诗的意境。到土城,他登高怀古,指点元代大都城的中心在哪里,西城在哪里……。到十三陵,则讲明代的历史。兴之所至,信口讲述,都是学问。因此,刘先生和我们谈天说地,使我们更感兴趣,受益更多。刘先生对我们二人也有不同的看法,他曾经对别人讲:"邓基础好,有才气,聂刻苦、用功。"实际上我们的资质与能力都有负于先生的称誉!

刘先生的治学精神

刘先生的学问是很渊博的。他特别倾心于研习经、史,对文字、音韵、训诂都很有研究。他的学术思想渊源于清朝的乾嘉学派,重事实,重证据。主张治经不能以意来衡量,必须求之于文字的源流。通过研习经学以考证古史,通过考证典章名物,以寻求古今治乱的根源。同时,他对子书和历代诗文集也很熟悉,对各朝代的民俗也很了解。他不卑视小说、戏曲,一部《太平广记》,他批得密密麻麻,并收藏了建国以后出版的《古本戏曲丛刊》的全部。正因为他的学问如此广博,所以对问题的研究、看法,能贯通古今,触类旁通。刘先生收藏了大量的古籍,包括经、史、子、集各个方面,其中有不少是珍贵、罕见的善本。他曾经说:"我爱书如命,活着与书共存,死了可不能和书同亡,这些书就捐献给学校和国家。"刘先生每月的收入,除了极有限的生活费用外,全都用来购置书籍。为了买书,刘师母经常和他闹意见,并向我们发牢骚。他逛书店,走访藏书家,有办法可以得到的好书,他都不惜血本。记得他在中国书店发现一部宋版《十三经注疏》,马上要买。书店负责人说:"这种书不卖给私人,只卖给国家图书馆。"刘先生说:"我正在做《十三经》版本源流考,急需要这部书。"书店要证明。刘先生立刻回学校,开了介绍信,以九百元的高价买了这部书。刘先生如获至宝。我们到先生家去,他兴奋地双手捧着给我们看。这部书在"扫四旧"时,不知经过什么途径转到了北京图书馆,而其他大部分书籍则被送到燕京造纸厂,付之一炬! 如今虽残留下来一些,也多是断简残篇,零散不堪了!

刘先生非常勤奋,每天手不释卷,几十年如一日,他每天早晨起床很早,先读一会儿书,然后徒步到玉渊潭遛一趟,回来喝茶、吃饭。这使我们想起当年陈垣校长的习惯,陈校长每天早晨四点起床,去神甫花园看书,当我们集合上早操的时候,他已经抱着书回来了。前辈们这种勤奋精神,真值得我们学习!刘先生读书最喜欢批书头,他把自己读书的点滴心得,都写在书的上端。起初,我们以为刘先生那么多书,未必都看过。日子久了,我们经常翻阅和借用刘先生的书,发现很多书都有眉批,才惊叹刘先生读书之勤。

古文献学家刘盼遂

刘盼遂,著名文献学家。长期任教于北京师范大学中文系,一生从事中国古代文学的教学和研究工作,对古代汉语、古代历史、古代哲学等有深入的研究,特别是在中国古代文字学、音韵学、训诂学研究方面造诣深厚,成就卓著。

刘盼遂,名铭志,原字盼遂,后来由于人们对"盻"字不熟悉,"盻"误写为"盼",直作盼遂。河南省淮滨县人,生于 1896 年,卒于 1966 年。他出身于书香门第,受过严格的家庭教育,自幼好学,能诗文,一言一语都独运匠心,多用奇文怪字,艰深难读,前辈戏以樊宗师目之。1917 年入河南省立二中读书。1921 年因为仰慕黄季刚的学识,考入山西大学国文系,游学于黄氏之门。不久,黄季刚离校,刘盼遂也于次年离开山西大学。1923 年到 1925 年,他先后任教于菏泽山东省立第二女子师范学校和曲阜山东省立第二师范学校。

1925 年考取清华国学研究院研究生,当时任该校国学研究院的导师是梁启超、王静安、陈寅恪等。在他们的指导下,刘盼遂在文字、音韵、训诂、钟鼎、甲骨、经学、史学、辞章、校勘、目录等方面进行了广泛的学习与研究,先后发表了多篇相关论文。其中《黄氏古音二十八部商兑》,对黄季刚主张之古音分 28 部的说法,提出不同的看法;又如《六朝唐代反语考》甄录六朝唐代之反语 30 余条,比顾炎武《音论》和余正燮《反切证义》中所甄录者多一倍。其他各篇也莫不如此,都表现了他学问的渊博、治学的精审,提出许多真知灼见,在学术界有广泛的影响。同时,黄季刚在北京师范大学、中国大学讲授《文心雕龙》,他也从黄氏学习这部文学理论名著。1928年他从清华学校国学研究院毕业,毕业论文《天问校笺》深受王静安、梁启超、陈寅恪诸导师的嘉许和赞扬。1928年到1929年,他应聘为河南中州大学教授,兼任河南通志馆编纂。1929年至1930年应聘为北京女子师范大学历史语言研究所研究员。1931年到1934年应聘为清华大学副教授。1934到1935年又应聘为河南大学教授,兼河南通志馆编纂。这期间他先后编撰有《长葛县志》、《太康县志》、《汲县新志》三书。这些书以娴于中州掌故见长。1935年出版《文字音韵学论丛》,收集他已发表的论文24篇,成为当时语言学界的重要著作。1935年到1940年应聘为燕京大学副教授。1936年出版《段王学五种》,其中包括《经韵楼集补编》、《高邮王氏父子年谱》,对段、王学的发展做了考察,是对段、王学研究的重要贡献。

刘盼遂对历史地理也有很深的研究,他曾经说:"任何一个事件都发生在一定的时间,这属于历史;但它同时也发生在一定的空间,这则属于地理。研究历史而不研究地理,那就像孙猴儿翻跟斗,一个跟斗十万八千里,不知翻到什么地方了,怎么行呢?"他的著述与地理有关的除三部县志外,还有《齐州即中国解》、《冀州即中原说》、《六朝称扬州为神州考》、《评日本大宫权平著河南历史地图》等。在他的一些对古书的笺疏中,也表现了他对历史地理的熟谙。1940年至1966年逝世,皆执教于北京师范大学中文系,为国家二级教授。

刘盼遂最主要的学术成就在古文献学,对我国古代典籍做了大量的收集、整理、训释、校勘和考证工作。刘盼遂是精于小学的,但他的成就不止于此,即不只是表现在单纯研究小学上,而更重要的在于他把小学，即音韵、文字、训诂等方面的学问，用到笺释、校勘、辨伪、辑佚、考古等方面。他的《论衡集解》、《颜氏家训集解》、《世说新语集解》等论著，以及《穆天子传古文考》、《嫦娥考》、《天问笺》等绝大部分论文，都是这方面成就的表现。因为他精于音韵、文字、训诂之学，所以对古籍的整理就具有科学性。这种治学的路子与王念孙、王静安的学术路数一脉相承。刘盼遂曾为王念孙编撰年谱，又受业于王静安，所以可以说他远绍王念孙，近承王静安，是对二王的直接继承。他已经发表的文章中，即有《观堂学札记》、《观堂学书记》、《说文练习笔记》等听王静安讲"三礼"、《尚书》、《说文》的笔记。而且他有不少文章发挥了王静安的见解，如《说文师说》等。刘盼遂学识之博，读书之广，很有王静安的影迹在。从经、史、子、集到戏曲、小说，靡不阅读；从敦煌曲词到民俗方言，无不了解，博闻强记，触类旁通。他的全部学问，可以用"博雅"二字概括。他之为人，也很像王静安，不善言谈，很少参加社会活动，毕生专心致志于案头工作。

刘盼遂的治学特点是从小学入手治经学。由于他精于小学，所以对经书的理解就深入一层，他曾开设过"三礼"的课程。六经皆史，有了对经学研究的基础，对史学的研究就有了新的开拓。他开设过"诸子"、《汉书》等课程，并进而对文学有进一步的发掘，他讲授过《诗经》、《楚辞》、《文选》、汉魏乐府、唐诗等。他认为经学是中国学问的基础，有了这个基础，其他方面的问题就好解决了。刘盼遂日常读书，习惯于批书头，即把读书时发现的问题和解决这一问题的史料根据用蝇头小楷写在书页的上端，然后再把这一问题写在每一部书的卷首，以便于翻阅。问题积累多了，仔细考核史料证据，再整理成文。他的文章从不空发议论，没有水分，总是重事实，重证据。一个词，一句话，一个典故，一段史事，凡有不同的理解，都尽可能多地找到几条史实作例子予以论证，文约而旨博。对古书，他从不作集注一类的工作，他说我不想抄书，别人讲过的我不讲，别人未讲或讲错的，我有看法和见解，我才讲。所以，刘盼遂的文章与论著都是考证解决古书中的疑难问题的。例如他对李义山《出关宿盘豆馆对丛芦有感》一诗的解释，诗中有"此日初为关外心"之句，"关外心"的含义是什么？很难理解。他引用了两条材料说明自己的看法，其一，是"杨仆移关"的故事；其二，是倪若水和班景倩的事。这两条材料都说明汉、唐两代人重关内而轻关外，重内任而轻外任。李义山宦途漂泊，在心灵上受时代思潮的影响，他的"关外心"，即被迁徙之心，即被排挤离开长安远去江南的落魄之感。通过这两条材料，把李义山此时此际的沉痛心情体味尽了。又如他解南朝乐府《丁都护歌》，诗中有"闻欢北征去，相送直渎浦"之句，"直渎浦"作何解释？古今注者皆云"未详何地"，刘盼遂认为："直渎浦，在今南京城东北三十五里，依幕府山东北一带，系吴主孙皓所开。详见《舆地纪胜》卷十七《建康府》。"他不但说明了"直渎浦"之确切所在，而且证明了《丁都护歌》确属吴声曲辞。又如乐府《陇上为陈安歌》有"西流之水东流河"一句，此水究何所指？他也进行了地理、历史考证，亦足见刘盼遂严谨的学风。

刘盼遂认为一个人要在学业上有成就，必须具备三个条件：其一，不要做官，因为做官便不能专心致志钻研学问了；其二，要生活安定，生活不安定，到处漂泊，什么事也干不成；其三，要书多，他说："人好比鱼，书好比水，水有多大，鱼就能游多广。"他的学术事业正是在这三个条件下完成的。他的一生除了教书、研究工作外，从未做过其他工作。他长期居住在北京，当日本军国主义占领北平时，尽管生活十分困难，也未曾离开。他藏书之多，为学术界所共认，其中包括许多珍本善本、孤本书，所藏海内孤本宋版《十三经注疏》、《永乐大典》零本、《字牖》均是无价之宝。他爱书如命，他曾说："活着与书共存，死了可不能与书同亡，这些书就捐给学校和国家。"未想到在那浩劫的日子里，被作为"四旧"，一部分送到燕京造纸厂，付之一炬；一部分不知经过什么途径转到了北京图书馆，残留的部分多是断简残篇，零散不堪，令人痛惜。

我国的古书浩如烟海，应当从何读起？怎样阅读呢？刘盼遂认为应当从读儒家的经书入手。他主张治经而不能以意来衡量，必须求之于文字的源流。通过研究经学以考证古史，通过考证典章名物，以寻求古今治乱的根源。但是历代有关经书的注释极其繁琐，是否要逐条阅读？他说："我们没有古人那么多时间，所以只要能读懂原文，就不要逐条看注释，不然，头发白了，一部书还没有读完。"他主张读书既要广泛涉猎，又要有重点，他说："认真读一部《史记》，汉以前的历史、文化、典章制度，便全部掌握了。"他主张读书要有目的性，"要研究什么，就读什么。把要研究的问题和读书结合起来，学以致用，对所读的书印象才深，理解才透。不然，漫无边际地阅读，读完了，也就忘了。"他还主张对重要的古书必须读懂，不然，怎么评价呢？他经常在自己读过的古书旁边，划一笔竖道，批上"未读懂"三个字，以指责原书的作者对古书未理解即妄加评议。刘盼遂读书的兴趣在解决难点，似乎越是疑难问题，越能逗引起他的精神和注意力。对这些疑难问题，他都是用硬性的材料加以论证，得出带科学性的结论。例如他认为《胡笳十八拍》是"严守唐人官韵规范的"，因此不是蔡文姬所作。他说，唐代诗人不但作近体诗都恪守官韵，而且"唐人守官韵已成为习惯，到作古体，有些人仍然遵守律令，不敢稍有出入"。他列举第一拍十个押韵字：为、衰、离、时、危、悲、亏、宜、谁、知，全在唐官韵四支部，而汉魏诗押韵则麻韵与歌韵都不分家，而是互相通押的。其他各拍与此同。因此他得出结论说:"《胡笳十八拍》的作者,是服习于唐代的功令,而不能适应汉魏的规律,则说它是唐以后的作品,也不为过。"这样就用科学的论证否定了《胡笳十八拍》是蔡文姬所作的说法。对古书上一些历来都不得确解的问题,当有人求教时,他都能列举出数条例证,建立自己的说法,使人心悦诚服。其学问之渊博,犹如汪洋恣肆的大海,深广莫测!

刘盼遂具有很高的民族气节,日本军国主义占领北京时,曾成立"东方文化事业委员会",编纂《续四库全书提要》,多次要他参加,当时学校停课,他生活十分艰难,仍严词拒绝了敌人的要求,宁肯饿死,也不失节。日军侵占海南岛之后,他曾写了一首咏海棠的诗,诗云:"海红豆出海南天,记入巨唐海药篇。欲为名花问初地,夷讴卉释已三年!"海棠花产于海南岛,这见于唐人的记载,但今天海棠的产地,却被夷狄占据三年了。表现了对海南岛沦陷的悲痛!

刘盼遂在学术上取得如此高的成就,一者在于他的勤奋,他每天工作孜孜不倦,手不释卷,几十年如一日;二者在于他不慕名利,摆脱名缰利锁。他不汲汲于富贵,不戚戚于贫贱,把名利看作是身外之物,全副精力贯注于教书和学术工作之中。业精于勤奋并成于专,这是刘盼遂一生的学术活动留给后人的启示。

怀念李长之先生

李长之先生逝世已经二十多年了,然回首往事犹历历在目。

我和李先生的关系是在 1953 年毕业后,留校做古代文学课程助教开始的。当时李先生讲授中国文学史课,我负责向学生分发讲义并参加教学辅导。其后在同一教研室工作,有机会向李先生学习达二十余年之久。李先生的才学和为人给我留下深刻的印象。他学贯古今中外,不但讲授中国文学史,出版过《中国文学史略稿》,还撰写过《中国画论体系及其批评》《迎中国的文艺复兴》以及《西方哲学史》等著作。他是一位思想敏捷、见解新颖的文学批评家和文学史家。

李先生最令人敬佩的是他那种对学问孜孜不倦的探求精神。他每天早晨起床即工作,早饭后继续工作,午饭后在椅子上靠半小时,闭一回眼,又工作,晚饭后和孩子玩一会儿,还工作。可以说他整天在读书写作,没有多少休息和文娱活动时间。他说:"我每天依靠喝茶助消化。"即使回济南探亲,在火车上也在读书写作,他有的文章即在路途中写成的。这种对学问的执著精神,是一般学人所不曾有的。北京解放初期,他住在石驸马大街宿舍,他告诉我:"冬季天气很冷,家里不能生火,墨水都结冰了,自己用口哈气,将冰凌化解后,继续写作。"这种顽强精神,极其感人。他的著作《李白传》《陶渊明传论》即在这种艰难情境下完成的。他晚年患类风湿症,手脚都变形了,用手握笔也不方便,我曾多次劝他去医院彻底治疗。他则说:"只要大脑还灵活就行。"为了探求学问,把生死置之度外。但他没有想到,人的身体是个有机体,几年后这种疾病即侵蚀到大脑及身体的其他部位,使自己行动都十分困难,并经常跌跤。"文革"之后,落实政策,他可以每天不到学校上班。当时他住在西单武功卫宿舍,校党委书记去看望他,据说他对党委书记表示,在他有生之年要完成三部书,一是要把《中国文学史略稿》继续写完,二是再写一部《中国美学史》和一部《中国文学批评史》。我想由于落实政策,他心情愉快,一心一意要在学术上作出更大的贡献,所以向党委书记作如上表示。可是没料到,不久他的病情急剧恶化,已经不能思考问题和执笔写作了。我去看望他,他对我说:"以前我没有一天不读书不写东西的,现在居然不能读书不能写东西了,这是我一生最痛苦的。"说完之后,凄然泪下,我也不禁为之流泪。李先生为不能完成其未竟的事业抱恨余生,表现了他对学术的执著和为追求学术成果鞠躬尽瘁,死而后已的精神。

李先生从事研究和著述,有自己的个性和特点。他曾说:"我对某位作家和每部作品的研究,不动感情,我不能写,不在思想感情上产生共鸣,我也不能写。"这就是为什么他的著作和文章都气韵流畅、情感充沛的原因。凡所著述都倾注着他的精神意向,读起来明白通达,文气逼人,并兴味无穷。他的《司马迁的人格与风格》一书,以抒情的笔法对司马迁的生平与创作进行全面系统的论述。关于这本书,他曾对我说:"我很珍惜当年在书中抒发的情感。"他是以一支饱含着情感的笔从事著述的,不但记述司马迁的生平事迹,更重要的是传达出司马迁的精神。不仅《司马迁的人格与风格》,其他像《陶渊明传论》《韩愈》《道教徒的诗人李白及其痛苦》等著作,也莫不如此。此外,他写的单篇论文,如《李义山诗论纲》,开篇先叙述自己研究李义山诗的经历,然后从不同的角度论述李义山诗主要在写爱情,进而分析论证李义山爱情诗的成就非其他诗人可比。文字畅达,观点鲜明。时当《文学遗产》编者正在向他征稿,所以文章最后引用李义山的一句诗"书被催成墨未浓"结束全篇。评李义山诗,又以李义山诗作结,直是一篇抒情的文字。又如洋洋洒洒数万言的《文学史家的鲁迅》一文,简明概括地从各方面论述鲁迅在文学史著作方面的贡献,文笔挥洒之间充满了对鲁迅的仰慕之情。李先生的论著,就是如此情理结合,达到情与理融汇无间的境界,是郭沫若之后的第一人。

李先生教书上课是极其严肃认真的,从来不草率,准备不足不上讲台,也从不仅凭口头讲授,而无任何依据。他每次上课,都编写讲义,课前先分发给学生,以便学生在听课前有所准备。他对大学教师上课有自己的看法,认为:"大学教师上课是讲学,所谓讲学,即讲述自己的观点和看法,不能按照统编教材讲,统编教材是各种人的观点凑合起来的,怎么能形成自己的观点呢? 大学教师不讲授自己的观点和看法,还有什么意义?"他的《中国文学史略稿》即在讲授中国文学史课程时编写的,具有自己的学术思想体系,对文学发展的源流和对作家作品的评价都体现了自己的见解,并非人云亦云之类。如关于文学史分期问题,他认为尽管人们有上古、中古、近古、近代的划分,但从文学史发展的总趋势看,可以分古、近两个历史阶段,其分水岭即唐朝的安史之乱。安史之乱不仅是唐代文学的分水岭,而且是整部文学史的分水岭。安史之乱以后,社会生产关系发生了很大的变化,如庄园制代替了均田制,两税法代替了租庸调法,募兵制代替了府兵制;与这种新的生产关系相适应,上层建筑文学领域也出现了新的变化。文章方面,产生了比较通俗的古文,诗歌则产生了即事名篇的新乐府,小说戏曲则产生了有近代意义的传奇和参军戏,整个文坛呈现出一派新的面貌。这种新面貌把文学史划分为古代和近古两个大历史阶段。这种见解是符合文学史发展实际的。又如他认为我国文学史上有三个作家及其作品具有划时代的意义，即司马迁的《史记》、杜甫的诗歌、曹雪芹的《红楼梦》，他们各以其著作对他们以前的文学作了总结。这也是很有见地的。其他真知卓识还有不少，不便备述，要之都表现了李先生卓异的史论。李先生讲授中国文学史，体系性强，逻辑周密，观点鲜明，很有说服力，备受学生欢迎，是有口皆碑的。那么他讲解具体作品怎样呢？记得有一次他讲观摩课，全教研室的老师都来听讲，以便研究怎样改革课程，把古代文学讲得更好。李先生讲授的篇目是《李将军列传》，他开始说："我从来未讲过作品选，这是第一次，可能讲不好。"然后便开始讲解，他不是停留在字面上的鉴赏，而是联系司马迁笔下所有人物的不幸遭际和司马迁受刑后的苦痛串讲《李将军列传》的内容，不但传达出李广的悲剧精神，也再现了司马迁的惨痛行迹，同时还流露了自己多年无辜受辱的身世之感，内容丰富、深刻，真情流溢，把李广这个人物讲活了，极其动人。

　　李先生读书，习惯于作索引。他每读完一部书，即于书之末页索引其内容，并书写自己读后的意见，无论多好的版本也不例外。如此日积月累，形成成熟的看法，便写成文章。他文思敏捷，才华横溢，从来不迷信权威，如他的《司马迁生年为建元六年辨》，即反驳了王国维《太史公行年考》和梁启超《要籍解题及其读法》主张司马迁生于中元五年的说法。对哲学界长期以来关于唯物主义与唯心主义斗争的观点，他认为在资本主义社会以前，阶级的划分并不鲜明，因此没有纯唯物主义，也没有纯唯心主义。到了资本主义社会无产阶级与资产阶级形成严峻对垒的形势，才出现了唯物主义与唯心主义的尖锐斗争。又如"文革"后期，出版了郭沫若的《李白与杜甫》和章士钊的《柳文指要》两部著作。"文革"期间大张旗鼓地扫四旧,现在居然出现了权威人士研究四旧的书,大家都争先恐后地阅读。我们读后没有发现什么问题,李先生读后则提出一系列疑问。这都可见李先生学术观点的敏锐。

李先生是才、学兼擅的教授、学者,他身遭不白之冤,又患不治之症,思想、精神上的痛苦是可以想见的。我有一次去看望他,他不在家,李夫人说:"他出去散步了。"我在西单沿街寻找,都未找到,忽然发现他坐在西长安街电报大楼附近的马路牙子上。我心中无限酸楚,便搀扶他回家。再次去看他,他已经不能出院门了。最后一次去看他,他坐在椅子上对我说:"王安石六十九岁死的,汤显祖也是六十九岁死的,我今年六十九岁了。"说完之后,凄然泪下。我除了安慰他之外,还有什么可说的呢? 果然,同年(1978)十二月,他便与世长辞了。

李先生与我们永别已经二十余年了。今天,我们怀念李先生,即要继承、发扬他在学术领域孜孜不倦的顽强探求精神和勇于开拓的毅力,在教学方面严肃认真、独抒己见、不囿于成说的气度。李长之先生的教学经验以及治学成果和精神可以永存!

古经史学家高步瀛

　　高步瀛先生（1873—1940），字阆仙，河北省霸县人。曾祖鹏，为清朝官吏，祖父庭蕙，曾任清户部主事，父德沛，早卒。他九岁而孤，家道中衰，随其母居外公家。外公聘请儒者黄秉钧先生课训子弟，他与诸表兄弟从其受书，强记默识，莫与伦比，深受黄先生赞许。年17，应童子试，府院七试，皆第一。22岁，乡试举人。时桐城吴汝纶主讲保定莲池书院，他往从受业，从此，治学益攻根本，通贯经史，究研故训，尤精于"三礼"。既而主讲定兴书院，承教学子，多有成就。1901年，朝野倡言维新，兴办学校，保定设立直隶高等学堂和优等师范学堂，他应聘为教习。次年，赴日本游学，卒业于宏文师范学院。回国后，任省视学，后被学部侍郎严修调其入学部任图书局编审，旋补学部主事。民国初立，改称学部为教育部，他任教育部金事。1915年，由教育部编审处主任晋升为社会教育司司长，当时执掌政权者，皆武夫险猾，专制割据，党同伐异，竭天下之资财，以为自己兵力和权势之扩张，置教育于不顾。高先生掌社会教育司十余年，虽有改进教育的方针政策，却不能实行，惟倡行阳历，制新戏曲，改良旧制，所以导启民智，改变陋习，皆其事之小焉者。及王紫珊立国立群铸一社，以提倡民族德义为宗旨，先生著讲演录，以宣导风俗，月成数册，如《立国根本谈》、《侠义国魂》、《国民须知》、《国民常识》等。这些书，皆用通俗明白之文字写成，实民国八年提倡语体文者之先导。1921年之后，天津陈宝泉掌立国立北京高等师范，聘请其到校讲学，他于部务之暇，授所注桐城姚氏《古文辞类纂》一书,此其重莅教席之始。张作霖入北京,称大元帅,他遂辞去教育部司长之职,专任国立北平师范大学教授,并专门教授经史文辞等,其后兼任北平师范大学教授。1930年,又以教授代国立北平师范大学二部(即原女子师范大学)秘书长,摄行院长职。任职期间,直而能容,总而能制,治校有方。1929年,奉天易帜(沈阳改悬挂五色旗为青天白日旗)归正中央,他应聘为奉天萃升书院讲习。"九·一八"事变后回北平,仍执教于北平师范大学,兼私立中国大学教授。1937年春,保定设立莲池讲学院,聘请其前去讲学,他于师范大学授课之余,每月两次赴保定讲课。先生教学,勤奋无寒暑,亘数十年如一日,回答学生提出的问题,谆谆日夜不倦。奇词邃义,经宗疑史,幽而不彰,疑而不释,杂然纷如不得其理者,他戄学谆诣,穷探冥索,较然于是非毫厘之辨,使闻者豁然冰释,故深得门人弟子之敬爱,称贤师焉。先生治学,宏通博精,所谓博,是于书无所不读,精通音韵训诂、典章制度,对两千年来之政治得失、学术源流、地理沿革、风俗厚薄,了如指掌。所谓精,是有宏通之见,凡所著书,对前人之学说,善能鉴别其真伪然否,博辨纵横,归于至当。

高先生于经,专精"三礼",尝云:

> 《周易》本充卜筮,先贤以言天道,至炎汉而施、孟、梁丘,传授分歧,刘、石之乱,淹然荡析。今欲缀彼遗义,逞我胸臆,思继绝学于千载,非吾所能也。《国风》,原出谣唱,采诗非无稽,而历年旷邈,情势更易,今以微末异同,遥定古诗之雅正,亦非吾所能也。惟《礼》,历代遵行,虽因时制宜,而损益可晓。远稽邃古,俯察近时,核其递嬗变迁之迹,一一列之目前,是则吾人之事也。为《古礼制研究》若干卷。

其书,述"三礼"源流,明堂、学校、祭祀诸制度,穷摭博讨,尽周秦汉魏晋隋唐宋至清今古文家说,纲清目举,申剖定订,可谓集《礼》学之大成。

先生于史,无不赅览,尤精《史记》、《汉书》。日本泷川资言据日本桃源诸古本《史记书端正义》,多我国《史记正义》之文数千百事者,著以为《史记会注考证》一书。他正其误文,摘其正义,更为之考补疏注,为《史记正义斠注》三十卷。先生亦精古地理学,尝以州县治所,区疆划属,与时变迁,学者不慎,易囿近情,以论古事,则毫厘之差,或致千里之失。古其东亳、西亳之辨,丰京、镐京之别,王季之所都,周公之所葬,荆楚、蔡国之迁移,与夫武安、论蓝田、定鸿门,皆旁参博证,反复申辨,使阅者晓然如指诸掌。

高先生平生于《昭明文选》、《古文辞类纂》二书,致力最勤,用功最深,学术价值最高。对《文选》,他尤服膺李善之学,尝云:

> 昭明之书,包罗宏富。其从子萧该,首为音义,惜今不传。至于唐代,集选学之大成者,断推李氏。盖以毕生之力,改至三、四,乃成定本。或斥其释事忘意,殆出妒者口,不足道也。然一厄于五臣之代纂,再厄于冯光震之攻摘,三厄于六臣本之羼乱,四厄于尤延之诸本之改窜。夫冯书未成,姑不论。五臣虽有书,而绝非李匹,前人已有定论,则厄焉尤非其极。独至羼乱之,改窜之,使其精神面目,皆失本真,是可太息也。为《文选李义疏》若干卷。

《昭明文选》选录周秦至梁代诗文凡六百七十篇,李善注引用了一千五六百种书籍、篇什,曾多次更订,始成定本。但是《李注》中还有不知事出何书,不得已而缺疑者。高先生对李注引用的一千多种并多不传于今日的书籍,除了订正其引文之讹误、发明其义例,更补出其中缺疑的许多事项。于清人张云璈、钱泰吉两人所列的李注义例诸条,更增补了张、钱二人义例所未尽者七例百数十条。《文选》之学,读者于义例不明,则李注之次第不得知,五臣羼入李注之文,亦不得知,而非五臣滥入李注者更不得知。所以学术界见到先生之《义疏》,无不惊叹其学问之精博远出李善之上。

高先生撰写《古文辞类纂笺证》亦有其渊源。当他主讲定兴书院时,曾拜保定莲池书院主讲桐城吴汝纶为师,学为古文辞,读姚鼐《古文辞类纂》书,认为是很好的读本,用多年功夫,为此书作注解。对姚氏所选自周秦至清代各体文辞七百多篇中,凡涉及名物、制度、政治、学术、地理、官职、文字、音训都加以考证。与一般人注释前代诗文集者、释事释义之范围限于本文本句、无所发挥不同,而是贯串古今,对今古文经学之争论、学术流派之纠葛、疑史之本末、子部诸书之真伪、词义形体之演变、地理名称之改移,皆穷究原委,有长达万言者。诚学问之渊海,考据之门径,如《古文辞类纂》中张敞《论霍氏封事》,有"请罢霍氏之侯者皆就第"一语,《笺证》云:

> 《汉书》毛本第作弟。《说文》曰:弟,韦束之次第也(卷五部首),引伸之为凡次弟之弟,为兄弟之弟。《汉书·高帝纪》:赐大第室。孟康曰:有甲乙之次第,故曰第也。是甲第之第,亦取次第之意,字亦当作第。《诗·周南》孔疏、《谷梁·隐公》杨士勋疏,皆引《说文》第字从竹弟声,盖弟之或体字。今则兄弟字作弟,次第字作第。毛本此弟字,则古义之仅存者。

这即是从其本源、变化和用法推究,不是孤立的解说。双声叠韵形容字,字无定形。先生对此,则是囊括古书所有之形体,作总体解释。采摘宏富，剖判入微。其笺注之精核，可与裴松之注《三国志》比美。此外，先生还撰有《史记举要笺证》若干卷、《周秦文举要笺证》四卷、《两汉文举要笺证》四卷、《魏晋文举要笺证》甲编三卷、乙编二卷、《唐宋文举要笺证》甲编散文八卷、乙编骈文四卷、《唐宋诗举要笺证》六卷、《汉魏六朝诗举要笺证》若干卷、《明清文举要笺证》甲编二卷、乙编二卷、《古今诗体注》四卷、《赋学举要笺证》四卷、《古文范注》二卷、《孟子注》四卷，皆授课时编写之讲义，其中多数已刊行于世，少部分缮而成帙，藏于家中。先生注疏，多为诗文。或谓何不解经？他说：

> 吾国自清代乾嘉而后，搜采经传遗文，补苴古训，鲜有余遗。今学者致力，约有二端，或本诸家已就之书，从而萃辑，如长沙王氏《两汉书补注集解》者，此将风行，亦省日力。至如李善之《文选》，王逸之《楚辞》，皆应视若经子引申评注，俾成大观，是则应为倡导者也。

因此他于昭明所选，姬传所纂，并广其实证，孜孜焉为人所不为，以益后学而不倦。

先生之文章，早年工六朝骈文，其后为桐城派弟子，又善古文，但从未以某一派标榜，尝云："今日为学，门户之见不可存，而门径之辨则不可不审。"认为文无骈、散，应先辨体。此亦可见其笺注历朝诗文之微意。又其不苟为文，前国民政府安徽督军陈某，仰慕他的文章，托乡人与其相识者，囊五万现钞，求其撰写碑文，以光耀先世。他力却之，不为誉墓。而其所作之王西庄《窥园图记》、杨椒山手卷跋、陈援庵六十寿叙骈俪文，高赡典雅，则可以厕之有清一代诸大家之列。

高先生学术成就和文章之高，缘于他人品之高尚。1932 年，日军攻陷榆关,国立大学经费三月不继,北平各高校教职员多怠业,他教授不辍,曰:"国贫,且多难,有能者宜抒之。书生无长,主教后进,而可以苟安乎!"时隆冬,奇寒,无炉火,坚冰坠于须。尝授杜甫"安得广厦千万间,大庇天下寒士俱欢颜"之句,神词奋动,意气激扬,师生相顾,多感慨而为之泣下。日伪政权成立的师范大学,函请其任教,或协劝之,他说:"吾以老耄,不能随大汉旌旗跋涉山川卫国,已愧平生志,而可以从贼乎!"驯至资用告匮,生计几息,意豁如也。当日军迫近山东,指挥某官,彷徨不即战,他与其有乡谊,日夜忧恨,至废寝食,愤愤曰:"武夫昏鄙,识昧义宜,晓以郭、李,而不吾听,祸国害民,可为痛绝!"及某指挥官死,他闻而称快曰:"惩一警百,国事大可为矣。"大义灭亲,表现了高尚的民族气节。华北伪政权成立了"古学院",他的旧相识劝他应古学院之聘,他大为愤慨,竟与之情断交绝。抗日军节节失利,日军到处焚掠屠杀,他愤恨成疾,对弟子孙楷第说:"我好不了,死了更好。陆放翁诗'王师北定中原日,家祭无忘告乃翁'。我也如此敦嘱孩子们。"此时国民党教育部特派员北来办事,通过辅仁大学沈兼士想与他会面,欲迎他南去。可是他年龄家累,重不能行,但极愿与此特派员一晤,由于觉察到有敌伪人员监视他,故不能如愿。

先生事母至孝,张太夫人年至90余。他家境本不富裕,"七七事变"后,乡间不可复居,姻戚率逃难来依,故旧之失业者,亦多赖其周恤,生活益其不济。1939年,友人余嘉锡、陈援庵、沈兼士诸先生,强延请其任教辅仁大学,主讲"三礼"等课。始一年,故友凋零,长日忧国,居恒郁郁,一夕而卒,享年六十有八。门人弟子及其故旧私相议曰,不可以不谥,乃谥之曰贞文先生。

高步瀛先生一生执教于北京师范大学,他的许多著作大都是授课时之讲义,为北师大在教学科研方面树立了良好的学风和学术传统,他的弟子著名者如小说考据家孙楷第、目录学家王重民、《史记》研究家程金造、诗文笺释家王汝弼等,都是继承这一传统而取得成就的。影响所及,今天北师大中文系古代文学、古典文献学研究领域,仍保持着重考据重实证的学风。

（根据程金造《高步瀛传略及传略后记》改写。）

语言文字学家杨树达

杨树达先生(1885—1956),字遇夫,号积微,晚年又号耐林翁,湖南湘潭人。他7岁时从其父杨孝秩(字翰仙)读书,得熟读《尔雅》、《广雅》、《史通》、《资治通鉴》、《汉书》等,受到很好的有关经史的培育。13岁考入时务学堂。时梁启超为中文总教习,以《孟子》、《春秋公羊传》为教本,鼓吹民权主义。他深受其影响。此年因病辍学,15岁遵父命受业于湘潭叶德辉,叶授之以《说文解字》和《四库提要》,并谓《说文解字》为治群书之梯航,《四库提要》为读群书之向导。后来杨先生在学术上的成就,得此二书之力很多。16岁改入官办的求实书院,学经史、算学、英语等,读书极其用功,开始研治《易经》,并仿阮元《读书古训》体例,辑成《周易古义》。1904年,应湖南省院试,第一名交卷,并第一名被录取,学使批云:"镕经铸史,卓尔不群,少年得此,尤为可喜。"不久调入校经堂肄业。次年,派赴日本留学,入东京宏文学院大冢分校学日语。1908年,考入东京第一高等学校预科学英语,次年预科毕业,被派入京都第三高等学校学习。1911年,辛亥革命胜利,清廷官费停止,他中途退学回国,入湖南教育司任职。从此结束了学生生涯。

1913年,应湖南第四师范学校之聘,到该校任国文教员,讲授汉语文法。他广泛研读语法书籍,发现《马氏文通》有许多错误,立志予以刊正。1916年,入湖南省第一女子师范学校,任国文教员,在该校任教四年,环境安定,治学颇勤,有述作之志,1918年辑《老子古义》,继而自谓"欲撰《论衡校注》,成三卷,失去。继为《韩诗外传疏证》，未成。最后治《盐铁论》，北游后继续治之。草稿初具，国难后失去"。皆未能完成。

1919 年，始撰《马氏文通刊误》。同年爆发了"五四"运动，湖南教育界响应反对旧礼教，提白话文之号召，受到湖南督军张敬尧的镇压。11 月他被推为湖南教职员代表之一，与学生代表毛泽东等一同赴北京，从事驱逐军阀张敬尧的活动。次年张敬尧被迫离湘，他也返回长沙。1920 年，再游北京，经黎锦熙、熊崇煦等人推荐，去教育部国语统一筹备会任职，并兼教各大专院校之国文和日语。自此结束了中学教员生活。

1921 年，经钱玄同介绍，任北京高等师范（北师大前身）国文教师，编写讲义，成《高等国文法》之底稿，3 月始撰《古书疑义举例续补》，9 月始辑《说苑疏证》、《新序疏证》，二稿今皆亡佚。1922 年，始撰《词诠》。1923 年 7 月"高师"改为北京师范大学，原教育总长范源廉出任校长，邀请他任国文系代理主任和主任。1925 年，《汉书补注补正》出版，此书纠正王先谦《汉书补注》六百余事，为他多年心血之结晶。余嘉锡称之云："杨诵班孟坚书，不复持本，终卷不失一字。古所谓汉圣者，无以远过。"黄侃评之云："遇夫于《汉书》，有发疑正读之功，文章不及蔡园（王先谦字），而学问则过之矣。"可见，他对《汉书》之功力及对《汉书》研究之贡献。1926 年，应清华大学之聘，任中文系教授，推荐吴承仕继任北京师范大学国文系主任、教授。

1937 年 7 月，抗日战争爆发，他与家属离京返湘，应聘为湖南大学教授。1938 年，由于战争形势的发展，随校避迁辰溪。其时日本飞机不断轰炸，师生不得安宁，他愤恨之极，在学校开设"春秋大义"课程，以《公羊传》为主，阐述《春秋》"复仇"、"攘夷"之大义，以抒发对敌人之仇恨。1945 年 8 月，抗日战争胜利，又随学校复员回长沙,结束了颠沛流离的生活。他想乘垂暮之际,多做些学问,于是每日钻研甲骨文,并着手编撰《说文读若探源》。1948年赴广州中山大学作短期讲学。9月,应邀到南京出席中央研究院院士讲演,应傅斯年之请,作关于《诗经》的学术讲演。11月,赴广州,应中山大学中文系教授之聘。1949年5月,由于人民解放军渡江后广州一片混乱,学校已无法上课,他又自广州返湘。10月,中华人民共和国成立,他非常高兴,作《赋怀》一首,表达兴奋喜悦之情。

　　1950年,中国科学院成立,他被聘为语言研究所学术委员,后为社会科学学部委员。此后他研究金文甲骨文更加努力,日有所获则笔录之。1952年,他的《积微居金文说》由中国科学院考古研究所出版,此书集中他1941年到1951年的读书札记,释金文约300余字,对前人解释不当之处多有驳论,为金文研究开拓了新的境界。1953年,湖南大学取消文、法学院,他改任湖南师范学院教授。同年他的《积微居甲骨文说·卜辞琐记》由科学出版社出版,此书在王国维、郭沫若研究的基础上,有所创新。继之,又出版了《耐林庼甲文说·卜辞求义》。1954年,他将研究古文字之成果,分门别类整理成三卷,共释字120余,定名为《积微居小学述林》,由科学院出版。之后,又将过去石印本《论语古义》增订出版,此书以经证经,以史证经,新意递出,陈寅恪序云:"自来诂释《论语》者所未有,诚可为治经者辟一途径,树一新楷模也。"1955年,来京参加中国科学院召开的"现代汉语规范问题学术会议",回湘后,只用了50天即完成《盐铁论校注》的写作。1956年2月14日病逝。

　　纵观先生一生之著述,可分为六类:

　　第一类,是辑古人之引文以解释古书,如《周易古义》、《老子古义》。这两种书之共同点，是"述而不作"，于三国以前所有征引《易》、《老》文字的，无不引用，分别列于有关文句之下，既可以备见古人如何解释、引用及看待这种书，还可以知哪种书首先引用《易》和《老子》，以至首先引用哪一段，可以探讨本书本章的写作年代。

第二类，是语法、修辞及其他有关著作。语法方面，如《马氏文通刊误》、《中国语法纲要》、《高等国文法》以及后来排比《高等国文法》中虚词例句而成的《词诠》。修辞方面，如《古书疑义举例续补》，论证古人措辞构句的若干通则，是讲古人修辞方法之著作。又《中国修辞学》一书，后来被改称《汉文文言修辞学》。此外，《古书句读释例》也属于此类。此类书中，以《词诠》影响最大，这是一部较可信赖的解释古书虚词的工具书。

第三类，是关于校勘注释和考证方面的著作。其中《汉书补注补正》成就最高，他用清代朴学家王念孙、王引之校释古书之方法，对《汉书补注》加以扩充补正，其后又把几十年读《汉书》的心得加以总结，撰写成《汉书管窥》一书，用此书补充《汉书补注》，使《汉书》研究已无剩疑，同时学人称其为"汉圣"。此外，还有《汉代婚丧礼俗考》、《盐铁论要释》、《淮南子证闻》、《积微居读书记》，每立一义，多确凿不移。

第四类，是有关文字训诂的著述。如《积微居小学述林》、《积微居金石论丛》，他研究文字训诂之学，能突破《说文》范围，尽量用甲骨文、金文，以古声纽、古韵部为纲，务使形、音、义密合，求其语源，得出造字和用字的条例若干则，表现了他的"创通大例"。这种创通大例，非有博学高识不可，非一般解字说经、饾饤琐屑者可比。不但段玉裁、王念孙因时代不同而不及，即同时学人亦瞠乎其后。

第五类，是有关甲骨文的著作。如《积微居甲文说》、《卜辞琐记》、《耐林顾甲文说》、《卜辞求义》四种。他论治甲文之道说："欲识其字，必以《说文》篆籀彝器铭文为途径求之，否则无当也。甲文中已盛行同音通假之法，识其字矣，未必遽通其义也，则通读为切要，而古音韵之学尚焉，此治甲骨者必备之初步知识也。甲骨文所记者，殷商之史实也。欲明其事，必以古书传记所记殷周史实稽合其同异，始能有所发明，否则其无当也。大抵甲骨文学，除广览甲片，多诵甲文，得其条理而外，舍是二术，盖不能有得也。就形以识其字，循音以通其读，然后稽合经传以明史实，庶几乎近之矣。"此是他治甲文之方法和途径，自信其所得的成绩，比王国维、郭沫若"差可自信不疑"，不在他们之下。

第六类，是有关金文的著作。他用高邮王氏父子校释古书的方法研究金文，每解释一篇铭文，先注意一字之形体，与小篆、籀书、甲文比较，确定是什么字，此字是什么意义，或者集合用与此字的同类或类似铭文比较，综合研究，确定它是什么意义，然后考求是什么字。如此还有难通之处，便活用其字形，借助于文法，乞灵于声韵，用假借之法沟通。共认识新字约 50 个，新发现或印证的史实以百计，撰成文章近 400 篇，辑合成《积微居金文说》一书，对金文研究作出新贡献。

以上六类学术著作，每一类都渗透着他的治学经验和途径，其有益于后学者深矣、远矣。

杨先生在学术上取得如此高的成就，原因有如下诸项：其一，是他刻苦用功，勤勤恳恳，乐此不疲。他数十年的工作，几乎没有星期天，没有节假日，甚至元旦春节也坚持工作，从不休息。一年四季都是早晨四点左右起床，入书斋工作，到吃早点，稍事休息，又继续工作。午饭之后，午睡一小时，又工作到吃晚饭，晚饭后不再工作,九时左右就寝。几十年如一日,保持着旺盛的体力。其二,以读书和研究工作为乐,孔子说:"知之者不如好知者,好之者不如乐之者。"他好此不疲,故能全身心地把精神倾注入所读书之中,对经书、史书能背诵如流,经久不忘,为自己研究问题提供了方便。其三,他把教学、研究和著述三者结合起来。他每教一门课程,皆自编讲义,讲义内容多自己研究之心得,从不人云亦云。讲授几次,最后成为定稿,如《高等国文法》、《汉书补注补正》、《甲文说》、《金文说》等,都是由讲义逐渐增补修改而成的著作。又如他讲授文字学多年,写成《文字形义学》。讲授训诂学,写成《训诂学小史》。讲授文法学,写成《文法学小史》。因为多次讲授,并反复加工、修改,内容更具有实践性和科学性。他在学术上取得如此高的成就的原因,足以启迪后人。

杨先生在北京师范大学任教 5 年,讲授并撰写《高等国文法》、《古书疑义举例续补》、《说苑疏证》、《新序疏证》、《词诠》等,其治学之精、根底之深,余嘉锡在为其《积微居小学金石论丛》序中说:"盖君之读书,先致力乎根柢,循序渐进,不陵节而施。其于《说文》,讽籀极熟,于群经讲贯极精;然后上溯钟鼎甲骨之文,以识其字,旁通诸子百家之书,以证其义。穷原竟委,枝叶扶疏,著书至十万余言。"这种治学精神,体现在他全部的著作之中。杨先生与余嘉锡先生是同乡,学术旨趣也相投。在北京期间,读书每有所得,辄与余先生交流,"二人抚掌欢抃之声相应"(《积微居小学金石文字论丛序》),为北师大树立了优良的学术传统。

　　　　　　　　(根据杨伯峻《〈杨树达文集〉总前言》、
　　　　　　白吉庵《杨树达传略》改写。)

怀念王汝弼先生

大约一年多以前,承厚艳芬同志约我写写我校古代文学教研室老一辈专家学者的教学经验和治学道路,作为后来者的学习和借鉴。说实在的,我没有能力对老一辈的专家学者的教学和学术研究作全面的评价,只能以回忆的方式,记述他们当年如何进行教学和从事研究工作的。其实前些年我已经写过几篇回忆文章,现在再点滴地回忆王汝弼先生当年教学和科研工作的情况,作为对王先生的怀念吧!

王汝弼先生是1982年与世长辞的,他与李长之先生同龄,李先生是1978年末过世的,他比李先生多享寿四年。他们二人是20世纪50年代我们古代文学教研室的两位重要教授,然而他们的学术思想和治学经验却有很大差异,这缘于他们的出身和所受教育之不同。李先生毕业于清华大学哲学系,师从冯友兰先生,并受德国古典哲学和文艺科学的影响,因此在学术领域长于论述;王先生毕业于北京师范大学国文系,师从钱玄同、高步瀛、黎锦熙诸先生,继承的是经、传、子、史一类的学问,在学术领域长于对古书的笺释。因此,在当时中文系由李长之先生讲授中国文学史,由王汝弼先生讲授中国古代文学作品选,各发挥其所长。

王汝弼先生虽师从钱、高、黎诸先生,但更主要的是承袭了高先生的学问和治学道路,从教学工作到科学研究莫不有高先生的影响在。以教学论,高先生授课非常严肃认真,凡所讲授,必撰写讲义,如《史记举要笺证》、《周秦文举要笺证》、《两汉文举要笺证》、《魏晋文举要笺证》、《唐宋文举要笺证》、散文卷《唐宋文举要笺证》、骈文卷《魏晋六朝诗举要笺证》、《唐宋诗举要笺证》、《明清文举要笺证》、《赋学举要笺证》等，都是他授课时所编撰者，采摘宏富，剖判入微。其笺注之精核，可与《三国志》裴松之注比美。

亦如高先生，王汝弼先生讲课，必编写讲义，他讲授中国古代文学作品选课，先后编写过《历代韵文选注》、《汉诗选注》、《魏晋南北朝诗选注》、《唐诗选注》、《宋词选注》等。笺注中沉潜乎训义，反复乎句读，追溯上古字书之文，以识其字，旁通诸子百家之书，以证其义，其学术价值，非一般讲义可比。据我们的先辈说，当年我校国文系钱玄同、高步瀛两位先生授课之不同，钱先生授课不发讲义，全凭口授，引用资料丰富，条理清晰，很受学生欢迎；高先生授课先发讲义，学生抢先领讲义，与听课相比，更重视他编写的讲义。今天，同学们听王汝弼先生讲课，亦如当年学生对待高先生的课程，听他讲授不如认真阅读讲义，讲义内容全面具体，便于领会其内涵。此亦可见王汝弼先生在教学上有高先生的影响在。遗憾的是，王汝弼先生所编撰的这些讲义，当时是蜡版油印的，未曾出版，不好保存，全都散失，今天已很难见到了。

王汝弼先生读书最大的特点是"精"与"细"。他笺释古书，往往斟酌词句，考稽史事，阐发出诗文的内涵。在工作中他特别推崇《文选》李善注、《三国志》裴松之注和《世说新语》刘孝标注，认为这三家注文不但提供了大量的资料，而且有学术价值。如李善注征引古书1600多种，其中包括经史子集、文字训诂、佛经等，可谓"淹贯古今"。裴松之注征引古书150多种，以50余万字的注文补缺、备异、辨证三国时代的历史，对三国史的研究作出重要贡献。刘孝标注征引古书将近400种，以增补史料，纠正原书的错误，保存了很多史料。他推崇这三家的注文，自然在精神上与他们契合，他们的笺释方法与路数必然对他产生潜移默化的影响。事实上他对《文选》李善注特别熟识，这与他的老师高步瀛的专著《文选李注义疏》有师承关系。他笺注诗文即在吸收前人及其老师的学术传统之基础上，结合当前的学风和学生的实际情况编撰而成的。

王汝弼先生一生的著述并不多，仅《白居易选集》（上海古籍出版社版）、《乐府散论》（陕西人民出版社版）以及和我合著的《玉溪生诗醇》（齐鲁书社版），仅此亦可见王先生读书之深细和治学精神之严谨。其中《白居易选集》，王先生用力最多，是他倾注着大部分心血，用十多年的时间完成的。上海古籍出版社编辑审稿后回信说："极见功力之作"，他很高兴，把信拿给我看。实际上，这是目前有关白居易诗文最好的笺注本。白居易的诗文以浅显著称，一般人认为容易懂，似乎不需要多加笺注。其实这只是就字面而论，对其透过字面的深层涵义并不了解。王先生在书的序文中说：

> 如原文浅显易懂，则仍用原文，而附注其难字难词……亦有原文虽若可解，然不注则无以尽其丰富的涵义者，亦加注。……白诗多用口语，注时不仅要知其涵义，还要尽可能和现代汉语沟通，因而也适当地运用了训诂学上的音训原则，以免臆造。

这段话是仅就字面而言，他是要通过对难字难词和口语的笺注，阐发白氏诗文之深层涵义。但王先生在序文中未加说明，而在实际工作中做的，即不仅注释语词，更注释典故历史。白居易的诗文关涉到很多唐朝的典章制度和历史，对此若不加注释，仍不能彻底阐发其诗文之内涵。王先生对唐代的典章制度和历史极其熟悉，因此笺释白氏的诗文穷源竟委，详细周密。如对《杜陵叟》中"岁种

薄田一顷余"一句笺释云:

> 这是反映中唐均田制基本破坏后幸存的少数中人之家的耕田面积。《旧唐书·食货志》:"武德七年(624),始定律令:丁男中男给一顷(百亩),所授之田十分之二为世业,八为口分。世业之田,身死则承户者便受之;口分则收入官。"所以杜陵叟虽能种田一顷左右,而所承受的世业则不过二十亩。

以史书记载当时的田亩制度准确地说明杜陵叟"岁种薄田一顷余"。又对"急敛暴征求考课"一句笺释云:

> 唐代最高统治者制订一种定期对官吏考核成绩的办法,名叫考课,京官由吏部考功郎中,外官由员外郎主其事,实际上是考查他们是否胜任剥削和压迫老百姓。《旧唐书·宪宗纪》记载:"元和七年五月庚申,上谓宰臣曰:卿等累言吴越去年水旱,昨有御史自江淮回,言不至为灾,人非甚困。李绛曰:臣得两浙淮南状,继言歉旱,……御史非良,或容希媚,此正当奸佞之臣……"这件事发生在白氏写《新乐府》之后,可见当时这类坏人坏事,层出不穷,诗人所说的"急敛暴征求考课",不仅可以出现在地方官身上,而且可以出现在皇帝所派遣的钦差大臣御史身上,则情况之严重,可想而知。

以史证诗,说明了诗歌内容的确凿性。王汝弼先生对诗文的笺释大都如此。其察之也精,释之也密,毛举栉剔,细入无间。

王先生对汉魏乐府也倾注了不少精力,功力很深,这方面的成就,见于他的《乐府散论》。他所谓"论"云云,也是从笺释的角度论述每首乐歌,如对古乐府《战城南》中"梁筑室,何以南,何以北?禾黍不获君何食?"的解释,历代很有分歧,王先生则论述云:

　　梁字上可能有"乘"或"架"字的脱文。"乘"或"架"梁筑室,与下文"禾黍不获君何食"一气贯注,都是农民在家乡常做的两种活计。《诗·豳风·七月》:"昼尔于茅,宵尔索绹,亟其乘屋,其始播百谷。"一年之计在于春,这都是古代农民家庭必须由男人担负的繁重劳动;但由于他们被征,从军在外,所以这些工作也就自然搁置起来了。

并征引《史记·酷吏列传》记载:汉武帝穷兵黩武的结果,不但使农民交纳不上租税,而且有些县份,还要朝廷开仓赈济,影响所及,不仅农民缺吃少穿,最终还要使国君的口粮也失去了保证。既训释词语,又参证历史,使诗意更加显豁。又如对乐府《有所思》中"双珠玳瑁簪,用玉绍缭之"两句的论述云:

　　用物以表心。表心不能无物,但物即使是瑰宝,也总是有限的,而人的深情则是无限的。《诗·卫风·木瓜》篇说:"投我以木瓜,报之以琼琚;匪报也,永以为好也。投我以木桃,报之以琼瑶;匪报也,永以为好也。投我以木李,报之以琼玖;匪报也,永以为好也。"又《古诗十九首》有一首:"庭中有奇树,绿叶发华滋。攀枝折其条,将以遗所思,……此物何足贵?但感别经时。"和此诗所表露的思想情感基本一致,可以用来做这两句诗的最确当的注释。这两句诗,不仅是写了赠物,而且也写了钟情。玳瑁簪已很珍贵,又缀以双珠,还感到不满足,又用无数的美玉把它镶嵌起来。这里是贯穿着一缕热情的"丝"线的。繁钦《定情诗》说:"何以致拳拳?绾臂双金环。……何以致区区?耳中双明珠。……何以结恩情?佩玉缀罗缨。何以慰别离?耳后玳瑁钗。……"明显是读过这首诗并对作者的寄兴深有体会的,可以用来作我们对此诗理解的参考。

他旁征博引，融会贯通，于诗句讽籀极熟，于诗意讲贯极精，笺释得深入、透辟至无以复加的境地。

曾记得80年代，我们编注的《杜甫选集》完稿之后，请王先生给看看其中有什么问题。王先生看后说："如果让我再注，我能把杜诗注活了。"但是由于向上海古籍出版社交稿的日期在即，未能听从先生的意见，现在想起来非常后悔。其后，我又将自己编注的《玉溪生诗醇》的稿子交给王先生，请他审阅。李义山诗构思缜密，长于用典，工于炼字，并活用叠字、虚词等，王先生经过对原稿有关词语、典故深入细致的修润和加工，把诗歌以芳草寄怨、藉云雨托恨的内容表现得淋漓尽致。这也可以说是"把李义山诗注活了"吧！此书出版之后，我曾寄赠周振甫先生一册，周先生除了赞赏之外，并建议再版时更改书名，以免影响销路。也曾寄赠冯其庸先生一册，冯先生称赞之余，对我说："我经常放在身边。"

王汝弼先生大半生的学术经历并不顺利，"文革"前历次政治运动，给他精神上的压力是不言而喻的，改革开放后，形势大好，但他已年迈多病。然他始终笔耕不辍。住进北医三院后，我去看他，他还说："我要回学校，写我的东西。"他未料到自己已经不能回学校了，终于1982年春节与世长辞。"已断燕鸿（王先生是河北人）初起势，更惊骚客（王先生研究楚辞，早年曾撰写《屈赋发微》发表在顾颉刚主编的《文史杂志》上）后归魂"（李义山《赠刘司户蒉》）。但他的学术经验给后人留下了丰富的精神遗产！

古典文学家王汝弼

王汝弼,原名王绍通,又名闻夫,汉族,河北省蓟县人。1910年出生于蓟县富有的家庭,卒于1982年。中国民主同盟盟员。他自幼好学,1929年入河北省通县师范学校读书,1929年毕业后考入北京师范大学国文系,当时北京师大名教授很多,他师从钱玄同、高步瀛、黎锦熙诸先生,在学习上受到很好的教育,打下了坚实的古文献和古文学的基础。1935年毕业后,在河北省立新集中学任国文教员。1937年抗日战争爆发,国难当头,他参加了冀东抗日游击战争的联络工作。1939年出于抗日热情,由天津去大后方云南,执教于云南宣城师范学校,同时组织学生出壁报,引导学生阅读进步报刊和书籍。日本军国主义占领北平之后,北京师范大学迁至陕西城固改称国立西北师范学院,当时许多名教授都集中于此,如黎锦熙、谭介甫、吴世昌、杨晦、杨向奎等,成为西部地区重要的文化阵地。由于黎锦熙先生的邀请,他由云南去陕西城固师范学院国文系执教,任讲师。1942年提升为西北师范学院的副教授,又兼西北大学的副教授。1944年西北师范学院由陕西迁至兰州,他继续任职该院国文系副教授,并指导文谭会会员整理国故,此项工作一直延续到北京解放之初。1945年抗日战争胜利,次年,即1946年北京师大复员回北京,他也随学校返回北京。从此到他过世,一直任职于北京师大,历任北京师大国文系副教授,并兼任校务委员会委员。1952年改国文系为中文系,他又任中文系教授兼古典文学教研室主任,民盟北京师大区分部中文系小组长等职。

王汝弼先生与北京师大其他教授不同之处，在于他毕业于北师大，并始终执教于北京师大，他的学问具体体现了北京师大的学风，即朴实、深厚，对声韵、文字、训诂、经、史、子、集都具有深厚的修养，这源于他的师承，是他对老师学问的直接继承。尤其对高步瀛先生，他心摹神仪，高先生一生执教于北京师大，把全副心血贡献于北京师大，他对待课堂教学特别认真，凡上课都撰写有详细的讲义，如《先秦文举要》、《两汉文举要》、《魏晋文举要》、《唐宋文举要》、《唐宋诗举要》、《史记举要》、《辞赋举要》等，这些讲义与一般笺释或叙述不同，而是经过参考诸多资料、细心研究撰写成的，有很高的学术价值，这是学术界有定评的。王汝弼先生教书同样如此认真，每将一门课程，都印发自己撰写的讲义，如《历代韵文选注》、《汉诗选注》、《魏晋南北朝诗选注》、《唐诗选注》、《宋词选注》等，笺释过程中沉潜乎训义，反复乎句读，追溯上古字书之文，以识其字，旁通诸子百家之书，以证其义，也很有学术价值，非一般讲义可比，是高步瀛先生学风之嫡传。当时仅是蜡版油印，未曾出版，而今已很难见到了，十分可惜！

王汝弼先生的学术成就，亦如他的老师高步瀛，主要表现在对古书和文学作品的疏证和笺释上。他早年曾著有《离骚笺证》、《九歌笺证》、《汉魏六朝唐宋诗笺证》、《屈赋发微》等，其中除《屈赋发微》六篇中之部分章节发表在抗日战争时期顾颉刚主编的《文史杂志》外，其他都是手稿，未曾刊印发表。新中国成立后，著有《白居易选集》（上海古籍出版社出版）、《乐府散论》（陕西人民出版社出版）和与聂石樵合撰的《玉溪生诗醇》（齐鲁书社出版），学术论文有刊载于北京师大出版的《爱国主义与文学》期刊上的《发扬〈诗经〉、〈楚辞〉中爱国主义的优良传统》等。另外，有在抗日战争时期所作之旧体诗二百余首,编集成册,名之曰《支离草》,取意于杜甫诗句"支离东北风尘际,漂泊西南天地间",是手稿,未曾刊印。王汝弼先生对诗文之笺释,显示出他读书之"精"与"细",斟酌词句,考稽史事,往往能阐发出诗文之新的内涵。如对古乐府《战南城》中"梁筑室,何以南,何以北? 禾黍不获君何食?"的解释,历代很有分歧,王先生笺释云:"梁字上可能有'乘'或'架'字的脱文。'乘'或'架'梁筑室,与下文'禾黍不获君何食'一气贯注,都是农民在家乡常做的两种活计。《诗·豳风·七月》:'昼尔于茅,宵尔索绹,亟其乘屋,其始播百谷。'一年之计在于春,这都是古代农民家庭必须由男人担负的繁重劳动;但由于他们被征,从军在外,所以这些工作也就自然搁置起来了。"并征引《史记·酷吏列传》记载:汉武帝穷兵黩武的结果,不但使农民交纳不上租税,而且有些县份,还要朝廷开仓赈济,影响所及,不仅农民缺吃少穿,最终还要使国君的口粮也失去了保证。既训释词语,又参证历史,使诗意更显露。又如对乐府《有所思》中"双珠瑇瑁簪,用玉绍缭之"两句之笺释云:"用物以表心。表心不能无物,但物即使是瑰宝,它总是有限的,而人的深情则是无限的。《诗经·卫风·木瓜》篇说:'投我以木瓜,报之以琼琚;匪报也,永以为好也。投我以木桃,报之以琼瑶;匪报也,永以为好也。投我以木李,报之以琼玖;匪报也,永以为好也。'又《古诗十九首》有一首:'庭中有奇树,绿叶发华滋。攀枝折其条,将以遗所思,……此物何足贵? 但感别经时。'和此诗所表露的思想情感基本一致,可以用来做这两句诗的最确当的注释。这两句诗,不仅是写了赠物,而且也写了钟情。瑇瑁簪已很珍贵,又缀以双珠,还感到不满足,又用无数的美玉把它镶嵌起来。这里是贯穿着一缕热情的'丝'线的。繁钦《定情诗》说:'何以致拳拳? 绾臂双金环。……何以致区区?

耳中双明珠。……何以结恩情？佩玉缀罗缨。何以慰别离？耳后瑇瑁钗。……'明显是读过这首诗并对作者的寄兴深有体会的，可以用来作我们对此诗理解的参考。"旁征博引，融会贯通，于诗句讽籀极熟，于诗意讲贯极精，笺释得深入、透辟至无以复加的境地。以上诸例，皆见于他的《乐府散论》。

王汝弼先生的代表作或称学术价值最高的著作是《白居易选集》，此书是他用十余年的时间完成的，倾注着他大部分心血，是目前有关白居易诗文最好的笺注本。白居易的诗文以浅显著称，一般人认为容易读懂，似乎不需要加笺注。其实这只是就文字面而论，对其透过字面的深层涵义并不了解。王先生在书中的序文中说："如原文浅显易懂，则仍用原文，而附注其难字难词；……亦有原文虽若可解，然不注则无以尽其丰富的涵义者，亦如注。……白诗多用口语，注时不仅要知其涵义，还要尽可能和现代汉语沟通，因而也适当地运用了训诂学上的音训原则，以免臆造。"这段话即针对仅就字面而言的，他是要通过对难字难词和口语的笺注，阐发白氏诗文之深层涵义。但王先生在序文中未加说明，而在实际工作中做的，即他不仅注释词语，更注释典故和历史，白居易诗文字面通俗易懂，但关涉到很多唐朝的典章制度和历史，在这些方面不加注释，仍然不能彻底阐发其诗文之内涵。王先生对历代典故掌握得极其丰富。对唐代历史也极其熟悉，因此笺注白氏诗文穷原竟委，详细周密。如对《杜陵叟》中"岁种薄田一顷余"的笺注云："这是反映中唐均田制基本破坏后幸存的少数中人之家的耕田面积。《旧唐书·食货志》'武德七年（六二四），始定律令：丁男中男给一顷（百亩），所授之田十分之二为世业，八为口分。世业之田，身死则承户者便授之；口分则收入官。'所以杜陵叟虽能种田一顷左右，而所承受的世业则不过二十亩。"以史书记载当时的田亩制度准确地说明杜陵叟"岁种薄田一顷余"。又对"急敛暴征求考课"一句笺注云："唐代最高统治者制订一种定期对官吏考核成绩的办法,叫考课,京官由吏部考功郎中、外官由员外郎主其事,实际上是考查他们是否胜任剥削和压迫老百姓。《旧唐书·宪宗纪》记载:'元和七年五月庚申,上谓宰臣曰:卿等累言吴越去年水旱,昨有御史自江淮回,言不至为灾,人非甚困。李绛曰:臣得两浙淮南状,继言歉旱,⋯⋯御史非良,或容希媚,此正当奸佞之臣⋯⋯'这件事发生在白氏写《新乐府》以后,可见当时这类坏人坏事,层出不穷,诗人所说的'急敛暴征求考课',不仅可以出现在地方官上,而且可以出现在皇帝所派遣的钦差大臣御史身上,则情况之严重,可想而知。"此以史事阐发诗句之内涵,以史证诗,增强了诗歌内容的确凿性。举以上诸例,以概其全。王汝弼先生对诗文之笺释大都如此。其察之也精,则释之也密,毛举栉剔,细入无间,用力之勤,犹如前人之治经史的精神。

　　王汝弼先生在笺注和研究的工作中,特别推崇《文选》李善注、《三国志》裴松之注和《世说新语》刘孝标注,因为这三家注文为考据家提供了大量的资料。如李善注征引群书23类,1689种,从经史子集,文字训诂到佛经皆有,历来史家对其有"淹贯古今"的评价。《三国志》裴松之注征引书159种,注文约50余万字,注文在于补缺、备异、惩妄、辨正,并将三国两晋时代研究三国历史的成果纳入注中,反映了当时的史学水平。《世说新语》刘孝标注,以增补史料为主,征引古书达395种,以纠正原书的错误,但多已亡佚,因此刘氏的注文在保存史料方面有很大贡献。他推崇这三家的注文,自然在精神上与他们契合,他们的笺释方法与路数必然对他产生潜移默化的影响。事实上他对《文选》李善注特别熟悉,这与他的老师高步瀛曾著《文选李注义疏》有师承关系。他笺注诗文即在吸收前人及老师的学术传统之基础上,结合当前的学术风气而有所变化,搜集史料竭泽而渔,取精用宏。这种学术路数皆见之于他的笺释和研究工作之中。他特别重视前人对古书的笺释,目的在希求经、史、子、集透彻的解读,阅读时兴致所至,往往忘记了疲劳,一部极其繁琐的《皇清经解》,他竟认真地点逗了两遍,这种读书精神,是今人所罕见的。

除了教书、科研工作之外,王汝弼先生还参加了青年教师和研究生的培养工作。他培养青年教师,重在指导研究方法和治学道路。青年教师研究《楚辞》,他要青年教师将《楚辞》与《诗经》同时阅读,比较两者在内容、艺术上的异同,以见《楚辞》比《诗经》有哪些发展,同时要青年教师阅读战国诸子百家之作,以见屈原思想与当时学术思想之联系及其特殊成就等,收到很好的效果。新中国成立后到"文化大革命"以前,古典文学教研室共招收了三届研究生15人,当时的培养方式是教研室集体培养,王先生为研究生讲课,开列阅读书目,指导论文撰写,倾注了很多心血。

王汝弼先生很少社会活动,专心致志于教学、科研和研究生培养工作中,无声无息地为北师大中文系作贡献。1982年春节临终住在北医三院时,同志们去看望他,他还说:"我要回到学校,继续写我的书。"这种为祖国教育事业鞠躬尽瘁、死而后已的精神,是他给后辈留下的可贵精神遗产。

《古代小说戏曲论丛》后记

这部《古代小说戏曲论丛》共收集文章二十篇。这些文章最早的写于五十年代,最晚的写于七十年代末、八十年代初,时间距离比较长,文风自然也就不完全一样。这都是我们在教学之余写的。由于任务的需要,三十年来我们对中国文学史的各个历史阶段都曾讲授过,不过有的阶段讲授的时期长些,有的阶段讲授的时间短些。这就使我们所写的对文学史现象的探讨和对作家作品评论的文章,不限于某一历史阶段和某一种文体,而是拉拉杂杂从先秦到明清都有。这里编集的只是关于小说、戏曲方面的部分,将来如果有机会我们还想把关于诗词散文方面的文章编集出版。作为教学工作者,教书是我们的本分,是本职工作,我们不可能脱离教学工作另搞一些什么。结合教学工作对文学史的现象进行研究,固然有一定的局限性,但也有其长处,其间自有我们的甘苦。这,只有同行们才能体味了。

对于编辑这部集子,我们怀着两种感情:一方面是不满足,觉得这是过去的东西,不免幼稚,古人有毁其少作之说,现在我们不但不毁,反而拿出来出版,岂非有违古训?另一方面又有些怜惜,感到自己总是用过一番心血,花费了不少神思,是好是坏都反映了自己所走过的路程。所以最后还是收集整理了。在整理旧稿时,我们除了修润文字,改正一些不正确的观点,校对了全部资料外,未作其他大的变动,以求保持原来的面貌。

现在书已经编成了，十分感谢中华书局的编者同志给我们以出版的机会，以便得到海内外专家、读者的批评！

一九八四年二月记于北京师大

《诗经新注》序

一

　　《诗经》的名称源于何时,这是研治《诗经》的人们首先接触的问题,不能不加以探讨。按,古代《诗经》不称"经",只称《诗》和《诗三百》,如《论语·季氏》云:"不学《诗》,无以言。"《阳货》云:"《诗》,可以兴,可以观,可以群,可以怨。"又《为政》云:"《诗三百》,一言以蔽之,曰:思无邪。"《子路》云:"诵《诗三百》,授之以政,不达;使于四方,不能专对。虽多,亦奚以为?"可见孔子都称这部诗集为《诗》或《诗三百》,而不称为"经"。尊之为"经",则是后来的事。那么何时才称《诗》为"经"呢?《荀子·劝学》有这样一段记载:"学恶乎始,恶乎终……始乎诵《经》,终乎读《礼》……故《书》者,政事之纪也;《诗》者,中声之所止也;《礼》者,法之大分,群类之纲纪也,故学至乎《礼》而止矣……《礼》之敬文也,《乐》之中和也,《诗》、《书》之博也,《春秋》之微也,在天地之间者毕矣。"他所谓"经",是指《诗》、《书》、《礼》、《乐》、《春秋》。荀子生当战国晚期,其书绝少有后人羼入者,所以是可信的。可见当时已把《诗》称作"经"了。又《礼记·经解》云:"入其国,其教可知也。其为人也,温柔敦厚,《诗》教也;疏通知远,《书》教也;广博易良,《乐》教也;洁静精微,《易》教也;恭俭庄敬,《礼》教也;属辞比事,《春秋》教也。"其中所称述者,除了《诗》、《书》、《乐》、《礼》、《春秋》之外，还有《易》，共六种书。《庄子·天运》记载孔子对老聃说："丘治《诗》、《书》、《礼》、《乐》、《易》、《春秋》六经。"直把此六种书称为"六经"。《天运》篇成书于战国末年，《经解》篇可能是西汉之作。当时已称这些书为"经"，但还未把"经"与原书连属起来。把"经"与原书连属成为专名，则始于司马迁的《史记》，如《儒林传》云："申公独以《诗经》为训以教。"然则由《诗》或《诗三百》演变为《诗经》之轨迹，于此可以了然。此后一千多年来即成为沿袭不变的古诗集的专名了。

二

《诗经》的编集分《风》、《雅》、《颂》三部分。《风》有十五国之别，即《周南》、《召南》、《邶》、《鄘》、《卫》、《王》、《郑》、《齐》、《魏》、《唐》、《秦》、《陈》、《桧》、《曹》、《豳》，共一百六十篇。《雅》有大小之分，即《大雅》、《小雅》共一百零五篇。《颂》有朝代之异，即《周颂》、《鲁颂》、《商颂》共四十篇。共计三百零五篇。此外，还有《南陔》、《白华》、《华黍》、《由庚》、《崇丘》、《由仪》六篇，皆笙诗，有声无辞。总合为三百十一篇。

《诗经》的分类成于何时？据历史记载，季札观周乐时已粗具今天《风》、《雅》、《颂》的规模了。如《左传·襄公二十九年》云："吴公子季札来聘……请观于周乐。"使工为之歌《周南》、《召南》、《邶》、《鄘》、《卫》、《王》、《郑》、《齐》、《豳》、《秦》、《魏》、《唐》、《陈》、《郐》、《小雅》、《大雅》、《颂》。鲁襄公二十九年，孔子才八岁，当时之"周乐"，几乎包括今本《诗经》的全部。到春秋末期，孔子对《诗经》加以重订，《论语·子罕》中孔子说："吾自卫返鲁，然后乐正，《雅》、《颂》各得其所。"可见春秋时期，《风》、《雅》、《颂》

之分类已经形成。

何谓《风》、《雅》、《颂》？历代人们的认识很分歧,但以从乐调方面解释更确切。所谓"风",即地方乐调。例证之一,《诗经·小雅·鼓钟》:"以雅以南,以籥不僭。"《毛传》:"南夷之乐曰南。"说明"南"即南方乐调。例证之二,《左传·成公九年》云:"钟仪……操南音……范文子曰:'乐操土风。'"此土风,即地方乐调。例证之三,《吕氏春秋·音初》篇记载涂山氏之女歌《候人》之后云:"实始作为南音,周公及召公取风焉。""取风"即取其声调。例证之四,《诗经·大雅·烝民》:"吉甫作诵,穆如清风。""清风"即指极清的声调。例证之五,《诗经·大雅·崧高》:"吉甫作诵,其诗孔硕,其风肆好。""其风"之"风",也指声调。以上五条例证,都足以说明"风"是一种地方乐调,《国风》即各地区的乐调。所谓"雅",即中原之正声。梁启超在其《释四诗名义》一文中说:"'雅'与'夏'古字相通。《荀子·荣辱》篇:'越人安越,楚人安楚,君子安雅。'《儒效》篇则云:'居楚而楚,居越而越,居夏而夏。'可见'安雅'之'雅'即'夏'字。荀氏《申鉴》、左氏《三都赋》皆云:'音有楚夏',说的是音有楚音夏音之别。然则《风》《雅》之'雅',其本字当作'夏'无疑。《说文》:'夏,中国之人也。'雅音即夏音,犹言中原正声云尔。"所谓中原正声,即西都之乐调。《左传·襄公二十九年》所云:"为之歌《秦》,曰:'此之谓夏声。'"至于《小雅》、《大雅》的区别,则由于音乐节奏繁简之不同。《小雅》章少,节奏简;《大雅》章多,节奏繁。所谓"颂",郑樵《通志》卷七十五《昆虫草木略·序》云:"宗庙之音曰'颂'。"又朱熹《诗集传》卷十九《颂》注云:"颂者,宗庙之乐歌。"说明《颂》是一种祭祀宗庙的乐调。如此,则可以得出结论:《风》是地方乐调,《雅》是中原正声,《颂》是宗庙乐歌。《雅》之声乐有繁简之分,节奏简者为《小雅》,节奏繁者为《大雅》。

《风》、《雅》、《颂》乐调有别，内容也不同。《国风》多抒情诗，写男女恋情、夫妻离别相思之苦。《小雅》多叙事诗，写周朝君王宴享诸侯、亲朋、故旧和诸侯、亲朋、故旧赞美周君之辞，也有部分劳人思妇之作。《大雅》皆叙事诗，记述周王朝缔造、发展之历史。《周颂》都是祭祀周朝君王之辞。《鲁颂》是赞美时君之作。《商颂》一部分是对祖先的祭歌，另一部分写商部族的历史传说。要之，《颂》则祭祀宗庙，《雅》则美刺时政，《风》则吟咏性情，都反映了周朝的社会、政治、道德和风尚。

三

《诗经》中诗歌的作者问题，也是人们长期争论的问题。我们认为《诗经》中的诗歌，大部分是士大夫所作，也有一部分是君王、公卿、大夫作的，真正的民间歌谣很少。如《国语·周语上》记载邵公云："为民者宣之使言，故天子听政，使公卿至于列士献诗。"又《晋语》记载范文子云："在列（位也）者献诗，使勿兜（惑也）。"所谓"列士"，即指一般士大夫；所谓"在列者"，也包括一般士大夫。《汉书·艺文志》记载："古有采诗之官，王者所以观风俗，知得失，自考正也。"其所采者，良非无知识的劳动者，而是有文化的士人。《汉书·食货志》记载："孟春之月，群居者将散。行人振木铎徇于路以采诗，献之大师，比其音律，以闻于天子。"又《礼记·王制》记载："天子五年一巡守，命太师陈诗，以观民风。"行人之官所采集者和太师所陈览者，也应是士人之作。即便有民间歌谣，当配乐时，经过乐师的修润、加工，也非本来面貌，而具有有文化的士人创作之色调了。可惜这些作者名字已不可考。《诗经》中的诗歌明言作者名字者仅四篇，如《小雅·节南山》："家父作诵，以究王讻。"《小雅·巷伯》："寺人孟子，作为此诗。"《大雅·崧高》："吉甫作诵，其诗孔硕。"《大雅·烝民》："吉甫作诵，穆如清风。"吉甫，即尹吉甫，周宣王时人，家父、寺人孟子的事迹皆不可考。这四首诗为此三人所作，乃确切无疑。其他诗之作者，见于典籍记载者，有《尚书·金滕》云："周公居东二年，则罪人斯得。于后，公乃为诗以贻王，名之曰《鸱鸮》。"《鸱鸮》为周公所作。《左传·文公元年》云："周芮良夫之诗曰：'大风有隧，贪人败类。听言则对，诵言如醉。匪用其良，覆俾我悖。'"此为《桑柔》诗文，则《桑柔》为芮良夫所作。《左传·宣公十二年》云："武王克商，作颂曰：'载戢干戈，载櫜弓矢。我求懿德，肆于时夏，允王保之。'"此为《周颂·时迈》诗文，则《时迈》为武王所作。《宣公十二年》云："又作《武》，其卒章曰：'耆定尔功。'其三曰：'铺时绎思，我徂维求定。'其六曰：'绥万邦，屡丰年。'"其三为《赉》之诗文，其六为《桓》之诗文，是皆武王所作。《国语·周语》云："（周文公）颂曰：'思文后稷，克配彼天。'"周文公即周公，《思文》为周公所作。《国语·周语》云："周文公之诗曰：'兄弟阋于墙，外御其侮。'"又《左传·僖公二十四年》云："召穆公思周德之不类，故纠合宗族于成周，而作诗，……其四章曰：'兄弟阋于墙，外御其侮。'"此为《常棣》诗文，其作者《国语》、《左传》各执一说，或谓周公，或谓召穆公，未知孰是，二说并存。《吕氏春秋·古乐》云："周公旦乃作诗曰：'文王在上，于昭于天。周虽旧邦，其命维新。'"此为《文王》诗文，则《文王》为周公所作。这些典籍的记载，也比较可信。至于《诗序》所云某篇为某人之作者，则多属无稽之谈了。《诗经》中之诗篇，其作者无论是君王、公卿、大夫或士，知名者或不知名者，最终都要由乐官之长太师配乐，审校编辑工作，皆由太师总其成，《国语·鲁语》云:"正考父校商之名颂十二篇于周太师。"正考父校理商之颂歌,请教周之乐师,以周之乐师所审定者为准。可以说明周太师参与了全部《诗经》的加工、创作。

四

孔子与《诗经》的关系,也是应当探讨的问题。孔子是否删诗? 司马迁在《史记·孔子世家》中说:"古者,诗三千余篇,及至孔子,去其重,取可施于礼义,上采契、后稷,中述殷、周之盛,至幽、厉之缺……三百五篇,孔子皆弦歌之,以求合《韶》、《武》、《雅》、《颂》之音。"认为孔子将三千余篇诗,加以删改,仅剩下三百零五篇。这是关于孔子删诗的最早记载。其后班固在《汉书·艺文志》中也说:"孔子纯取周诗,上采殷,下取鲁,凡三百五篇。"与司马迁的见解完全一致。但这种说法后世怀疑者不少,孔颖达已开其端绪,郑玄《诗谱序》孔颖达《疏》云:"案书传所引之诗,见在者多,亡逸者少,则孔子所录,不容十分去九。马迁言古诗三千余篇,未可信也。"孔颖达所说,确凿有据。据台湾屈万里氏就《左传》、《国语》和《礼记》三书引诗统计:《左传》引诗一百六十六条,其中现存者一百五十六条,佚诗十条;《国语》引诗二十三条,其中现存者二十二条,佚诗一条;《礼记》引诗一百零三条,其中现存者一百条,佚诗三条。总计三书所引之诗,现存者共二百七十八条,已佚者十四条。佚诗的篇数,约占存诗二十分之一。(以上见其《诗经诠释》)可见孔子删诗说之不足信。又前文所引鲁襄公二十九年季札在鲁观周乐,所见之诗与今本基本相同,仅《国风》的次序与今本稍有区别,《颂》没有周、鲁、商之分而已。当时,孔子年幼,不可能删诗。又《论语》中孔子反复称道《诗三百》,说明孔子时鲁国通行的本子即三百篇，并非孔子所删。孔子是信而好古、好古敏求的人，并尝慨叹文献之不足，岂能把大量可贵的诗歌删掉！因此，可以断言，孔子绝无删诗之事。

孔子不曾删诗，但他与《诗经》的关系却是很深的。他曾竭尽精力整理、重编、订正《诗经》的乐谱。《论语·子罕》："子曰：'吾自卫返鲁，然后乐正，《雅》《颂》各得其所。'"这是孔子自己的话，最可信据。他既正乐曲，也正诗篇。《雅》《颂》原本的篇次有某些不伦，经过孔子的整理，使各归其类。孔子如何正乐曲，古乐早已失传，不可考稽。其正《雅》《颂》，颇可推测，季札观乐只谈及《颂》，当然是指《周颂》，因为他是观周乐，《鲁颂》《商颂》未在其中。郑玄《诗谱》谓《鲁颂》《商颂》是孔子编入的（见《鲁谱》及《商谱》），是可信的。其他皆不可考了。《诗三百》在孔子之前，是鲁国的传本，经过孔子整理之后，成为儒家的定本了。孔子对《诗经》编正之功不可泯。

五

《诗经》至秦汉之际，有"六义四始"之说。"六义"者，据《诗·大序》云："诗有六义焉，一曰风，二曰赋，三曰比，四曰兴，五曰雅，六曰颂。""六义"又称"六诗"，《周礼·春官·太师》云："太师教六诗，曰风，曰赋，曰比，曰兴，曰雅，曰颂。""六义"实际上可分两类，即风、雅、颂为一类，是指诗的写作体裁；赋、比、兴为另一类，是指诗的表现手法。对风、雅、颂的解释，已见前文，不赘述。这里专谈赋、比、兴。

历代对赋、比、兴的解释极为分歧，比较言之，以朱熹的意见最可取。关于"赋"，《诗集传》云："赋者，敷陈其事而直言之者也。"

是赋,乃铺陈直叙。关于"比",《诗集传》云:"以彼物比此物也。"又《朱子语类》卷八十云:"引物为况,比也。"是比,乃以事物比喻所抒写之意。关于"兴",最难予以确切的界说。《毛传》于赋、比两体皆不注明,而独标兴体,于解释诗意时,辄用"喻、犹、若、如"等字,与比体混淆。刘熙《释名·释典艺》云:"兴物而作谓之兴……事类相似谓之比。"挚虞《文章流别论》云:"比者,喻类之言;兴者,有感之辞。"二者相比较,其特点便显示出来。朱熹《诗集传》直言:"兴者,先言他物,以引起所咏之词也。"黄侃《文心雕龙札记·比兴》更具体地说:"原夫兴之为用,触物以起情,节取以托意;故有物同而感异者,亦有事异而情同者。"简言之,兴即托物寄情。《诗经》这些写作方法,都是汉以后人们从其创作实践中总结出来的,是一种叙事、状物、抒情、写志的方法。一千多年来成为人们所遵循的写作原则。

"四始",是指《诗经》中《国风》、《小雅》、《大雅》、《颂》四部分开始之篇章。四始之名,始见于《毛诗序》:"《关雎》后妃之德也,《风》之始也……风,风也,教也。风以动之,教以化之……雅者,正也,言王政之所由废兴也。政有大小,故有小雅焉,有大雅焉。颂者,美盛德之形容,以其成功告于神明者也。是谓'四始',诗之至也。"但其中除了说明《关雎》为《风》之始外,未曾涉及《雅》、《颂》的首篇是什么。《史记·孔子世家》云:"《关雎》之乱,以为《风》始,《鹿鸣》为《小雅》始,《文王》为《大雅》始,《清庙》为《颂》始。"《史记》的记载本之《鲁诗》说,使"四始"之意豁然明晰。又《韩诗外传》卷五云:"子夏问曰:'《关雎》何以为《国风》始也?'孔子曰:'《关雎》,至矣乎……天地之间,生民之属,王道之原,不外此矣。'"则《韩诗》之说与《鲁诗》相近。唯《齐诗》作怪诞之论,《诗纬·泛历枢》云:"《大明》在亥,水始也;《四牡》在寅,木始也;

《嘉鱼》在巳,火始也;《鸿雁》在申,金始也。"杂入阴阳五行之说,非《诗经》应有之义,不可取。是"四始"者,为《风》、《小雅》、《大雅》、《颂》之第一篇,无任何深意。

六

经学史上有所谓今文与古文之分,用汉代通行的文字隶书写的,称今文经,用秦以前流行的文字篆字写的,称古文经。今文经多由口授,至汉代初年始著于竹帛。古文经是从孔子屋壁里取出的避过秦代焚书和楚汉战乱传下来的先秦简书。汉武帝时期今文经被尊为官学,设五经博士,古文经为私学,不得立博士。王莽夺取政权后,古文经升为官学,得立《左氏春秋》、《毛诗》、《周礼》、《古文尚书》四经博士。遭到今文经博士的激烈反对。今古文经的经文既有所不同,对经义的解说也多歧异。他们所争论的既是对经义的解说,也是为争得各自的政治权益。

说《诗》的今文经学,汉初有三家,即申培公、辕固生、韩婴,后代称之为"三家诗"。《史记·儒林传》记载:"今上(武帝)即位,赵绾、王臧之属明儒学,而上亦乡之……自是之后,言《诗》于鲁则申培公,于齐则辕固生,于燕则韩太傅。"又《汉书·艺文志》记载:"汉兴,鲁申公为《诗》训故,而齐辕固、燕韩生皆为之传。或取《春秋》,采杂说,咸非其本义。与不得已,鲁最为近之(师古注:三家皆不得其真,而鲁最近之)。三家皆列于学官。"据《汉书·儒林传》,申培公是鲁人,高祖经过鲁国时,他曾跟随他的老师前去谒见。后来游学长安,又曾与高祖弟楚元王刘交和元王之子刘郢,同受业于浮丘伯,浮丘伯则受业于荀卿,可见申公之学,传自先秦。文帝时,为"治《诗》博士"。辕固生是齐人,景帝时为"治《诗》博士"，曾与黄生辩论过汤武受命的问题，景帝以其廉直，拜清河王太傅。韩婴是燕人，文帝时为"治《诗》博士"，拜常山王太傅。他"推《诗》人之意而作《内外传》数万言，其语颇与齐、鲁间殊，然常归一也"。

《齐》诗亡于魏代，《鲁诗》亡于西晋，今传申培《诗说》，是明人丰坊伪作。因此，这两家诗说，已无法具体了解了。《韩诗》亡于唐宋之际，今仅存《韩诗外传》十卷，但比起齐、鲁两家来，总算幸运多了，我们可略微了解一些。关于三家诗说之不同，《汉书·艺文志》说《鲁诗》"最为近之"，谓《鲁诗》最平实，没有怪异之论，最接近真实。《齐诗》掺杂了一些阴阳五行之说。《韩诗》与《鲁诗》、《齐诗》都不同，但与《鲁诗》相近。关于"三家诗"的遗说，清人陈乔枞《三家诗遗说考》最完备，可供参阅。

七

说《诗》的古文经学，唯《毛诗》一家。"二家诗"既亡，自宋以后，只有《毛诗》流传至今，《汉书·艺文志》在叙述"三家诗"之后云："又有毛公之学，自谓子夏所传，而河间献王好之，未得立。"《艺文志》著录《毛诗》二十九卷，《毛诗故训传》三十卷，即今天所见的本子。《汉书·儒林传》云："毛公，赵人也。治《诗》，为河间献王博士，授同国贯长卿，长卿授解延年，延年为阿武令，授徐敖，敖授九江陈侠，为王莽讲学大夫，由是言《毛诗》者本之徐敖。"班固仅叙述毛公治《诗》，为《诗》博士，并未言毛公的名字。《关雎》"正义"引郑玄《诗谱》云："鲁人大毛公为诂训传于其家，河间献王得而献之，以小毛公为博士。"郑玄也未言毛公的名字，却进而分大毛公和小毛公。陆玑《毛诗草木鸟兽虫鱼疏》云："毛亨作《诂训传》,以授赵国毛苌。时人谓亨为大毛公,苌为小毛公。"不但举出大毛公和小毛公的名字,而且说明作《诂训传》者为大毛公,传之者为小毛公。《汉书·儒林传》云:"赵人毛苌传《诗》,是为《毛诗》。"此所谓传《诗》,并非为《诗》作传,而是传毛亨之《诗》。

至于《毛诗序》,也是历来人们所争论的问题。首先是《诗序》的划分,孔颖达《毛诗正义》之《关雎序》下云:"旧说云:起此(指"关雎,后妃之德也")至'用之邦国焉',名《关雎序》,谓之《小序》。自'风,风也'迄末,名为《大序》。""旧说"不知谁氏,最早提出《诗序》有大小之分,并其起讫的分界线。此后对大小序的划分,异说纷纭,朱熹《诗序辨说》以"诗者,志之所之也"至"诗之至也"为《大序》,以"《关雎》,后妃之德也"至"教以化之"、"然则《关雎》、《麟趾》之化"至"是《关雎》之义也"为《小序》。成伯玙《毛诗指说》以《关雎》之序为《大序》,其余各篇之序为《小序》。程大昌《考古编》认为:"凡《诗》发序两语,如'《关雎》,后妃之德也',世人谓之《小序》者,古序也。两语之外,续而申之,世谓之《大序》者,(卫)宏语也。"郑樵《六经奥论》以发端命题一二语为《大序》,其下为《小序》。《小序》所以解说一诗之义,《大序》则统论全诗。我们且从"旧说",以"《关雎》,后妃之德也"至"用之邦国焉"为《关雎》之序,以及自《葛覃》以下分论各篇诗义之序皆为《小序》。自"风,风也"迄篇末为《大序》,所以统论全诗也。

《诗序》的作者是谁? 意见也极分歧。《四库全书总目提要》经部《诗》类《诗序》下云:"以为《大序》子夏作,《小序》子夏、毛公合作者,郑玄《诗谱》也。以为子夏所序《诗》即今《毛诗序》者,王肃《家语注》也。以为卫宏受学谢曼卿作《诗序》者,《后汉书·儒林传》也。以为子夏所创,毛公及卫宏又加润益者,《隋书·经籍志》也。以为子夏不序《诗》者,韩愈也。以为子夏惟裁初句,以下出于毛公者,成伯玙也……以为村野妄人所作,昌言排击而不顾者,则倡之者郑樵、王质,和之者朱子也。"待至近代,人们对《诗序》究竟为谁所作,也持各种不同看法,很难得出确切的结论。至于《诗序》所论各篇的诗旨,多造作附会,与《诗》的实际内容不合,因此自宋以后屡遭文人学者的批评、指责,如郑樵《诗辨妄》、朱熹《诗序辨说》等,皆极力攻击之。于今人们很少信从之者了。

八

历代对《诗经》的研究,随着时代的发展,也在发展、变化。汉以前没有研究《诗经》的专家,也没有注释《诗经》的专书。从西汉开始,才产生了所谓《诗》学,以研究《诗经》为专长。首先是"三家诗"之学,他们把《诗》阴阳五行化了,以一种迷信、烦琐、穿凿附会的方法解经。《毛诗》之学则保持朴学的传统,按字义解经,训诂简明,不凭空臆说,优于"三家诗"。东汉的经学大师郑玄初习《韩诗》,之后又习《毛诗》,他博通今文经,更博通古文经,编注古文经,兼采今文说,是今古文经学的集大成者,汉末经学的权威。所以《毛诗》、《郑笺》行世之后,"三家诗"便渐趋衰微了。《郑笺》为"天下所宗",魏晋以后的《诗》学,主要是郑学。郑玄《诗》学盛行之时,代表马融纯粹古文经学派的王肃作《诗解》(此书已佚),与郑学对立,攻击《郑笺》,但《郑笺》能博采众说,自出新意,成就高于当时任何人,故仍处于独尊的地位。

唐初,孔颖达作《毛诗正义》,结束了东汉魏晋南北朝以来师说分歧多门的局面。《正义》解释注文,不得有所出入,注文有误或有比注文更好的见解,也不加改正和吸取,一切以注文为准进行疏解。《正义》行世之后,《毛传》、《郑笺》更定于一尊了。唐时,经学在墨守师说、拘泥训诂的情况下，出现空言说经、缘词生训的新风气，开始了汉学向宋学之转变。《毛诗正义》墨守注文，是严格的汉学。唐人不拘训诂旧说，自由说经，其代表为今存成伯玙《毛诗指说》一卷，以一己之见说《诗》，不依傍毛、郑。

宋人疑古之风大盛，怀疑汉儒训诂，批驳《毛诗正义》，如欧阳修的《诗本义》、苏辙的《诗集传》、王质的《诗总闻》都从不同的角度，冲破旧传统、旧说法，为《诗》学研究开拓新路，使《毛传》、《郑笺》独尊的局面濒于瓦解。宋学体系的《诗》学代表是朱熹的《诗集传》。此书杂采传、序、笺和"三家诗"说，疑序不疑经，并集北宋以来《诗》学之成果，成为极有权威之著作，经过元明清三代而不衰。其在南宋以后《诗》学的地位和影响，亦犹《毛传》、《郑笺》在魏晋以后的地位和影响然。宋人《诗》学疑古之风发展到极致，出现了王柏的《诗疑》，他不但批判《毛传》、《郑笺》，并且怀疑经文，删削经文。使宋学堕落到主观武断、内容空疏的地步。南宋时，仍遵信《毛传》的著作，是吕祖谦的《吕氏家塾读书记》和严粲的《诗缉》。这两部书也是当时有影响的《诗》学著作。此外，王应麟作《诗考》，采集"三家诗"遗说，辑录经文之异文异字及佚诗，开《诗》学辑佚和校勘之先，在《诗》学史上也应有其地位。

元明两代的《诗》学，是宋学的继续，朱熹及其经解，在当时有绝对的权威。文人士子说诗，都以《诗集传》为准。如刘瑾的《诗传通释》，即对《诗集传》作了详细的疏解。当时的《诗》学，为朱熹一派所垄断。到了明代后期，才出现了反对朱熹诗说的著作，如郝敬《毛诗原解》、朱谋㙔《诗故》、何楷《诗经世本古义》等，他们或本《诗序》，或采旧说，或以史证诗，成为《诗》学的另一流派。

清初，汉学逐渐复兴，阎若璩、毛奇龄、陈启源等皆驳斥朱熹诗说，陈启源的《毛诗稽古篇》即以复兴汉学为宗旨之作。其后尊汉攻宋成为有清一代《诗》学的风气,终清之世也未曾改变。虽然清朝廷的功令,仍崇尚朱传,也不能遏止这一时代潮流。清代的《诗》学成就很多,其中专主《毛传》的著作,且功力卓著者为胡承珙的《毛诗后笺》和陈奂的《诗毛氏传疏》。胡氏主《毛传》,反《郑笺》,认为《郑笺》在许多方面把《毛传》解错了。陈氏则力主古文《毛诗》,疏《毛传》,传《小序》,批评郑玄兼采"三家诗"说,这是治《毛诗》的集大成之作。以郑玄《毛诗传笺》为本,兼取"三家诗"的疏解之作,是马瑞辰的《毛诗传笺通释》。此书不拘门户之见,驳正了孔颖达《正义》之误和《毛传》之失,通过认真的考证,独抒己见,在清代《诗》学领域成就卓异。道光、咸丰年间,今文经学复兴,出现了一批治"三家诗"的专书,如魏源《诗古微》论述"三家诗"与《毛诗》的异同,发挥"三家诗"的微言大义。王先谦《诗三家义集疏》辑录"三家诗"佚文遗说,依次排列于各篇诗文之后,加以疏解,集"三家诗"遗说之大成。至于陈乔枞《三家诗遗说考》遍寻古籍,详加稽考,更后来居上了。

当时超越汉学与宋学、古文经与今文经之争,不守门户之见,能独立探求《诗》之本义者,有姚际恒《诗经通论》、崔述《读风偶识》和方玉润《诗经原始》。姚氏论诗,不依傍《诗序》,也不附和《诗集传》,而是就诗之本文,探求诗义,遍检前人注疏,考证书史,得出符合诗本义的见解。崔氏之作,是研治《国风》的专著,就诗求义,阐发各篇的内容。方氏也不顾及《序》、《传》,从诗之本义探求诗的原始意义。他们不为传统《传》、《疏》所束缚,穷本溯源,然后立论,具有求实精神。

五四运动以后,《诗》学的发展有三种趋向:一是沿袭朱熹的方向进行研究,其代表为顾颉刚、张西堂;二是根据金文的研究,在名物训诂方面作深入的探求,其代表为于省吾、林义光;三是运用唯物史观,从社会发展的角度,并以名物训诂为基础进行研治,其代表为郭沫若、闻一多。我们今天研究《诗经》,应该在总结前人研究成果的基础上,舍其所短,取其所长,开拓新路子。即舍弃其墨守家法、凭空立说,吸取其精于训诂、于诗之本义求诗义的方法,用唯物史观,从文学反映社会生活的角度进行评价。经过努力,一定会把《诗经》研究推进到新的领域,开拓出新的境界。

《先秦文学史》序

第一节　中国文学的起源

　　文学是怎样产生的？这是治文学史者首先要论述并作解答的问题。关于这个问题,历来说法很多,要而言之,有以下三种:其一,为模仿说。这一说法的代表人物是古希腊哲学家德谟克利特和亚里士多德,亚里士多德在其《诗学》中说:"一般说来,诗的起源仿佛有两个原因,都是出于人的天性。人从孩提的时候起就有模仿的本能(人和禽兽分别之一,就在于人最善于模仿,他们最初的知识就是从模仿得来的),人对模仿的作品总是感到快感……模仿出于我们的天性,而音调感和节奏感(至于韵文,则显然是节奏的段落)也是出于我们的天性,起初那些天生富于这种资质的人,使它一步步发展,后来就由临时口占而作出了诗歌。"他认为文学产生于人的模仿本能,但为什么会有这种本能,就解释不清了。所以不可取。其二,为游戏说。这一说法的代表人物是德国美学家康德和诗人席勒。席勒在其《美学书简》中认为:艺术的起因,与自然界某些动物游戏的成因相似。狮子在荒间任意地吼叫,昆虫在阳光下翩翩飞舞,禽鸟在树枝上尽情地歌唱,都是动物在游戏,这是因为这些动物精力过剩,而采取不同的方式来消耗。人亦如此,过剩的精力使他们以游戏自娱,艺术便因此产生了。① 但是从

---

① 《古典文艺理论译丛》(5),人民文学出版社1963年版。

原始人创作的雕刻、绘画来看,是要经过艰苦的劳动才能完成的,在生产力很低的原始时代,绝非用一点剩余的精力所能做到的。所以这种说法也不能成立。其三,为感情表现说。这一说法的代表人物是英国诗人雪莱和俄国作家托尔斯泰。托尔斯泰在其《艺术论》中说:"艺术起源于一个人为了要把自己体验过的感情传达给别人,于是在自己心里重新唤起这种感情,并用某种外在的标志表达出来。"即认为艺术的产生,在于人们表达情感的需要,为了使情感有载体,有寄托,便产生了文艺。我们认为文艺的产生,固然与表达感情有密切关系,但人的感情又来自何处?脱离生产劳动,空谈感情表达的需要,也是缺乏现实根据的。此外,还有装饰说、梦的满足说等,不一而足,都是无稽之谈,不科学的。

那么对文学的产生怎样作科学的解释呢?按照马克思主义的观点,文学产生于劳动。恩格斯在1867年写的《劳动在从猿到人转变过程中的作用》①一文中指出:

> 我们祖先在从猿转变到人时代经过几十万年时间逐渐学会用手执行的那些动作,起初只能是些非常简单的动作。……在用人的手初次把燧石做成刀子之前,大概已经度过了一个很长的时期,而我们所知道的历史时期跟它相较是微不足道的。但是有决定意义的一步已经走过了,手已变成自由的了,现在它已能够获得日新月异的技巧了,而这样获得的更大的灵活性已是世代相传并且一代比一代增长起来了。

> 所以,手不但是劳动的器官,并且是劳动的产物。只有由于劳动,由于要适应日新月异的动作,由于这样达到的筋肉韧带以及——经过更长久的过程——骨骼特别发达程度遗传下

---

①　《马克思、恩格斯文选》卷二,外国文书籍出版局1955年版。

来,而且由于不断改进地把这些遗传下来的改进成果应用于愈益复杂的新动作上——只是由于这一切,人类的手才达到了这样高度完善的地步,以至仿佛是凭着一种魔力产生出拉菲尔的油画,托尔瓦尔德孙的雕塑,巴加尼尼的音乐。

劳动首先解放了人类的双手,由于双手的解放,人类在用双手获取生活资料的过程中,促使头脑的发达,从而思维能力也就发达起来,伴随着思维的发达,作为表达思维的语言便出现了,又由于语言的使用,人们的思想感情得以抒发,文学因此产生了。劳动改造自然,同时改造了人类本身。劳动创造一切财富,包括精神财富。文艺产生于劳动这一科学论断,被恩格斯首次提出来了。鲁迅则从劳动生活需要的角度说明文学的起源,他说:

> 我想,人类是在未有文字之前,就有了创作的,可惜没有人记下,也没有法子记下。我们的祖先的原始人,原是连话也不会说的,为了共同劳作,必需发表意见,才渐渐的练出复杂的声音来,假如那时大家抬木头,都觉得吃力了,却想不到发表,其中有一个叫道"杭育杭育",那么,这就是创作;大家也要佩服,应用的,这就等于出版;倘若用什么记号留存下来,这就是文学;他当然就是作家,也是文学家,是"杭育杭育派"①。

他十分生动地论述了文学产生于劳动过程之中。这种情况在古代文献中也可以得到印证,如《淮南子·道应训》记载:"今夫举大木者,前呼邪许,后亦应之,此举重劝力之歌也。"这些例证向人们展示,文学产生于劳动有着实用的目的,即调剂精神,协调劳动。

---

① 《且介亭杂文·门外文谈》之七《不识字的作家》,《鲁迅全集》第6卷,人民文学出版社1981年版。

原始文艺的产生,既是为了调剂精神和协调劳动,因此原始诗歌、音乐、舞蹈是三位一体不可分的。如《吕氏春秋·古乐篇》上记载:

> 昔葛天氏之乐,三人操牛尾,投足,以歌八阕:一曰《载民》;二曰《玄鸟》;三曰《遂草木》;四曰《奋五谷》;五曰《敬天常》;六曰《达帝功》;七曰《依地德》;八曰《总禽兽之极》。

葛天氏是谁?不见于先秦古籍。唯高诱注:"葛天氏古帝名。"张揖说:"葛天氏三皇时君号也。"韦昭说:"葛天氏古之王者。"①应是传说中原始时期一个部落酋长。这八阕可能是最古的一套乐曲,有歌有舞,歌词已经失传,无可稽考,舞容极其简单,仅三人手持牛尾,边舞边唱。王襄在《簠室殷契征文考释》中解释甲骨文"𡘋"字说:"像两人执牦牛尾而舞之形,为舞之初字。"说明这个象形字,即沿袭原始时代的舞姿而来,则《吕览》所记是原始时极淳朴的歌舞形式。其内容从八阕乐曲的题目推测,《载民》当是歌唱从事劳动的人民("载"当做"事"解),《玄鸟》当是歌唱燕子飞来,《遂草木》当是歌唱草木茂盛,《奋五谷》当是歌唱五谷生长,《敬天常》当是歌唱遵循自然法则,《达帝功》以下反映了原始人的宗教信仰。这套乐曲,正体现了上古时代诗、乐、舞一体的原始形态。又《尚书·益稷》记载帝舜时的乐曲《大韶》云:

> 夔曰:戛击鸣球,搏拊琴瑟,以咏。祖考来格,虞宾在位,群后德让。下管鼗鼓,合止柷敔,笙镛以间,鸟兽跄跄。《箫韶》九成,凤凰来仪。夔曰:于! 予击石拊石,百兽率舞,庶尹允谐。

---

① 张、韦二家说并见《文选·上林赋》,李善注引。

《箫韶》即《大韶》之别名。"九成"即九章,是帝舜乐官夔所作,这套乐曲也是诗、乐、舞三位一体的。奏演时,有钟磬琴瑟管笙箫鼗鼓鼗柷敔等乐器,有人唱歌词,有人化装为各种鸟兽和凤凰起舞。对这套乐曲的内容和意义,季札曾给予很高的评价,《左传·襄公二十九年》记载:

> 吴公子札来聘,……请观于周乐,……见舞《韶箾(同箫)》者,曰:"德至矣哉,大矣! 如天之无不帱也,如地之无不载也。虽甚盛德,其蔑以加于此矣,观止矣。"

所谓"虽甚盛德,其蔑以加于此矣",究竟指什么内容不可考知,但可以推断它的含义应是深广的,舞姿和曲调也应是优美的,孔子即曾称赞说:"《韶》尽美矣,又尽善也。"[①]"在齐闻《韶》,三月不知肉味,曰:不图为乐之至于斯也。"[②]孔颖达疏云:"乐之为乐,有歌有舞,歌则咏其辞,而以声播之,舞则动其容,而以曲随之。歌者乐器同而辞不一,声随辞变,曲尽更歌……季札请观周乐,鲁人以次而舞,每见一舞各有所叹,故以见舞为文,不言为之舞也。且歌则听其声,舞则观其容。"即具体论述了《大韶》诗、乐、舞三者一体的盛大场面。《礼记·乐记》云:"诗,言其志也;歌,咏其声也;舞,动其容也。"这是根据上古时代文艺产生的实际情况得出的诗、乐、舞三者紧密结合的结论。文学起源于劳动的科学解释就是如此,原始文艺诗、乐、舞不分的形态就是如此。明乎此,我们始可进而论述古代文学的形态特征了。

---

① 《论语·八佾》。
② 《论语·述而》。

第二节　先秦文学的形态特征

原始文艺诗、乐、舞混为一体,那么什么时候文学才与乐、舞分离,成为独立的形式呢? 对古史的探讨,古圣先贤已感到史料之渺茫。孔子欲探讨夏殷制度,即慨叹文献之不足征。司马迁著《史记》也说:"自殷以前诸侯不可得而谱,周以来乃颇可著。"他于五帝、三代、神农以前,皆曰"尚矣",曰"吾不知已",曰"靡得而记云"①。我们今天比孔子、司马迁幸运,有考古资料的不断发现,殷商古器物及卜辞的出土,为我们探索上古文学提供了某些方便。

作为文学载体文字的产生,对文学形成独立的形式,具有重要意义。我国的文字最早出现的是商代的甲骨文,甲骨文在商代已是相当成熟的象形文字。商代中叶以后至西周涌现了大量的青铜器,因而产生了许多钟鼎铭文。这些铭文中象形字减少了,而形声字则增多了。铭文的字体与甲骨文之疏放不同,而是趋向谨严与规范,表现了文字的进化。这种具有历史意义的演进,反映在文学上,即文学作为一种文体之逐渐独立与成熟。其独立和成熟过程,一般可分两个阶段:其一,是殷商末年至西周初年,宗法制确立和文字成熟,宗教哲学从巫术、音乐、舞蹈的混合体中分化出来,形成独立的形式。其二,是西周末年至春秋时期,出现了一些很长的钟鼎铭文②,《说文序》云:"郡国往往于山川得鼎彝,其铭即前代之古文。"从而使文学进而从宗教哲学中分化出来,又形成独立的形

---

① 《史记·三代世表序》。

② 成王时《令彝》187字,康王时《小盂鼎》390字,最长的铭文是西周晚期宣王时《毛公鼎》共33行,497字。

式。文艺的各种形式即在语言文字不断成熟过程中而分途发展。司马迁在《太史公自序》中说：

> 昔在颛顼，命南正重以司天，北正黎以司地。唐虞之际，绍重黎之后，使复典之，至于夏商，故重黎氏世序天地。其在周，程伯休甫其后也。当周宣王时，失其守而为司马氏。司马氏世典周史。惠襄之间，司马氏去周适晋。晋中军随会奔秦，而司马氏入少梁。……上大夫壶遂曰："昔孔子何为而作《春秋》哉？"太史公曰："余闻董生曰：'周道衰废，孔子为鲁司寇，诸侯害之，大夫壅之。孔子知言之不用，道之不行也，是非二百四十二年之中，以为天下仪表，贬天子，退诸侯，讨大夫，以达王事而已。'……夫《春秋》上明三王之道，下辨人事之纪，别嫌疑，明是非，定犹豫，善善恶恶，贤贤贱不肖，存亡国，继绝世，补敝起废，王道之大者也。"

司马氏这里所讲的是史学与巫术的分化过程，说明史学开始从口耳相传歌颂祖先英雄事迹的神话史诗中解脱出来，与宗教、巫术等各以不同的形式分道扬镳了。而这种史学著述即形成历史散文。与此同步，自文字产生之后，文学的其他各种体裁也不断摆脱宗教的影响，逐渐成熟起来。如诗歌，即由宗教哲理诗演进到政治叙事诗，再演进到言志抒情诗。宗教哲理诗如甲骨卜辞、《周易》卦爻辞、钟鼎铭文之韵语等；政治叙事诗如《大雅》之大部分，《小雅》之小部分以及《商颂》、《周颂》、《鲁颂》等；言志抒情诗如《小雅》之大部分和《国风》之全部。由于诗人创作的自觉，导致诗歌与舞蹈、音乐的进一步分化，诗、乐、舞结合的情况，西周中后期已呈颓势，春秋时之《鲁颂》、《商颂》不过是余绪而已。其余在中原地区完全消失了。这之后，音乐唯向声调悠扬方向发展，舞蹈独向姿态优美方向提高,诗歌专向文学意义和节奏声韵方向升华。

和中原地区不同,南方楚国的青铜器出现较晚,而铁器的出现却领先于中原①。铁器是当时最先进的生产力,从而促进了战国楚文化的发展。楚文化具有浓厚的巫术色彩,从现在所能见到的漆器上的线条,丝织品上刺绣的花纹以及帛画上的图饰②看,其精美的制作工艺和艺术造型,都超越了巫术时代的水平。正是这种文化环境培育了当时的诗歌"楚辞"。与《诗经》相比,"楚辞"作者屈原的创作自觉性进一步提高了,他自云:"惜诵以致愍兮,发愤以抒情。"③"道思作颂,聊以自救兮。"④在楚地民风、民俗及民间曲调基础上,"依《诗》取兴,引类譬喻"⑤。吸取《诗经》的创作精神,创作出奇伟瑰丽的诗篇,与《诗经》一起,奠定了以《风》、《骚》为基础的诗歌创作规范。

先秦文艺诗、乐、舞混合和文、史、哲不分的状况,伴随着文字的产生、进化和成熟以及社会的发展而分化出来,成为独立的形式。又由于社会分工的加细,进而分化为诗歌、散文等不同的文学体裁,并在不同的阶段表现出不同的风貌和审美特征。

---

① 根据先秦诸子的记载,春秋时铁器已经普遍使用了。但这一时期铁器的出土却不多,就已发掘的铁制品看,多属吴、楚之器,其中特别引人注意者是有春秋晚期楚国所制的含 0.5% 左右的优质钢剑。没有铁,焉有钢?说明楚国铁器的制作当时是领先的。(参见《长沙新发现春秋晚期的钢剑和铁器》,《文物》1978 年第 10 期。又李学勤之《东周与秦代文明》。)

② 目前出土的战国时的帛画有两幅:一是 1949 年长沙陈家山楚墓中的人物龙凤帛画,一是 1973 年长沙子弹库一号墓(即 1942 年出土帛书之墓)中的人物御龙帛画。

③ 《楚辞·九章·惜诵》。

④ 《楚辞·九章·抽思》。

⑤ 王逸:《离骚序》。

第三节　作者的多种身份

先秦文学的形态及其演变过程既如上述,那么其作者情况又怎样呢? 一般说来,文学作品的作者都应具有一定的知识和文化水平,才能将自己的创作记录下来。随着文化知识为谁占有及传播,文学作品作者的身份也不断变化。商周时代拥有较高知识文化的人物是巫与史,巫偏重鬼神,史偏重人事,近代人江泉在其《论诸子之渊源》中说:

> 古代之官惟巫与史……记人事曰史(《说文》:"史,记事者也。"),事鬼神曰巫(见《书·伊训传》)。古人重祭祀,敬鬼神,故史、巫二职并重于时。迄于后世,知识日增,知鬼神之事眇漠无凭,不为人事之为重,于是史盛而巫衰,一切官职均以史为之。①

江氏一方面认同前人的说法,巫与史所司不同,一方面提出了自己的新见,即巫衰然后史盛的过程。《礼记·表记》云:"殷人尊神,率民以事神,先鬼而后礼。"他们信鬼神,尚巫风,崇祭祀。巫善于歌舞音乐,歌舞以降鬼神,应有许多诗篇产生,可惜多亡佚。今仅存甲骨卜辞、《周易》卦爻辞,其中某些句法简单整齐、偶尔协韵的歌曲,应是最早的诗歌创作。史长于记人事,观天象,悉旧典,其所记现存有《商书》中的《盘庚》、《高宗肜日》、《西伯戡黎》、《微子》诸篇,可信为商史的遗文,应是最早的散文创作。又《礼记·表记》云:"周人尊礼尚施,事鬼神而远之,近人而忠焉。"他们重史而

_____

① 《读子卮言》卷一。

轻巫,史官子孙世代传业,儒家所传的经书,其原本多为他们旧藏的典籍。这些经书的文辞可分质朴与文采两类,史官所记录的,如《周书》中的《大诰》、《康诰》、《酒诰》都是朝廷的诰誓,乃直录周公口语,辞风质朴,不加文饰。史官所自作的,如《周书》中的《洪范》、《顾命》及《仪礼》十七篇,都是精心的制作,条理细密,文思清晰。孔子云:"质胜文则野,文胜质则史。文质彬彬,然后君子。"①主张文采与内容紧密结合。鲁史左丘明采集各诸侯国的史记,把文与质结合起来,作《春秋左氏传》,文质并胜,达到散文创作的极致,成为后世散文创作依据的准则。

西周时期,学在官府,只有贵族才有受教育的权利,因此知识文化为贵族所垄断。当时官学的内容,据《周礼·地官》记载:

> 保氏掌谏王恶,而养国子以道。乃教之六艺:一曰五礼,二曰六乐,三曰五射,四曰五驭,五曰六书,六曰九数。

所谓六艺,即礼、乐、射、御、书、数。这是当时贵族子弟必备的知识技能。这类官学,其后逐渐演变为私人传授,即父传子、子传孙,一代一代传下去,以至"其父兄之教,不肃而成,其子弟之学,不劳而能"②。奴隶主贵族掌握知识文化,才能进行文学创作,所以《国语·周语》记载邵公云:

> 为民者宣之使言,故天子听政,使公卿至于列士献诗,瞽献曲,史献书,师箴,瞍赋,矇诵。

其中的公卿、列士,都是贵族,即瞽、史、师、瞍、矇等也非一般平民,而应是巫祝之官。他们所献、所箴、所赋、所诵之诗,即《诗经》中

---

① 《论语·雍也上》。
② 《国语·齐语》。

的三《颂》、《大雅》和《小雅》的一部分,所以美(赞美)、刺(讽刺)王政,与保氏之职掌"谏王恶"是一致的。

周朝行人采诗,同时也采集了许多民间诗歌。这些诗歌的作者大都为平民,据《汉书·食货志》记载:

> 孟春之月,群居者将散。行人振木铎徇于路以采诗,献之太师,比其音律,以闻于天子。

又《公羊传·宣公十五年》何休注云:

> 男年六十,女年五十,无子者,官衣食之,使之民间求诗。乡移于邑,邑移于国,国以闻于天子。

谓周时国家供养老年无子的男女,令其到民间采诗,由乡一直传到天子。经过掌管音律的乐官太师对诗歌的章句、音乐加以修正,演奏给天子听,以观风俗,知得失。这类诗歌都是平民所作,而由文士记录并传播之,即《诗经》中之十五《国风》。其内容多吟咏性情,所谓"男女有所怨恨,相从而歌。饥者歌其食,劳者歌其事"①,文学价值很高。其创作精神和比兴手法,形成我国诗歌的优良传统。

春秋战国时期,随着奴隶制向封建制的转变,官学或私家传授出现了危机,学术文化不得传承,民间聚众讲学之风兴起,文化知识因之由贵族转移到士阶层。据《左传·昭公十五年》记载周天子对籍谈说:

> "且昔而高祖孙伯黶司晋之典籍,以为大政,故曰籍氏。及辛有之二子董之晋,于是乎有董史。女,司典之后也,何故

---

① 《公羊传·宣公十五年》何休注。

忘之?"籍谈不能对,宾出,王曰:"籍父其无后乎!数典而忘其祖。"

周天子责备籍谈不能像其先人那样继承籍氏的"大政"之学,遂使籍氏的家学失传。说明私家传授开始解体。私家传授既解体,而变革的社会又急需人才,因此民间私学便产生了。春秋末年,孔子在鲁国讲学,习六艺,"弟子盖三千焉,身通六艺者七十有二人"①。发展成儒家学派。春秋战国之际,墨家聚众讲学,发展成有组织的集团,当时称墨者,后世称墨家。到战国时期,讲学成时尚,著名学者无不聚众讲学,而士阶层因此产生并逐渐扩大。由于士掌握文化知识,而为新兴地主阶级所重视,一时"礼贤下士"之风大盛,他们招徕并敬重贤士,以谋富国强兵。同时养士之风也兴起,各国有权势的大臣多养士为食客,这些食客或为其主人出谋划策,或奔走游说,或代主人著书立说,如信陵君之编《魏公子兵法》,吕不韦之编《吕氏春秋》等。当时诸子并起,各代表不同的阶级、集团利益发言,议论时政,阐述哲理,散文因诸子的著述而发展起来,作者的身份空前扩大了。

如上所述,先秦文学作者的身份随着社会发展而不断扩大,由巫而史,到贵族,到平民,再到士,其演变过程,也反映了文学的繁荣趋势,由于文学作者身份的多样,文学的体裁、题材、风格便异彩纷呈了。

第四节　先秦文学发展的轨迹及其分期

先秦文学伴随着历史的发展,而形成不同的阶段,并在不同的

---

① 《史记·孔子世家》。

阶段表现出不同的特点。其发展轨迹可分为夏商、西周东周、战国三个时期。

夏商文学为什么形成一个历史阶段呢？王国维在其《殷周制度论》中说：

> 故夏、商二代文化略同。《洪范》九畴，帝之所以锡禹者，而箕子传之矣。夏之季世，若胤甲，若孔甲，若履癸，始以日为名，而殷人承之矣。文化既尔，政治亦然。

岂但政治，作为孕育于同一文化环境中的文学又何尝不如此！但从文学发展的轨迹看，夏商文学又是原始时代文化发展的结果。原始社会的神话与传说，如有巢氏时代之"构木为巢，以避群害"，燧人氏时代之"钻燧取火以化腥臊"①，伏羲氏时代之"作结绳而为网罟，以佃以渔"，神农氏时代之"斫木为耜，揉木为耒"②等都是古代学人对远古文化创造的推测。与此相适应，诗歌则出现了伏羲的《网罟之歌》、神农的《丰年之咏》③、黄帝的《咸池乐》④、尧的《击壤之歌》⑤、舜的《卿云之曲》⑥。这些乐曲虽然都出于后人的想象，但却反映了原始社会没有压迫、剥削的情况下，人们"手之舞之，足之蹈之"的欢乐情绪。

夏商时代的生产技术比原始社会有进一步发展，文化思想也进一步提高。就夏代而言，如大禹治水，伯益凿井，奚仲造车，禹铸

---

① 以上皆见《韩非子·五蠹》。
② 以上皆见《易·系辞传》。
③ 以上皆见《太平御览》引夏侯元《辨荣》篇。
④ 《周礼·春官·大司乐》。
⑤ 《列子》。
⑥ 《尚书大传·虞夏传》。

九鼎,历书的产生等,都是前代所不曾有的。在这一文化背景下,产生了真实可信的诗歌和散文。其诗歌如《楚辞·离骚》云:"启《九辩》与《九歌》兮,夏康娱以自纵。"又《天问》云:"启棘宾商,《九辩》《九歌》。"《离骚》与《天问》都是可信之作,则《九辩》《九歌》为夏代诗歌不容置疑,可惜今天已经见不到了。又《吕氏春秋·音初篇》记载,东音起于夏孔甲,南音起于涂山氏(禹妻)。夏孔甲所作《破斧歌》,《吕氏春秋》未曾著录,涂山氏所作《候人歌》只有一句:"候人兮猗!"这是我们今天能见到的唯一可信为夏代诗歌的遗文。夏代的散文,《尚书》著录《禹贡》和《甘誓》两篇。《禹贡》不是夏代之作。

可确定为夏代所作的唯《甘誓》一篇,记载夏启伐有扈于甘。文字极简质,文义也极简单。今天所能见到的夏代文学如此而已。商代历法比夏人更发展,农业知识也比夏人高,当时已经形成比较完整的思想体系——五行系统,即认为一切自然现象皆由五行演化而来,五行是宇宙万象之本。商代文化培育出巫与史,巫、史指导着社会的一切活动,从而形成巫官与史官两种文化。史官文化的代表为《商书》,巫官文化的代表为《周易》中遗存的商代的卦爻辞。《商书》共五篇,其中除《盘庚》外,其他四篇皆经过后人的润饰和加入的训诂字,已非本来面目。唯《盘庚》是最古老最可靠的殷人作品,记录盘庚迁都于殷时对世族百姓发表的训辞。文字很古奥,但比《甘誓》有明显进步,是我国最早的记言文。商代的诗歌,见于《诗经》中之《商颂》五篇,其中《那》、《烈祖》、《玄鸟》三篇,主要是歌舞神和对祖先的赞颂。《长发》、《殷武》两篇,是写商部族的历史传说和神话故事,其在叙述武功以颂圣方面,很近于二《雅》,技巧较高。又《周易》中之卦爻辞多采集谣谚形式,若舍去其中的"占断辞",便是简短古朴的诗歌。这类诗歌或怨上刺世、申诉痛苦，或抒发爱情、歌咏劳动，手法用象征、比兴、白描、叠咏，用韵参差错落，灵活多样，显示了我国古代诗歌的萌芽状态和艺术水平，成为《诗经》产生之先导。

如上所述，夏商两代的文学从远古几乎完全是神的世界的神话，演变为半神半人的传说，再演变为具有巫术色彩的笔之于书的文学，逐渐由萌芽趋向成熟。

周代由于铁的出现，并被用做生产工具，促进了生产的发展，引起了社会的巨大变革。王国维在其《殷周制度论》中又说：

> 殷周间之大变革，自其表言之，不过一姓一家之兴亡与都邑之移转。自其里言之，则旧制度废而新制度兴，旧文化废而新文化兴。

所谓新旧制度的兴废，即由奴隶制向封建领主制的转变。殷商奴隶主假借天命鬼神统治人民，掌握着对人民的生杀予夺之权。周制则不同，君主讲求如何治民，代天保民。周公制礼作乐的重要意义就在这里，即以礼乐制度巩固新兴政权。到了春秋时代，孔子将礼乐内容作了新的规定，除了定尊卑、贵贱、长幼和男女之别外，还强调仁民，他说：

> 人而不仁，如礼何？人而不仁，如乐何？①

礼乐必须以仁为本。仁者，爱人、尊重人。这种文化思想反映在文学创作上，即殷商时期那种浓厚的巫术色彩减少了，而主要是记述现实社会中人的生活、历史，抒发人的现实感受和情绪。这一时期的散文，可分叙事与说理两类。叙事散文如《周书》中的《召诰》、《洪范》、《多士》、《无逸》、《君奭》、《多方》、《立政》、《顾命》、《康

---

① 《论语·八佾》。

王之诰》诸篇,不外"诰""誓"两种文体。记述了西周初年征服商民的历史,反映了周初的社会关系和周人的政治思想。文字古奥、典雅,是那个时期的重要文章。其后是孔子所修的《春秋》。《春秋》所记自鲁隐公元年至鲁哀公十四年,历十二君,凡二百四十二年,是编年史的开端。《春秋》的基本精神是"道名分"①,即讲君君、臣臣、父父、子子。其主旨是寓褒贬,即劝善惩恶。其文笔是"微而显,志而晦,婉而成章,尽而不污"②,是"属辞比事"③,是"约其文辞而指博"④。这是最早的记事文,其出现标志着私人著述的开始。其次,是传述《春秋》的姊妹篇《左传》和《国语》,韦昭《国语解·叙》以《左传》为《春秋》内传,《国语》为《春秋》外传。《左传》是我国最早最完备的编年史,记述了春秋时期新旧势力的递嬗和从"保民"到"重民"思想的演变。同时也是成就很高的散文著作,文章以记事为主,兼及记言,并开始变记事、记言为记传,出现了文学史上最早的记传文。纲领严谨分明,情节委曲简洁,风格典雅有生气。上承《尚书》、《春秋》之传统,下开《国策》、《史记》之先河。《国语》的文章与《左传》之以记事为主不同,而是以记言为主,其特点是言词精练,并随时出现一些警策,使人物情节和形象鲜明,蒂萼相生,把作者的思想观点借助艺术的语言表达出来。

这一时期的说理散文有《论语》、《墨子》和散韵结合的《老子》。《论语》是记言体散文,记载孔子的言语行事。其特点是文约而旨博,言简而意赅,以简洁的文字概括深刻的哲理,韵味无穷。

---

① 《庄子·天下篇》。
② 《左传·成公十四年》。
③ 《礼记·经解》。
④ 《史记·孔子世家》。

《墨子》是思辨性散文,其特点是论述问题集中,主题明确,即所谓
"立仪";层次分明,说理清楚,即所谓"三表"。文风朴实无华,不
著文采。《荀子·解蔽》云:"墨子蔽于用不知文。"《老子》一书散、
韵杂然并陈,连缀成文。他尚质轻文,视文为巧饰,足以束缚人性。
因此他的文章多依照所摹写对象的自然变化而变化,不拘一格,于
奇幻中见精神。

　　这一时期的诗歌主要是《诗经》。《诗经》按音乐性质分《国
风》、《小雅》、《大雅》和《颂》四部分。《周南》、《召南》为《风》之
首,当作于殷周之际。《周颂》、《豳风》作于西周初年,《小雅》、
《大雅》多作于西周宣王、幽王之时,《国风》多作于东周前期。
《颂》是祭祀宗庙,《雅》乃美刺时政,《风》则吟咏性情。全部《诗
经》反映了周朝的社会、政治、道德和风尚,是周朝盛衰之诗史。其
文学成就,刘勰作了简明的概括:"《诗》主言志,诂训同《书》,摛风
裁兴,藻辞谲喻,温柔在诵,故最附深衷矣。"①即它发扬民歌的特
点,采用比兴手法,文辞美好,比喻曲折,讽诵最能切合人们的内心
情怀。这种创作精神为后代其他文体所崇尚,所谓"赋、颂、歌、赞,
则《诗》立其本"②。

　　相传夏尚忠,商尚质,周尚文,这说明夏、商、周三朝的文化一
代比一代高,作为文化重要组成部分的文学,其在周朝的成就也是
空前的,远非夏、商所能比,确乎是"郁郁乎文哉"③!

　　战国时期是我国历史上的大转变时期,这一点前代学人已经
看到了,清人王夫之即指出:

---

① ②　《文心雕龙·宗经》。
③　《论语·八佾》。

战国者,古今一大变革之会也。①

顾炎武则从七个方面论述了战国社会制度与春秋之不同,断言"此皆变于一百三十三年之间,史之阙文而后人可以意推者也"②。这是一种新旧制度的变革,是从领主所有制向地主所有制的大转变。在社会大变革中,各个学派的代表人物,出于对社会的忧虑和民瘼的关心,著书立说,批评时弊,阐述政见,互相论辩,形成"百家争鸣"的局面。西汉初,司马迁曾把"诸子百家"总括为阴阳、儒、墨、名、法、道德六家③;西汉末,刘歆于六家之外,又增加了农、纵横、杂及小说四家。但从文学成就看,当时重要者为四家,即道家的庄周,儒家的孟轲与荀卿,法家的韩非以及不曾被胪列的辞赋家屈原。他们所受的生活教养不同,所处的具体环境不同,社会思想不同,特别是文学观点不同,因此在抒发己见时,便采取了不同的文学形式和表现手法。如庄子即创造了"寓言"、"重言"、"卮言"三种表现手法。《庄子》一书便用这三种表现手法罗织成文。他所谓的"不言之言"、"不言之辩",是让人们"领悟"、"会意",得意忘言。他追求一种言在此而意在彼,心神交汇的表现手法,从而达到"求之于言意之表,而入乎无言无意之域"④的境界。孟子因为与不同政见者论辩,所以他的文章具有雄辩特点。他自云:"予岂好辩哉? 予不得已也。"⑤文章设问逻辑周密,无懈可击,其雄辩力全由逻辑推理中表现出来。又具有气势,他自云:"我知言,我善养吾

---

① 《读通鉴论·叙论》。
② 《日知录·周末风俗》。
③ 《史记·太史公自序》。
④ 《庄子·秋水篇》郭象注。
⑤ 《孟子·滕文公下》。

浩然之气。"①因此他的文章纵横捭阖,词锋凌厉,气势逼人。此外,他善用比喻,以比喻陈说事理,生动形象,饶有韵味。他的文章总体风格是"博学而详说之,将以反说约也"②。即精练简约,深入浅出。荀子的文风与孟子相近,即谈说善辩,自云"君子必辩"③,因此他的文章论辩透辟,说理清晰。也善于引类譬喻,把抽象的哲理具体化形象化,使深奥的哲理浅显易懂。又长于铺张排比,增强了文章的气势和音节的和谐。其总体风格,郭沫若以"浑厚"④二字概括之。韩非子重质轻文,深怕人们"览其文而忘其用","以文害用",同时他也认识到文的作用,认为"文为质饰者也"。因此他的文章既率直坦诚,无所文饰,又笔锋峻峭犀利,所向披靡,必将社会不合理的现象剖析得入木三分,文墨挥洒得淋漓酣畅,方才罢休。不愧为文章的妙手。屈原是我国文学史上最大的辞赋家,他作《离骚》、《九歌》,宋玉作《九辩》,都用地方音,修改民间曲调,创制新声楚辞。他以参差错落的形式、奇伟瑰丽的辞藻、丰富奔放的想象力抒发其美好的政治理想和高尚的情操,是诗人独自抒情创作的开始,把诗歌从《诗》三百篇之后升华到更高的境界。

　　要之,战国时期思想文化领域十分活跃,出现了百家争鸣的局面,文学领域也极其繁荣,产生了各种不同风格的散文和辞赋。清人章学诚说:

　　　　盖至战国而文章之变尽,至战国而著述之事专,至战国而

---

① 《孟子·公孙丑上》。
② 《孟子·离娄下》。
③ 《荀子·非相》。
④ 《十批判书·荀子的批判》。

后世之文体备。故论文于战国,而升降盛衰之故可知也。①

"论文于战国",则先秦文学演变之轨迹也可以了解了。战国文学在文学史上地位的重要性于此可见。

---

① 《文史通义》内篇《诗教上》。

《先秦诗歌精华》序

　　相传我国上古时代夏尚忠,商尚质,周尚文,三个朝代的文化一代比一代高。商、周时代形成了两种文化,即巫官文化与史官文化。巫官偏重鬼神,史官偏重人事。商代巫官文化极盛,《礼记·表记》说:"殷人尊神,率民以事神,先鬼而后礼。"巫善于歌舞音乐,歌舞以降神,商代应有许多诗歌产生,可惜多亡佚了,今天仅存甲骨卜辞、《周易》卦爻辞,其中某些句法简单整齐、偶尔协韵的歌曲,应是当时的诗歌创作。这类诗歌进一步发展,到战国时期即形成用楚声歌唱的"楚辞"。又《礼记·表记》说:"周人尊礼尚施,事鬼神而远之,近人而忠焉。"史长于记人事,观天象,悉旧典,儒家所传的经书,其原本多为他们旧藏的典籍。《诗》三百篇即保持有不少他们记录、采集乃至自己创作的诗歌。所以就诗歌讲,"楚辞"是巫官文化的代表,《诗经》是史官文化的代表。巫官文化重歌唱,主抒情,所以"楚辞"具有鲜明的浪漫主义精神。史官文化重记实,主叙事,所以《诗经》表现出强烈的现实主义精神。当然,这是就其主要倾向讲,并不是说"楚辞"全不写实、叙事,《诗经》全不歌舞、抒情。实质上这两种文化又互相影响、渗透,并有前后的继承关系。王逸《离骚序》即说:"《离骚》之文,依《诗》取兴,引类譬喻。"刘勰《文心雕龙·辨骚》更从《典》《诰》、规讽、比兴、忠怨四方面说明"楚辞"与《诗经》的渊源关系。虽然如此,这两种诗体仍然形成相对独立的诗风和传统,其美刺时政,吟咏性情,比兴手法,成为后代两千多年人们诗歌创作遵循的准则。"纵使卢王操翰墨,劣于汉魏近风骚。”“窃攀屈宋宜方驾,恐与齐梁作后尘。”“别裁伪体亲风雅,转益多师是汝师。”(杜甫《戏为六绝句》)沈约《谢灵运传论》说:“自汉至魏,四百余年,辞人才子,文体三变……莫不同祖《风》、《骚》。”他们都祖述《风》、《骚》,以《风》、《骚》为创作楷模。因此,形成了我国现实主义和浪漫主义两个传统。到了宋代,晁补之改孟子所谓“王者之迹熄而诗亡,诗亡而《春秋》作”,为“诗亡而后《离骚》之辞作”(《离骚新序上》)。直把《离骚》提到儒家经典的高度来看待,与《诗经》的地位等同了。然则,“楚辞”与《诗经》不仅是先秦文学的精华,而且是我国诗歌的经典,是我国诗歌优良传统奠基之作。我们吟诵《诗经》的重要性就在这里,歌咏“楚辞”的重要性也在这里。

《聂石樵自选集》自序

这部文集是从过往数十年间发表的文章中选录而成的。文章论述的内容包括《诗经》、《楚辞》、《史记》、唐诗、宋词和《聊斋志异》、《红楼梦》，范围比较广。时代自先秦迄汉魏、唐宋以及清代，历史比较久。由于内容广，从而对各种文体论述的角度不同、方法各异；由于历史久，因而发表于不同历史阶段的文章都各具时代特点。其中既有专题论述，又有文学史的贯通，多年的惨淡经营，体现了自己的学术经验——"专通"。现在能够编选出版，时当耄耋之年，得以昭示自己平生的心路历程，颇感欣慰。对山东文艺出版社给予的支持十分感谢！

2006 年 4 月于北京师范大学

《古代诗文论丛》自序

　　这本集子是从我们已经发表和一部分未曾发表的稿件中选择编辑而成的。其中最早的写于一九五六年，如《关于李煜的评价问题》，最晚的写于一九八九年，如《北宋词人创作环境和创作观念的变化》，其间断断续续还写了其他方面的文章，前后延续了近四十年之久。内容都是对古代诗歌、散文的论述。体例则有专题论文，也有读书札记。名之曰《古代诗文论丛》，以与拙著《古代小说戏曲论丛》相辅而行。

　　回顾近四十年所走过的历程，案头生涯则冷淡如僧，笔墨耕耘则萧条似钵，在严峻的生活条件下，常存"鄙没世而文采不表于后世"之想。然而，在漫长的岁月中，我们究竟做了些什么呢？取得了哪些成绩？空虚、渺茫之感油然而生。昔日的遐想，如今徒寄梦寐。几卷残稿，又算得什么？岂足称道？只是为我们过去的教学、研究工作和精神生活留下一点影迹而已。"此情可待成追忆，只是当时已惘然！"李义山以《锦瑟》自伤身世，怀恨连追忆一下当年的事都成为多余的了。我们回味、追忆过去工作、生活的一点影迹，又有什么意义呢？不过是丑女效颦，也"述往事，思来者"罢了。

　　至于我们共同的著述，署名先后的问题，只是表明这部著述所收谁的文章多少，和谁在其中所用功力多少而已，没有别的意思。

一九九〇年六月写于北京师范大学

宿舍之红四楼

《古代文学论丛》自序

此为我们撰写之第三部文集。先是,中华书局1985年为我们出版了《古代小说戏曲论丛》,所收皆有关古代小说、戏曲的文章,嗣而北京师大出版社1993年为我们出版了《古代诗文论丛》,所收皆有关古代诗歌、散文的文章。今兹,河北教育出版社愿为我们再出版一部文集,这部文集内容比较广泛,既有关于小说戏曲的论述,又有关于诗歌散文的评价,故名之曰《古代文学论丛》。

文集内容凡四类,一类是关于古代作家、作品之评论,如《他乡迟暮　不废诗篇——论杜甫的怀乡诗》、《辛稼轩的咏花词》、《王实甫及其〈西厢记〉》、《漫谈〈水浒传〉》等。二类是对古代文学史诸问题之探讨,如《关于中国文学史中之若干问题》、《南北曲之区分与汇合》、《宋人对词学的贡献》、《两宋词史上的滑稽词派》、《李清照的"易安体"及其在词史上的地位》等。三类是读书札记,如《李义山诗商兑录》、《诗词叙说》等。四类是为书所作之"序",这些"序"是序我们自编之书,为友人著作所作之"序",一概不收。文章丛杂,又非系年,然敝帚自珍,亦人情之常,故编辑行世,或者对读者能有所裨益。

1998年夏日于北京师范大学

《古代文学中人物形象论稿》序

我国古代文学是丰富多彩、光辉灿烂的,不仅体裁多样、题材多样、风格多样,更重要的是它以众多的不同类型的人物形象辉映于不同历史时代的文坛。

文学是社会生活的反映,而能体现社会各种关系的就是人,因此"人"是文学描写的中心。恩格斯所谓"典型环境中的典型性格"的"典型性格"即"人"。形象则是人生的图画,作者借助人物形象反映丰富多样的社会人生,从而评价特定时代的社会生活。因此,我们选择从人物形象分析的角度,评释古代文学,意在通过对这一中心问题的论述,说明我国古代文学中所创造的人物形象的卓异及其文化内涵。

我国古代文学中对人物形象的描写,比世界其他各国文学,尤为重视。即不但在小说、戏曲中塑造出一大批不同心理、不同信仰、不同性格的人物形象,而且在诗歌、散文这类不宜写人的体裁中也描写了众多人物。一部《红楼梦》塑造了四百多个人物,《水浒传》塑造了一百多个人物,《三国演义》则将魏、蜀、吴全部将相人员都集中于笔端。至于唐宋传奇小说、金元杂剧、明清传奇所塑造的人物,更林林总总,琳琅满目。这类小说、戏曲描写人物数量之多,类型之广,可与世界其他各国文学创作比美。在诗文方面,司马迁《史记》中《本纪》、《世家》、《列传》是集中描写人物的佳作。其后的史传文学都是以描写人物为中心的。此外,抒情散文如阮籍《大人先生传》、陶渊明《五柳先生传》等,则是自述生平之作,自我形象鲜明。叙事诗如《古诗为焦仲卿妻作》写善良妇女刘兰芝的悲剧,《木兰辞》写女子木兰代父从军的英雄事迹,皆生动感人。用诗歌、散文描写人物,并且达到如此高的成就,这可能是其他国家文学创作所罕见的。这说明我国古代文学所塑造的人物形象,以自己独具的民族风格和特色,丰富了世界文学宝库。

对我国古代文学中如此丰富多样的人物形象,我们这部书稿不是逐个进行分析、评论,而是以历史时代为序,分成诸多类型,进行综合论述。从文化背景方面探讨这许多人物形象产生的根源、形成的原因和演变的轨迹,进而说明这许多人物形象所反映的错综复杂的人际关系和社会生活,并审视我国文化传统的变化过程。

这部书稿是我主持编写的,具体由尚学锋同志执笔先唐部分;谢思炜同志执笔唐宋部分;郭英德同志执笔元明清部分;最后由我通读全文。这是我们共同合作完成的。然而这种从历史文化环境角度分析、评价我国古代文学中的人物形象,对我们来讲还是一种尝试,观点、看法都不成熟,论述也不全面、不系统,名之曰"论稿",记实也。

1998 年 3 月 27 日

《历代文选·先秦文》前言

我国散文是何时产生的？对古史的探讨,古圣先贤已感到史料之渺茫,孔子探讨夏殷制度,即慨叹文献之不足征。司马迁著《史记》也说:"自殷以前诸侯不可得而谱,周以来乃颇可著。"他于五帝、三皇、神农以前,皆曰"尚矣",曰"吾不知已",曰"靡得而记云"①。我们今天比孔子、司马迁幸运,不断发现的考古资料、出土的殷商古器物及卜辞,为我们探索上古文学提供了某些方便。

作为文学载体的文字的产生,对文学的形成具有重要意义。我国现在能见到的最早的文字是商代甲骨文,甲骨文已是相当成熟的象形文字。商代中叶以后至西周时期涌现了大量的青铜器,因而产生了许多钟鼎铭文。在这些铭文中象形字所占比例减小了,而形声字增多了。铭文字体结构与甲骨文之疏放不同,而是趋向谨严与规范,体现了文字的进化。这种具有历史意义的演进,反映在文学上,便是文学作为一种文体逐渐独立与成熟。其独立与成熟过程,一般可分两个阶段:其一,殷商末年至西周初年,宗法制确立和文字成熟,宗教哲学从巫术中分化出来,形成独立的形式。其二,西周末年至春秋时期,出现了一些很长的钟鼎铭文②,《说文序》云:"郡国往往于山川得鼎彝,其铭即前代之古文。"此时文学

---

① 《史记·三代世表序》。
② 成王时《令彝》,187字;康王时《小盂鼎》,390字;最长的铭文是西周晚期宣王时的《毛公鼎》,共33行,490字。

从宗教哲学分化出来，又形成独立的形式。文学的各种形式在语言文字不断成熟过程中而分途发展。司马迁《太史公自序》说：

> 昔在颛顼，命南正重以司天，北正黎以司地。唐虞之际，绍重黎之后，使复典之。至于夏商，故重黎氏世序天地。其在周，程伯休甫其后也。当周宣王时，失其守而为司马氏。司马氏世典周史。惠襄之间，司马氏去周适晋。晋中军随会奔秦，而司马氏入少梁……

司马迁追述自己的家世时，说颛顼曾命南正（官名）重掌管天，北正（官名）黎掌管地。实际上他们都是著名的神巫，掌管天人、祭祀之事。其后，从唐虞到夏商，重、黎的后代世代承袭这一职守。周宣王时，重、黎的后代程伯休甫失掉了世代相传的职位，做了"司马"的官，从此就称司马氏。司马迁这里所讲的是史学与巫术的分化过程，说明史学开始从上古时代宗教祭祀中解脱出来，以不同的形式与宗教、巫术等分道扬镳了。这种史学著作即形成为历史散文。

商人信鬼神，尚巫风，崇祭祀，一人身兼巫、史，代天神发言，指导国家政治。《尚书·商书》中的《盘庚》、《高宗肜日》、《西伯戡黎》、《微子》诸篇，即商史之遗文。其中《盘庚》是最古老最可信的商人作品，记录盘庚迁都于殷时对世族百姓发表的训辞，文字古奥，是我国最早的记言文。

周人尊礼尚施，事鬼神而远之。他们重人事，观天象，悉旧典，史盛而巫衰，普遍建置史官。史官所记主要是现实社会人的生活和历史，其形式可分为叙事和说理两类。叙事散文如《周书》中的《召诰》、《洪范》、《多士》、《无逸》、《君奭》、《多方》、《立政》、《顾命》、《康王之诰》诸篇，不外诰、誓两种文体，记述了西周初年征服商民的历史,反映了周初的社会关系和周人的政治理想,文字古奥、典雅,是那个时期的重要文章。春秋末期孔子修成《春秋》。《春秋》记鲁隐公元年至鲁哀公十四年事,历十二君,凡二百四十二年,是编年史的开端。《春秋》的基本精神是"道名分"①,即讲君君、臣臣、父父、子子。其主旨是寓褒贬,即劝善惩恶。其文笔是"微而显,志而晦,婉而成章,尽而不汙"②,该书"属辞比事"③,"约其文辞而指博"④。这是最早的记事文,其出现标志着私人著述的开始。其次,是传述《春秋》的姊妹篇《左传》和《国语》。韦昭在《国语解·叙》中以《左传》为《春秋》的内传,以《国语》为《春秋》的外传。《左传》是我国最早最完备的编年史,记述了春秋时期新旧势力的递嬗和从"保民"到"重民"思想的演变。它同时也是成就很高的散文著作,文章以记事为主,兼及记言,并开始变记事、记言为记传,出现了文学史上最早的记传文。该书纲领严谨分明,情节委曲简洁,风格典雅有生气。它上承《尚书》、《春秋》之传统,下开《战国策》、《史记》之先河。《国语》的文章与《左传》之以记事为主不同,而是以记言为主,其特点是言辞精练,并随时出现一些警策之语,使人物形象鲜明,情节生动,蒂萼相生,把作者的思想观点借助艺术的语言表达出来。

　　这一时期的说理散文有《论语》、《墨子》和散韵结合的《老子》。《论语》是记言体散文,记载孔子的言语行事。其特点是文约而旨博,言简而意赅,以简明的文字概括深刻的哲理,韵味无穷。《墨子》是思辨性散文,其特点是论述问题集中,主题明确,即所谓

---

① 《庄子·天下篇》。
② 《左传·成公十四年》。
③ 《礼记·经解》。
④ 《史记·孔子世家》。

"三表"，文风朴实无华，不著文采。《荀子·解蔽》云："墨子蔽于用而不知文。"《老子》一书散韵杂然并陈，连缀成文。他尚质轻文，视文为巧饰，认为它束缚人性。因此他的文章多依照所摹写对象的自然变化而变化，不拘一格，于奇幻中见精神。

战国是我国历史的大转变时期。清人王夫之在其《读通鉴论·叙论》中即指出："战国者，古今一大变革之会也。"顾炎武《日知录》之《周末风俗》条从七个方面论述了战国时的社会制度与春秋时的之不同，说："此皆变于一百三十三年之间，史之阙文而后人可以意推者也。"这是一种新旧制度的变革，是从领主所有制向地主所有制的大转变。在社会大变革中，各个学派的代表人物，出于对社会的忧虑和对民瘼的关心，著书立说，批评时弊，阐述政见，互相辩难，形成"百家争鸣"的局面。西汉初司马谈曾把"诸子百家"总括为阴阳、儒、墨、名、法、道六家①；西汉末，刘歆于六家之外，又增加了农、纵横、杂及小说四家。但从文学成就看，当时重要者有三家四人，即道家的庄周，儒家的孟轲与荀况，法家的韩非。他们的教养不同，所处的具体环境不同，社会思想不同，特别是文学观念不同，因此在抒发己见时，便采取了不同的论辩形式和表现手法。如庄子即创造了"寓言"、"重言"、"卮言"三种表现手法。《庄子》一书便使用这三种手法罗织成文。他重视"不言之言"、"不言之辩"，要人们"领悟"、"会意"，得意忘言。他追求一种言在此而意在彼、心神交汇的表现手法，要以此达到"求之于言意之表，而入乎无言无意之域"②的境界。孟子因为与不同政见者论辩，所以

① 《史记·太史公自序》。
② 《庄子·秋水篇》郭象注。

他的文章具有雄辩的特色。他自云："予岂好辩哉？予不得已也。"①他的文章逻辑周密，无懈可击，其雄辩力全由逻辑推理中表现出来。孟文又具有气势，他自云："我知言，我善养吾浩然之气。"②因此他的文章纵横捭阖，词锋凌厉，气势逼人。此外，孟子善于用比喻，以比喻陈说事理，生动形象，饶有韵味。他的文章的总体风格是"博学而详说之，将以反说约也"③，即精炼简约，深入浅出。荀子的文风与孟子相近，即善辩。他自云："君子必辩。"④他的文章论辩透辟，说理清晰，也善于引类譬喻，把抽象的哲理具体化、形象化。使深奥的哲理浅显易懂。荀子又长于铺张排比，增强了文章的气势和音节的和谐。郭沫若曾以"浑厚"⑤二字概括其总体风格。韩非子重质轻文，深怕人们"览其文而忘其用"、"以文害用"；同时他也认识到文的作用，认为"文为质饰者也"。因此他的文章既率直坦诚，少有文饰，又笔锋峻峭犀利，所向披靡，任意挥洒，淋漓酣畅，不愧为文章妙手。清人章学诚说："盖至战国而文章之变尽，至战国而著述之事专，至战国而后世之文体备。"⑥所论极是。

　　以上对先秦散文的产生、演变和繁荣的过程作了简略的叙述，说明先秦散文是伴随着历史的发展而逐渐成熟并取得卓异的成就的，它的许多描写规则和表现手法，为后世散文的写作奠定了基础，对后世散文写作影响极大，成为后世散文写作的楷模。如此，

----

① 《孟子·滕文公下》。
② 《孟子·公孙丑下》。
③ 《孟子·离娄下》。
④ 《荀子·非相》。
⑤ 《十批判书·荀子的批判》。
⑥ 《文史通义》内篇《诗教》上。

我们这个选本的意义就可以想见了。我们以时代为序,编选了先秦各个历史时期不同学派、不同文风的有代表性的作品,试图借此以显示先秦散文的发展过程,同时展现其文章的丰富多彩。

全书由过常宝同志和张斌荣同志分头撰写,最后由我通读全稿,若出现缺点和错误,由我负责。

《散文精华》前言

散文作为一种文体,最早见于宋人的记载,如罗大经《鹤林玉露》卷二云:"山谷诗骚妙天下,而散文颇觉琐碎局促。"而且是与骈文相对而言,同书引周益公云:"四六特拘对耳,其立意措辞贵浑融有味与散文同。"可见其与骈文是对称的。自宋代之后便成为一种文体之专名了。

散文之名源于宋代,但作为一种散体单行之文体却早已产生。这要从汉魏六朝文、笔之区分谈起。王充《论衡》卷一三《超奇》篇开始论及著笔作文:

> 故夫能说一经者为儒生,博览古今者为通人,采掇传书以上书奏记者为文人,能精思著文连结篇章者为鸿儒。故儒生过俗人,通人胜儒生,文人逾通人,鸿儒超文人。

王充认为文人、鸿儒之地位高于儒生、通人,因为"通人览见广博,不能掇以论说"。唯文人、鸿儒能"抒其义旨,损益其文句,而以上书奏记,或兴论立说,结连篇章者"。指出上书奏记、兴论立说等文章为文人、鸿儒所作,虽未明确为散文,但已认定这类散体之作为文了。其后由于文学成为文人之专业,他们的创作各有专精,文体从而繁兴起来,加之声律说之产生,因此有文、笔之区分。据《南史》卷三三《范晔传》记载:

> 常谓情志所托,故当以意为主,以文传意。以意为主,则其旨必见。以文传意,则其辞不流。然后抽其芬芳,振其金石

> 耳。观古今文人，多不全了此处。年少中，谢庄最有其分。手
> 笔差易，于文不拘韵故也。

范晔与谢庄是宋代独识声律之人，他所谓"手笔"不拘韵，则与
"笔"相对之"文"，自然拘韵了。这说明他以及谢庄都以有韵者为
"文"，无韵者为"笔"。这是文、笔界说之滥觞，也是骈文与散文最
初之分野。又梁元帝萧绎《金楼子》卷四《立言》云：

> 古人之学者有二，今人之学者有四。夫子门徒，转相师
> 受，通圣人之经者谓之儒。屈原、宋玉、枚乘、长卿之徒，止于
> 辞赋，则谓之文。今之儒博穷子史，但能识其事，不能通其理
> 者，谓之学。至如不便为诗如阎纂，善为章奏如伯松，若此之
> 流，泛谓之笔。吟咏风谣，流连哀思者，谓之文。

萧绎认为章奏之类是为"笔"，风谣之类是为"文"。章奏无韵，风
谣有韵。其观点与范晔完全一致。又《文心雕龙》卷九《总术》云：

> 今之常言，有文有笔，以为无韵者笔也，有韵者文也。

则径直道出文、笔之区别在有韵与无韵。至清代阮元发挥了以上
诸说法，如《擘经室三集》卷二《文言说》云：

> 为文章者，不务协音以成韵，修词以达远，使人易诵易记，
> 而惟单行之语，纵横恣肆，动辄千言万字，不知此乃古人所谓直
> 言之言，论难之语，非言之有文者也，非孔子所谓文也。《文言》
> 数百字，几于句句用韵……不但多用韵，抑且多用偶……凡偶，
> 皆文也。于物两色相偶而交错之，乃得名曰文，文即象其形也。

他推演了六朝人之说法，认为"文"不但要有韵，而且应对偶，并以
《易·乾·文言》为例证。此外，他在《梁昭明太子文选序后》、《文
韵说》、《与友人论古文书》、《四六丛话序》、《学海堂文笔策对》

(皆见《挈经室集》)诸文中,都论述到文、笔之区别,观点与《文言说》相同。近代刘申叔《中古文学史·文笔之区别》从《文心雕龙》篇目之编次,看到刘勰对文与笔之看法,如云:

> 更即《雕龙》篇次言之,由第六迄于第十五,以《明诗》、《乐府》、《诠赋》、《颂赞》、《祝盟》、《铭箴》、《诔碑》、《哀吊》、《杂文》、《谐隐》诸篇相次,是均有韵之文也。由第十六迄于第二十五,以《史传》、《诸子》、《论说》、《诏策》、《檄移》、《封禅》、《章表》、《奏启》、《议对》、《书记》诸篇相次,是均无韵之笔也。此非《雕龙》隐区文笔二体之验乎?

他认为刘勰将有韵者之篇目编为一个系列,将无韵者之篇目编为一个系列,编次不乱,即隐含着其对文与笔这两种文体之认识。刘申叔之用心可谓深细,确是辨析出刘勰对文与笔之看法。以上诸论证,都说明魏晋六朝时期文与笔之区别,即有韵之作谓之"文",无韵之作谓之"笔"。

此外,《文心雕龙·总术》又云:

> 颜延年以为"笔之为体,言之文也;经典则言而非笔,传记则笔而非言"。

颜延之提出文、笔之外,还有"言"类。黄侃《〈文心雕龙〉札记》云:"颜延年之说,今不知所出,宜在所著之《庭诰》中……颜氏之分言、笔,盖与文、笔不同,故云'笔之为体,言之文也。'此文谓文采。经典质实,故云非笔;传记广博,故云非言。"晋人所谓文笔,不包括经、子、史等著述,颜延之把经典、传记也涵盖于其中,扩大了文笔之范围。范文澜对文、笔、言解释云:"直言事理,不加修饰者为言,如《礼经》、《尚书》之类是。言之有文饰者为笔,如《左传》、《礼记》之类是。其有文饰而又有韵者为文。"(《文心雕龙注》)其说明确,可从,《礼经》《尚书》为记言之作,《左传》《礼记》为记事之作,体例不同。应当补充者,颜延之所论述者为"笔",他认为"笔"也应当有文采,即"言之文也",如他所著之《庭诰》。至于"言",则应当"质实",即阮元所谓"单行之语"、"直言之言"(《文言说》),毫无文饰,如经典之类。颜延之的说法,还可以从唐代日本僧人空海所撰之《文镜秘府论》(古钞本)中得到补充,如云:

> 在于文章,皆须对属。其不对者,止得一处二处有之。若以不对为常,则非复文章。

末二句原注云:"若常不对,则与俗之言无异。"其所谓"俗之言",即以通俗语言为文,也即毫无文饰之"言",所谓"质实"也。《文镜秘府论》在当时是一部重要的作文秘诀之书,其见解与颜延之相同,很值得重视。因此,我们可以得出总的认识,即一切有韵之文为文,稍加文饰之文为笔,与通俗语言相近之文为言。作为散体单行的散文,包括笔与言两类,这两类构成了真正意义的散文。

从以上我们对散文范畴的认识和理解出发,我们这部选集,与当前学术界有的著作,将骈文、辞赋列为散文不同,而只选录单行散体无韵的优秀篇章。其中既有章表、论说、奏议等,也有经、传、子、史,时代是从商、周到晚清。历史长,方面广,期于达到各类散体兼备之精华。

本书自先秦至唐五代部分由过常宝注释,宋代以下部分由钟涛注释,全书经我看过,特此说明。

1996 年 12 月 20 日

《新编古文观止》序

这部《古文观止》所谓"新编"，是针对清康熙年间吴调侯、吴楚材编选的《古文观止》而言。二吴的选本流传很广，影响很大。但由于时代的不同和编选者思想观念的限制，今天看来有很多缺欠和不足，有重新编选的必要。我们这部《新编古文观止》，就是适应这种需要而编选的。

首先，原《古文观止》的编者囿于传统的"古文"观念，认为"古文"只能是唐代韩愈、柳宗元所提倡的用来反对六朝盛行的绮丽文风的散文。这类散文取法于古代经典《尚书》等，所以称为古文。因此，他们编选的标准，主要是清桐城派所标榜的散文，只选录了极少数的几篇骈文。这是非常不全面的。

我国的古代文学，文采纷呈，体裁多样。然大别之，则为有韵与无韵两类。六朝时将其分为"文"与"笔"两体。《文心雕龙·总术》说："今之常言，有'文'有'笔'；以为无韵者'笔'也，有韵者'文'也。"所谓"笔"，即单行的散文，"文"则主要指对偶的骈文。这既是两种对立的文体，又有互相演变、发展和前后承袭的关系，可以说是一双孪生姊妹，不应有古今之论。《四库全书总目提要》说："不知散体之变骈体，犹古诗之变律诗，但当论其词义之是非，不必论其格律之今古。"因此，我们这部选集不但选录了大量的散文，而且选录了六十二篇骈文和辞赋，散、骈兼备，统称之为古文，古代文章得以毕览，使这部选集比较全面。这是"新编"的一大特色。

其次，原《古文观止》的编者囿于桐城派的观点，所选录的文章自东周至明末，凡二百二十篇，其中绝大部分是先秦两汉及唐宋古文，先秦时期又集中选录《左传》、《国语》、《国策》的文章，对诸子文章一篇未选。唐宋时期只选录了八大家的文章，其他人的文章未曾入选。魏晋南北朝文仅选六篇，金元文也一篇未选。如此以偏概全，既不能反映出不同历史时期古文的特点，也不能反映出我国古文风格的丰富多彩。

我国古代文学源远流长，各种文体互相影响，互相承袭，连绵不绝。古文由散体趋向骈体，又由骈体回复到散体，亦且各个时代都有不同，如不客观、广泛地选录，便表现不出这种变化来。我们这部选集从先秦选录到清末，对历朝历代的佳作，都予以选录。不仅选录其发展高峰时期的文章，也选择其衰落时期的文章。不仅选录了大家的佳作，也选录了二、三流作家的精品。同时，还重视艺术性和可读性。有些文章在文学史上地位很重要，但缺乏艺术性，或艺术性不高，如陆贽的章表，便舍弃了。有些文章是名作，但篇幅太长，文字障碍太多，不易读，如《离骚》、《子虚赋》、《上林赋》，也只好割爱了。总之，所选的文章历史跨度大，代表方面广，风格多样，抒情性强。这是"新编"的又一大特色。

其三，原《古文观止》虽有扼要的注释和评点，但过于简单，而且无作者介绍，无对作品时代背景及题旨的说明。这使今天的读者理解文章的内容有很大困难。为了帮助读者克服这种困难，我们这部选集作了比较全面的注释，不但注释了全部典故，也注释了难懂的词语。为了加深读者对文章的理解，注释中多引出原典。对词语的注释，力求简练，以显示出文章炼字之精确。对作者介绍及对文章主题的说明，都简明扼要，重在说明作者与文章有关联的事件与思想，分析文章结构布局的妙处，概括出其主旨所在，并评价文章的特点与成就。对译文,要求忠于原文,顺畅通达,力求准确、流利,尽可能再现原作的风格和神韵,展示出我国古文丰富而精微的风貌。这是"新编"的另一大特色。

以上是这部"新编"优于原《古文观止》者,也就是它的"新"之所在。所谓"观止"云云,原为吴公子季札在鲁国观周乐时赞美之辞。季札说:"观止矣!若有他乐,吾不敢请已。"(《左传·襄公二十九年》)是说所见都尽善尽美,若还有其他音乐,我不敢再请求看了。我们新编这部古文选集,也期望达到极其完美的程度,成为真正意义上的《古文观止》,但究竟怎样,则有待读者的评议了。

《刘盼遂文集》前言

先师刘盼遂先生(一八九六年——一九六六年),名铭志,河南省淮滨县刘套楼村人,该村原属息县,因此以前他出版的著作,自称息县刘盼遂撰。先生一九二五年考取北京清华学校国学研究院研究生,师从王静安、梁启超、陈寅恪诸先生,同时又在北京师范大学从黄季刚先生习《文心雕龙》。一九二八年,于清华学校毕业后,先后任河南中州大学教授、北京女子师范大学历史语言研究所研究员、清华大学副教授、河南大学教授、燕京大学教授、辅仁大学教授、北京师范大学教授等职。先生是著名的古文献学家,长于考证古代文献。平生以著述为事,博览群书,对小学、经学、史学、文学、校勘、目录无不专心潜研,而尤精于古文字、声韵、训诂之学。他治学的路子是继承乾嘉学派之以小学通经,所不同者,他不仅是以小学通经,而且以小学通史、通一切古籍,即他并非单纯研治小学,重要的是他把对小学的研治运用到对古籍的笺释、校勘、辨伪、考证等方面来。他的《天问校笺》、《论衡校笺》、《后汉书校笺》、《颜氏家训校笺》、《世说新语校笺》等以及《文选篇题考误》、《穆天子传古文考》、《嫦娥考》、《李唐为蕃姓考》、《春秋名字解诂补证》等大部分论著,都是这方面成就的表现。由于先生精于音韵、文字、训诂之学,所以对古籍的笺释、校勘便具有科学性。这种治学方法,与王念孙、王静安的学术路数一脉相承。王念孙、王静安深通小学,但他们并未在小学领域建立什么体系,而是用这门学问去校读古书,考证古史和考稽古文献。刘先生十分推崇王念孙,为王念孙编撰年谱，又受业于王静安，所以他在这方面的成就，可以说远绍王念孙，近承王静安，是对二王的直接继承。当然，刘先生的学问更直接地受有王静安治学精神的影响，他的文章即有《观堂学礼记》、《观堂学书记》、《说文师说》等听王静安讲《仪礼》、《尚书》、《说文》的笔记，而且他有不少文章发挥了王静安的意见，文章中标明"静安师说"字样者俯拾皆是。他学识之博，读书之广，很有王静安的影迹在。从经、史、子、集到戏曲、小说，靡不阅读，从敦煌曲词到民俗方言，无不了解，博闻强志，触类旁通，他的全部学问，可以用"博雅"二字概括。先生之为人，也很像王静安，不善言谈，很少社会活动，专心于案头工作，其情景与当年王静安之罕言寡语，不喜与人交往，"门前可设雀罗"（刘先生对王静安的评语），凝神于著述，何其相似！刘先生从学问到人，都是王静安的具体而微，是王静安的缩影。

我搜集、辑录刘先生文集始于十多年以前，当时利用工作之余，编检各种报章杂志，有所发现即复印或抄录，日积月累，所得益伙，到现在为止，可以说能翻检到者，基本上都搜集全了。其中包括先生早年出版的《文字音韵学论丛》中之二十四篇文章。对于他的《段王学五种》，则只取其中之《段玉裁先生年谱》、《高邮王氏父子年谱》和《高邮王氏父子著述考》三种，其他如《经韵楼集补编》、《王石臞文集补编》二种，因是刘先生辑校段玉裁、王念孙的文集，故不收入。此外，另有一篇未曾辑得，即《跋王贯山说文部首表》，因其所刊载之河南大学出版之《励学》难于查找，也只好阙如了。

文章搜集既齐，还需要进一步校对、标点和整理。这项工作因种种缘故一直拖延到现在。去年我请博士生雒三桂同志协助工作，三桂同志工作认真、负责，于毕业之前基本上完成。今年我又用半年时间进行加工、校理,前后披阅,屡经抄录,方成定本。然限于我们的水平,检校之间,或有疏失,辑录之际,当有讹误,责任在我一人。

文稿编成之后,面临出版问题。目前学术著作出版十分困难,动辄要补贴数万元,我辈薪水阶层,岂有此等经济实力?所幸者,北师大出版社愿意接受这部文稿,我们非常感谢!刘盼遂先生生于一八九六年,诞辰已逾百年,此书若能出版,是很有纪念意义的。在当前我国大力宏扬传统文化、提倡国学的形势下,刘先生此书的出版,对传统文化的发扬和国学研究当大有裨益!

2001 年深秋
写于北京师范大学

写在《刘盼遂文集》出版之后

　　《刘盼遂文集》作为北师大百年校庆之"教授文库"的一种已经出版了。此书从搜集、抄录、编辑到校理，其间时断时续，历时十余年，现在终于见书，可谓了却一份心愿。书中收录了刘先生早年出版的《文字音韵学论丛》一书中24篇文章，《段王学五种》一书中之《段玉裁先生年谱》、《高邮王氏父子年谱》和《高邮王氏父子著述考》，以及他在报章杂志上发表的全部文章。应当特别提及的是50年代初期，我们听说刘先生的《论衡集解》即将由古籍出版社出版，我和曹家琪同志表示愿意协助他把他对《颜氏家训》和《世说新语》笺释的成果，整理成《颜氏家训集解》、《世说新语集解》，刘先生顺口应承了。其后曹家琪同志将《颜氏家训》整理完了，据说交付中华书局，但至今未见出版，惟见王利器编撰的《颜氏家训集解》(上海古籍出版社出版)中，多处征引，这可能取自刘先生早年发表的《颜氏家训校笺》的文章，并不全面，而我整理的《世说新语》，历时一年多，也基本完成，交给刘先生时，刘先生却说："有什么用？给你吧！"当时，刘先生对党的政策不十分了解，思想有些消极，所以作此表态。我怎么能要刘先生的研究成果呢？因此我仍把全部稿子还给了刘先生。后来，据刘先生说汪孟涵先生愿意对这部稿子继续加工，因此稿子便转到汪孟涵先生手中，文化大革命期间汪先生过世，稿子由汪夫人保存，不久汪夫人也去世了，这部稿子竟不知去向。现在刘先生的文集出版了，其中的《颜氏家训校笺》、《颜氏家训校笺补证》、《世说新语校笺》和《唐写本世说新语跋尾》包括了他对这两部书的全部真知灼见，可以弥补这方面的缺憾。

记得我在整理《世说新语》稿件的过程中，有一次中华书局的同志把余嘉锡先生的《世说新语笺疏》文稿送到刘先生家，说周祖谟先生请刘先生给看看。我因此有机会看到余先生的手稿，文笔十分工整、清晰，其中征引了许多刘先生的意见。据我们的长辈说，余先生的著述绝少征引别人的意见，而他对刘先生意见的多处征引，也说明刘先生《世说新语校笺》的重要价值了。不仅《世说新语校笺》，刘先生对其他古籍的笺释、校勘、考证，也莫不如此。李长之先生曾说："刘先生的文章著作，字字珠玑，掷地作金石声。"谅非虚言。又四川师大汤炳正先生曾说："刘先生的学问与杨树达是一类的。"而刘先生生前曾对我说："杨树达先生的论著，有些地方太琐碎了。"可以说明，刘先生的著述有杨先生之所长，而无杨先生之所短。

我搜集、整理刘先生的文稿，是从刘先生去世后开始的。当时自己心想，刘先生一生从事教书、研究工作，为国家教育事业默默作贡献，自己虽然淡泊名利，不求闻达，但作为学生把他的学问传授给后代，让后代从中受益，是义不容辞的责任。在这种思想驱使下，我着手这项工作，因为是在业余进行的，所以时间拖延得很长，其间还得到几位研究生的帮助。现在这本文集终于出版了，完成我的一份心愿。有时自己想，如果刘先生在天有灵，见到这部书，一定会说："你浪费这些精力干什么？"我送给启功先生一本，启先生翻阅之间，深有感触地说："这比保存骨灰更有意义！"

《中国现代学术经典·王汝弼卷》前言

　　王汝弼先生,原名王绍通,又名闻夫,汉族,河北省蓟县人。1910 年生于蓟县富有的家庭,卒于 1982 年。中国民主同盟盟员。他自幼好学,1929 年入河北省通县师范学校读书,1929 年毕业后考入北平师范大学国文系,当时北平师大名教授很多,他师从钱玄同、高步瀛、黎锦熙诸先生,在学习上受到很好的教育,打下了坚实的古文献和古文学的基础。1935 年毕业后,在河北省立新集中学任国文教员。1937 年抗日战争爆发,国难当头,他参加了冀东抗日游击战争的联络工作。1939 年出于抗日热情,由天津去大后方云南,执教于云南宣城师范学校,同时组织学生出壁报,引导学生阅读进步报刊和书籍。日本军国主义占领北平之后,北平师范大学迁至陕西城固改称国立西北师范学院,当时许多名教授都集中于此,如黎锦熙、谭介甫、吴世昌、杨晦、杨向奎等,成为西北地区重要的文化阵地。由于黎锦熙先生的邀请,他由云南去陕西城固西北师范学院国文系执教,任讲师。1942 年提升为西北师范学院的副教授,又兼西北大学的副教授。1944 年西北师范学院由陕西迁至兰州,他继续任职该院国文系副教授,并指导文谭会会员整理国故,此项工作一直延续到北平解放之初。1945 年抗日战争胜利,次年,即 1946 年北平师大复员回北平,他也随学校返回北平。从此到他过世,一直任职于北平师大,历任北平师大国文系副教授,并兼校务委员会委员。1952 年改国文系为中文系,他又任中文系教授兼古典文学教研室主任,民盟北京师大区分部中文系小组长等职。

王汝弼先生与北京师大其他教授的不同之处，在于他毕业于北京师大，并始终执教于北京师大，他的学问具体体现了北京师大的学风，即朴实、深厚，对声韵、文字、训诂、经、史、子、集都具有深厚的修养，这源于他的师承，是他对老师学问的直接继承。尤其对高步瀛先生，他心慕神仪。高先生一生执教于北京师大，把全部心血贡献于北京师大，他对待课堂教学特别认真，凡上课都撰写有详细的讲义，如《先秦文举要》、《两汉文举要》、《魏晋文举要》、《唐宋文举要》、《唐宋诗举要》、《史记举要》、《辞赋举要》等，这些讲义与一般笺释或叙述不同，而是经过参考诸多资料、细心研究撰写成的，有很高的学术价值，这在学术界是有定评的，王汝弼先生教书同样如此认真，每讲一门课程，都印发自己撰写的讲义，如《历代韵文选注》、《汉诗选注》、《魏晋南北朝诗选注》、《唐诗选注》、《宋词选注》等，笺释过程中沉潜乎训义，反复乎句读，追溯上古字书之文，以识其字，旁通诸子百家之书，以证其义，也很有学术价值，非一般讲义可比，是高步瀛先生学风之嫡传。当时仅是蜡版油印，未曾出版，而今已很难见到了，十分可惜！

王汝弼先生的学术成就，亦如他的老师高步瀛，主要表现在对古书和文学作品的疏证和笺释上。他早年曾著有《离骚笺证》、《九歌笺证》、《汉魏六朝唐宋诗笺证》、《屈赋发微》等，其中除《屈赋发微》六篇中之部分章节发表在抗日战争时期顾颉刚主编的《文史杂志》外，其他都是手稿，未曾刊印发表。新中国成立后著有《白居易选集》(上海古籍出版社出版)、《乐府散论》(陕西人民出版社出版)和与聂石樵合撰的《玉溪生诗醇》(齐鲁书社出版)，学术论文有刊载于北京师大出版的《爱国主义与文学》期刊上的《发扬〈诗经〉〈楚辞〉中爱国主义的优良传统》等。另外有在抗日战争时期所作之旧体诗二百余首,编集成册,名之曰《支离草》,取意于杜甫诗句"支离东北风尘际,飘泊西南天地间",是手稿,未曾刊印。王汝弼先生对诗文之笺释,显示出他读书之"精"与"细",斟酌词句,考稽史事,往往能阐发出诗文新的内涵。如对古乐府《战城南》中"梁筑室,何以南,何以北? 禾黍不获君何食"的解释,历代很有分歧,王先生笺释云:"梁字上可能有'乘'或'架'字的脱文。'乘'或'架'梁筑室,与下文'禾黍不获君何食'一气贯注,都是农民在家乡常做的两种活计。《诗·豳风·七月》:'昼尔于茅,宵尔索绹,亟其乘屋,其始播百谷。'一年之计在于春,这都是古代农民家庭必须由男人担负的繁重劳动;但由于他们被征,从军在外,所以这些工作也就自然搁置起来了。"并征引《史记·酷吏列传》记载:汉武帝穷兵黩武的结果,不但使农民缴纳不上租税,而且有些县份,还要朝廷开仓赈济,影响所及,不仅农民缺吃少穿,最终还要使国君的口粮也失去了保证。既训释词语,又参证历史,使诗意更其显露。又如对乐府《有所思》中"双珠玳瑁簪,用玉绍缭之"两句之笺释云:"用物以表心。表心不能无物,但物即使是瑰宝,它总是有限的,而人的深情则是无限的。《诗经·卫风·木瓜》篇说:'投我以木瓜,报之以琼琚;匪报也,永以为好也。投我以木桃,报之以琼瑶;匪报也,永以为好也。投我以木李,报之以琼玖;匪报也,永以为好也。'又《古诗十九首》有一首:'庭中有奇树,绿叶发华滋。攀枝折其条,将以遗所思,……此物何足贵? 但感别经时。'和此诗所表露的思想情感基本一致,可以用来做这两句诗的最确当的注释。这两句诗,不仅是写了赠物,而且也写了钟情。玳瑁簪已很珍贵,又缀以双珠,还感到不满足,又用无数的美玉把它镶嵌起来。这里是贯穿着一缕热情的'丝'线的。繁钦《定情诗》说:'何以致拳拳? 绾臂双金环。…… 何以致区区? 耳中双明

珠。……何以结恩情？佩玉缀罗缨，何以慰别离？耳后瑇瑁
钗……'明显是读过这首诗并对作者的寄兴深有体会的，可以用来
作我们对此诗理解的参考。"旁征博引，融会贯通，于诗句讽籀极
熟，于诗意讲贯极精，笺释得深入、透辟至无以复加的境地。以上
诸例，皆见于他的《乐府散论》。

　　王汝弼先生的代表作或称学术价值最高的著作是《白居易选
集》，此书是他用十余年的时间完成的，倾注着他大部分心血，是目
前有关白居易诗文最好的笺注本。白居易的诗文以浅显著称，一
般人认为容易读懂，似乎不需要多加笺注。其实这只是就字面而
论，对其透过字面的深层含义并不了解。王先生在书的序文中说：
"如原文浅显易懂，则仍用原文，而附注其难字难词……亦有原文
虽若可解，然不注则无以尽其丰富的含义者，亦加注……白诗多用
口语，注时不仅要知其含义，还要尽可能和现代汉语沟通，因而也
适当地运用了训诂学上的音训原则，以免臆造。"这段话即针对仅
就字面论者而言的，他是要通过对难字难词和口语的笺注，阐发白
氏诗文之深层含义。但王先生在序文中未加说明，而在实际工作
中做的，即他不仅注释词语，更注释典故和历史，白居易诗文字面
通俗易懂，但关涉到很多唐朝的典章制度和历史，在这些方面不加
注释，仍然不能彻底阐发其诗文之内涵。王先生对历代典故掌握
得极其丰富。对唐代历史也极其熟悉，因此笺注白氏诗文穷源竟
委，详细周密。如对《杜陵叟》中"岁种薄田一顷余"的笺注云："这
是反映中唐均田制基本破坏后幸存的少数中人之家的耕田面积。
《旧唐书·食货志》：'武德七年（624），始定律令：丁男中男给一顷
（百亩），所授之田十分之二为世业，八为口分。世业之田，身死则
承户者便授之；口分则收入官。'所以杜陵叟虽能种田一顷左右，而
所承受的世业则不过二十亩。"以史书记载当时的田亩制度准确地

说明杜陵叟"岁种薄田一顷余"。又对"急敛暴征求考课"一句笺注云："唐代最高统治者制订一种定期对官吏考核成绩的办法，名叫考课，京官由吏部考功郎中、外官由员外郎主其事，实际上是考查他们是否胜任剥削和压迫老百姓。《旧唐书·宪宗纪》记载：'元和七年五月庚申，上谓宰臣曰：卿等累言吴越去年水旱，昨有御史自江淮回，言不至为灾，人非甚因，李绛曰：臣得两浙淮南状，继言歉旱……御史非良，或容希媚，此正当奸佞之臣……'这件事发生在白氏写《新乐府》以后，可见当对这类坏人坏事，层出不穷，诗人所说的'急敛暴征求考课'，不仅可以出现在地方官身上，而且可以出现在皇帝所派遣的钦差大臣御史身上，则情况之严重，可想而知。"此以史事阐发诗句之内涵，以史证诗，增强了诗歌内容的确凿性。举以上诸例，以赅其全。王汝弼先生对诗文之笺释大都如此。其察之也精，则释之也密，毛举栉剔，细入无间，用力之勤，犹如前人之治经史的精神。

王汝弼先生在笺注和研究工作中，特别推崇《文选》李善注、《三国志》裴松之注和《世说新语》刘孝标注，因为这三家注文为考据家提供了大量的资料。如李善注征引群书23类，1689种，从经史子集、文字训诂到佛经皆有，历来史家对其有"淹贯古今"的评价。《三国志》裴松之注征引书159种，注文约50余万字，注文在于补缺、备异、惩妄、辨正，并将三国两晋时代研究三国历史的成果纳入注中，反映了当时的史学水平。《世说新语》刘孝标注，以增补史料为主，征引古书达395种，以纠正原书的错误，但多已亡佚，因此刘氏的注文在保存史料方面有很大贡献。他推崇这三家的注文，自然在精神上与他们契合，他们的笺释方法与路数必然对他产生潜移默化的影响。事实上他对《文选》李善注特别熟悉，这与他的老师高步瀛曾著《文选李注义疏》有师承关系。他笺注诗文即

在吸收前人及其老师的学术传统之基础上,结合当前的学术风气
而有所变化,收集史料取精用宏。这种学术路数皆见之于他的笺
释和研究工作之中。他特别重视前人对古书的笺释,目的在希求
对经、史、子、集透彻的解读,阅读时兴致所至,往往忘记了疲劳,一
部极其烦琐的《皇清经解》,他竟认真地点逗了两遍,这种读书精
神,是今人所罕见的。

　　除了教书、科研工作之外,王汝弼先生还参加了青年教师和研
究生的培养工作。他培养青年教师,重在指导研究方法和治学道
路,青年教师研究《楚辞》,他要青年教师将《楚辞》与《诗经》同时
阅读,比较两者在内容、艺术上的异同,以见《楚辞》比《诗经》有哪
些发展,同时要青年教师阅读战国诸子百家之作,以见屈原思想与
当时学术思想之联系及其特殊成就等,收到很好的效果。新中国
成立后到文化大革命以前,古典文学教研室共招收了三届研究生
15人,当时的培养方式是教研室集体培养,王先生为研究生讲课,
开列阅读书目,指导论文撰写,倾注了很多心血。

　　王汝弼先生这部《乐府散论》在著述历程上与他的其他著作
是一致的。不同的是首先对汉魏晋南北朝乐府的产生、演变、发展
作了系统的论述,并提出了一些与先贤不同的新见解。对此书的
写作目的:"是在想进一步探讨一下乐府诗研究中存在的某些问
题,不是做选注,因此所论篇目不限名篇。……选取一些笔者认为
有问题需要探讨一下的具体篇目,大体按照《乐府诗集》的编排顺
序,挑选一些重点,加以分析研究,提出个人的看法。"因此名为
《乐府散论》。

　　如其对《汉铙歌》的解释,在概括前人旧说的基础上,提出自
己的见解说:"'铙歌'的本意,当即'杂曲'的异称。知之者,《后汉
书·五行志》载,桓帝末,京都童谣云:'茅田一顷中有井,四方纤

纤不可整;嚼复嚼,今年尚可后年铙.'此处的'铙'字的本义不是乐器,而是杂乱的意思。因此《五行志》下文解'后年铙'说:'陈窦被诛,天下大坏.'正是因为这样,应劭《风俗通》引此作'今年尚可后年铙'。"铙,抑或叠言称"铙口"。《孤儿行》"里中一何铙口",亦杂乱之意。由此可见,"铙歌"并非因乐器而得名。况且把内容各不相同的歌曲,使用一种乐器托腔伴奏,亦使人难于置信。解为"杂曲",则此疑可以涣释。

又如对"铙歌"中《上邪》的篇意,自清代庄述祖《汉铙歌句解》认为"'《上邪》与《有所思》当为一篇……叙男女相谓之言'的说法,后人多附和之"。王先生则认为:

①庄说按之两篇具体内容,取譬不同,归趣亦异,实在令人感觉对不上口径,其说非是。

②考《史记·功臣侯年表》引《封爵之誓》:"使河如带,泰山若厉,国以永宁,爰及苗裔。"始未尝不欲固其根本,而枝叶稍陵夷衰微也。余读高祖侯功臣,察其首封所以失之者,曰:"异哉所闻!"

③细察文意,似汉高祖刘邦封功臣为诸侯时,曾经对他们发过"使河如带,泰山若厉,国以永宁,爰及苗裔"的四句誓言。开国皇帝虽然做过这个誓言,则揣情度理,臣僚不能不作出反应。而这首《上邪》,不是最有针对性的赓和之辞吗?……《上邪》并非紧次于《有所思》之后,所以庄述祖的说法,是缺乏内证与旁证的,不足信据的。

全书选录需要探究的乐府诗140余首,对其中之疑难问题,善能鉴别其真伪然否,博辨纵横,归于至当,对奇词邃义,穷探冥索,使文义豁然开朗,这显示了王先生治学之宏通博精,采摘之丰富,剖释之入微,诚为高步瀛先生学术传统的传承。这是一部功力极深,极具学术价值的著作。

王汝弼先生很少参加社会活动,专心致志于教学、科研工作,无声无息地为北师大中文系做贡献。但他大半生的学术经历并不顺利,"文化大革命"前历次政治运动,带给他的精神上的压力是不言而喻的。改革开放后,形势大好,然他已经年迈多病。住进北医三院后,我去看他,他还说:"我要回学校,写我的书。"未料到自己已经不能回学校了,于1982年春节与世长辞。"已断燕鸿(王先生是河北人)初起势,更惊骚客(王先生是研究楚辞的学者)后归魂"(李义山《赠刘司户蕡》)。但他的学术经验给后人留下了可贵的精神遗产!

《〈诗经〉散论》序

启坤1991年由西安交通大学考入北京师范大学中文系攻读中国古代文学博士学位,主攻方向是先秦两汉文学。与其他研究生不同,他于大学本科和硕士研究生期间皆修学中国古代史,对文学比较生疏,但对与文学有密切关系的历史知识则相对优厚。根据自己的具体情况,他确定三年中研究之重心为《诗经》。《诗经》既是最早之文学,又是儒家之重要经典。儒家经典是我国学术、思想、文化之源头,是一切学问之根基,前辈有成就之学者,其治学未有不始于经,未有不先从经学入手者。清杭世骏云:"古人为学,先根柢而后枝叶,先经史而后词章。"未有不致力于根柢,而能成就其学问者也。启坤将研究之重心置之于《诗经》,可谓准确把握了学问之根柢,探得治学之正确门径。

遵循这一门径,他刻苦读书,废寝忘食,于文字训诂则求之于《说文》,于典章制度则考之于史传,穷其旨要,达其宏通,然后豁然于心目,跃然于纸上,撰写成学位论文《诗经与西周、春秋社会》。此论文最大之特点,即与一般文学研究者把《诗经》仅作为文学艺术作品不同,而是将其视为"饱含丰富内容与其产生时代的政治、文化紧密相联系的文学典籍","是西周、春秋时代中华民族文明发展所凝结的一个完整而生动的文明载体,是西周、春秋社会历史和文化的一面镜子,是那个时代中国文明为我们留下的最完整、最生动的硕果之一"。他充分发挥了其精通历史之优势,以丰富的史实论述了《诗经》产生的社会背景、兴观群怨之社会作用、祭祀诗与饮宴诗之政治意义、《诗经》所反映之周代社会思想之变迁及所表现的周代区域文化之特点等,从历史角度深层次地发掘其丰富之内涵。古人治学原是文史不分的,因为评价文学作品不能仅从字面上求其义,而应结合其时代历史以证其义。一般地讲,对历史了解愈透彻,对与之相应的文学之内涵的发掘愈丰富、深入,这一点在启坤的论文中表现得很明显。如对兴、观、群、怨之论述,对祭祀诗、宴饮诗之阐发,皆穷源尽委,枝叶扶疏,得出新的结论和创见。又古人云:"六经皆史。"启坤的论文也体现了这种精神,这更明显地表现在对《诗经》于周代社会思想之变迁的论述中。他紧密地结合周代社会政治思想之演变,说明《诗经》中不同的内容是周代不同历史阶段社会思想变化的反映,是一部周代的社会政治思想史。启坤着眼于历史研究《诗经》,比仅从文学作品之角度评价《诗经》,揭示出《诗经》更高的价值和意义。

启坤于《诗经》,讽籀极熟,讲贯极精,对每一问题、每一事项,皆考镜源流以穷其变化,勘明体例以究其本义,毛举栉别,细入无间,其用力之勤,亦追慕前人之治经史者。书成,于今出版,索序于我。我与启坤情兼师友,论文中某些论点曾讨论及之,故不辞为之序。

2001 年 3 月 29 日

《屈原与司马迁的人格悲剧》序

三年博士求学,曹晋潜心阅读,她青春足迹的一部分已经刻印在这本博士论文的字里行间。在曹晋准备论文的过程中,她搜集了详实的资料,反复向导师请教、修改,最后成文,圆满通过了论文答辩。我曾经在曹晋的博士后申请书的推荐意见中写道:"曹晋同学思想作风正派,品质端正,作为中共党员在各项工作和专业学习方面都能起带头作用,并取得优异成绩,获得多项奖励,是博士研究生中的优秀分子。"时光流转,曹晋博士毕业已近十年的光景,回首往事,她求学的勤苦、信念的执着与品性的坚毅,依然历历在目。

韩愈言:"师者,传道、授业、解惑也。"我认为导师辅导之下,对每个研究生的毕业论文选题的确定,就是"传道、授业、解惑"职责在教学实践中的具体体现,这是一个非常重要的培养环节。一方面,导师根据自己的研究取向来切实地指导学生的学术探索;另一方面,学生从毕业论文的扎实训练中,确立自己未来工作岗位的研究志趣与事业方向。

我一直认为屈原的辞赋、司马迁的散文、杜甫的诗歌、曹雪芹的小说都是我国古代文学史上划时代的作品,他们以不同的文学形式,对他们以前的文学作品、文化遗产作了总结。他们各自处在一个由鼎盛转向衰败的时代,他们作品的价值就在于反映了这一转变时期的历史特点,反映了这一时期的社会面貌。他们对生存的时代的腐朽因素的批判和对未来新愿景的憧憬,正是时代的鲜活的进步动力。屈原的作品围绕着楚国贵族集团专断统治的黑暗政治与坚持不懈的抗争意志,淋漓尽致地展现了"其存君兴国而欲反覆之,一篇之中三致意焉"的家国忧患意识。司马迁的《史记》总结了汉武帝以前三千多年的历史与文化。中国古代社会发展到汉武帝时代,空前兴盛强大,盛之始,衰之渐也。随着桑弘羊平准政策的成功,社会弊端也在滋长、丛生,作为一个历史学家和文学家的司马迁,他横溢的天才文笔饱含着浓烈的感情,深刻地批判社会的各种弊端,在苦闷中找寻自己对历史发展的答案。

当年,师生之间经过屡次讨论,我认同了曹晋把论文选题聚焦于先秦与西汉的两位文化巨匠屈原与司马迁的人格悲剧分析,这样的毕业论文写作可以磨炼学生对古典文学关键性知识的深入钻研,也利于日后教学与科研的工作重点的选择。综观曹晋的毕业论文,其论证建立在充分的文献基础之上,逻辑思辨性强,吸收了跨学科的学术成果,拓展了古典文学的理论品质,尤其是引入德国学者马克思·韦伯(Max Weber,1864—1920)有关统治者合法统治的基础的历史演变理论,来阐释不同社会政治、经济条件下屈原、荀子政治哲学思想的异同,这丰富了古典文学与具体社会情境的关联性阐释。论著附录的四篇论文,是曹晋从博士求学到博士后研究期间,在《文史知识》、《文学评论》、《文学遗产》、《江汉论坛》等学术期刊发表的学术论文。这些单篇论文和博士论文,都浸透着作者对古代文学的体验,以及对屈原、司马迁那种寂寞的、郁结的挫折与悲剧的理解,作者的情绪陶醉在伟人作品的风骨之中,笼罩于文化巨匠的精神之下。任何博士论文总会留下遗憾,时间与知识结构等因素也会导致论文的某些缺失,还请读者们对论述的不足之处给予批评和指正!

学生的成长是老师的欣慰泉源之一。看着学生们的一点一滴的事业积累,我的内心也流淌着快乐、欣喜!1998年夏季,曹晋顺利获得博士学位,即将进入博士后流动站时,我写了《易经》里的一句话"天行健,君子以自强不息"作为临别赠言。实践证明,曹晋依然游弋于无涯的学海,在不断地履行着这段格言的精神。今天,我仍然以此警句,激励她对于学术与生活的不断进取。

《汉魏六朝骚体文学研究》序

　　建勋原为湖南师大中文系副教授,1993 年考入北京师大攻读中国古代文学博士学位。应该说与一般从大学本科毕业到攻读硕士,取得硕士学位后,直接考取博士的同学相比,他的起点是高的。在湖南师大期间,他一边学习,一边对古代辞赋旁搜广涉,博览覃思,形成了自己一套想法,因此到北师大后主攻方向很明确,即要在三年内完成"汉魏六朝骚体文学研究"课题。现在学习即将结束,研究任务已经完成,成果极为可观,洋洋二十余万言,呈现在面前。他索序于我,作为他三年研究工作的见证人,我也就义不容辞了。

　　建勋这篇论文名为《汉魏六朝骚体文学研究》,实则是一部汉魏六朝骚体文学史。新中国成立以来,从事这一历史阶段骚体文学研究者并不多,至于把骚体文学写成史,更属罕见。建勋这部著作,无疑是对这一学术领域的一项开拓。文学史是一门科学,科学都需要首先明确研究的对象和范畴,以建立自己的学术体系。建勋这部著作,开卷即对骚体文学作了界定。明确了他所论述的骚体文学形式是什么,包括哪些方面等等,从而划定了它与一般辞赋、骈文以及其他文体的界限。把自己研究的对象限定在一定范围之内,表现了一种科学精神。

　　一部好的文学史,必须建立在占有丰富资料的基础上,建立在对丰富资料认真审理的基础之上。缺乏对丰富资料的综合分析、论证,不但文学史思想体系构建不起来,而且对作家作品也不能作出正确的评价。要言之,资料是历史科学的基础。建勋在撰写这部著作时,非常注意阅读并掌握尽可能多的文史资料。他阅读了这一时期全部骚体文学作品,包括一些残文,也阅读了这一时期有关史籍上记载的作家生平史料以及从古至今人们对这些作家作品的评论。但他在著作中并未过多地予以引证,而是取精用宏,必要引证者,则无征不信,实事求是。多数情况是通过对资料的综合叙述说明问题。在综合叙述过程中,显示出他对史料掌握的熟练,运用起来得心应手,灵活自如,并慎思明辨,剖析毫芒,作出判断,使自己的论点建立在坚实的基础之上。

一部好的文学史,应当理清各个历史时期的文学发展过程,理清各个历史时期的文学演变趋向,以见文学兴衰之迹。建勋的这部著作,极为注重对骚体文学源流的探讨,既探讨其产生、发展的过程,又分析其在不同历史阶段前后的继承关系,并阐明其在新的历史条件下的新变,以见骚体文学在各个历史阶段的新成就、新贡献。同时,他还特别论述文化背景对骚体文学的决定作用。几乎每一历史阶段都先从文化背景谈起,然后紧密地与作家作品结合起来进行分析论证,以说明这一阶段骚体文学之所以兴与衰,总结历史经验,起到以古鉴今的作用。

一部好的文学史,不仅要具有丰富的史料和对文学的历史叙述,更重要的应当有史的观念,有史的论断,即有史识。鲁迅批评郑振铎的《中国文学史》说:"乃文学史资料长编,非'史'也。但尚有具'史识'者,资以为史,亦可用耳。"(鲁迅1932年8月12日给台静农信中语)可见史识比史料更可贵。建勋的这部著作,对文学史现象长于分析。在分析过程中,或融贯众说,或独抒己见,都贯穿了他的史的观念。尤其在每一历史阶段之后,总论这一阶段文学的成败与得失,作出史的论断,独具史识。有史识,才能使全书具有历史科学价值。

　　综观建勋这部著作,据事实,慎思辨;论体制,精剖析;述流变,有史识;惨淡经营,极见功力,是汉魏六朝骚体文学研究的新收获。特以以上意见复于建勋,并向大家推荐,期望与广大读者分享其成果。

　　　　　　　　　　　1996年3月写于北师大宿舍之红四楼

《道家思想与汉魏文学》序

尚学锋同志撰写的博士论文《道家思想与汉魏文学》即将出版了。我十分高兴,愿意乘机为之写几句话。

学锋同志是北京师范大学中文系本科毕业,毕业当年考取本校中文系古代文学硕士生,取得硕士学位后,留校任教。不久,又考取了中文系中国古代文学专业的博士,主攻方向是先秦两汉文学,一九九五年取得博士学位。学锋同志在攻读博士学位的三年期间,他不仅承担着教学任务,而且还负责中文系一部分行政工作,集学习、教学、工作于一身,任务之重可以想象,然却以顽强、坚韧不拔的精神出色予以完成。在撰写博士论文《道家思想与汉魏文学》方面,倾注了大量的心血。回顾近些年来,研究魏晋时期玄学与文学的关系以及关于魏晋玄言诗的论著很多,学锋同志这篇论文与这些论著不同之处,在于他把研究的范围扩大到上起西汉,下至魏晋之际,集中论述道家思想的流行、演变及其与文人思想作风和文学创作的关系,即从历史发展的角度论述道家思想与文艺思潮的变化,并分别从不同的文体分析不同历史阶段道家思想对文学创作的影响。这都是其他著作所未曾涉及的,而是学锋同志在这领域的新开拓。

学锋同志长于探讨问题、分析问题,如对道家思想对散体赋创作方法的影响,道家思想对文人五言诗由表现娱乐感慨人生,由缘事到言情的变化以及汉晋之间华丽文风与道家思想的关系等,都经过认真地探讨、分析,得到了有独创性的见解。他还重视从历史发展的角度论述问题，把社会现象置于特定的历史环境中加以考察，如把汉魏时期道家思想的发展分成三个阶段，对每一阶段之内涵和特征，都作了准确的概括，给予这一历史时期道家思想以科学的评述。

学锋同志的论文，通过答辩并取得博士学位之后，并未就此止步，而仍在继续增补、加工，到目前脱稿，前后经过八九年的时间，其筚路蓝缕，惨淡经营之精神，俱见之于论文之中。

我与学锋同志同事多年，作为他三年多研究工作的见证人，书写以上几句话，一者说明学锋同志的刻苦钻研精神值得学习，一者向读者推荐这是一部好书，应当认真阅读。

1999 年 9 月 8 日

《中国文言小说丛论》序

天池将出版其《中国文言小说丛论》一书,命我作序。我从来不曾为别人的著作写过序,也不愿意为别人写序,因为自己并非名人。然我与天池共事十余年,"平生风义兼师友",也就义不容辞了。

天池是我们北师大中文系本科毕业生,一九七八年考取本校古代文学研究生,一九八一年毕业后留校任教。我与天池交往机会之多是从他攻读研究生开始的。我们经常一起谈史论文,互相启发,商讨问题,颇能契合,以至乐而不知疲倦。

现在他这部集子中所收文章,很多是当年曾经议论过和阅读过的,今日重读,往事历历在目,倍加亲切。对其得以编辑出版,分外高兴,深感我们古代文学研究事业前景之光辉灿烂。

天池治学特点之一,是涉猎面广。一部中国文学史都在他研究视野之内,他上课能从先秦讲到明清,不但探讨其源流,发展过程,而且兼论各种文体。当然,对古代小说用功尤深,这部集子即他在这方面所用功力尤深,这部集子即他在这方面所用功力的显现。他重史实,重证据,不发空论,从对历史事实的分析中,得出新的结论。如《唐代小说的发达与行卷无关涉》一文,即以充分的史料反驳了历来人们认为行卷是唐代传奇兴盛的原因的观点,不囿于成说,而独抒己见。他思想敏捷,对所阅读、钻研的文学作品及其有关资料,都能提出自己的看法和见解。如通过对《聊斋志异》的研读,他提出了很多问题,从各方面进行了分析和论证,作出新的判断,得出很多新的观点和理念。这些都属于他笔下的上乘文字。

天池治学特点之二,是用功勤。他对时间抓得特别特别紧,手不释卷,多读善记。不但在国内工作如此,在国外讲学时也如此。如在朝鲜,他一边讲课,一边搜集该国所收藏有关我国各类小说及资料,所得甚夥。此外,他或写题记,或写序跋,每读完一部书,总把自己的意见写出来。这种孜孜不倦的精神,极其令人感佩!

天池治学的路子,受益于其岳父李长之先生者很多。李先生学贯古今,读书广博,经史子集莫不浏览,并敏于思考,勤于写作。他曾说:"我没有一天不读书,没有一天不写东西的。"其勤奋如此!所以他一生的著述方面广、种类多,可惜正当全国人民齐心协力振兴中华之时,他却与世长辞了。杜甫赠别郑虔诗有云:"万里伤心严谴日,百年垂死中兴时。"李先生一生之遭际,庶几乎近之。死亡固然可悲,死于国家复兴之时,更其可悲。李先生与郑虔生不同时,其悲则一也。可为弥补者,天池继承其岳父之遗业,在古代文学研究领域继续开拓,并取得优异的成果。这些成果,对古代文学研究者极有参考价值。

现在,天池此书即将问世,因欣然命笔,聊为开卷之补白,并兼怀李长之先生。

《明清传奇综录》序

郭英德同志撰写之《明清传奇综录》，既已脱稿，嘱我为其写一篇序文。我与英德情兼师友，实义不容辞。

英德同志是我校中文系本科毕业，毕业之当年考取了我系古代文学硕士生，1985年取得硕士学位后，留校任教，接着又考取了启功先生之在职博士生，攻读中国古典文献学，1989年取得博士学位。英德同志从读大学本科到攻读硕士和博士学位期间，在同班、同学中始终为优秀生，皆以成绩优异名列前茅。在留校任教7年中，不仅课堂授课受到学生之普遍好评，科研成果也十分突出。目前已由讲师晋升为副教授。

英德同志之博士论文为《明清文人传奇研究》，为了撰写这篇论文，他从检索传奇目录入手，阅读了尽可能搜集到的传奇脚本，并"辑其版本，辨其作者，述其情节，考其本事，评其得失"，做了极其坚实之基础工作。此即《综录》成书之缘起。目录为读书、治学之入门之学，前代学者在学术上取得成就，多得力于目录之学。我国古代私人目录学著作如晁公武之《郡斋读书志》、陈振孙之《直斋书录解题》皆于每一部书后，或叙述作者简历，或论证书之要旨，或说明学术源流，或罗列不同学说加以考证，得出自己之结论。《综录》一书，可以说是对古人目录学著述传统之继承。目录书之著述，在于方便人们查找文献资料，指导人们阅读古书。《综录》一书同样有此作用。

英德同志读书很勤奋，近十年来总是手不释卷，攻读研究生时自不必说,留校任教后,工作十分紧张,他结合教学而读书、研究问题,不肯浪费一点时间。他下笔不苟,凡引用资料,总是认真核对原文,穷源竟委,力求准确,以免有误。而且是乐此不疲,持之以恒的。

英德同志读书范围广博,他不仅阅读了许多古代戏曲,而且也阅读了许多古代小说和诗文,有宽厚的中国古代文学知识。此外,他阅读西方文艺书籍也比较多,吸取了不少西方文艺理论,但当他笔之于书时,并不像某些人那样令人费解、难懂,而是融汇为自己之语言风格、思维逻辑表达出来,既不失其原有之文风,又给人以新鲜之感觉。

英德同志文思敏捷,勤于思考,不囿于传统看法,而富有开拓精神。如某些文学现象和文学作品,建国以来形成某种比较固定的评价,很难有所突破和发展,他却能从新的角度进行研究,得出新的认识来。《综录》前言对明清传奇之认识价值与审美价值之论述,便是明显的例证。此外,在他已发表的文章和出版的著作中总是有新意、新的见解在,这是凡读过他文章之人都会有的感受。

英德同志治学方面这些特点,集中体现在《综录》一书中。他在前言中说,此书是他自 1986 年攻读博士生起,"先后花了整整五年时间,殚精竭虑"编撰而成。但据我所知,他既取得博士学位之后,仍始终孜孜不倦地在增补、修润、加工,直到目前脱稿。实际上他是用了近十年之功力,"辨章学术,考镜源流",才完成这部巨著的,这是他十年心血之结晶。"看来字字皆是血,十年辛苦不寻常",非虚言也。

我与英德同志同事多年,对英德之学业、治学道路,聊作解人,趁《综录》出版之际,书写以上数语,一者向学术界推荐此书,二者说明英德同志之勤苦、勇于开拓精神之值得学习,作为卷首之补白。